Une histoire politique du monde fossile

Helen Thompson

Une histoire politique du monde fossile

Le XXe siècle du pétrole et du gaz

Traduit de l'anglais (Royaume-Uni)
par Raymond Clarinard

Préface de Gilles Gressani

Flammarion

Ouvrage paru sous le titre *Disorder*
Éditeur original : Oxford University Press

ISBN : 978-2-0804-2792-2

Préface

L'histoire reconstruite dans ce livre magistral par Helen Thompson aurait sans doute pu s'achever avec la nouvelle déflagration du Moyen Orient déclenchée le 7 octobre 2023. Si elle s'arrête sur l'onde longue des secousses pandémiques, à la veille de l'invasion de l'Ukraine – par une coïncidence particulièrement étonnante, le 24 février 2022 était également la date de parution de la première édition anglaise de cet ouvrage –, son inertie continue bien au-delà.

On l'aperçoit sur la surface glacée de la mer Baltique quand le gazoduc Nord Stream explose en septembre 2022. On la retrouve à l'ombre des tours du Kremlin et de l'empire fossile de Vladimir Poutine. Elle cadre les discussions dans la salle sans fenêtres du Conseil européen où les leaders des Vingt-sept se réunissent pour définir plusieurs fois par an l'équilibre délicat du continent. Elle articule la trame des projets de Xi Jinping ou de Mohammed ben Salmane pour établir une alternative à l'ordre international dominé par les États-Unis. Elle structure les efforts de Donald Trump ou du dollar pour maintenir leur hégémonie.

S'il avait fallu trouver une accroche plus actuelle pour commencer cette histoire, il aurait peut-être été possible de prendre comme point de vue celui d'un drone houthis survolant les eaux du détroit de Bab-el-Mandeb au large de l'île volcanique de Périm, ou celui d'un groupe de jeunes allemands, branchés et musclés, qui assument de voter pour un parti d'extrême droite, dont les chants font allusion au régime nazi et s'accompagnent du slogan « *Diesel ist Super !* » (« Le Diesel, c'est super ! »).

On a dit que ce livre était un guide dans les turbulences du XXIe siècle. De fait, il parvient à résoudre un paradoxe de plus en plus urgent. Dans ce moment de convulsions intenses, l'actualité bouleverse nos vies et nos écrans avec la force d'un tremblement de terre. Des rivalités profondes émergent à la surface, des pics apparaissent d'un coup. Les coordonnées s'entremêlent. Des bouleversements hétérogènes, urgents, désorganisés convergent. Un sentiment de dépossession s'amplifie. Chaque crise-monde – la pandémie, la crise financière, la crise climatique, l'inflation ou la guerre – accapare notre attention. En appelant une réponse immédiate, elles saturent notre capacité intellectuelle, stratégique, démocratique. Les connaissances nécessaires pour faire face ne peuvent être produites dans le temps soudain, exceptionnel de la crise. Notre débat se fissure. Nous chancelons, nous hésitons, nous improvisons des réponses – jusqu'à la prochaine secousse.

La mutation profonde qui apparaît aujourd'hui avec autant d'évidence signifie d'abord la réfutation de nos discours et de nos cadres d'analyse. Nous croyions en l'idée abstraite d'un monde plat, convergent, apaisé. Cette représentation n'était pas en adéquation avec les mouvements réels, structurels, telluriques de la fin du XXe siècle. Elle a produit un écart aujourd'hui impossible à occulter. Pour avancer, nous devons nous mettre à l'écoute, patiemment, systématiquement. Identifier des nouvelles perspectives, comprendre les tendances concrètes qui sont à l'œuvre.

Cette nouvelle histoire politique du monde contemporain propose de faire précisément cela. En explorant le croisement de trois tendances lourdes – la reconfiguration géopolitique planétaire, le déploiement de l'économie mondiale, l'implosion des régimes démocratiques – Helen Thompson identifie une ligne de fuite : les énergies fossiles. Si vous cherchez une théorie élaborée et convaincante du moment que nous traversons, il faut partir d'ici.

Pour aller au-delà des effets de surface, Helen Thompson relie l'histoire de l'économie, de la politique et de l'énergie, en montrant comment dans les années du désordre qui ont abouti au pic pandémique, les bouleversements survenus dans chacune d'entre elles se sont recoupés en une seule et même histoire. L'industrie fossile a déstabilisé le système économique et géopolitique international, en produisant les fondements de la crise de nos démocraties occidentales. La façon dont nous produisons et consommons de l'énergie dans un monde où apparaissent des limites planétaires ; la rivalité géopolitique et énergétique entre les États-Unis, la Chine et la Russie ; les changements dans la politique monétaire internationale qui suivent l'effondrement du système de Bretton Woods ont produit une structure chancelante. Elle continuera à produire les mêmes résultats si nous ne prenons pas conscience « que la crise, plutôt que la croissance, est la nouvelle norme – et que les nouvelles permanences mondiales bouleversent les platitudes de la politique partisane à un rythme encore plus effréné » *.

Une attitude et un style traversent l'histoire de la pensée politique. Nous pourrions l'appeler la « fonction Machiavel ». Elle réunit des auteurs et des expériences diverses qui partagent une démarche, une préoccupation commune : démêler par les instruments de l'histoire, de la littérature, par les sciences dans leurs diversités l'entrelacs du contemporain.

* Helen Thompson, « Au front de l'énergie : capter les chocs du nouvel ordre fossile », in *Le Grand Continent, Fractures de la guerre étendue: De l'Ukraine au métavers*, Gallimard, 2023, p. 191-192.

Traquer l'empirique jusqu'à ses profondeurs historiques, au-delà des effets rhétoriques, de ce qui paraît convenable ou naturel. Chercher des régularités dans le jeu des structures, comprendre le rôle que peut jouer le politique. Machiavel n'est pas uniquement implicitement présent dans la manière d'écrire d'Helen Thompson, qui se sert de Polybe pour comprendre l'ascension de Donald Trump ou d'une anecdote pointue de l'histoire économique ou diplomatique contemporaine pour mieux aller à l'essentiel de ce qui se joue dans la configuration géopolitique de la planète. Comme pour *Le Prince*, dans son ambition descriptive, ce livre ouvre également un horizon politique et démocratique. Sa leçon est claire : loin d'être une simple question technique, la politique énergétique détermine notre avenir. Si l'énergie est au cœur de l'ordre démocratique et géopolitique, il faut qu'elle devienne un objet public beaucoup plus central. Que ce soit dans la forme de « l'écologie de guerre » de Pierre Charbonnier * ou dans les écrits des auteurs qui se retrouvent dans « l'école de la polycrise » d'Adam Tooze **, l'horizon du politique de nos années vingt se structure sur la ligne d'un front vert, par une géopolitique qui voit dans la Terre plus qu'un cadre, un acteur.

Ce livre inscrit l'impasse où nous avons atterri dans une histoire qui a des structures et des permanences. Elle montre par-là qu'elle n'est pas inévitable.

Gilles Gressani
Le Grand Continent

* Pierre Charbonnier, *Vers l'écologie de guerre, une histoire environnementale de la paix*, La Découverte, 2024.

** Adam Tooze, « Welcome to the world of the polycrisis », *Financial Times*, 28 octobre 2022.

Le temps alla son train dans Cokeville ni plus ni moins qu'une des machines de la ville : tant de matériaux bruts façonnés, tant de combustible consumé, tant de force employée, tant d'argent gagné. Mais, moins inexorable que le fer, l'acier ou le cuivre, il apporta ses saisons changeantes jusque dans ce désert de fumée et de briques.

Charles Dickens, *Les Temps difficiles* [1]

Le jour de ce martyre, il poussait dans les grands bois de France et de Norvège des arbres que le Destin, puissant bûcheron, avait déjà marqués pour être abattus, afin que de leurs madriers on pût construire un échafaudage mobile, pourvu d'un couteau et d'un sac, et dont l'histoire devait garder un terrible souvenir.

Ce jour-là, sous les hangars de quelques-uns des laboureurs qui cultivaient les terres des environs de Paris, s'abritaient de grossières charrettes couvertes de boue, flairées par les cochons et servant de perchoir aux volailles, que la Mort, fermière universelle, avait déjà choisies pour en faire les pourvoyeuses de la hache révolutionnaire.

Mais, bien qu'ils agissent sans cesse, le Destin et la Mort ne travaillent qu'en silence, et personne n'entendait le bruit étouffé de leurs pas, d'autant plus qu'il suffisait de soupçonner leur éveil pour se faire accuser de traîtrise et d'athéisme.

Charles Dickens, *Paris et Londres en 1793* [2]
[*Un Conte de deux villes*]

Vu que les droits des autres pays se renouvellent, ou se changent bien quelquefois selon que l'occasion des temps le requiert ; même des choses qui avaient le nom de venir de Dieu, lesquelles ont été tellement anéanties, qu'il n'en est demeuré aucun vestige, et dont même la mémoire en a été entièrement perdue.

Thomas Browne, *Religio Medici* [3]

Introduction

La pandémie de Covid a frappé à l'issue d'une décennie de troubles terribles. Alors que 2019 cédait la place à 2020, partout en Amérique du Nord et en Europe régnait le sentiment que la démocratie était fragile. La Chambre des représentants avait engagé une procédure de destitution à l'encontre de Donald Trump pour avoir exigé du président ukrainien qu'il intervienne afin de discréditer son adversaire éventuel lors de la prochaine élection. En Grande-Bretagne, le bras de fer politique quant à la nécessité de déterminer s'il fallait ou non confirmer le résultat du référendum sur le Brexit s'était conclu pendant l'hiver par la victoire décisive des conservateurs aux législatives. Mais, en ce début d'année, le nouveau gouvernement de Boris Johnson se trouvait confronté au mouvement sécessionniste écossais, qui était armé d'un argument d'une redoutable simplicité, à savoir que l'Écosse était obligée de quitter l'Union européenne (UE) contre son gré. Dans le Land de Thuringe, en Allemagne, les chrétiens-démocrates de la région s'étaient temporairement associés à l'Alternative für Deutschland (AfD), formation d'extrême droite, pour élire un nouveau gouvernement, un événement que la chancelière Angela Merkel avait dépeint comme « impardonnable », « un mauvais jour pour la démocratie [1] ».

Dans le domaine géopolitique, les troubles étaient encore plus apparents. En janvier 2020, les gouvernements américain et chinois étaient certes en train de mettre fin à une guerre commerciale qui avait duré près de deux ans. Mais des manifestations massives à Hong Kong et une loi votée par le Congrès des États-Unis au sujet de la ville accroissaient les tensions entre Pékin et Washington. Pendant ce temps, les conflits se multipliaient au Moyen-Orient, de la Syrie dans le nord au Yémen dans le sud. Certains d'entre eux exposaient au grand jour les profondes dissensions qui divisaient l'OTAN depuis longtemps. À l'automne 2019, le président Trump avait tenté, pour la deuxième fois, de retirer les troupes américaines de Syrie, laissant les soldats turcs pénétrer dans le nord du pays. Ulcéré par cette intervention turque et par le fait que Trump l'avait facilitée, le président français Emmanuel Macron avait lancé : « Ce qu'on est en train de vivre, c'est la mort cérébrale de l'OTAN [2]. » Merkel avait été prompte à prendre ses distances, assurant que « du point de vue de l'Allemagne, l'OTAN est [...] notre alliance de sécurité [3] ». Le 3 janvier 2020, Trump avait unilatéralement ordonné l'assassinat du chef des opérations militaires iraniennes à l'étranger, en représailles à une attaque des milices irakiennes soutenues par Téhéran contre l'ambassade américaine à Bagdad. Mettant de côté leurs différends autour du départ imminent du Royaume-Uni de l'UE, Johnson, Macron et Merkel avaient émis un communiqué commun qui soulignait « le besoin urgent d'une désescalade [4] ». Dans les médias, des commentateurs politiques affolés se demandaient si la Troisième Guerre mondiale n'était pas sur le point d'éclater.

Sur le plan économique, presque partout au cours de l'hiver 2019-2020, les perspectives de croissance se dégradaient. Après trois ans d'efforts, la Réserve fédérale américaine – la banque centrale américaine – avait renoncé à ramener la politique à un niveau proche de la normalité monétaire. En septembre 2019, les marchés monétaires au jour le jour, où les banques s'empruntent les unes aux autres, se sont figés, comme ils l'avaient fait pour la première fois en août 2007, au début du krach financier de 2007-2008. Sans vraiment le reconnaître, la Fed s'est remise à créer de l'argent pour acheter des actifs, ce que l'on appelle l'assouplissement quantitatif (QE). Deux mois plus tard, la Banque centrale européenne (BCE) a repris son propre programme d'assouplissement quantitatif, dans l'attente d'une décision longtemps différée de la Cour constitutionnelle allemande sur la légalité de cette politique en Allemagne. Même la Chine, qui avait largement contribué à l'essor de l'économie mondiale pendant une décennie, subissait un ralentissement significatif de la croissance.

Dans le domaine de l'énergie, le monde était apparemment à un tournant. Pour la première fois depuis 2009, la production mondiale annuelle de pétrole avait baissé. L'écart entre le pétrole consommé et le pétrole produit avait atteint son niveau le plus élevé depuis 2007, alors que les prix s'orientaient vers un pic final de 150 dollars le baril. Les conditions de crédit qui ont suivi le krach de 2007-2008 ont entraîné un afflux de capitaux dans le secteur américain de l'huile de schiste. Mais maintenant, alors que les pressions en faveur d'une action contre le changement climatique s'accéléraient, les investisseurs désertaient les compagnies pétrolières américaines et européennes. Ce qui, dix ans plus tôt, aurait été perçu comme un désastre à moyen terme pour le pétrole était désormais considéré comme une preuve encourageante que le monde était sur la voie d'une transition des combustibles fossiles vers les énergies vertes d'ici trente à quarante ans.

C'est dans ce contexte très agité que le Covid-19 a surgi. Bien que la situation d'urgence qui en a résulté ait eu ses propres effets extraordinaires, elle a également ouvert une fenêtre sur la décennie de perturbations qui l'avait précédée. Au cours de l'année 2020, de nombreuses lignes de faille qui avaient déjà tant contribué à façonner les années 2010 ont de nouveau tremblé.

Il n'existe pas d'explication unique à ces bouleversements. Néanmoins, nombre de ses causes ont eu des effets interactifs. Prenons l'exemple du Brexit. Il s'inscrit dans une histoire particulière, celle de la politique démocratique britannique, du fait que la Grande-Bretagne ne faisait pas partie de la zone euro et de l'ordre constitutionnel inflexible de l'UE. Mais il a également été le produit de changements plus vastes qui, à première vue, n'avaient rien à voir avec lui. Quand les prix du pétrole ont grimpé en 2011, la Fed et la Banque d'Angleterre n'ont pas réagi. La BCE, en revanche, a relevé ses taux d'intérêt à deux reprises. Alors que l'économie britannique poursuivait sa reprise, la zone euro a replongé dans la récession. Au cours des années suivantes, la Grande-Bretagne est devenue un employeur de dernier recours pour les habitants du sud de la zone euro, tandis que, sous la direction de Mario Draghi, la BCE s'efforçait de trouver un moyen de mettre en œuvre un programme d'achat d'actifs que la Cour constitutionnelle allemande pourrait tolérer. Le temps que Draghi persuade Merkel qu'il disposait d'un tel moyen, David Cameron n'était plus très loin de se dire qu'il devait promettre à l'électorat britannique la possibilité de voter sur une sortie de l'UE. Puis, alors que le Premier ministre britannique s'apprêtait à organiser ce référendum, la crise des réfugiés syriens a prouvé l'influence considérable de l'Allemagne au sein de l'UE aux électeurs qu'il lui fallait persuader du bien-fondé du maintien de la Grande-Bretagne dans l'Union.

Comme le Brexit, la réussite de l'insurrection électorale de Donald Trump en 2016 avait sa propre histoire, inscrite cette fois dans les fractures à long terme de la république américaine. Mais elle s'est également produite dans un contexte géopolitique qui reliait la réémergence des États-Unis en tant que premier producteur mondial de pétrole et de gaz à la stratégie industrielle de la Chine après 2015 et au retour de la Russie au Moyen-Orient. En partie, Trump a triomphé dans les urnes en affirmant aux électeurs américains que, là où les

États-Unis étaient forts, leur puissance n'était pas appliquée, et que, là où ils étaient faibles, ils étaient pris au piège. Ce qui est devenu le choix géopolitique de l'élection de 2016 avait une logique structurelle : dans un monde où la Chine et la Russie se rapprochaient, un candidat hostile à la Chine, Trump, s'était présenté et l'avait emporté contre une candidate hostile à la Russie, Hillary Clinton.

La présidence de Trump s'est alors muée en une force déstabilisatrice à part entière. En partant ouvertement du principe que Pékin était un rival stratégique, elle a fait de la relation économique sino-américaine un enjeu géopolitique immédiat, avec des ramifications importantes pour l'Europe et l'OTAN. Mais, tout en accordant la priorité à la menace technologique chinoise par rapport à la menace militaire russe au Moyen-Orient, le gouvernement Trump a également tiré parti du boom du gaz de schiste américain pour contrer les exportations de gaz russe vers l'Europe de façon plus agressive que ses prédécesseurs. Confrontés à cette réorientation globale de la puissance américaine, les pays européens se sont retrouvés sens dessus dessous, non seulement face à Washington, mais aussi entre eux, comme l'indiquait la réplique de Merkel à Macron au sujet de l'OTAN.

Dès le début, les turbulences géopolitiques qui avaient rendu possible l'élection de Trump ont eu un impact sur la politique démocratique américaine. Avant même qu'elle ne commence, la légitimité de sa présidence s'est trouvée contestée : certains de ses opposants étaient convaincus qu'il était littéralement le produit de la géopolitique. Les allégations non prouvées selon lesquelles, ainsi que l'accusait Hillary Clinton, il aurait été la « marionnette de Poutine » ont servi de base à l'enquête du procureur spécial Robert Mueller sur l'ingérence de la Russie dans l'élection de 2016 [5].

Mais la légitimité contestée de la présidence de Trump allait bien au-delà de la résurgence d'une puissance russe capable de se projeter à l'intérieur de la Maison-Blanche, ou du mépris grossier de Trump pour la gravité réelle et symbolique de sa fonction. Elle reflétait le fait qu'un nombre important d'Américains n'étaient pas disposés à accepter que l'élection de 2016 ait déterminé qui était le président pour quatre ans. Sous une forme plus dramatique et plus dangereuse, le même problème est réapparu lors de l'élection de 2020, et a atteint son paroxysme quand Trump a réclamé que son vice-président invalide la certification par le Congrès des résultats du collège électoral et quand une foule d'émeutiers a lancé un assaut violent contre le Congrès des États-Unis le 6 janvier 2021. Ce qui fait actuellement défaut dans les élections de la république américaine, c'est ce sans quoi aucune démocratie ne peut fonctionner : le consentement des perdants.

On a beaucoup écrit et dit sur les bouleversements de la dernière décennie. On a souvent évoqué le nationalisme populiste, sa relation avec le krach économique de 2007-2008 et la chute d'un ordre international prétendument libéral [6]. Mais, au niveau systémique, bien des choses restent inexpliquées, notamment parce que l'énergie n'a pas été reconnue comme une cause importante des lignes de faille géopolitiques et économiques qui étaient à l'œuvre.

Il est particulièrement trompeur de considérer la décennie qui a précédé la pandémie comme celle d'une révolte populiste qui aurait facilité le retour du nationalisme. Historiquement, la démocratie et la nation ont fait bon ménage. Si l'idée même de citoyens nationaux vivant sous une autorité politique commune et ayant le sentiment de constituer un peuple n'est considérée que comme une intrusion populiste étrangère à la démocratie, il devient impossible de comprendre les difficultés auxquelles sont toujours confrontées les démocraties représentatives. Comme l'ont constaté les observateurs les plus perspicaces de la politique démocratique représentative au début du XXe siècle, l'évolution vers la démocratie pleine et entière et le nationalisme ont appartenu au même moment politique [7]. Dans cette perspective historique, la faiblesse du consentement des perdants dans la république américaine s'explique par le fait que la nation américaine a été réduite sans qu'il soit nécessaire de la faire disparaître, alors que les conditions politiques susceptibles de rendre possible une autre nation américaine, plus inclusive, n'existent apparemment pas.

Les lamentations sur l'effondrement d'un ordre international autrefois libéral trahissent le même anhistorisme. Les changements structurels dans les domaines de l'énergie et de la finance ont toujours des conséquences géopolitiques tumultueuses. Le régime monétaire d'après-guerre mis en place à Bretton Woods était ancré sur le dollar et conçu par ses architectes américains comme une source de puissance américaine. Il allait de pair avec le fait que les États-Unis étaient le plus grand producteur de pétrole au monde et qu'ils étaient à même de limiter considérablement la manière dont les États d'Europe occidentale pouvaient gérer leur dépendance pétrolière à l'égard du Moyen-Orient. Alors que l'économie américaine devenait elle aussi dépendante des importations de pétrole étranger, le président Richard Nixon, en un week-end à Camp David, a unilatéralement démantelé l'ensemble du système de taux de change de Bretton Woods. Aujourd'hui, nous vivons dans un monde géopolitique façonné par une autre transformation monétaire et énergétique qui a eu lieu durant la seconde moitié des années 2000, dont les conséquences se font encore sentir dix ans plus tard, alors qu'une révolution de l'énergie verte est en train de s'amorcer.

Dans sa recherche d'une explication globale des bouleversements de la dernière décennie, ce livre part du principe que plusieurs histoires différentes sont nécessaires pour identifier les forces causales à l'œuvre, et il s'appuie sur la conviction que ces histoires ne peuvent que s'entrecroiser. Certes, il existe des facteurs spécifiques qui expliquent l'impact particulier de cette perturbation sur les démocraties individuelles, en particulier sur la république américaine. Néanmoins, on peut considérer que la perturbation actuelle trouve son origine dans une série de chocs structurels, dont les effets se sont répercutés d'un endroit à l'autre et entre les sphères géopolitique, économique et de la politique intérieure.

Un certain nombre de changements à grande échelle survenus au cours de la dernière décennie expliquent cette interaction causale. La géographie économique et politique du monde est en train de se recomposer. À partir des années 1980, l'industrialisation de l'Asie et la technologie informatique ont créé un espace économique qui reliait l'Amérique du Nord et l'Europe occidentale aux régions les plus prospères d'Asie. Mais le virage infrastructurel de la Chine vers l'Eurasie et la concurrence technologique avec les États-Unis ont simultanément réduit cet espace économique transocéanique. Alors que l'Eurasie prend ouvertement une forme économique post-impériale, les effets d'un développement dans n'importe quelle partie du supercontinent mondial se répercutent sur l'ensemble de celui-ci. L'affaiblissement d'une économie mondiale atlantico-pacifique plus large a constitué un choc pour l'État le plus puissant du monde. Parallèlement, les États-Unis sont devenus le premier producteur mondial de pétrole et de gaz, tandis qu'échouait leur tentative de transformer le Moyen-Orient, riche en énergie, en une sphère d'influence américaine. Ce sont à la fois la force et la faiblesse américaines qui ont déstabilisé le Moyen-Orient et la Turquie, rendant l'Europe beaucoup plus vulnérable politiquement aux événements qui se produisent dans son voisinage au sud-est.

En déstabilisant l'équilibre du pouvoir politique au sein d'un pays, les bouleversements géopolitiques auront toujours un impact sur la politique intérieure. En Europe, cette dynamique a des conséquences singulières, car la question de savoir où devrait se situer l'autorité politique pour répondre à de tels changements fait toujours l'objet d'une vive contestation politique. L'UE est une union de démocraties organisées au niveau national qui dépend d'une puissance extérieure pour sa sécurité et qui, pour se légitimer, s'appuie en partie sur l'idée que l'État-nation est archaïque. Cette dépendance externe et cette mutabilité interne font que l'UE elle-même et ses États membres sont extrêmement vulnérables aux perturbations dues aux changements géopolitiques.

Par ailleurs, l'environnement monétaire de l'après-2008 dispose de faibles amortisseurs et constitue une source supplémentaire d'instabilité conjoncturelle. Il permet des niveaux d'endettement historiquement élevés en temps de paix, avec des niveaux d'intérêt historiquement bas. Cette situation s'est avérée particulièrement déstabilisante pour la zone euro, qui, ayant été développée avec rigidité dans un monde radicalement différent, a mis beaucoup de temps à s'adapter. Dans l'intervalle, la zone euro a exporté ses problèmes structurels dans l'ensemble de l'UE.

L'interaction entre les domaines géopolitique et monétaire amplifie les effets de ce qui se passe dans chacun d'eux. Plus directement, le boom du gaz de schiste américain, alimenté par la dette, a remis en question la puissance énergétique de l'Arabie saoudite et de la Russie, perturbant à la fois le Moyen-Orient et l'Europe. Le financement de la dette par les banques centrales, quant à lui, a permis à des changements géopolitiquement déstabilisants tels que le Brexit de se produire sans être freinés par la panique des marchés financiers. Étant donné que le monde monétaire actuel renforce la puissance financière américaine, la politique monétaire est également plus géopolitique qu'elle ne l'a été depuis longtemps. La Réserve fédérale détermine quels États ont accès au crédit en dollars en temps de crise, et toutes les autres économies sont tributaires de ses décisions en matière de taux d'intérêt et d'assouplissement quantitatif. Cette dynamique constitue un puissant contrepoids aux pressions désintégratrices de l'ancien espace économique atlantico-pacifique. Ainsi, même si la puissance de la Chine s'accroît à d'autres égards, la sphère monétaire est pour Pékin une source de faiblesse, dont les conséquences se sont répercutées sur l'Europe.

En brossant le tableau de ce monde, la première histoire du livre est géopolitique et s'articule autour de l'énergie [8]. Elle commence par la montée en puissance géopolitique des États-Unis, riches en pétrole et en capitaux, à l'époque où le pétrole a commencé à remplacer le charbon en tant que base énergétique de la puissance militaire. Ce changement a donné lieu à une lutte entre les puissances européennes pendant la Première Guerre mondiale pour contrôler l'Empire ottoman en déclin, au moment même où la Grande-Bretagne et la France s'endettaient financièrement auprès des États-Unis. Les conflits liés à la volonté des pays européens de contrôler la production de pétrole face à la puissance financière américaine ont joué un rôle fondamental dans la crise européenne de l'entre-deux-guerres qui a suivi, et le pétrole et l'argent américains ont été déterminants pour l'issue de la Seconde Guerre mondiale. Après la guerre, l'Europe occidentale s'est appuyée sur une alliance de sécurité hiérarchique avec les États-Unis, sous la forme de l'OTAN, et sur les importations de pétrole en provenance du Moyen-Orient. Mais, dès le début, le Moyen-Orient et la Turquie ont posé problème à l'OTAN, rendant l'Europe occidentale également dépendante de la puissance impériale déclinante de la Grande-Bretagne sur le pourtour du golfe Persique. À partir des années 1970, ce qui était avant tout un problème de dépendance énergétique de l'Europe vis-à-vis de l'étranger s'est transformé en un problème américain, au moment même où la Grande-Bretagne se retirait du Moyen-Orient. Ces difficultés cumulées ont engagé les États de l'OTAN sur des voies différentes et conflictuelles vis-à-vis de l'Union soviétique, de la Turquie et du Moyen-Orient.

Les années de la guerre froide ont elles-mêmes laissé un héritage durable. Aujourd'hui, les conséquences se font sentir dans un monde où ce que fait la Chine est beaucoup plus important. En ce qui concerne le pétrole et le gaz, les États-Unis ont acquis la capacité d'une plus grande autonomie énergétique, telle qu'ils n'en avaient plus connue depuis les années

1960, et ce pouvoir est complété par la formidable force de levier de la finance américaine. Ce regain de puissance américaine est devenu une source de désordre géopolitique au Moyen-Orient. Elle a également fait de la dépendance de la Chine à l'égard du pétrole étranger le pivot des marchés pétroliers et a confronté la Russie à un rival sérieux dans le domaine de l'exportation de gaz vers l'Europe. Cette concurrence américano-russe s'est heurtée aux lignes de fracture de l'après-guerre froide autour de l'Ukraine et à celles, plus anciennes, autour de la Turquie. Comme la Chine est le plus grand émetteur de carbone au monde et qu'en même temps elle dispose déjà d'avantages considérables dans le domaine des énergies renouvelables et des métaux dont elle dépend, les énergies vertes constituent désormais une deuxième source d'instabilité géopolitique, parallèlement à celle générée par les énergies fossiles.

La deuxième histoire du livre est économique. Il s'agit d'une histoire de bouleversements monétaires, financiers et, là encore, énergétiques. Elle remonte au début des années 1970, quand le système de Bretton Woods s'est effondré, sous la pression des marchés bancaires en dollars en Europe, et que les pays occidentaux ont été frappés par les prix élevés du pétrole fourni par les producteurs du Moyen-Orient[9]. Les difficultés qui ont suivi en Europe ont finalement conduit à la création de l'euro. À la fin des années 1990, l'environnement monétaire, pétrolier et financier s'était stabilisé sous une forme plus bénigne, et l'intégration de la Chine dans l'économie mondiale se renforçait. Cela a précipité une nouvelle série de chocs en même temps que les problèmes d'approvisionnement en pétrole resurgissaient et que les risques liés à l'internationalisation des opérations bancaires en dollars s'accéléraient. En essayant de gérer ces nouveaux problèmes, les banquiers centraux occidentaux ont déclenché une succession d'événements qui ont entraîné de multiples krachs économiques en 2007 et 2008.

Les réponses politiques des États-Unis, de l'Union européenne et de la Chine ont remodelé l'économie mondiale. Partout, l'accumulation de la dette a garanti qu'il n'y aurait pas de retour en arrière. La Fed a présidé à la mise en place d'un environnement de crédit où la dette était extrêmement bon marché, et elle a joué le rôle de prêteur en dernier ressort pour les grandes banques d'autres pays. La crise de la zone euro a déstabilisé les relations entre l'UE et la zone euro, compromettant l'appartenance de la Grande-Bretagne à l'UE. La transformation finale de la BCE a laissé la zone euro dans l'incertitude politique. Au cours de la dernière décennie, l'économie chinoise a gagné en importance pour l'économie mondiale, en particulier pour l'Europe. Mais elle a aussi été sérieusement limitée par le nouveau pouvoir de la Fed et par la réaction qu'a provoquée la tentative de Xi Jinping de faire de la Chine une superpuissance manufacturière dans le domaine de la haute technologie. Sous l'effet de ces pressions concurrentes, l'économie mondiale est devenue le théâtre de conflits géopolitiques plus aigus.

La dernière histoire du livre traite des démocraties. En Europe et en Amérique du Nord, la démocratie représentative a fini par être perçue comme une structure stable et supérieure pour la vie politique collective. Mais les démocraties représentatives, comme toutes les autres formes de gouvernement, sont susceptibles de se déséquilibrer au fil du temps, à mesure que les conditions géopolitiques et économiques dans lesquelles elles ont été créées évoluent. Elles ont en outre été historiquement dépendantes d'une idée de la nation qui est aussi potentiellement déstabilisante que nécessaire.

Ces vulnérabilités étaient évidentes dès les balbutiements des démocraties représentatives, en particulier dans la république américaine. Elles se sont souvent manifestées en période de crise économique, autour de la question de la dette. Alors que, pendant la dépression des années 1930, un certain nombre de démocraties européennes ont succombé, aux États-Unis, le New Deal de Franklin Roosevelt a reconstruit la nation démocratique en tant que destin économique partagé. Bien que cette entreprise ait été compromise par la politique raciale américaine, elle a établi un modèle général pour réformer les démocraties afin de les sauver. Après la Seconde Guerre mondiale, les gouvernements d'Europe occidentale sont eux aussi partis du principe qu'au nom de la démocratie, l'État devait assumer la responsabilité de l'économie nationale, ce qui leur permettait de financer les dépenses des États démocratiques par l'impôt plutôt que par des emprunts internationaux.

Les changements géopolitiques et économiques des années 1970 ont commencé à mettre à mal cette forme de politique démocratique. Sur le plan budgétaire, les gouvernements sont devenus plus dépendants des marchés financiers internationaux et moins de leurs citoyens. L'ouverture des flux de capitaux internationaux et les nouveaux accords commerciaux ont permis aux entreprises manufacturières nord-américaines et européennes de délocaliser plus facilement des emplois dans des pays où le coût de la main-d'œuvre était moins élevé, et les secteurs financiers fortement internationalisés ont concentré les richesses de façon plus intense. Partout, à partir des années 1990, les démocraties sont devenues de moins en moins réceptives aux demandes démocratiques de réformes économiques susceptibles d'accroître le rendement du travail.

Dans ces conditions, les démocraties sont devenues particulièrement sensibles à leurs tendances ploutocratiques, et plus difficiles à réformer. Dans le cas de la république américaine, cette évolution a alimenté des conflits plus généraux autour de la citoyenneté démocratique. Dans l'UE, l'union monétaire et la prolifération des traités ont vidé de leur substance les enjeux des élections nationales et érodé la légitimité démocratique de l'UE. Des différences marquées sont apparues entre les démocraties européennes et la république américaine, qui se sont traduites par des formes distinctes de perturbation au cours de la dernière décennie de part et d'autre de l'Atlantique. Il n'y a qu'aux États-Unis que le principe du consentement des perdants lors des élections s'est aussi ouvertement dégradé. Il n'y a qu'en France que les anciens partis politiques sont si faibles qu'ils peinent à participer aux élections ; nulle part ailleurs un mouvement de protestation aussi durable que celui des « Gilets jaunes » n'est descendu dans la rue.

Les trois histoires de ce livre sont loin d'être exhaustives, que ce soit en elles-mêmes ou en tant qu'explication des bouleversements politiques actuels [10]. L'histoire analytique proposée offre une interprétation synthétique et privilégie le schéma au détriment du détail scientifique. En ce qui concerne la démocratie, l'ouvrage se concentre sur les États-Unis, les membres de longue date de l'UE et la Grande-Bretagne. Si j'accorde une importance considérable aux conflits matériels et au pouvoir géopolitique plutôt qu'à la culture ou à la religion, je n'entends pas suggérer que le monde politique est réductible au domaine matériel. En effet, j'insiste sur le temps comme source d'instabilité dans les démocraties précisément parce que les explications matérielles ne suffisent pas. Puisque l'hypothèse libérale, qui veut que l'histoire ait éloigné de la religion un monde de plus en plus prospère et démocratique, est erronée, il y a une histoire très importante à raconter, qui fait défaut dans ce livre, sur les ramifications politiques des expériences religieuses et culturelles de l'Europe et de l'Amérique du Nord au cours du XXe siècle et au début du XXIe siècle [11].

À une époque où le changement climatique est une réalité urgente, ce livre place également deux énergies fossiles au centre de deux de ces trois histoires et d'une partie de la troisième, ce qui a peut-être de quoi surprendre. S'il n'est pas tout à fait vrai, comme l'a dit le physicien Geoffrey West dans son livre de vulgarisation scientifique *Scale*, que « tout est une question d'énergie, idiot », l'histoire économique et politique du XXe et du début du XXIe siècle reste impénétrable si l'on ne comprend pas ce qui a découlé de la production, de la consommation et du transport du pétrole et du gaz [12].

Quand il s'agit de comprendre le chemin parcouru entre le passé et le présent, le pétrole revêt une importance particulière. Puisqu'il alimente les navires et les avions, il est la source d'énergie sur laquelle repose la puissance militaire. Le pétrole est également essentiel à la vie quotidienne telle que nous la connaissons. La chaîne alimentaire dépend du pétrole, depuis les engrais et les pesticides utilisés dans l'agriculture commerciale jusqu'à la distribution des approvisionnements par camion sur terre et par bateau sur mer. Les produits pétrochimiques obtenus à partir du pétrole sont des composants indispensables des plastiques et des équipements médicaux. Ce qui est problématique pour les ambitions en matière d'énergie verte, c'est qu'ils sont également nécessaires à la fabrication de panneaux solaires, de batteries et de véhicules électriques.

L'espoir d'un avenir énergétique différent ne peut atténuer l'importance actuelle du pétrole et du gaz. Il est évident que le pétrole et le gaz ont été des facteurs de causalité importants dans les bouleversements de la dernière décennie. De même, les politiques de cette décennie paraîtront tout à fait incompréhensibles si l'on ne tient pas compte de l'élan en faveur de l'énergie verte. L'énergie étant la base matérielle sous-jacente de toute civilisation, l'importance des changements dans ce domaine devrait être évidente [13]. Jusqu'à présent, dans l'histoire de l'humanité, le développement économique a été fonction de l'utilisation d'une plus grande quantité d'énergie [14]. Au cœur des efforts actuels pour parvenir à une énergie verte réside la volonté de modifier cette relation de longue date par le biais de nouvelles technologies [15].

Toute analyse qui associe l'énergie et la politique se heurte à une disjonction temporelle. Le passage, durant la révolution industrielle, à l'exploitation de l'ancienne lumière solaire stockée comme source d'énergie a effectivement réinitialisé le temps économique et écologique, déstabilisant la relation des êtres humains à la biosphère et rendant la vie économique dépendante d'une innovation technologique toujours plus poussée, dans un contexte d'épuisement des ressources sans aucune garantie de succès *a priori*[16]. Mais cette transformation a également laissé en place une grande partie de la politique en tant que lieu de conflits matériels et culturels collectifs. Si l'énergie suffisait à expliquer les bouleversements politiques de la dernière décennie, une portion de la deuxième partie de ce livre et l'essentiel de la troisième partie n'apporteraient pas grand-chose. Mais la politique pose ses propres problèmes. Elle aussi est chargée d'une version de l'entropie qui se produit chaque fois que l'énergie est rendue utilisable : la tentative d'établir et de maintenir l'ordre politique produit nécessairement les germes d'un désordre futur.

Première partie

Géopolitique

1

Le début de l'âge du Pétrole

En mai 2018, Donald Trump a annoncé que les États-Unis se retiraient de l'accord sur le nucléaire iranien conclu sous la présidence de Barack Obama. En rétablissant les sanctions contre Téhéran, Trump a affirmé que cet accord constituait une trahison de la puissance américaine et dénoncé le fait « qu'au moment où les États-Unis disposaient d'une influence maximale, cet accord désastreux a offert à ce régime [...] de grande terreur des milliards de dollars », permettant « à la dictature [...] de construire des missiles à capacité nucléaire, de financer le terrorisme et de semer le désordre dans tout le Moyen-Orient et au-delà [1] ». L'action de Trump appelait à la confrontation non seulement avec l'Iran, mais aussi avec la Grande-Bretagne, la France, l'Allemagne, l'Union européenne et la Chine, qui, avec la Russie, étaient toutes parties à l'accord. Les nouvelles sanctions américaines comprenaient des dispositions extraterritoriales destinées à restreindre le commerce de ces pays avec l'Iran. En 2019, les États-Unis ont réussi à sanctionner des entreprises chinoises qui transportaient du pétrole iranien, et les importations chinoises de pétrole iranien ont considérablement diminué. L'UE a cherché des moyens d'effectuer des transactions financières avec l'Iran hors de portée des sanctions. Mais la dépendance des entreprises européennes à l'égard du système bancaire américain pour effectuer des paiements en dollars faisait qu'il était presque impossible pour les entreprises énergétiques européennes de travailler dans le secteur énergétique iranien.

Trump a qualifié cette démonstration unilatérale de la puissance américaine de « pression économique maximale[2] ». Mais sa décision a provoqué une réponse militaire iranienne dans le golfe Persique qui a révélé la fragilité de la puissance militaire américaine au Moyen-Orient. L'Iran, qui borde la rive orientale du détroit d'Ormuz – l'étroite étendue d'eau reliant le golfe Persique à l'océan Indien, par laquelle transite chaque jour environ 20 % de l'approvisionnement mondial en pétrole –, a potentiellement les moyens d'infliger de graves dommages à l'économie mondiale. Craignant que l'Iran interfère avec la navigation dans la région, le gouvernement Trump a renforcé la présence navale et aérienne américaine dans le Golfe et la mer d'Arabie. Mais quand, au cours de l'été 2019, l'Iran a abattu un drone militaire américain au-dessus du détroit, arraisonné un pétrolier britannique dans le détroit, puis attaqué, directement ou par l'intermédiaire de milices, les installations pétrolières de l'Arabie saoudite à Abqaiq – où sont traités jusqu'à 7 millions de barils de pétrole par jour –, il n'y a pas eu de riposte militaire américaine.

Pendant ce temps, la profonde désunion qui régnait au sein de l'OTAN sur toutes les questions relatives au Moyen-Orient était flagrante. Quand, en juillet, le gouvernement Trump a proposé une opération de surveillance conjointe de l'OTAN dans le détroit, les États européens membres de l'OTAN ont rejeté l'idée. Après la saisie par l'Iran d'un navire battant pavillon britannique, le gouvernement britannique a plaidé en faveur d'une mission navale européenne pour protéger les pétroliers. Mais, alors que les discussions avec l'UE se poursuivaient, Boris Johnson a remplacé Theresa May au poste de Premier ministre britannique et a rapidement ordonné aux navires britanniques de se joindre à une mission dirigée par les États-Unis. Même après le départ de la Grande-Bretagne en janvier 2020, l'UE est restée divisée. Ce mois-là, le gouvernement français, avec le soutien politique de huit États de l'UE, a annoncé qu'une mission européenne de surveillance maritime opérerait dans le détroit. Mais le gouvernement allemand s'est montré peu enthousiaste et n'a proposé ni navires ni avions pour cette mission [3].

Ce sont les réserves de pétrole et de gaz du Moyen-Orient qui font du golfe Persique le carrefour de ces lignes de faille géopolitiques. Leur origine remonte au début du XXe siècle, quand l'ère énergétique du charbon est devenue l'ère énergétique du charbon et du pétrole, bouleversant fondamentalement l'Eurasie en tant qu'espace géopolitique ainsi que les relations entre l'Eurasie et l'hémisphère occidental. À l'âge du charbon, l'Europe occidentale a bénéficié de ce que l'historien Kenneth Pomeranz a défini avec justesse comme des « accidents géographiques heureux » qui ont été « essentiels à la révolution énergétique [4] ». Mais, lorsque le pétrole est également devenu une source d'énergie cruciale, ces pays européens, malgré leurs empires, se sont retrouvés dans une situation géographique extrêmement désavantageuse par rapport aux États-Unis et à la Russie. Certains des États européens pauvres en pétrole ont entrepris de chercher des ressources énergétiques au Moyen-Orient. Leurs succès et leurs échecs ont façonné le XXe siècle. Au début du XXIe siècle, les empires européens ayant disparu depuis longtemps, la Chine s'est elle aussi tournée vers l'Iran. Mais la géopolitique du Moyen-Orient est désormais modelée tout autant par les deux États qui, en termes d'énergie, n'ont guère eu besoin des ressources de la région au début de l'âge du pétrole. Bien que la tentative américaine de faire de la région une sphère d'influence, entamée dans les années 1990, ait presque atteint ses limites, la présence de la marine américaine dans et autour du golfe Persique reste le fait géopolitique central de la sécurité pétrolière dans le monde d'aujourd'hui. Contrairement à ce qui se passait il y a dix ans, elle exerce désormais cette puissance dans un Moyen-Orient où la Russie est également présente militairement.

La puissance eurasienne non eurasienne

Un paradoxe se trouve au cœur de la puissance américaine : au cours du XXe siècle, les États-Unis sont devenus la puissance dominante du monde, même si, pour reprendre les termes de l'historien John Darwin, le « centre de gravité de l'histoire du monde moderne » était toujours situé en Eurasie [5]. La formation historique des États-Unis, État non eurasien, en tant qu'entité territoriale a été étonnamment singulière. Après la guerre d'indépendance des treize États, la république américaine s'est rapidement et violemment étendue vers l'ouest du continent nord-américain. Largement épargnée par les conflits entre puissances eurasiennes, elle ne s'est heurtée à une résistance militaire importante que pendant une période relativement courte de la part du Mexique [6]. En tant qu'empire continental en expansion, les États-Unis ont été en mesure, certes avec l'assistance relative des Britanniques, d'exclure les puissances impériales européennes qui avaient colonisé les deux continents américains.

Tout en établissant leur primauté dans l'hémisphère occidental, les États-Unis, à partir du milieu du XIXe siècle, ont commencé à soutenir leurs intérêts économiques de longue date dans la région Asie-Pacifique au moyen de la force militaire, en intervenant dans la deuxième Guerre de l'opium entre la Grande-Bretagne et la Chine, et en utilisant leur marine pour contraindre le Japon à s'ouvrir aux commerçants américains et européens. Dans les années 1880, certains décideurs américains, souvent sous l'influence du stratège militaire Alfred Thayer Mahan, ont estimé que la puissance navale était la voie que devait emprunter Washington pour accroître considérablement la présence commerciale américaine en Eurasie.

En 1898, la marine américaine modernisée a remporté deux grandes batailles contre l'Espagne, donnant au pays son premier territoire eurasien, les Philippines. Sous la présidence de Theodore Roosevelt, la « Grande flotte blanche » de la marine américaine a entrepris un tour du monde pendant plus d'un an pour démontrer que les États-Unis étaient devenus une puissance navale.

Mais l'Eurasie où les États-Unis ont commencé à s'affirmer en tant que puissance navale était encore dominée par l'Empire britannique, soutenu par la suprématie navale britannique. Si l'étendue de leur territoire et de leur population conférait aux États-Unis un avantage géopolitique à long terme sur la Grande-Bretagne, le facteur qui leur a le plus immédiatement profité était le pétrole [7]. Le pétrole a transformé géopolitiquement un État qui, selon les termes de l'historien et spécialiste de l'énergie Vaclav Smil, avait été jusqu'alors « une société essentiellement rurale, alimentée par le bois, d'une importance mondiale marginale », en une puissance industrielle qui, au tournant du siècle, a fasciné les Européens sur les plans économique et technologique [8].

Dans les années 1860, le pétrole a commencé à être extrait à des fins commerciales en Pennsylvanie, et, dans les années 1870, une société américaine, la Standard Oil, s'était assurée la prééminence dans le raffinage et le transport du pétrole. Au départ, la demande de pétrole portait sur le kérosène pour l'éclairage. En 1891, un article de *The Atlantic* proclamait que « nous utilisons plus de kérosène que de bibles » et que le kérosène était « devenu, par son faible coût, la lumière du peuple dans le monde entier [9] ».

Au cours des dernières décennies du XIXᵉ siècle, la Russie était la seule autre région du monde où l'on produisait du pétrole de manière significative. Comme le pétrole russe se trouvait principalement à Bakou, sur la mer Caspienne enclavée, il n'a pas pu être exporté dans un premier temps [10]. Mais après l'annexion de Batoumi, sur la côte sud-est de la mer Noire, arraché par la Russie à l'Empire ottoman en 1878, le pétrole russe a pu être transporté par chemin de fer et par oléoduc depuis les puits de Bakou jusqu'en Europe. Les producteurs américains et russes se sont alors mis à se disputer les consommateurs. Dans les années 1890, une concurrence féroce s'est engagée pour les marchés européens entre la Standard Oil, qui vendait du pétrole américain, et deux entreprises européennes, la Nobel Brothers Petroleum Production Company et la Caspian and Black Sea Petroleum Company, qui vendaient du pétrole russe [11]. Cette rivalité commerciale s'est intensifiée quand les entreprises qui vendaient du pétrole russe ont utilisé les premiers pétroliers pour transporter le carburant par le canal de Suez, afin de concurrencer la Standard Oil en Asie. Bien que la Standard Oil et les sociétés européennes aient parfois cherché à se répartir les marchés mondiaux, chaque tentative de coopération s'est soldée par un échec [12].

Pendant une courte période, entre 1898 et 1902, la Russie a dépassé les États-Unis et est devenue le plus grand producteur de pétrole au monde [13]. Mais l'industrie pétrolière américaine conservait des atouts importants. À partir de 1908, la voiture de série Model T de Henry Ford, dont la construction a été rendue possible par le moteur à combustion interne, a transformé la demande en pétrole, même si l'essence produite à partir du pétrole n'était qu'un des carburants avec lesquels la nouvelle voiture de Ford pouvait fonctionner. La voiture à essence produite dans les immenses usines Ford du Michigan a alors acquis le statut de principal symbole de l'innovation technologique et du consumérisme industriel américains. Bien qu'en 1911 la Cour suprême des États-Unis ait ordonné le démantèlement de la Standard Oil en sociétés concurrentes, rien dans la politique intérieure américaine n'a pu entraver la croissance du secteur. En revanche, la politique russe a failli détruire l'industrie pétrolière russe. Bakou et Batoumi sont devenus des foyers révolutionnaires où Staline a appris son métier en tant que militant local. Au cours de la révolution de 1905, des groupes de Tatars qui voulaient tuer des Arméniens ont mis le feu aux deux tiers des puits de pétrole de Bakou, anéantissant le secteur des exportations russes pour la majeure partie de la décennie suivante [14]. Par conséquent, quand la Première Guerre mondiale a commencé, l'hémisphère occidental dominait la production pétrolière, les États-Unis fournissant près des deux tiers du pétrole mondial et le Mexique étant le troisième plus grand producteur du monde.

La domination américaine dans le domaine du pétrole suscitait de vives craintes en Europe [15]. À l'exception de l'Autriche-Hongrie, les grandes puissances européennes manquaient de pétrole, tout comme leurs colonies, en dehors des Indes orientales néerlandaises et de la Birmanie britannique. Leur espoir de concurrencer les États-Unis se trouvait au Moyen-Orient qui, contrairement à une grande partie de l'Asie et de l'Afrique, s'était révélé relativement résistant à la domination territoriale européenne. En 1908, du pétrole avait été découvert en Perse, alors officiellement une monarchie constitutionnelle, mais en pratique largement divisée en sphères d'influence britanniques et russes distinctes. Les perspectives pétrolières en Mésopotamie, contrôlée par les Ottomans, semblaient tout aussi prometteuses.

Les gouvernements britannique et allemand tenaient à contrôler ces ressources du Moyen-Orient. Bien que les entreprises britanniques et allemandes aient coopéré pour former le consortium Turkish Petroleum Company en 1912, le pétrole du Moyen-Orient a joué un rôle important dans le développement de la rivalité germano-britannique avant la Première Guerre mondiale [16]. Si la présence de la Grande-Bretagne dans le sud du Golfe et son emprise impériale sur l'Inde lui assuraient un avantage évident, l'empereur Guillaume II a commencé à courtiser le sultan ottoman dès son accession au trône, en vue de se procurer des ressources. À cette fin, la Deutsche Bank a obtenu de l'État ottoman la concession de la construction d'un chemin de fer reliant Konya, en Anatolie, à Bagdad et Bassora, qui pourrait être rattaché à la ligne Berlin-Constantinople. Tout aussi important, cette concession s'accompagnait du droit de procéder à des prospections pétrolières le long de la voie ferrée.

La perspective d'une marine alimentée par le pétrole a encouragé ces ambitions. Dès la fin des années 1890, les planificateurs navals de la plupart des grandes puissances ont envisagé d'expérimenter le pétrole pour propulser leurs navires [17]. Au départ, c'était une prouesse technologique qui était loin d'être simple. En tant qu'État naval le plus puissant du monde, la Grande-Bretagne avait le plus à perdre si une autre puissance venait à s'assurer un avantage décisif en la matière, et c'est donc elle qui a été la première à acquérir la capacité de construire des navires fonctionnant uniquement au pétrole [18]. Mais, pour s'engager dans cette voie, il fallait renoncer à une source d'énergie dont la Grande-Bretagne jouissait en abondance au niveau national, en faveur d'une source qui ne pouvait alors être importée que des États-Unis ou de la Birmanie. En 1911, Winston Churchill, devenu Premier Lord de l'Amirauté, a pris la décision de substituer entièrement le pétrole au charbon en tant que source d'énergie de la marine britannique. Ce qui revenait, selon les termes de Churchill, à « prendre les armes contre une mer de troubles [19] ». La seule défense dans ce monde nouveau, se disait prudemment Churchill, était de diversifier l'approvisionnement en utilisant des routes maritimes que la marine britannique pouvait facilement protéger [20]. À cette fin, le gouvernement d'Herbert Asquith, dont Churchill était membre, a acheté en 1914 une part majoritaire de l'Anglo-Persian Company, une entreprise britannique jusqu'alors privée qui détenait la première concession sur les nouveaux champs pétrolifères persans et avait un contrat pour approvisionner la marine britannique.

La Première Guerre mondiale a accentué l'importance géopolitique du pétrole et renforcé la primauté des États-Unis dans ce domaine [21]. Comme l'a écrit l'historien de l'environnement Dan Tamir, c'est au cours de la Première Guerre mondiale que « le pétrole est devenu la ressource par excellence du XXe siècle [22] ». Les marines basées sur le pétrole et le moteur à combustion interne ont fait de l'accès au pétrole une condition de la guerre. Une fois que les Allemands ont persuadé les Ottomans de rejoindre les puissances centrales et que les Ottomans ont fermé les Dardanelles, coupant le passage de la mer Noire à la Méditerranée, le pétrole russe ne pouvait presque plus être livré à la Grande-Bretagne et à la France. Contrairement aux espoirs de Churchill, la Grande-Bretagne s'est aperçue qu'il y avait un pays dont elle dépendait, en fin de compte, et une route maritime décisive : l'Atlantique. De son côté, le commandement allemand s'était largement préparé à une guerre européenne qui serait menée en déplaçant troupes et ravitaillement par des chemins de fer alimentés au charbon [23]. Dans une guerre où les marines et les sous-marins fonctionnaient au pétrole, avec, à terme, des camions et des avions alimentés eux aussi au pétrole, l'Allemagne et l'Autriche-Hongrie n'avaient guère de solutions. Bien que le Kaiser ait longuement courtisé l'Empire ottoman, les seuls gisements de pétrole contrôlés par les puissances centrales en août 1914 se trouvaient en Galicie, terre de la Couronne autrichienne, dans le nord-est de l'Autriche-Hongrie, et il n'existait aucun moyen facile de l'acheminer jusqu'à la base navale de l'Empire à Pola, sur la côte adriatique [24]. Quand l'Autriche-Hongrie a perdu la bataille de Galicie contre la Russie en 1915, les puissances centrales se sont retrouvées sans approvisionnement venu de la région pendant près d'un an, si bien que, pour survivre aussi longtemps qu'elles l'ont fait, elles ont dû faire main basse sur les puits de pétrole roumains.

Pour contrer l'avantage énergétique structurel des Alliés, l'Allemagne devait empêcher le pétrole de traverser l'Atlantique. Pendant un certain temps, les sous-marins allemands ont détruit d'innombrables pétroliers. Mais, quand la marine britannique a finalement mis en place un système de convois, il a été impossible à l'Allemagne de s'en remettre. À la fin de l'année 1917, grâce au pétrole fourni par les Américains, les troupes alliées étaient beaucoup plus mobiles que les forces des puissances centrales, car elles pouvaient être déplacées à l'aide de véhicules motorisés. En 1918, l'Allemagne a entrepris une dernière tentative pour obtenir davantage de pétrole. Six mois après le traité de Brest-Litovsk, le gouvernement allemand a conclu un accord avec les bolcheviques portant sur un quart de la production pétrolière de Bakou. Le général Ludendorff a envoyé des troupes allemandes jusqu'à Bakou dans le vain espoir d'empêcher leur ancien allié ottoman de prendre la ville [25]. À la fin de la guerre, le ministre britannique des Affaires étrangères a déclaré que « la cause alliée avait vogué vers la victoire sur une vague de pétrole » ; 80 % de ce pétrole avait été fourni par les États-Unis [26].

Les rares habits eurasiens du nouvel empereur financier

La puissance financière américaine en Eurasie a renforcé la puissance pétrolière américaine. Avant la guerre, la Grande-Bretagne était le principal créancier du monde. Les responsables de la création du Système fédéral de réserve en 1913 voyaient dans une banque centrale américaine un moyen de limiter la puissance financière britannique et de faciliter l'utilisation du dollar pour le commerce en Eurasie [27]. Mais presque dès le début des hostilités, en août 1914, il est devenu évident que la Grande-Bretagne et la France auraient besoin de matériel et de vivres américains pour faire la guerre et de crédits américains pour financer leurs achats. Très vite, des réserves d'or se sont déplacées en grande quantité vers l'ouest, de l'autre côté de l'Atlantique, et l'excédent commercial américain en produits manufacturés s'est accru substantiellement. Au début des années 1920, la majorité des réserves d'or mondiales se trouvait aux États-Unis ; quelques années plus tard, pour la première fois, les banques centrales détenaient plus de réserves de change en dollars qu'en livres sterling [28]. La dette de guerre de la Grande-Bretagne et de la France a créé une grave dépendance financière. Après la victoire de Warren Harding à la présidentielle de 1920, l'ambassadeur britannique à Washington rédigea une note déplorant que le nouveau gouvernement « chercherait l'occasion de nous traiter comme un État vassal tant que la dette resterait impayée [29] ». En 1923, la Grande-Bretagne a finalement accepté un accord sur la dette qui a conduit le Premier ministre britannique Andrew Bonar Law à écrire anonymement au *Times* pour se plaindre de la dureté des conditions que son propre ministre des Finances avait acceptées à contrecœur [30].

Pourtant, malgré l'énorme puissance financière dont jouissaient les États-Unis, le pouvoir géopolitique réel qu'ils pouvaient exercer en Eurasie était sérieusement limité par la géographie, les ambitions pétrolières européennes et la propre politique démocratique du pays [31]. Ces limites à la puissance américaine dans l'entre-deux-guerres sont toujours pertinentes pour les lignes de fracture géopolitiques actuelles, tout comme le sont les tentatives infructueuses des grands États européens de se soustraire à la dépendance vis-à-vis du pétrole américain après la Première Guerre mondiale.

La faiblesse immédiate de la puissance américaine, et la plus flagrante, se trouvait au Moyen-Orient. Pendant la Première Guerre mondiale, le territoire ottoman au Moyen-Orient, riche en pétrole, constituait un objectif de premier choix, de même que le contrôle stratégique de Constantinople et des Dardanelles [32]. Mais Woodrow Wilson, le président américain qui avait entraîné les États-Unis dans le conflit, n'a jamais déclaré la guerre aux Turcs, ce qui ne l'a pas empêché de se prononcer sur le sort de l'Empire ottoman et des Dardanelles dans sa déclaration en quatorze points décrivant le monde de l'après-guerre. Par la suite, les États-Unis ne prirent légalement part à aucun des traités relatifs à la dissolution de l'Empire ottoman [33]. Lorsque, à Versailles, plusieurs propositions furent avancées en vue d'un mandat américain pour l'administration de divers anciens territoires ottomans sans annexion formelle, Wilson déclara qu'« il n'y avait rien que le peuple américain serait moins enclin à accepter qu'une responsabilité militaire en Asie [34] ».

En revanche, dès l'été 1914, les puissances européennes avaient rivalisé militairement pour étendre leurs empires dans le Moyen-Orient et en Anatolie, ainsi que pour contrôler les eaux reliant la mer Noire à la mer Égée par Constantinople. En faisant de l'Empire ottoman un allié de l'Allemagne, le Kaiser a obtenu que la Sublime Porte proclame le djihad islamique contre la Grande-Bretagne, la France et la Russie, dans l'espoir qu'une révolte des musulmans du Moyen-Orient à l'Inde permettrait à l'Allemagne d'acquérir une sphère d'influence allant des Dardanelles au golfe Persique [35]. Au début de la guerre, la Grande-Bretagne a déplacé ses troupes de l'armée des Indes pour protéger les raffineries de pétrole d'Abadan en Perse et a occupé Bassora en Mésopotamie. Plus tard, les forces impériales britanniques se sont emparées de Bagdad et Mossoul. Pendant la guerre, la Grande-Bretagne, la France et la Russie sont secrètement convenues, en cas de victoire, de se partager l'Empire ottoman, y compris de donner Constantinople à la Russie, et ont conclu d'autres accords secrets pour accorder à l'Italie une grande partie du sud-ouest de l'Anatolie. Si l'Allemagne avait réussi son offensive du printemps 1918, elle aurait dominé, alliée aux Ottomans, le Moyen-Orient et le Caucase, et subjugué la Perse [36]. En fin de compte, la Grande-Bretagne et la France ont imposé aux Ottomans un armistice qui donnait aux Britanniques le contrôle des Dardanelles et refoulait les Ottomans hors du Caucase, dont Bakou et Batoumi. Ce qui s'est révélé trop ambitieux : la Grande-Bretagne n'a pas été en mesure de conserver les Dardanelles, l'Union soviétique a repris militairement le Caucase, et l'espoir britannique de voir la Grèce s'emparer de Constantinople a été anéanti par les succès militaires du Mouvement national turc lors de la guerre d'indépendance de la Turquie. Toutefois, la Grande-Bretagne est sortie de la Première Guerre mondiale en détenant des mandats de la Ligue des nations pour administrer la Mésopotamie et la Palestine, sa sphère d'influence en Perse était non seulement préservée, mais aussi mieux protégée des autres puissances qu'auparavant et, en 1923, elle a obtenu que les Dardanelles soient démilitarisées [37]. Bien que la révolte irakienne de 1920 ait mis fin au mandat mésopotamien avant même qu'il ait commencé et que l'Irak ait acquis sa souveraineté officielle en 1922, la Grande-Bretagne a conservé le contrôle du pays en tant qu'espace géopolitique, ce qui garantissait à Londres le contrôle du golfe Persique jusqu'aux émirats du littoral et de son embouchure, qui étaient des protectorats britanniques.

À Washington, les gouvernements d'après-guerre étaient parfaitement conscients des implications de l'absence américaine au Moyen-Orient et du désir des Britanniques et des Français d'accéder à l'indépendance pétrolière [38]. Après avoir dépensé tant de pétrole pour approvisionner les Alliés, les États-Unis sont devenus en 1919 un importateur net de pétrole et le sont restés pendant les trois années suivantes. Wilson en conclut qu'« il ne semble pas y avoir de méthode qui pourrait nous assurer l'approvisionnement nécessaire à l'intérieur du pays et à l'étranger [39] ». Au lendemain de l'armistice, le gouvernement britannique a empêché la Standard Oil de New York de récupérer ses concessions d'avant-guerre en Palestine et les géologues américains de se rendre en Mésopotamie. À la grande fureur des Américains, la Grande-Bretagne et la France ont alors conclu l'accord pétrolier de San Remo en 1920, qui confiait à la France les 25 % de parts de la Deutsche Bank dans la Turkish Petroleum Company [40]. En

1919-1920, la réalité était que les compagnies britanniques, bien que contrôlant moins de 5 % de l'approvisionnement mondial en pétrole, possédaient désormais au moins 50 % des réserves pétrolières connues dans le monde [41]. Par la suite, le département d'État américain s'est efforcé d'entraver les négociations entre le gouvernement irakien et la Turkish Petroleum Company au sujet de la concession accordée avant la guerre par le grand vizir, en prétendant qu'elle était nulle et non avenue [42]. Mais la Turkish Petroleum Company l'a de nouveau obtenue en 1927, et, la même année, on découvrait du pétrole en Irak.

Durant la seconde moitié des années 1920, la position américaine s'est améliorée. Les inquiétudes quant à l'approvisionnement immédiat en pétrole ont été tempérées par d'importantes découvertes de pétrole au Texas. Conscients des avantages d'une injection de capitaux américains dans les champs pétrolifères irakiens, les Britanniques ont autorisé un consortium américain – dont faisaient partie la Standard Oil du New Jersey et la Standard Oil de New York – à rejoindre une Turkish Petroleum Company reconstituée, devenue ensuite l'Iraq Petroleum Company (IPC). Mais les compagnies américaines restaient soumises aux contraintes imposées par la Grande-Bretagne et la France. L'accord de la ligne rouge de l'IPC, signé en 1928, donnait à chaque partenaire, autrement dit au gouvernement britannique par l'intermédiaire de l'Anglo-Persian Company, un droit de veto sur toute autre entreprise indépendante qui rechercherait du pétrole sur le territoire de l'ancien Empire ottoman dans ses frontières de 1914. Cet accord excluait de fait les entreprises américaines de l'IPC de la prospection sur le pourtour occidental du golfe Persique. En 1929, le gouvernement britannique a cependant cédé, assez pour permettre à la Standard Oil de Californie de forer autour de l'île de Bahreïn. Quand du pétrole y a été découvert en 1932, les perspectives de trouver également du pétrole en Arabie saoudite se sont améliorées. En grande partie grâce à la duplicité du fonctionnaire britannique Jack Philby qui le conseillait, le monarque saoudien accorda une concession exclusive pour l'exploration sur le territoire de son royaume à la Standard Oil de Californie plutôt qu'à l'IPC [43]. À l'avenir, ce pétrole permettrait à Washington de peser sur les gouvernements européens. Mais la présence commerciale américaine en Arabie saoudite est d'abord née de la faiblesse géopolitique américaine et de la puissance géopolitique britannique concurrente en Perse et en Irak.

*
* *

De 1914 à 1941, la politique démocratique américaine a également empêché les États-Unis d'utiliser leur puissance militaire et financière pour agir de façon décisive en tant que puissance eurasienne [44]. Cette contrainte intérieure s'est manifestée dès le début de la Première Guerre mondiale. Pendant le conflit, la capacité de l'Amérique à fournir des crédits à l'Eurasie est apparue indépendamment de l'État américain. Quand Wilson s'est résolument opposé à une intervention militaire américaine, le gouvernement britannique s'est tourné vers Wall Street pour financer une ligne de ravitaillement transatlantique. JP Morgan, une banque new-yorkaise, est devenue le commissionnaire et le créancier de la Grande-Bretagne et de la France et, par extension, des autres Alliés. Les efforts infructueux de Wilson pour limiter la marge de manœuvre de JP Morgan reflétaient qu'il savait que de nombreux électeurs, en particulier ceux des États situés à l'ouest du Mississippi, n'aimaient pas les banques new-yorkaises et s'en méfiaient. Wilson s'est présenté à l'élection présidentielle de 1916 avec pour slogan « L'Amérique d'abord », contre un candidat républicain favorable à la guerre soutenu par JP Morgan. Quand, en avril 1917, Wilson a effectivement fait entrer les États-Unis dans le conflit, il a insisté sur le fait que les combats seraient financés par des Liberty Bonds achetés par des millions de citoyens américains en tant que dette de l'État. La république ne pouvait pas, selon lui, être impliquée dans un conflit que l'on qualifiait volontiers de « guerre des banquiers » ou qui manquait de soutien politique d'un bout à l'autre du pays [45].

Même l'entrée en guerre des États-Unis en 1917 s'explique par le risque de voir le conflit en Eurasie s'étendre à l'hémisphère occidental. En février 1917, l'Allemagne a déclenché une guerre sous-marine à outrance dans l'Atlantique, ce qui a poussé Wilson à déclarer la guerre à l'Allemagne. Mais, un mois plus tard, Wilson qualifiait encore de « crime [46] » la perspective que les États-Unis aillent se battre en Europe. Seule la proposition de l'Allemagne de s'allier au Mexique contre les États-Unis – Berlin soutenant alors l'annexion par le Mexique du Texas, de l'Arizona et du Nouveau-Mexique – a finalement incité Wilson à déclarer la guerre, et encore, exclusivement à l'Allemagne. Sans intervenir dans le conflit entre la Grande-Bretagne, la France et l'Autriche-Hongrie et, par voie de conséquence, l'Empire ottoman.

Quand Wilson s'est mis à prôner le leadership américain en Eurasie, il s'est heurté à sa propre résistance intérieure. C'est entre autres à cause du sentiment anti-guerre que les démocrates ont perdu le contrôle des deux chambres du Congrès en 1918. Quand le nouveau Sénat s'est réuni, Wilson n'a pas pu ratifier les dispositions du traité de Versailles relatives à la Société des Nations. En effet, du fait des divisions au sein de son propre parti, entre les Américains les plus anglophiles d'un côté et les Américains d'origine allemande et irlandaise de l'autre, un consensus national sur les questions européennes au sein du Congrès américain était pour ainsi dire impossible.

Tout au long des années 1920 et 1930, le discours décrivant la Première Guerre mondiale comme la « guerre des banquiers » a perduré. Les membres du Congrès attaquaient régulièrement Benjamin Strong, le président de la Réserve fédérale de New York, le qualifiant de larbin de JP Morgan, entravant ses efforts pour travailler avec les banques centrales européennes afin de stabiliser les monnaies européennes et de leur redonner une valeur fixe par rapport à l'or[47]. Les « marchands de mort » sont devenus une expression courante pour dépeindre les relations entre Wall Street et les entreprises manufacturières qui avaient bénéficié de la participation de JP Morgan à la chaîne de ravitaillement de la Grande-Bretagne et de la France. De 1934 à 1936, une commission sénatoriale a enquêté sur le rôle de Wall Street dans l'entrée des États-Unis dans la Première Guerre mondiale, ce qui a conduit le Congrès à adopter des lois sur la neutralité en 1935 et 1936, la seconde interdisant les prêts aux belligérants.

Dans le même temps, l'idée d'une annulation de la dette de guerre des Alliés, très impopulaire, a influencé l'ensemble des accords de Versailles sur la question des réparations et a rendu fondamentalement instable la paix que Wilson était censé avoir parrainée. La Réserve fédérale de New York, qui était chargée de gérer les obligations financières et les besoins de crédit des États européens, était favorable à la réduction, voire à l'annulation, des dettes de guerre des Alliés[48]. Mais, une fois de plus, le Congrès a insisté pour limiter l'action de l'exécutif, en adoptant en 1922 une loi prévoyant la création d'une Commission de la dette extérieure de la guerre mondiale chargée de négocier les conditions de remboursement des prêts britanniques et français[49]. Tant que le président américain ne pouvait pas céder sur la dette des Alliés, la Grande-Bretagne et la France, fiscalement affaiblies par la guerre, ne pouvaient pas réduire leurs exigences en matière de réparations allemandes. Quand, au début des années 1930, la plupart des États européens ont finalement répudié ces dettes, le Congrès a interdit à tout État en défaut de paiement d'emprunter aux États-Unis[50].

Or, paradoxalement, les contraintes internes qui pesaient sur la puissance financière américaine ont empêché les États-Unis de se soustraire aux affaires eurasiennes. L'occupation française et belge de la Ruhr pour obtenir des réparations allemandes et l'hyperinflation en Allemagne ont fait naître la perspective d'une guerre et d'un effondrement financier. Plutôt que d'envisager ces risques, le gouvernement Harding a décidé d'utiliser la puissance financière américaine pour mettre fin à la crise de la Ruhr par le biais du plan Dawes, JP Morgan accordant un prêt important à la France et organisant avec la Fed une émission massive d'obligations pour l'Allemagne, la Maison-Blanche encourageant les citoyens américains à investir. Soutenue par le crédit américain, l'Allemagne a pu payer les réparations [51]. Mais, de ce fait, la stabilité financière américaine ainsi que la politique démocratique américaine en matière d'épargne étaient vulnérables face au risque que les Européens ne disposent pas d'assez de dollars pour assurer le service de leur dette [52]. Cela permettait également à l'Allemagne de contourner le régime de Versailles. Les politiciens américains ne pouvant pas privilégier politiquement les Français et les Britanniques qui réclamaient de l'argent allemand au détriment des détenteurs d'obligations américaines qui percevaient des intérêts de l'Allemagne, ils ont eu tendance à vouloir détourner la Grande-Bretagne et la France des réparations, indifférents à ce qui en a résulté pour l'équilibre des pouvoirs en Europe [53].

De 1929 à 1932, ces contraintes démocratiques américaines ont joué un rôle dans la fin du volet financier du traité de Versailles. Dans un contexte de dépression, l'Allemagne ne pouvait ni payer les réparations ni assurer le service de la dette en dollars. Quand, lors de la conférence de Lausanne de 1932, le président Hoover a finalement négocié un accord mettant fin à ces réparations en échange d'un plan de réduction de la dette des Alliés, le Congrès a rejeté la proposition. Comme le Congrès n'autorisait pas non plus de nouveaux crédits américains, l'Allemagne s'est trouvée libérée de ses obligations financières au titre de Versailles et, ironie du sort, également libre de répudier ses dettes américaines [54].

La réponse de Franklin Roosevelt à ce qui, en 1933, était devenu une crise bancaire transatlantique a encore affaibli la puissance financière américaine. Pour Roosevelt, le corollaire national de la puissance financière géopolitique était l'influence politique de Wall Street. Dès le premier jour de son mandat, Roosevelt a fermé toutes les banques et suspendu l'exportation ou la détention privée d'or. Contrairement à ce que presque tout le monde lui avait recommandé, il a ensuite retiré le dollar de l'étalon-or, dans l'espoir de stabiliser le système bancaire et d'augmenter les prix pour les producteurs nationaux. Pour beaucoup, cette décision était incompréhensible, puisque les États-Unis possédaient encore les plus grandes réserves d'or du monde [55]. Mais Roosevelt était déterminé à accorder la priorité à l'économie nationale, pour des raisons qui seront évoquées au chapitre 7. Il donna le coup de grâce à l'étalon-or quand, depuis son yacht au large de la Nouvelle-Angleterre, il envoya un câble à la conférence monétaire et économique mondiale de 1933 à Londres pour signaler aux négociateurs américains qu'ils ne devaient pas se préoccuper des « vieux fétiches des prétendus banquiers internationaux [56] ».

Si la Première Guerre mondiale avait créé la puissance financière américaine, la paix l'avait brisée. Entre 1924 et 1932, les présidents américains, la Fed et JP Morgan avaient entrepris d'utiliser cette puissance pour stabiliser l'Europe. Mais les contraintes imposées par le Congrès sur la gestion de la dette et le volume même des prêts américains à l'Allemagne ont privé les États-Unis de leurs moyens lors de la crise économique et géopolitique provoquée en Europe par le krach de 1929 [57]. L'instabilité monétaire engendrée par la crise allemande s'est propagée de l'autre côté de l'Atlantique. Dès lors, le président américain a dû choisir entre la politique intérieure et la sphère géopolitique. Roosevelt a joué la carte de l'Amérique d'abord, avec un sens certain de la mise en scène. Cependant, étant donné que la capacité américaine à agir de manière cohérente en Eurasie avait été inhibée au niveau national dès le début de la Première Guerre mondiale, il n'est guère surprenant qu'il ait fait ce choix dans une situation d'urgence économique nationale.

Le retour de la puissance énergétique américaine

Le désordre économique et politique qui a ébranlé l'Eurasie après la crise de 1929-1933 a permis à l'Allemagne, au Japon, à l'Italie et à l'Union soviétique de s'engager dans une violente expansion territoriale. Vus sous cet angle, les États-Unis se sont révélés être une puissance eurasienne tout à fait inefficace. Mais, en entraînant le monde vers une guerre encore plus catastrophique, les trois premiers ont libéré la puissance énergétique américaine, faisant finalement de la puissance militaire et financière américaine une présence dominante dans une grande partie de l'Eurasie.

Comme celle qui l'avait précédée, la Seconde Guerre mondiale est indissociable de la géopolitique de l'énergie. À l'ère technologique de la puissance aérienne, le besoin de pétrole causé par la guerre était écrasant. C'était manifeste dans le cas de l'expansion impériale du Japon. Les conséquences n'étaient pas moindres en Europe. De 1919 à 1939, toutes les grandes puissances européennes ont voulu se débarrasser des importations de pétrole de l'hémisphère occidental et, de façon contrastée et conflictuelle, ont cherché en Eurasie des sources d'approvisionnement en énergie qu'elles pouvaient contrôler.

Contrairement à la Grande-Bretagne et à la France, l'Allemagne n'avait pas d'empire ou de sphère d'influence au Moyen-Orient et dépendait presque entièrement, au début de l'entre-deux-guerres, du pétrole provenant de l'hémisphère occidental [58]. Pour tenter de remédier à cette faiblesse, les gouvernements de Weimar ont activement soutenu, à partir de 1926, le projet d'IG Farben visant à développer une usine de carburant synthétique à Leuna, dans l'est de l'Allemagne, où le charbon serait transformé en pétrole par hydrogénation.

Gustav Stresemann, ministre allemand des Affaires étrangères, considérait ce projet, soutenu à partir de 1929 par la Standard Oil du New Jersey, comme vital pour son pays. L'Allemagne n'avait pas de politique étrangère sans l'entreprise chimique allemande et le charbon, avait-il coutume de dire [59].

Les nazis voulaient la guerre et estimaient qu'il était urgent de mettre fin à la dépendance énergétique de l'Allemagne vis-à-vis de l'étranger. Hitler pensait que c'était parce qu'il avait dû importer des matières premières et du pétrole que le Reich avait été vaincu en 1918 [60]. Son plan quadriennal de 1936 partait du principe que l'Allemagne pourrait être totalement indépendante des importations de pétrole d'ici 1940 [61]. Mais l'Allemagne nazie n'a jamais résolu son problème pétrolier. Bien que l'usine de Leuna ait fourni du carburant synthétique à la Luftwaffe, Hitler n'avait pas atteint l'indépendance pétrolière de l'Allemagne lorsqu'il a attaqué la Pologne en 1939. Le blocus naval britannique empêchant l'Allemagne d'importer du pétrole de l'hémisphère occidental, l'Allemagne dépendait de l'approvisionnement de la Roumanie, de l'Union soviétique et, après juin 1940, des réserves françaises.

Sur le plan militaire, la stratégie nazie a de nouveau obligé l'Allemagne à avoir recours à la guerre sous-marine pour empêcher les États-Unis d'approvisionner la Grande-Bretagne. Mais les Allemands n'ont pas réussi à infliger des pertes décisives aux approvisionnements pétroliers britanniques dans l'Atlantique en 1940 et 1941. Les approvisionnements pétroliers de l'Allemagne en provenance de l'Union soviétique étant de plus en plus difficiles et les troupes soviétiques s'étant emparées du nord-est de la Roumanie, Hitler a joué son va-tout et a envahi l'Union soviétique. Les motivations de Hitler ont longtemps été la source de controverses historiques. Mais l'Allemagne ne pouvait tout simplement pas gagner une guerre dans laquelle les États-Unis approvisionnaient l'Empire britannique sans prendre le contrôle du pétrole soviétique, dont 90 % venaient du Caucase [62]. Il y a certes eu d'autres raisons, nées de son obsession apocalyptique pour le Lebensraum, l'espace vital, et de sa haine du bolchevisme, qui ont poussé Hitler à lancer l'opération Barbarossa, et on ne saurait sous-estimer à quel point ces préoccupations ont façonné la catastrophe qui s'en est suivie, mais la faiblesse de l'Allemagne dans le domaine du pétrole était à elle seule un motif presque suffisant pour justifier l'invasion. L'échec allemand à Stalingrad a engagé l'Allemagne dans une voie qui a inévitablement conduit à la défaite. Peu après, en Afrique du Nord, les Alliés ont finalement vaincu les forces de Rommel, qui manquaient de pétrole, permettant ainsi à la campagne d'Italie de commencer [63].

La Grande-Bretagne aussi avait échoué dans sa quête d'indépendance énergétique durant l'entre-deux-guerres. Les gouvernements britanniques ont déployé d'énormes efforts dans les années 1920 et 1930 pour assurer la sécurité de leur approvisionnement en pétrole extrait et transporté par des sociétés britanniques dans les limites de l'Empire britannique et de sa sphère d'influence au Moyen-Orient. Une note de service adressée au cabinet de guerre avant l'accord de San Remo indiquait : « Notre dépendance vis-à-vis des États-Unis d'Amérique dans le domaine du carburant pendant la guerre et l'utilisation sans cesse croissante du pétrole dans la marine marchande sont d'une telle ampleur qu'il est essentiel que tout soit mis en œuvre pour établir des sources d'approvisionnement sous contrôle britannique [64]. »

Mais au milieu des années 1930, alors qu'elle avait réussi à réduire les importations américaines à près de 10 % de l'ensemble de ses besoins, plus de la moitié du pétrole de la Grande-Bretagne provenait encore de l'hémisphère occidental, notamment du Venezuela et du Mexique. La production des puits de pétrole irakiens sous contrôle britannique était limitée, et Londres n'était pas en mesure de protéger militairement ses approvisionnements iraniens. L'invasion de l'Abyssinie par l'Italie en 1935 et la réticence des Américains à soutenir les sanctions pétrolières contre Mussolini ont mis en évidence la faiblesse de la Grande-Bretagne en cas de guerre européenne. Tant que l'Italie, soutenue par la puissance aérienne allemande, était capable de fermer l'accès méditerranéen du canal de Suez aux pétroliers britanniques, le pétrole de l'Anglo-Iranian Oil Company dans le Golfe ne pouvait mettre plus de temps à atteindre la Grande-Bretagne, en passant par le cap de Bonne-Espérance [65]. Après la crise éthiopienne, le gouvernement britannique s'est mis à planifier une guerre dans laquelle la Méditerranée serait fermée à la Grande-Bretagne, une éventualité qui est devenue réalité de juin 1940, quand l'Italie est entrée dans la Seconde Guerre mondiale, à 1943, lorsque les Alliés l'ont emporté sur l'Italie. Malgré toutes les ressources investies dans son indépendance énergétique, au moment de la révélation géopolitique, la Grande-Bretagne n'avait d'autre choix que de payer des dollars à des compagnies américaines pour du pétrole américain [66].

Estimant qu'ils ne devaient plus dépendre d'un approvisionnement atlantique dans une future guerre contre l'Allemagne, les Français ont utilisé les capitaux obtenus dans le cadre de l'accord de San Remo pour créer la Société française des pétroles (la future Total et aujourd'hui TotalEnergies), entièrement détenue par des Français. Ils s'en sont mieux sortis que la Grande-Bretagne avec la production irakienne, mais restaient dépendants de la position militaire de la Grande-Bretagne dans le pays. Incapable de protéger la seule source d'approvisionnement qu'elle contrôlait au Moyen-Orient, la France est devenue un important importateur de pétrole soviétique. Au début des années 1920, l'industrie pétrolière soviétique était délabrée. Mais, à partir du milieu des années 1920, la Standard Oil du New Jersey a aidé l'État soviétique à rebâtir le secteur. De 1929 à 1933, les Soviétiques ont développé des exportations substantielles vers plusieurs pays européens, dont la Grande-Bretagne [67]. Bien que les exportations soviétiques aient atteint leur maximum en 1933, en 1936, près de la moitié des importations françaises provenaient encore de l'URSS [68]. Au cours de l'été 1939, la découverte de gaz dans le sud-ouest de la France a encouragé le gouvernement français à créer plusieurs agences publiques pour la recherche de pétrole, mais il était beaucoup trop tard pour que cet espoir d'une source d'approvisionnement nationale puisse faire la différence [69].

Si les gouvernements britannique et français n'ont pas été en mesure d'exploiter le Moyen-Orient comme ils l'avaient espéré au début de l'entre-deux-guerres, la Seconde Guerre mondiale a également ouvert la voie à une future influence américaine dans la région. Au début de la guerre, le gouvernement Roosevelt a considéré que, bien que la société californienne Arabian Standard Oil Company – rebaptisée Aramco en 1944 – ait détenu la concession pétrolière, c'était aux Britanniques qu'il incombait de protéger les champs pétroliers saoudiens [70]. En 1941, Roosevelt a rejeté une demande d'aide financière du roi saoudien Ibn Saoud. Mais, en 1943, le volume de pétrole consommé pendant la guerre l'a fait changer d'avis. Bien que l'Arabie saoudite ait été neutre, il a conclu un accord de prêt-bail avec le roi Saoud, proclamant que le royaume était « vital » pour la défense des États-Unis. Espérant imposer la future suprématie américaine sur la Grande-Bretagne en matière de production pétrolière au Moyen-Orient, il a également décidé de mettre fin à l'accord de la ligne rouge pour permettre à la Standard Oil du New Jersey, partenaire de l'Iraq Petroleum Company, de rejoindre Aramco [71].

Cette nouvelle relation américano-saoudienne allait devenir une constante dans le monde de l'après-Seconde Guerre mondiale. Elle était également instable sur le plan structurel. Pour le pétrole, Washington avait conclu une alliance stratégique avec un État arabe, alors qu'aux États-Unis, la création d'un État juif sur le territoire sous mandat britannique bénéficiait d'un vigoureux soutien [72]. Soumis à ces pressions contradictoires, Roosevelt, qui s'était déclaré en faveur d'un État juif lors de la campagne électorale présidentielle de 1944, en est venu à accepter l'opposition arabe à ce projet après sa rencontre en février 1945 avec le roi Ibn Saoud [73]. Plus tard, le département d'État et la CIA ont déconseillé à Harry Truman, le successeur de Roosevelt, de reconnaître Israël, parce qu'ils redoutaient qu'un État juif ne soit un fardeau géopolitique [74]. Truman n'a rien voulu savoir, et, dès lors, c'est Washington qui a dû faire face à l'impasse stratégique née de la nécessité de conserver le soutien à la fois des Arabes et des Juifs, impasse dans laquelle s'était auparavant fourvoyée la stratégie impériale britannique au Moyen-Orient [75].

Things to come *

La puissance géopolitique américaine a manifestement beaucoup changé depuis l'entre-deux-guerres. Pourtant, la trajectoire particulière de la première projection de puissance des États-Unis en Eurasie a laissé des traces durables. En particulier, la politique démocratique américaine reste une contrainte importante pour les engagements américains en Eurasie. Sur le plan économique, les intérêts commerciaux et politiques européens, qui avaient creusé un fossé entre Wall Street et les électeurs à l'ouest du Mississippi pendant la Première Guerre mondiale, se retrouvent en partie dans la divergence entre les entreprises qui ont construit des chaînes d'approvisionnement passant par la Chine et les salariés de l'industrie manufacturière de la Rust Belt **, dont les emplois ont disparu au cours des années 2000. Le nationalisme

---

* *Things to come*, ou *Les Mondes futurs* en français, titre d'un film de science-fiction de H. G. Wells sorti en 1936, tiré de son roman *The Shape of Things to Come* (1933).

** La « ceinture de la rouille », surnom d'une région industrielle du nord-est des États-Unis.

monétaire de Franklin Roosevelt est apparu dans un espace politique intérieur présentant certaines similitudes avec la guerre commerciale lancée par Trump contre la Chine au nom de la reconstruction d'une économie manufacturière nationale. Sur le plan militaire, les guerres du Moyen-Orient ont été vivement contestées au niveau national, tout comme la participation américaine à la Première Guerre mondiale. Le Congrès a mis des bâtons dans les roues aux présidents américains au sujet de ce que l'on a appelé les « guerres éternelles » au Moyen-Orient, comme il l'avait fait autrefois pour les guerres en Europe.

Concernant les grands États européens dépourvus de pétrole domestique, l'échec de leurs tentatives d'indépendance énergétique a été un élément peut-être décisif dans la fin de la domination européenne sur l'Eurasie. L'âge du pétrole n'a pas permis à l'Europe de devenir une puissance mondiale ou un empire continental. C'est là un des attraits de l'énergie verte en Europe. En effet, dans les décennies qui ont suivi la Seconde Guerre mondiale, à cause de leur dépendance vis-à-vis du pétrole et du gaz étrangers, les Européens se sont retrouvés dans un monde où les présidents et le Congrès américains usaient de la puissance financière américaine pour limiter la capacité des politiciens européens à agir en fonction de cette dépendance. Pendant près de quarante ans, à partir des années 1970, Washington a toléré à contrecœur la dépendance de l'Allemagne vis-à-vis du pétrole et du gaz russes, car les États-Unis ne disposaient ni de l'offre nationale ni des moyens suffisants au Moyen-Orient pour offrir une autre solution à Berlin. Mais dans les années 2010, dans un monde où le pétrole et le gaz américains et russes étaient en pleine résurgence, ce lien est devenu une ligne de fracture géopolitique importante liée à l'indépendance de l'Ukraine, à l'élargissement de l'OTAN et à la faible capacité militaire de l'Allemagne. Les relations entre la Russie, la Chine et l'Iran ont encore aggravé les retombées de ces questions, car les trois membres européens de l'OTAN qui ont participé à l'accord de 2015 sur le nucléaire iranien souhaitent entretenir une relation gazière avec l'Iran.

L'engagement actuel des États-Unis dans la géopolitique de la dépendance énergétique de l'Europe trouve son origine dans ce qui s'est passé après la Seconde Guerre mondiale. La puissance géopolitique américaine dans l'Eurasie du milieu du XXe siècle était soumise à une condition essentielle : la victoire dans la guerre en Europe dépendait d'une alliance militaire avec l'Union soviétique, un État qui, comme l'Allemagne, avait envahi la Pologne en 1939 avant de s'en prendre agressivement à la Finlande, aux républiques baltes et à certaines parties de la Roumanie. L'Union soviétique a de toute façon été pendant un certain temps un rival géopolitique redoutable. Comme l'ont montré les exportations de pétrole soviétique à la fin des années 1920 et au début des années 1930, elle offrait également aux États européens des options énergétiques susceptibles de renforcer leur puissance géopolitique [76].

Avant l'invasion de l'Union soviétique par Hitler, le risque existait que les deux plus grandes puissances terrestres d'Eurasie finissent par se partager l'Europe et le Moyen-Orient. Cette relation géopolitique a une histoire. La coopération germano-soviétique a précédé l'arrivée au pouvoir de Hitler et de Staline. En vertu du traité de Rapallo de 1922, l'Allemagne a eu recours à l'Union soviétique pour réarmer et former sa future armée, et les deux pays avaient renoué des relations économiques. Plus tôt encore, Bismarck avait compris la valeur d'un compromis entre l'Allemagne et la Russie et avait conclu le traité secret de réassurance de 1887. Bien que l'empereur Guillaume n'ait pas renouvelé ce traité qui, entre autres dispositions, garantissait la neutralité de l'Allemagne si la Russie tentait de faire main basse sur le Bosphore et les Dardanelles, il a proposé à la Russie, pendant la guerre russo-japonaise de 1904-1905, une « alliance continentale » contre la Grande-Bretagne en Extrême-Orient, suggérant qu'il pourrait s'agir d'un prélude à des « États-Unis d'Europe[77] ». Dans son essai de 1904 intitulé *The Geographical Pivot of History*, le géographe britannique Halford Mackinder a prévenu que les chemins de fer qui s'étendaient de la frontière occidentale de la Russie avec l'Allemagne jusqu'à Vladivostok sur la côte pacifique pourraient conduire la Russie, si elle s'alliait à l'Allemagne, à devenir l'« empire du monde[78] ». Le pétrole pouvait renforcer cette logique géographique en liant les marchés allemands aux ressources russes. Hitler a détruit cette convergence au profit d'une vision irréalisable et hideuse de conquête et de génocide. Mais, pour empêcher la réapparition d'un axe germano-soviétique dans le monde de l'après-guerre, il faudrait que les États-Unis se chargent d'assurer à l'Allemagne de l'Ouest un approvisionnement en pétrole à partir du golfe Persique[79].

2

L'impossible garantie pétrolière

En novembre 2014, les prix du pétrole étaient en baisse depuis cinq mois. Contrairement à sa réaction habituelle face à la chute des prix, le cartel de producteurs qu'est l'OPEP a décidé de maintenir les niveaux de production. Les prix se sont alors effondrés. Après avoir dépassé les 100 dollars le baril à l'été 2014, ils ont chuté au début de l'année 2016 pour atteindre à peine plus de 30 dollars.

L'Arabie saoudite est à l'origine de la décision de l'OPEP. Les motivations saoudiennes étaient complexes et potentiellement contradictoires. Le premier problème de l'Arabie saoudite était le boom de l'huile de schiste américain. L'huile de schiste est la principale forme de pétrole inaccessible par forage conventionnel. Elle est en grande partie extraite par fracturation hydraulique, que l'on appelle familièrement le « fracking ». Après trente ans d'un déclin général, qui n'avait cependant rien de linéaire, l'huile et le gaz de schiste ont redonné aux États-Unis leur place parmi les principaux producteurs d'énergie. En 2010, les États-Unis ont produit un total de 8,6 millions de barils de pétrole brut, de gaz naturel liquéfié et d'autres liquides par jour ; en 2014, cette production était de 13 millions et, en 2019, elle était de 18,4 millions [1]. Entre 2010 et 2014, les importations américaines de pétrole en provenance des pays de l'OPEP ont diminué d'un tiers ; en 2019, elles étaient inférieures de moitié à leur niveau de 2014 [2]. Dans le même temps, les exportations américaines ont augmenté d'environ 75 %

entre 2010 et 2014 ; en 2019, elles étaient supérieures d'environ 360 % à celles du début de la décennie et dépassaient celles de l'Arabie saoudite [3]. Pour les Saoudiens, une industrie pétrolière américaine dotée d'une capacité d'exportation croissante était un rival commercial sur les marchés asiatiques, ce qui compliquait globalement les relations américano-saoudiennes.

Mais les problèmes de l'Arabie saoudite à la fin de l'année 2014 étaient également plus localisés au Moyen-Orient. Malgré le robuste soutien accordé par les Saoudiens aux rebelles syriens, le régime syrien, épaulé par leur rival iranien et la Russie, était toujours en place. Les gouvernements russe et iranien étant dépendants des revenus pétroliers, la baisse des prix du pétrole a offert un moyen de faire pression sur chacun d'entre eux afin qu'ils se retirent de Syrie. Un diplomate saoudien, cité par le *New York Times* début 2015, déclarait que « si le pétrole peut servir à rétablir la paix en Syrie, je ne vois pas comment l'Arabie saoudite pourrait renoncer à tenter d'obtenir un accord [4] ».

Quel que soit le motif le plus important aux yeux de Ryad, la chute des prix n'a permis d'atteindre aucun des deux objectifs. Bien que la production d'huile de schiste ait chuté, de nombreuses entreprises déficitaires du secteur avaient suffisamment accès à des crédits bon marché pour continuer à fonctionner. Et cela n'a pas découragé la Russie et l'Iran en Syrie. En effet, la Russie est intervenue militairement en Syrie dix mois après la décision de l'OPEP. Les revenus pétroliers de l'Iran ont, quant à eux, bénéficié d'un coup de pouce significatif quand l'accord sur le nucléaire iranien, au sujet duquel les Saoudiens avaient de sérieuses réserves, a levé plusieurs sanctions sur les exportations pétrolières de l'Iran.

Sans surprise, la conjonction d'une guerre des prix du pétrole, d'un échec commun en Syrie et d'un désaccord sur l'Iran a enflammé les relations américano-saoudiennes. En avril 2016, le gouvernement saoudien a menacé de vendre son portefeuille d'actifs du Trésor si le Congrès adoptait une loi autorisant les citoyens américains à poursuivre le gouvernement saoudien pour le 11-Septembre. Quand le Congrès a adopté le projet de loi, Obama a opposé son veto, mais le législatif est passé outre. De retour en Arabie saoudite, Mohammed ben Salman (MBS), qui allait bientôt devenir le prince héritier, a annoncé un plan visant à mettre fin à ce qu'il a appelé la « dépendance du pays vis-à-vis du pétrole [5] ». Le mois suivant, comme pour avertir l'Arabie saoudite qu'elle ne serait pas forcément toujours indispensable, le Trésor américain a publié des détails sur les actifs en dollars du royaume, alors qu'il avait refusé de le faire pendant quarante ans.

En revanche, à partir de la fin de l'année 2016, les relations entre l'Arabie saoudite et la Russie se sont nettement améliorées. L'huile de schiste s'était révélée être un élément inamovible des marchés pétroliers, et tant l'OPEP que la Russie souhaitaient un retour à des prix plus élevés. En septembre 2016, Vladimir Poutine et le monarque saoudien ont conclu un accord de coopération sur le pétrole. Trois mois plus tard, l'OPEP et la Russie se sont entendues sur la création d'un nouveau cartel, baptisé OPEP Plus, et sur la réduction de la production. En octobre 2017, le roi d'Arabie saoudite a effectué une visite d'État sans précédent à Moscou, au cours de laquelle les deux dirigeants sont convenus, entre autres, que l'Arabie saoudite investirait dans des projets énergétiques russes et que la Russie vendrait des missiles antiaériens à Riyad.

Cependant, cette alliance a toujours été vulnérable du fait de sa logique perverse. En s'alliant face à l'huile de schiste pour faire remonter les prix, l'Arabie saoudite et la Russie ont également aidé les producteurs d'huile de schiste. Les deux gouvernements n'avaient pas non plus d'intérêts communs dans le domaine du gaz. Si l'Arabie saoudite n'exporte pas de gaz, la Russie est le premier exportateur mondial. Les exportations américaines de gaz de schiste transporté par voie maritime sont en concurrence avec le gaz russe transporté à la fois par gazoduc et par bateau. Comme on pouvait s'y attendre, la volonté de Poutine de tolérer les avantages collatéraux accordés par l'OPEP Plus aux producteurs de pétrole américains dépendait de la manière dont les hommes politiques américains agissaient à l'égard des intérêts gaziers de la Russie en Europe. Poutine a eu le sentiment qu'une limite avait été franchie quand, en décembre 2019, le Congrès américain a imposé de nouvelles sanctions aux entreprises impliquées dans la construction d'un deuxième gazoduc Nord Stream sous la mer Baltique, entre la Russie et l'Allemagne, ce qui a conduit le principal entrepreneur à suspendre les travaux alors qu'il restait environ 150 kilomètres à construire sur les 1 230 kilomètres que compte le gazoduc.

Quelques semaines plus tard, la crise du Covid-19 a rapidement mis à mal l'alliance pétrolière russo-saoudienne. Quand la demande chinoise a chuté et que les prix du pétrole ont commencé à baisser, Poutine a vu l'occasion d'infliger de graves dommages au secteur de l'huile de schiste et de réduire la capacité des entreprises de gaz de schiste à être compétitives sur les marchés européens. Or, pour les Saoudiens, la Chine était leur principal client, et une augmentation rapide des prix était essentielle. Ayant essuyé une rebuffade de la part de Poutine, MBS a décidé, au cours du week-end des 7 et 8 mars 2020, d'inonder le marché de pétrole saoudien pour tenter de répondre à la demande restante. À cause de cette décision, le prix du pétrole s'est effondré, mettant en péril l'avenir du secteur américain du schiste. Pour la première fois, les États-Unis, l'Arabie saoudite et la Russie se sont mis d'accord sur une approche collective afin de parvenir à une sorte de plancher. Pour contraindre MBS à faire marche arrière, Trump aurait déclaré au prince héritier saoudien, lors d'un appel téléphonique le 2 avril, que, s'il ne le faisait pas, le Congrès légiférerait pour retirer le soutien militaire au royaume [6].

Sur le plan géopolitique, le monde est devenu plus instable au cours de la dernière décennie en partie parce que les relations entre les trois principaux producteurs de pétrole du monde se sont compliquées à mesure que les États-Unis ont acquis une plus grande puissance énergétique. Entre-temps, les États-Unis et la Russie ont commencé à rivaliser pour fournir du gaz à l'Europe, comme ils l'avaient fait pour le pétrole à la fin du XIXe siècle et au début du XXe siècle. Pour prendre la mesure de la force perturbatrice de ce changement structurel de la puissance américaine, il nous faut revenir sur l'histoire de celle-ci du temps de la guerre froide. On voit alors pourquoi, même au sommet de leur capacité militaire, les États-Unis ont lutté pour exercer une influence géopolitique cohérente au Moyen-Orient et pourquoi la puissance énergétique de la Russie est une caractéristique persistante du paysage géopolitique qui divise structurellement l'OTAN.

L'Eurasie divisée

Si les armes nucléaires, une marine capable de garantir la poursuite du commerce maritime, une monnaie de réserve internationale que les autres États devaient utiliser pour leurs importations et le pétrole domestique étaient autant de signes de puissance dans le monde d'après 1945, les États-Unis les possédaient tous. En déployant cette puissance pour stabiliser le monde eurasien de l'après-guerre, les gouvernements Roosevelt et Truman ont d'abord compté sur le dollar. Pendant la Seconde Guerre mondiale, l'administration Roosevelt a cherché à établir un système monétaire international basé sur le dollar [7]. Lors de la conférence monétaire de Bretton Woods en 1944, Harry Dexter White – le principal négociateur américain – a insisté pour que seul le dollar soit convertible en or et que les autres devises soient rattachées au dollar. En exigeant une base métallique pour la prééminence du dollar, il voulait empêcher les autres États de procéder à des dévaluations monétaires significatives sans le consentement des États-Unis [8]. En effet, en accordant des crédits aux autres États pour qu'ils maintiennent leurs parités monétaires *via* le Fonds monétaire international (FMI), il pensait que les États-Unis contrôleraient les conditions auxquelles les autres États auraient accès au dollar [9]. Il voulait également que cet accès soit limité par la géopolitique : l'Union soviétique disposerait d'une ligne de crédit, mais l'Allemagne, que le Trésor américain voulait voir réduite à néant sur le plan industriel, et le Japon n'en bénéficieraient pas.

Cependant, cette confiance dans la puissance financière ne tenait guère compte des réalités militaires de 1945. Ne souhaitant pas un engagement militaire américain permanent en Eurasie, Roosevelt avait promis que les troupes américaines quitteraient l'Europe dans les deux ans. Il voulait, avait-il déclaré lors de la conférence de Yalta cette année-là, un monde sans alliances, sans sphères d'influence et sans équilibre des forces [10]. À la place, espérait-il, une structure de sécurité verrait le jour, où les quatre premiers alliés victorieux de la guerre – les États-Unis, l'Union soviétique, la Grande-Bretagne et la Chine – assureraient collectivement la police des affaires mondiales. Pourtant, ce principe de sécurité collective n'offrait aucun moyen d'obliger l'Union soviétique à se retirer d'Europe de l'Est. Il en allait de même pour la puissance financière américaine, car, une fois que Harry Truman est devenu président et a cessé de prêter à l'Union soviétique, Staline n'a plus eu de raison de continuer à adhérer au FMI [11].

Incapables d'empêcher l'expansion soviétique, Truman et ses successeurs ont choisi de contenir l'URSS en tant que concurrent sans recourir à la guerre. Pendant les premières années de la guerre froide, cela revenait à accepter la domination soviétique en Europe de l'Est et une Allemagne divisée, tout en défendant l'Europe occidentale, en acceptant la division de la Corée sur le 38e parallèle et en empêchant que l'Union soviétique prenne pied en Méditerranée, porte d'entrée vers le Moyen-Orient, où Washington craignait que l'Iran ne passe sous influence soviétique [12]. Du point de vue de Truman, même cela semblait trop lourd militairement et économiquement pour que les États-Unis puissent s'en charger seuls. La Méditerranée était censée relever de la responsabilité de la Grande-Bretagne. Mais, au début de l'année 1947, la Grande-Bretagne ne pouvait plus se permettre de continuer à fournir une aide économique et militaire aux gouvernements grec et turc. Pour expliquer devant le Congrès pourquoi Washington devait donc s'acquitter de ces engagements, Truman a exposé la doctrine Truman, déclarant que tout « peuple libre » pouvait s'attendre à ce que les États-Unis le défendent par le biais d'une aide économique.

En guise de base pratique pour la sécurité de l'Europe occidentale de l'après-guerre, le gouvernement Truman s'est à nouveau appuyé sur l'aide économique, fournie cette fois par le biais du plan Marshall, et non sur une alliance militaire. Allié au parapluie nucléaire américain, le financement de la reconstruction économique de l'Europe occidentale devait, espérait Truman, écarter toute menace militaire soviétique et faire barrage aux partis communistes en Italie et en France. Mais cet espoir reposait sur des conditions politiques qui n'existaient pas encore en Europe occidentale. Pour que le plan Marshall réussisse, l'Europe occidentale devait, selon le gouvernement Truman, s'unifier économiquement autour d'une Allemagne de l'Ouest indépendante et prospère. À cet égard, l'Allemagne de l'Ouest devait être traitée de manière tout à fait différente de l'Allemagne après la Première Guerre mondiale, ou même de la façon dont le Trésor de Roosevelt avait envisagé la position de ce pays. Les États-Unis fourniraient un financement sous forme d'aide directe, et non de prêts, et protégeraient l'Allemagne de l'Ouest contre les demandes de réparation et le remboursement de la dette. Ils utiliseraient également leur puissance financière pour pousser les autres États d'Europe occidentale à rejoindre l'Allemagne de l'Ouest au sein d'une fédération économique ou d'une confédération centrée sur une union douanière [13]. Dans cette logique politique, les États d'Europe occidentale étaient économiquement et géopolitiquement faibles et confrontés à un ennemi commun ; le remède historique à un tel désordre politique était, comme les Américains eux-mêmes l'avaient montré en 1776, une confédération menant à la fédération [14].

La mise en place d'un tel mouvement politique selon les conditions américaines s'est révélée impossible. Bien que les États d'Europe occidentale aient été obligés, en tant que condition de l'aide prévue par le plan Marshall, d'élaborer des plans pour une fédération économique, ils ne sont guère allés plus loin qu'un accord visant à réduire les barrières commerciales et à organiser les paiements. Comme ils avaient des intérêts commerciaux en dehors de l'Europe qui n'étaient pas basés sur le dollar, les gouvernements britannique et français étaient très réticents à accepter cet accord. Pour eux, la sécurité de l'Europe occidentale ne dépendait pas d'une fédération économique, mais d'une alliance militaire avec Washington qui reconnaissait la menace non seulement allemande, mais aussi soviétique pour la paix [15]. En 1948, la Grande-Bretagne, la France et les gouvernements du Benelux se sont mis d'accord pour créer une Union occidentale sous la forme d'un pacte de défense mutuelle, dans l'espoir de persuader les Américains d'y adhérer également. Leur projet s'est trouvé justifié quand le blocus soviétique de Berlin a fait changer Truman d'avis. Ainsi est née l'OTAN, qui engageait les États-Unis, ainsi que le Canada, à répondre à toute attaque non seulement contre les cinq États de l'Union occidentale, mais aussi contre le Danemark, l'Islande, l'Italie, la Norvège et le Portugal [16].

L'OTAN représentait un changement d'orientation considérable pour les États-Unis. Pour la première fois, Washington s'engageait dans une alliance eurasienne en temps de paix. Le nom même de l'OTAN – Organisation du traité de l'Atlantique Nord – dissimulait ce bouleversement géopolitique en effaçant la distinction entre l'hémisphère occidental et une partie de l'Eurasie. Pourtant, l'adhésion de l'Italie et du Portugal démentait toute idée selon laquelle la doctrine

Monroe aurait été redéfinie pour inclure l'Atlantique Nord. Dès le départ, l'OTAN a également posé des questions épineuses sur la nécessité de savoir qui paierait les engagements militaires de l'Alliance, y compris les bases américaines en Europe. En principe, chaque État membre était tenu d'effectuer des paiements proportionnellement à son PIB. Dans la pratique, les États d'Europe occidentale, en quasi-faillite, ont promis plus d'argent qu'ils ne pouvaient en verser en réalité [17].

Outre ses failles géographiques et fiscales à long terme, l'OTAN a laissé en suspens la question immédiate de la sécurité de l'Allemagne de l'Ouest. La création de la Communauté européenne du charbon et de l'acier (CECA) en 1951 avait jeté les bases d'un rapprochement franco-allemand. De fait, pour ses plus fervents partisans, la CECA était censée rendre impossible une guerre entre la France et l'Allemagne de l'Ouest en établissant un contrôle supranational sur les ressources en charbon de l'Allemagne et sur son industrie sidérurgique dans la Ruhr. Toutefois, la question de la position de l'Allemagne de l'Ouest à l'égard de l'Union soviétique n'était pas résolue. À cet égard, la guerre de Corée a convaincu Truman que le réarmement de l'Allemagne de l'Ouest était nécessaire. Mais la structure de l'OTAN faisait que l'intégration de l'Allemagne de l'Ouest dans l'Alliance impliquait la présence d'une armée nationale dans une Allemagne de l'Ouest pleinement souveraine. Estimant que cette option n'était pas acceptable, le gouvernement français a proposé comme alternative la Communauté européenne de défense (CED), qui a avorté [18], mais qui exigeait que chaque État membre place immédiatement sa force militaire nationale sous un commandement supranational, avec l'objectif à long terme de passer à une union politique, ce que la Grande-Bretagne n'envisageait pas. En 1952, le gouvernement français s'est finalement entendu avec les cinq autres membres de la CECA pour créer une CED. Mais, en dépit de l'énorme pression américaine, le Parlement français a refusé de ratifier le traité. Eisenhower n'étant pas disposé à faire marche arrière sur le réarmement de l'Allemagne de l'Ouest, cette dernière a donc dû entrer dans l'OTAN.

En 1955, l'OTAN constituait le cadre de la sécurité de l'Europe occidentale, mais ses fondations restaient fragiles. Il y avait trop de tensions géopolitiques en Europe pour qu'une fédération de sécurité ouest-européenne puisse voir le jour, les coûts étaient énormes pour les Américains dans une OTAN financièrement déséquilibrée, et, pour l'Europe occidentale, il était clairement risqué d'accepter le parapluie nucléaire américain alors que la guerre froide s'étendait bien au-delà de l'Europe. En Europe même, si la sécurité était la principale raison d'être d'une fédération, que ce soit sous la forme d'une union douanière ou d'une communauté de défense, l'OTAN rendait cette logique politique superflue. Cependant, si l'engagement américain en matière de sécurité devait se révéler peu fiable, la seule base restante pour une fédération européenne serait économique. Dans les années 1960, de Gaulle tentera en vain de trouver une issue à cette impasse. Par conséquent, quand l'Union européenne a émergé dans les années 1990 comme une sorte de fédération économique – par le biais du marché unique et d'une union monétaire partielle –, elle était toujours dépendante de l'externalisation de sa sécurité auprès d'une OTAN intrinsèquement instable.

*
* *

C'est au cours des décennies qui ont suivi la Seconde Guerre mondiale que le pétrole est devenu la principale source d'énergie dans le monde. En 1950, le pétrole représentait environ 20 % de la consommation mondiale totale d'énergie. En 1960, cette proportion est passée à 27 %. En 1970, elle atteignait 40 % [19]. Aux États-Unis, le pétrole avait remplacé le charbon en tant que principale source d'énergie en 1950, et, entre 1950 et 1970, la consommation totale de pétrole a doublé [20]. En France, le pétrole représentait plus des trois cinquièmes de la consommation totale d'énergie en 1970 ; en Italie, cette proportion atteignait presque les trois quarts [21]. Si, pendant les deux guerres mondiales et l'entre-deux-guerres, le pétrole a joué un rôle important dans la puissance militaire, à partir des années 1950, il a commencé à jouer un rôle dans les économies nationales et la vie quotidienne, notamment dans le domaine des transports. Bien que les États-Unis aient atteint un niveau élevé de motorisation dans les années 1920, ce n'est que dans les années 1960 que les pays européens ont atteint des niveaux comparables [22].

Bien avant cette expansion massive de la consommation, la question de savoir d'où les pays d'Europe occidentale, tous dépourvus d'approvisionnement national, pouvaient importer du pétrole était une préoccupation géopolitique capitale. Au début de la guerre froide, l'administration Truman a encouragé les gouvernements d'Europe occidentale à utiliser davantage de pétrole, car, la Pologne étant sous contrôle soviétique, ils ne pouvaient pas dépendre des exportations de charbon polonais. Mais l'augmentation de la dépendance pétrolière de l'Europe de l'Ouest en temps de paix comportait des risques. Truman et ses conseillers souhaitaient contrôler les sources d'approvisionnement de l'Europe occidentale. Ils ne voulaient pas que l'Europe occidentale ou le Japon acceptent le pétrole soviétique, et, en 1949, l'administration a imposé un embargo sur les importations soviétiques [23].

Or Truman ne souhaitait pas non plus que l'Europe occidentale et le Japon redeviennent dépendants des importations de l'hémisphère occidental, préférant réserver la production américaine et vénézuélienne à l'usage américain dans un monde où les plus grandes réserves se trouvaient en Arabie saoudite, en Union soviétique, en Iran et en Irak [24]. Par conséquent, l'Europe occidentale devait compter sur le pétrole du

Moyen-Orient, les États-Unis n'agissant qu'en tant que fournisseur de dernier recours [25].

Cette stratégie reposait sur le soutien américain aux infrastructures destinées à transporter le pétrole du Moyen-Orient vers l'Europe et le Japon. Dans le cas du Japon, les pétroliers descendant le long du golfe Persique étaient la seule option. En revanche, pour l'Europe occidentale, le gouvernement Truman a également soutenu la construction d'un nouvel oléoduc – Tapline, également connu sous le nom d'oléoduc trans-arabe – pour acheminer le pétrole de l'Arabie saoudite jusqu'à Sidon, sur la côte libanaise, en passant par la Syrie. Une fois construit, Tapline venait compléter l'ancien réseau d'oléoducs de l'Iraq Petroleum Company, qui s'étendait de l'Irak à la côte orientale de la Méditerranée.

L'approvisionnement de l'Europe occidentale en pétrole en provenance du Moyen-Orient a également soulevé la question de la primauté du dollar. La Grande-Bretagne pouvait acheter du pétrole en livres sterling aux compagnies britanniques présentes en Irak et en Iran, et les hommes politiques britanniques étaient parfaitement conscients que le pétrole en livres sterling constituait un coussin important pour la balance des paiements britannique [26]. Si les Européens de l'Ouest devaient acheter du pétrole aux compagnies américaines au Moyen-Orient, ils avaient besoin de dollars. Par conséquent, la fourniture de dollars pour le pétrole était l'une des raisons d'être du plan Marshall : environ 20 % de l'aide a été consacrée, d'une manière ou d'une autre, au paiement du pétrole [27].

Mais cette conception américaine de l'Eurasie d'après-guerre est traversée par une ligne de fracture fondamentale. Même s'ils considéraient le Moyen-Orient comme un théâtre de la guerre froide, les présidents américains, de Truman à Johnson, n'ont pas été disposés à stationner des troupes américaines au Moyen-Orient ou à engager la marine américaine de façon intensive dans le golfe Persique. Craignant à la fois une surcharge des engagements militaires américains et l'impopularité de ces déploiements aux yeux de l'opinion américaine, ils ont donc eu besoin que la Grande-Bretagne maintienne son empire au Moyen-Orient, alors même que l'indépendance de l'Inde avait privé Londres des ressources militaires sur lesquelles elle s'était historiquement appuyée pour surveiller le golfe Persique [28]. Au cours de ces premières années de guerre froide, la planification américaine dans le cas d'une guerre avec Moscou envisageait des attaques aériennes lancées à partir des bases militaires britanniques en Égypte [29]. À cette fin, Truman a soutenu financièrement la Grande-Bretagne pour développer la base d'Abu Sueir à Suez. Mais Washington redoutait également que la présence impériale britannique n'ait une influence délétère au Moyen-Orient. En conséquence, le successeur immédiat de Truman, Dwight Eisenhower, a souhaité prendre en compte le nationalisme arabe hostile à la Grande-Bretagne. Après l'arrivée au pouvoir de Gamal Abdel Nasser en Égypte en 1953, Eisenhower a utilisé la puissance financière américaine pour pousser la Grande-Bretagne à se retirer de la zone du canal de Suez et à fermer la base d'Abu Sueir [30]. Quand Nasser a ensuite orienté l'Égypte vers l'Union soviétique, Eisenhower n'a pu qu'encourager la Grande-Bretagne à former une alliance militaire antisoviétique avec l'Iran, l'Irak, le Pakistan et la Turquie. Tout en refusant d'envisager l'adhésion des États-Unis à ce pacte de Bagdad.

Dans les années 1950, la Turquie a également posé des problèmes gênants pour l'approche américaine de l'Eurasie, problèmes qui sont toujours d'actualité. Après l'ultimatum adressé par Staline au gouvernement turc en 1946 afin qu'il autorise un contrôle conjoint soviéto-turc sur les Dardanelles, Truman a ordonné l'envoi de navires américains en Méditerranée et donné son feu vert à la préparation de plans d'opérations aériennes. Quelle qu'ait pu être la rhétorique grandiloquente de Truman sur la nécessité d'aider la Grèce et la Turquie, dans la pratique, c'est le réalisme énergétique qui a prévalu ; comme Truman l'a dit en privé à propos de ces engagements méditerranéens : « Regardez une carte [31]. » Pour Truman, la Grèce et la Turquie devaient être défendues comme des remparts contre l'Union soviétique qui se tournait vers le Moyen-Orient pour le pétrole, alors même qu'en fait, Staline n'offrait pas grand-chose aux communistes grecs. Ce n'est pas un hasard si, le jour même où Truman demandait au Congrès de financer la Grèce et la Turquie, les quatre grandes compagnies pétrolières américaines signaient un accord collectif pour participer ensemble à Aramco [32].

Cependant, quand la guerre froide s'est étendue au Moyen-Orient, l'absence de la Turquie dans l'OTAN a révélé les limites d'une alliance de sécurité centrée sur l'Europe occidentale. En 1952, le gouvernement Truman a résolu cette contradiction par l'adhésion de la Turquie et de la Grèce à l'OTAN. Mais cette décision a provoqué de vives divisions au sein de l'Alliance, certains membres européens préférant une démarcation claire entre la sécurité de l'Europe occidentale et celle du Moyen-Orient. Depuis lors – comme nous le verrons dans le chapitre suivant –, des questions persistantes se posent quant à la volonté d'un certain nombre d'États européens de défendre la Turquie en tant que membre de l'OTAN [33].

En dépit de toutes ces incohérences, l'absence militaire américaine au Moyen-Orient n'a pas été synonyme de l'abandon de la force coercitive américaine dans la région. En effet, c'était impossible. Par conséquent, la Central Intelligence Agency (CIA), créée par Truman et autorisée à entreprendre des actions secrètes contre d'autres États qui pourraient être officiellement démenties de manière plausible, a entamé ses activités dans la région. Le Parlement syrien ayant choisi de ne pas ratifier l'accord sur le tracé de Tapline à travers la Syrie, la CIA a organisé un coup d'État pour assurer la mise en place d'un gouvernement favorable à la construction du gazoduc [34]. La CIA a également prouvé qu'elle était capable d'étendre l'aide américaine à la Grande-Bretagne en Iran.

Lorsque le nouveau Premier ministre iranien Mohammad Mosaddegh a nationalisé l'Anglo-Iranian Oil Company en 1951 et mis fin à la concession, la Grande-Bretagne a imposé un blocus aux exportations de pétrole iranien dans le golfe Persique. Si le gouvernement Truman avait tenté de négocier un compromis, Eisenhower s'est laissé persuader que la CIA devait agir avec les services de renseignement britanniques pour chasser Mosaddegh du pouvoir[35]. À court terme, cette intervention a obligé l'administration Eisenhower à pousser les entreprises américaines à former un nouveau consortium avec une entreprise nationale iranienne pour reconstruire le secteur pétrolier iranien. À long terme, elle a gravement endommagé les relations américaines avec l'Iran et a fait du Moyen-Orient un fardeau stratégique encore plus lourd pour les États-Unis[36].

Rupture atlantique

En 1956, les tensions inhérentes au fait que les États-Unis se portaient garants du pétrole pour leurs alliés par le biais d'un approvisionnement provenant d'une partie du monde où ils n'avaient pas de puissance militaire ont provoqué une profonde crise géopolitique dont les conséquences monumentales se font encore sentir[37]. Trop souvent considérée comme un événement lié à la puissance britannique d'après-guerre, la crise de Suez a fait voler en éclats l'idée que les États-Unis agiraient toujours en tant que source de pétrole de dernier recours pour leurs alliés, a réintroduit le pétrole soviétique en Europe occidentale et a mis fin à l'illusion qu'entretenaient les présidents américains, qui pensaient pouvoir tenir les États-Unis militairement à l'écart du Moyen-Orient.

La crise a débuté quand Nasser a nationalisé le canal de Suez et l'a fermé à la navigation israélienne. En 1956, environ 70 % du pétrole de l'Europe occidentale provenait du golfe Persique et transitait par le canal. Immédiatement, Anthony

Eden, le Premier ministre britannique, a déclaré à Eisenhower qu'il pensait que, si Nasser ne reculait pas, il faudrait recourir à la force pour l'arrêter et qu'en cas de fermeture du canal, « des approvisionnements [en pétrole] supplémentaires provenant de votre côté du monde pourraient être nécessaires pendant un certain temps [38] ». Eisenhower a répondu à la lettre d'Eden en disant qu'à moins qu'il ne soit absolument démontré que tous les recours pacifiques avaient été épuisés, « il y aurait une réaction qui pourrait très sérieusement affecter le sentiment de notre peuple à l'égard de nos alliés occidentaux », ce qui aurait sans doute « les conséquences les plus graves [39] ». Lorsqu'en octobre 1956, la Grande-Bretagne, la France et Israël ont déclenché une opération militaire unilatérale contre l'Égypte, Eisenhower, à quelques jours d'une élection présidentielle, a réagi avec colère. Le canal étant fermé, l'oléoduc de l'Iraq Petroleum Company ayant été saboté par l'armée syrienne et l'Arabie saoudite ayant interdit les exportations vers la Grande-Bretagne et la France, Eisenhower a refusé de débloquer les approvisionnements du programme d'urgence américain [40] : « Ils n'ont qu'à faire bouillir leur propre huile, pour ainsi dire [41] », s'est-il emporté. Habituée à acheter du pétrole en livres sterling, la Grande-Bretagne était désormais confrontée à des importations libellées en dollars en provenance de l'hémisphère occidental. Quand Khrouchtchev a menacé, même si c'était du bluff, de lancer des attaques nucléaires contre la Grande-Bretagne et la France, le Trésor américain a empêché la Grande-Bretagne de puiser des dollars dans son quota du FMI [42]. Aussitôt, le gouvernement britannique a interrompu son action militaire sans consulter les gouvernements français ou israélien.

La crise a nécessairement mis en lumière les incohérences de l'approche américaine au Moyen-Orient, qui encourageait la dépendance pétrolière de l'Europe occidentale à l'égard de la région, s'appuyait sur la puissance militaire britannique et s'accommodait du nationalisme arabe qui poussait l'Empire britannique au Moyen-Orient vers sa fin. Par la suite, Eisenhower a tenté de reconstruire l'influence américaine par l'intermédiaire des États arabes plus conservateurs. Conformément à la doctrine Eisenhower, le roi saoudien, allié à l'Irak, était censé devenir le leader régional et fournir un pivot arabe alternatif à l'axe Égypte-Syrie naissant [43]. Mais le nationalisme arabe radical ne pouvait être contenu à l'intérieur des frontières des États. En février 1958, l'Égypte et la Syrie ont formé une union politique, l'Union arabe unie. Au cours des mois suivants, le roi saoudien a été contraint de nommer le prince héritier, plus radical, au poste de Premier ministre, et un groupe d'officiers de l'armée a renversé la monarchie irakienne et associé le pays au nouvel État égypto-syrien. L'armée britannique ayant perdu ses bases en Irak, elle ne pouvait plus atteindre le Golfe par voie aérienne depuis la Turquie et a dû s'appuyer sur une base opérationnelle à Aden, à l'entrée orientale de la mer Rouge [44]. Alors que la position britannique se détériorait, Eisenhower a donc été le premier président américain à utiliser la force militaire au Moyen-Orient en ordonnant l'envoi de troupes au Liban pour soutenir le gouvernement pro-américain de Beyrouth [45]. Au cours de la décennie suivante, la politique américaine s'est de plus en plus concentrée sur le maintien de l'engagement de la Grande-Bretagne dans ses petits protectorats du Golfe et sur ses positions à Aden.

Suez a également causé de graves dommages à long terme à la cohésion de l'OTAN. L'attitude américaine avait suscité une consternation générale en Europe occidentale. Le chancelier ouest-allemand Konrad Adenauer a décrit l'action militaire britannique et française comme « un acte de la raison d'État européenne [46] ». Les décisions d'Eisenhower pendant la crise de Suez ont accéléré la mise en place de la conférence intergouvernementale sur la création de ce qui allait devenir la Communauté économique européenne (CEE) et la Communauté européenne de l'énergie atomique (EURATOM).

Persuadé de pouvoir obtenir un engagement décisif de la France en faveur de la CEE et d'EURATOM, Adenauer s'est rendu à Paris pour offrir son soutien au Premier ministre français, Guy Mollet. Le Premier ministre britannique, Anthony Eden, ayant appelé Mollet pour lui annoncer qu'il avait plié face aux pressions d'Eisenhower, Adenauer aurait déclaré à Mollet : « Nous n'avons pas de temps à perdre. L'Europe sera votre vengeance[47]. »

Mais Suez a également mis en lumière les divisions de l'Europe occidentale en matière de sécurité, qui ont rendu difficile la création d'une confédération ou d'une fédération. Les derniers gouvernements français de la Quatrième République ont conclu que la France avait besoin d'armes nucléaires pour réduire sa dépendance sécuritaire et technologique à l'égard des États-Unis[48]. En 1956, la France avait déjà entamé un programme nucléaire et voyait dans EURATOM un moyen de le mener à bien. Adenauer, lui, souhaitait renforcer la capacité de défense européenne sans mettre en péril l'OTAN, ce qui impliquait d'inclure la Grande-Bretagne dans toute nouvelle confédération ou fédération européenne. Mais le gouvernement britannique, dirigé par Harold Macmillan, voulait préserver l'OTAN et ne souhaitait toujours pas adhérer à une union douanière européenne.

Ces conflits post-Suez n'ont pas pu être résolus. Sous la direction de Charles de Gaulle, la politique française est devenue de plus en plus conflictuelle. De Gaulle souhaitait prendre ses distances géopolitiques et économiques vis-à-vis des États-Unis et de la Grande-Bretagne, ce qui l'a amené à retirer la France du commandement militaire intégré de l'OTAN en 1966 et à opposer à deux reprises son veto à des demandes d'adhésion à la CEE de la Grande-Bretagne. Il voulait également faire évoluer les États de la CEE vers une confédération de sécurité. Il a échoué pour des raisons qui perdurent. Pour de Gaulle, il ne pouvait y avoir de sécurité européenne tant que la guerre froide laissait l'Europe à la merci d'une confrontation nucléaire américano-soviétique. Mais, pour Adenauer et les autres dirigeants des pays membres de la CEE, il ne pouvait y avoir de sécurité sans l'OTAN et le parapluie nucléaire américain. Par conséquent, dans les années 1960, la CEE est restée prise au piège entre son existence en tant qu'union douanière avec un système commun de soutien à l'agriculture, que de Gaulle tolérait, et sa dépendance en matière de sécurité vis-à-vis de l'OTAN, que de Gaulle n'acceptait pas.

Si les Français ont contribué à cette impasse, les Britanniques aussi, mais en sens inverse. Le gouvernement Macmillan a réagi à Suez en essayant de réparer les relations avec Washington. Il en a également tiré la leçon quant à la nécessité de se doter d'armes nucléaires, mais a cherché la solution par le biais d'une coopération bilatérale avec Washington afin de s'en procurer. En ce qui concerne la CEE, Macmillan estimait que l'intérêt britannique résidait dans un accord de libre-échange entre la CEE et la zone européenne de libre-échange gérée par les Britanniques. Menaçant à plusieurs reprises entre 1958 et 1961 de retirer les troupes britanniques d'Europe occidentale, il supposait à tort que la CEE pourrait être contrainte, en raison de ses faiblesses en matière de sécurité, d'accepter un tel accord [49]. Sous la présidence de John F. Kennedy, ces deux problèmes britanniques de l'après-Suez ont fusionné. Redoutant les ambitions de De Gaulle, Kennedy a incité Macmillan à réclamer d'adhérer à la CEE [50]. Mais, en accordant à Macmillan des missiles Polaris lancés par sous-marin dans le cadre de l'accord de Nassau de 1962, Kennedy a offert à de Gaulle un prétexte idéal pour dénoncer la candidature britannique à la CEE comme un « cheval de Troie » pour les intérêts américains en Europe.

Avec la France hors de la structure de commandement de l'OTAN et la Grande-Bretagne exclue de la CEE, au milieu des années 1960, la géopolitique de l'Europe occidentale était devenue encore moins cohérente qu'elle ne l'était avant

Suez[51]. La CEE est restée une fédération économique partielle, structurellement incapable de résoudre en interne les questions de sécurité et dépendante d'une alliance de sécurité extérieure que l'un de ses membres avait en partie répudiée. Après le départ de De Gaulle de la présidence française, la voie de l'adhésion de la Grande-Bretagne à la Communauté européenne (CE) ainsi rebaptisée s'est ouverte. Mais la France s'est maintenue hors de la structure de commandement militaire de l'OTAN pendant le reste de la guerre froide.

*
* *

Les implications de Suez pour l'énergie ont été tout aussi importantes. Le veto américain a poussé la France à faire une nouvelle tentative d'indépendance énergétique. Depuis 1945, les gouvernements français ont fortement soutenu la prospection pétrolière et gazière dans l'Empire français en Afrique. En 1956, on a découvert du pétrole en Algérie. Pendant un certain temps, les Français ont espéré que le pétrole algérien pourrait permettre à l'ensemble de la CEE de se sevrer de sa dépendance vis-à-vis du Moyen-Orient et de sa relation avec la puissance américaine, même si la capacité de la France à maintenir sa domination sur l'Algérie par la force nécessitait le consentement tacite des Américains[52]. Si les Français n'avaient pas demandé que l'Algérie, en tant que partie juridique de la France, soit incluse dans la CECA, ils ont insisté pour que l'Algérie et les autres territoires français d'outre-mer soient intégrés dans la CEE. Cela aurait permis au pétrole algérien produit par des sociétés françaises d'avoir un accès ouvert à la CEE, et les autres États membres auraient donc eu intérêt à ce que la France conserve ses colonies d'Afrique du Nord[53]. Bien que le retrait forcé de la France d'Algérie en 1962 ait contrarié cet espoir, de Gaulle a protégé les intérêts énergétiques français dans les accords d'Évian sur l'indépendance de l'Algérie, qui ont accordé à la France le contrôle du champ pétrolifère saharien.

Le gouvernement britannique a lui aussi cherché de nouvelles solutions énergétiques après Suez, en lançant le premier programme britannique d'énergie nucléaire et en encourageant ce qui est devenu British Petroleum, l'ancienne Anglo-Iranian Oil Company, à s'engager dans la prospection pétrolière dans l'hémisphère occidental, y compris en Alaska [54]. Néanmoins, la Grande-Bretagne conservait une position plus solide au Moyen-Orient que tout autre pays européen. En 1957, la moitié du pétrole britannique provenait du Koweït, un protectorat britannique, et ces importations étaient essentiellement libellées en livres sterling [55]. À mesure que le nationalisme arabe se répandait et que l'engagement américain en Asie du Sud-Est s'intensifiait, la présence militaire britannique au Moyen-Orient gagnait en importance au lieu d'en perdre aux yeux de Washington. Les événements de Suez n'avaient pas démontré que les Britanniques étaient indispensables au maintien de la garantie pétrolière occidentale. Ils avaient plutôt révélé l'immense vulnérabilité de la capacité britannique à agir militairement dans la région face à la faiblesse de la livre sterling. Lors de la prochaine crise, les Américains risquaient de ne pas pouvoir compter sur les Britanniques. En approuvant un prêt d'urgence pour soutenir la livre sterling à la fin de 1964 en échange tacite d'un engagement britannique à rester dans le golfe Persique, Lyndon Johnson prévoyait précisément l'éventualité qui se présenterait à la fin de la décennie [56].

Plus important encore pour le long terme, avec la crise de Suez, les gouvernements d'Europe occidentale ont définitivement rompu avec l'interdiction d'importer du pétrole soviétique. Même avant Suez, la compagnie pétrolière nationale italienne ENI s'était montrée intéressée par la volonté du premier secrétaire soviétique Nikita Khrouchtchev de reconstruire une industrie pétrolière centrée sur l'exportation. En 1958, ENI avait entamé des négociations en vue d'un accord pétrolier de grande envergure [57]. L'Italie a bientôt été rejointe par l'Autriche et l'Allemagne de l'Ouest sur ce nouveau marché soviétique [58].

En choisissant de se tourner vers le pétrole soviétique, l'Europe de l'Ouest a provoqué une nouvelle crise au sein de l'OTAN. Quand les Soviétiques ont commencé à construire l'oléoduc Droujba (ou Amitié), qui acheminait leur pétrole d'abord vers l'Europe de l'Est, puis vers l'Europe centrale, ils ont eu besoin de conduits d'acier de grand diamètre fournis par des entreprises d'Europe occidentale. Eisenhower a décidé de ne pas imposer d'embargo sur ces exportations *via* l'OTAN. Mais, plus la capacité d'exportation soviétique augmentait, plus les politiciens américains s'inquiétaient. Au Sénat, Hubert Humphrey, futur candidat démocrate à l'élection présidentielle de 1968, a déclaré que les exportations de pétrole soviétiques constituaient « l'une des principales menaces auxquelles nous sommes confrontés [...] peut-être même plus dangereuse que la menace militaire offensive [59] ». Fin 1962, Kennedy a profité de la crise des missiles de Cuba pour exiger des entreprises occidentales qu'elles cessent de vendre les conduits de grand diamètre nécessaires aux Soviétiques. Pour obtenir la coopération partielle du gouvernement italien, la Maison-Blanche a dû pousser les entreprises américaines à offrir à l'Italie un pétrole moins cher [60]. Bien que la présence militaire américaine en Allemagne de l'Ouest ait facilité les pressions sur le gouvernement de Bonn, il a fallu que tous les députés démocrates-chrétiens du Bundestag se retirent pour empêcher un vote qui aurait contraint le gouvernement à rejeter l'embargo [61]. Même le gouvernement britannique, qui avait un intérêt moins immédiat pour le pétrole soviétique, était extrêmement réticent à accepter le diktat américain [62]. Par ailleurs, l'embargo a échoué, retardant la mise en place de l'oléoduc d'un an peut-être, avant d'être abandonné par le gouvernement Johnson [63].

Ces exportations de pétrole soviétique vers l'Europe occidentale ont déstabilisé le Moyen-Orient. Face à la perte de parts de marché en Europe occidentale, les compagnies pétrolières américaines de la région ont réduit leurs prix sans consulter les gouvernements arabes [64]. La fureur qui s'en est suivie a conduit l'Arabie saoudite, l'Iran, l'Irak, le Koweït et le Venezuela à former l'OPEP, l'Organisation des pays exportateurs de pétrole [65]. Bien que la capacité de l'OPEP à faire remonter les prix par des baisses de production ait été initialement limitée, notamment à cause de la découverte de nouveaux gisements, les trois grands États producteurs du Moyen-Orient disposaient désormais d'une plateforme d'action politique collective qui allait reconfigurer les marchés pétroliers à partir des années 1970.

La guerre israélo-arabe de 1967 a mis en évidence les lignes de fracture de l'après-Suez. De Gaulle a profité de la guerre pour réaffirmer que la France ne céderait pas aux pressions de Washington et a renoncé à son soutien antérieur à Israël au profit d'une politique pro-arabe [66]. En revanche, la politique américaine est devenue plus conciliante envers Israël et plus hostile à l'égard de l'Égypte qu'elle ne l'avait été en 1956. Cette réorientation a encouragé le gouvernement Johnson à agir comme fournisseur direct de l'Europe occidentale en dernier recours, ce qu'Eisenhower n'avait pas fait.

Quoi qu'il en soit, les problèmes logistiques liés à l'accès de l'Europe occidentale au pétrole du Moyen-Orient allaient désormais se compliquer de façon permanente. L'oléoduc Tapline transportant le pétrole saoudien passait par le plateau du Golan, et ce territoire syrien était désormais sous occupation israélienne, ce qui en faisait une cible pour les Palestiniens. Le canal de Suez est resté fermé jusqu'en 1975. Surtout, la guerre de 1967 a définitivement sapé la position de la Grande-Bretagne au Moyen-Orient. L'année précédant la guerre, le gouvernement britannique avait déjà annoncé qu'il quitterait Aden en raison de la montée de l'insurrection soutenue par Nasser. La guerre a ensuite intensifié le soulèvement, provoquant une mutinerie au sein de l'armée de la Fédération d'Arabie du Sud et de la police d'Aden. En novembre 1967, l'armée britannique, le dos au mur, s'est retirée, laissant derrière elle une république indépendante du Yémen du Sud qui, à partir de 1970, a été gouvernée par un régime soutenu par l'Union soviétique. En 1967, la faiblesse de l'armée britannique a été aggravée par celle de la livre sterling. La fermeture du canal de Suez et l'embargo arabe sur le pétrole destiné aux États soutenant Israël ont contraint Londres à acheter du pétrole libellé en dollars, déclenchant une nouvelle crise de la balance des paiements [67]. La base pratique de la puissance britannique s'étant effondrée, le gouvernement Wilson a rapidement annoncé que la Grande-Bretagne mettrait fin à tous ses engagements militaires à l'est de Suez d'ici à 1971. Le retrait de la Grande-Bretagne du golfe Persique a aussitôt déclenché une crise à Washington [68]. Mais Johnson ne pouvait plus se servir de la puissance financière américaine pour faire changer Wilson d'avis. Tout espoir d'offrir aux Britanniques la possibilité de réduire ses engagements militaires en Europe occidentale, comme Dean Rusk l'avait suggéré à Wilson en 1965, en échange de leur maintien dans le golfe Persique, s'était évanoui avec le retrait de la France du commandement intégré de l'OTAN l'année précédente [69].

Cette impasse a fait de l'Arabie saoudite et de l'Iran les points d'ancrage de la sécurité énergétique occidentale au Moyen-Orient. Comme l'a écrit Walt Rostow, conseiller à la sécurité nationale de Johnson, dans un mémo adressé au Président : « Nous ne voulons pas avoir à remplacer les Britanniques, et nous ne voulons pas que les Russes soient là. Nous devons donc compter sur le Shah et Fayçal [70]. »

Dès le départ, cette nouvelle approche s'est révélée délicate. La présence des grandes compagnies pétrolières américaines et européennes dans la région était de plus en plus contestée sur le plan politique. En 1969, quand le colonel Kadhafi a pris le pouvoir à Tripoli sous la bannière du panarabisme, il a immédiatement fermé les bases militaires américaines et britanniques dans le pays et n'a pas tardé à faire appel à l'aide militaire soviétique. Comme une part croissante des exportations de pétrole non soviétique vers l'Europe occidentale provenait de Libye, il s'est également engagé dans un bras de fer avec les compagnies pétrolières au sujet des prix et du partage des revenus. D'autres États membres de l'OPEP lui ont bientôt emboîté le pas en faisant pression pour inverser l'équilibre des pouvoirs entre les pays producteurs de pétrole et les compagnies pétrolières, ce qui a donné lieu à de nouveaux accords qui leur ont permis d'accroître leurs revenus et d'exercer un plus grand contrôle. Certains membres de l'OPEP sont allés plus loin. Entre 1971 et 1974, l'Algérie – qui avait rejoint l'OPEP en 1969 – est devenue actionnaire majoritaire des compagnies pétrolières françaises sur son territoire, le gouvernement baasiste prosoviétique en Irak a nationalisé l'Iraq Petroleum Company, et le gouvernement saoudien a acquis une part majoritaire d'Aramco. À la fin de la décennie, Aramco serait entièrement détenue et gérée par l'État saoudien.

Pendant ce temps, la géopolitique interne du Moyen-Orient restait peu favorable à toute puissance extérieure à la recherche d'alliés stables. Le soutien accordé à l'Iran liait la crédibilité des États-Unis à un pays où prévalaient déjà de forts sentiments anti-américains à la suite du coup d'État de 1953. Il encourageait en outre les ambitions territoriales de l'Iran en Irak et dans le sud du Golfe. La nécessité de s'appuyer plus nettement sur l'Arabie saoudite obligeait la Maison-Blanche à dépendre d'une monarchie confrontée depuis le milieu des années 1960 à des défections au sein de l'armée au profit de l'Égypte. La CIA a d'ailleurs averti Johnson, puis Nixon que le royaume était vulnérable à un coup d'État nationaliste radical. Après la guerre de 1967, le roi Fayçal est parvenu à un accord avec Nasser et a vigoureusement soutenu la cause d'un État palestinien. Les relations entre l'Iran et l'Arabie saoudite n'ont fait qu'empirer les choses : cette nouvelle stratégie américaine a impliqué Washington dans la rivalité entre les deux grands États du Golfe au sujet des prix et de la production de pétrole institutionnalisés au sein de l'OPEP[71].

Un peu plus de dix ans après Suez, la prétendue garantie pétrolière américaine à l'Europe occidentale n'avait aucune cohérence, et elle n'était pas vraiment désirée. Les présidents américains n'étaient pas en mesure d'utiliser leur puissance militaire de manière durable au Moyen-Orient, n'avaient pas pu recourir aux menaces financières et aux sanctions extraterritoriales pour empêcher les États d'Europe occidentale de se tourner vers le pétrole soviétique, et n'avaient pas réussi à éviter que la Grande-Bretagne mette fin à ses engagements militaires dans la région, sur lesquels reposait l'espoir américain que l'Europe occidentale importerait du pétrole du golfe Persique. L'Irak ayant basculé dans le camp soviétique après 1968, l'influence soviétique au Moyen-Orient s'est entre-temps accrue. Tout dépendait désormais par trop du sort du shah d'Iran, dont les ambitions n'avaient fait qu'inciter l'Irak à rechercher l'aide militaire de Moscou.

Détente

Ces fractures s'inscrivaient dans un cataclysme géopolitique plus important autour de la puissance américaine. La cause immédiate en était le Vietnam. En soi, cette guerre a été un désastre pour les États-Unis et a engendré de nouvelles contraintes politiques intérieures considérables pour la puissance américaine. Mais elle a également constitué une intersection entre les lignes de fracture du Moyen-Orient et de l'énergie, ainsi que celles inhérentes à Bretton Woods, au point de modifier la stratégie américaine de la guerre froide, avec des conséquences qui se sont perpétuées dans le monde de l'après-guerre froide.

Comme la crise de Suez, le Vietnam a révélé les divisions de l'OTAN. Une fois les troupes américaines au sol engagées au Vietnam, le gouvernement Johnson a tenté en vain d'exploiter le soutien américain à la livre sterling pour entraîner la Grande-Bretagne dans la guerre. Bien qu'il ait menacé de priver l'Allemagne de l'Ouest de la protection militaire américaine, il s'est également révélé incapable d'amener Bonn à contribuer au financement de la guerre. En fait, les pressions américaines n'ont réussi qu'à précipiter la fin du gouvernement de coalition chrétien-démocrate de Ludwig Erhard sur cette question. Par la suite, la formation, en 1966, de la première grande coalition allemande entre les chrétiens-démocrates et les sociaux-démocrates a ouvert la voie au virage de l'Allemagne de l'Ouest, dans les années 1970, vers un accommodement avec l'Union soviétique, consolidant politiquement la décision allemande de s'orienter vers l'énergie soviétique[72].

Entre-temps, à partir de 1968, les exigences de Bretton Woods en matière de politique monétaire américaine ont rendu pratiquement impossible la poursuite de la guerre par les États-Unis autrement que pour limiter les dégâts. Ce qui, en 1947, avait été une pénurie de dollars s'était inévitablement mué, dans les années 1960, en une pénurie d'or – comme nous le verrons au chapitre 7. Confronté à une crise de l'or en mars 1968, Johnson a jugé que, puisque, selon ses propres termes, la « situation fiscale » américaine était « abominable », il ne pouvait pas répondre à la demande des généraux américains d'augmenter considérablement les effectifs[73]. Ayant accepté cette contrainte causée par l'or, Johnson a annoncé en mars 1968 une réduction radicale de la campagne aérienne contre le Nord-Vietnam, et qu'il ne se représenterait pas aux élections.

L'échec au Vietnam a brisé le relatif consensus politique national sur la sécurité qui avait permis aux États-Unis d'imposer leur pouvoir en Eurasie depuis Pearl Harbor. Au début de la guerre froide, Truman s'était assuré le soutien du Congrès pour le plan Marshall, l'OTAN et la conscription en temps de paix sans rencontrer les mêmes difficultés intérieures que les présidents de l'entre-deux-guerres au sujet des engagements en Eurasie. En ce qui concerne le Vietnam, Johnson avait obtenu en 1964 l'autorisation presque unanime du Congrès pour déployer des troupes, avec seulement deux voix discordantes. Mais, alors que la victoire paraissait toujours plus hors de portée, le Vietnam a eu raison de la volonté des électeurs américains de participer à des guerres eurasiennes et d'en payer le prix. Conscient de cette réalité, Richard Nixon a fait campagne en 1968 pour abolir la conscription, mais il lui a fallu cinq ans pour tenir sa promesse. Après le Vietnam, les États-Unis se sont dotés d'une armée de métier et se sont retrouvés avec un électorat ouvertement hostile à tout engagement eurasien qui risquait de se traduire par des housses mortuaires.

Craignant qu'un retrait américain d'Indochine n'ait pour conséquence une phase d'ascension soviétique, Nixon et son conseiller à la sécurité nationale Henry Kissinger ont souhaité geler le conflit stratégique avec l'Union soviétique tel qu'il se présentait au début des années 1970. Pour ce faire, il fallait non seulement trouver un compromis avec Moscou sur certaines questions, notamment les traités de limitation des armements, mais aussi établir des relations diplomatiques avec la Chine communiste dans l'espoir qu'elle serve d'instrument d'endiguement antisoviétique.

Bien que la détente ait découlé de problèmes liés au Vietnam, elle s'inscrivait également dans une logique énergétique. À la fin des années 1970, la puissance énergétique américaine s'affaiblissait, et la puissance énergétique soviétique augmentait. La production américaine de pétrole brut a atteint en 1970 un pic qu'elle ne retrouverait pas avant la huitième année du boom du schiste, en 2018. Sans capacité excédentaire, les producteurs américains ne pouvaient pas, même en principe, servir de fournisseur de dernier recours à l'Europe occidentale, et, ayant besoin de leurs propres importations, les États-Unis se sont directement intéressés au pétrole destiné aux membres de l'OTAN et transitant par le golfe Persique [74]. Dans le même temps, les découvertes réalisées au cours des années 1960 en Sibérie occidentale ont stimulé l'industrie pétrolière soviétique. En 1968, les Soviétiques ont achevé l'extension de l'oléoduc Droujba jusqu'à la ville de Ventspils, sur la côte baltique, augmentant ainsi leur capacité d'exportation vers l'Europe occidentale. En 1974, l'Union soviétique avait remplacé les États-Unis en tant que premier producteur mondial de pétrole [75]. L'immense bassin d'hydrocarbures de Sibérie occidentale contenait également de grandes quantités de gaz. L'exportation de ce gaz vers l'Europe occidentale et centrale a été l'occasion pour Moscou de développer ces gisements avec de l'argent et des équipements européens. À long terme, ces exportations de gaz allaient se révéler encore plus importantes que les exportations de pétrole soviétique, notamment en fournissant une base économique à l'accord germano-soviétique, au moment précis où la vie politique en l'Allemagne de l'Ouest donnait naissance au mouvement vert le plus important au monde, qui allait fortement limiter la croissance de l'énergie nucléaire [76].

La puissance énergétique américaine étant affaiblie, Nixon s'est orienté vers une coopération américano-soviétique. Il a cherché des débouchés commerciaux pour les consortiums américains dans l'exploitation des gisements de Sibérie occidentale et a assoupli les règles de l'OTAN sur les exportations liées à l'énergie [77]. Le communiqué publié à l'issue d'un sommet américano-soviétique en juin 1973 mentionnait « un certain nombre de projets [énergétiques] spécifiques impliquant la participation de sociétés américaines, y compris la livraison de gaz naturel sibérien aux États-Unis » et que les deux gouvernements avaient « signé un accord pour étendre et renforcer la coopération » dans le domaine de la fusion nucléaire [78].

Mais les questions énergétiques ont aussi sérieusement mis à mal la détente, qui était déjà âprement contestée au niveau national, d'autant plus que ni le département d'État ni le Pentagone ne soutenaient pleinement l'approche de Nixon et Kissinger. Le commerce de l'énergie avec l'Union soviétique exigeait que Moscou obtienne le statut de nation la plus favorisée, et le Congrès subordonnait ce résultat aux droits de l'homme, en particulier à la liberté d'émigrer pour les juifs soviétiques. Il fallait également que l'Union soviétique ait un certain accès aux capitaux américains, ce que le Congrès souhaitait restreindre [79].

Dans l'immédiat, la détente n'a pas pu empêcher une crise généralisée au Moyen-Orient, dont les ramifications se sont étendues dans le monde entier [80]. Quand l'Égypte et ses alliés arabes ont attaqué Israël le jour du Yom Kippour 1973, les États arabes producteurs de pétrole disposaient d'avantages qu'ils n'avaient pas en 1967. Lors de la guerre de 1973, la ligne de démarcation entre les États soutenus par les Soviétiques et ceux qui étaient soutenus par les Américains s'est effacée, l'Arabie saoudite participant activement à la coalition militaire mise sur pied par l'Égypte. Les importations américaines de l'OPEP ont également exposé les États-Unis à l'arme pétrolière de l'Arabie saoudite. Les Saoudiens, frustrés par la dévaluation du dollar en 1971, considéraient la hausse des prix comme une compensation nécessaire, d'autant plus que Washington renforçait également leur rival, l'Iran [81]. Bien que le roi Fayçal ait initialement répugné à rompre avec Washington et ait demandé aux compagnies pétrolières américaines de faire pression sur Nixon pour qu'il change de cap, une fois que la guerre a tourné à l'avantage d'Israël, il a décrété un embargo sur les exportations vers les États-Unis. S'ajoutant aux pressions déjà exercées sur les prix et l'offre par le plafonnement de la production américaine en 1970 et la montée en puissance de l'OPEP, les économies et les démocraties américaines et ouest-européennes ont subi un terrible choc collectif sur les prix du pétrole, comme nous le verrons dans les chapitres 4 et 8.

La plupart des gouvernements d'Europe occidentale ayant réorienté leur politique en faveur des États arabes ou ayant opté pour la neutralité, la guerre du Kippour a fait voler en éclats les derniers vestiges de l'unité de l'OTAN sur le Moyen-Orient. Le gouvernement britannique s'est joint à la plupart des autres membres de la CE pour rejeter le soutien américain à Israël, ce qui a incité Kissinger à suspendre l'échange de renseignements américains avec Londres [82]. Selon le politologue Ethan Kapstein, en 1973, les Arabes ont « divisé et régné sur l'alliance occidentale » en décidant de qui obtiendrait du pétrole et qui n'en obtiendrait pas [83]. Quand il est devenu évident que l'Union soviétique risquait d'entrer dans le conflit, la plupart des gouvernements d'Europe occidentale ont fait savoir à Washington que l'armée américaine ne pourrait pas forcément utiliser ses bases en cas de guerre au Moyen-Orient avec l'Union soviétique, et la Grande-Bretagne a refusé de laisser les Américains procéder à des vols de reconnaissance à partir de Chypre. Privé d'alliés, Washington a dépêché des navires de guerre américains dans l'océan Indien, près de l'entrée du Golfe [84].

Kissinger s'est plaint par la suite que les Européens de l'Ouest avaient pour l'essentiel agi « comme si l'alliance n'existait pas [85] ». Mais l'OTAN n'a pas été conçue et, à l'exception de l'adhésion de la Turquie, n'a pas été adaptée pour faire face à des situations au Moyen-Orient. Parfois, Kissinger et d'autres responsables américains s'exprimaient comme si les États-Unis disposaient du pouvoir unilatéral nécessaire pour s'emparer des gisements de pétrole dans la région. Un jour, Kissinger a déclaré à des journalistes que, si les États arabes n'apprenaient pas à coopérer à nouveau avec les États consommateurs de pétrole, ils « suivraient le chemin des cités-États grecques[86] ». En réalité, Washington n'avait pas le pouvoir d'exiger l'assentiment des États arabes, et sa politique intérieure axée sur le Vietnam n'aurait pas pu s'accommoder d'une guerre au Proche-Orient. En effet, la diminution de leur puissance pétrolière plaçait les États-Unis dans une position de quémandeur.

La crise n'a pas été un échec opérationnel pour l'OTAN, mais une prise de conscience. L'organisation avait été conçue comme une alliance militaire centrée sur l'Europe dans un monde bipolaire où les intérêts de ses membres européens en matière de sécurité énergétique dépendaient du Moyen-Orient. Un État de l'OTAN, dont la puissance militaire était fortement limitée financièrement et dont la présence impériale suscitait des résistances, avait été le principal responsable de la défense de ces intérêts. Avec le retrait militaire de la Grande-Bretagne, l'OTAN a été pendant plusieurs années totalement absente du golfe Persique, à une époque où les États-Unis eux-mêmes devenaient dépendants des importations transitant par ces eaux et où l'alliance Moscou-Bagdad avait permis à la marine soviétique de pénétrer dans le golfe. Au lieu de cela, l'Arabie saoudite et l'Iran étaient censés protéger les intérêts pétroliers des membres de l'OTAN, mais ne s'abstenaient de leur nuire qu'à des conditions qui divisaient l'alliance militaire.

Face à cette réalité, Kissinger a exigé des Européens qu'ils participent à un sommet sur l'énergie en février 1974. Il a orchestré la Conférence de Washington sur l'énergie autour des intérêts collectifs des pays industriels consommateurs de pétrole par rapport aux pays producteurs. Le gouvernement français a refusé de rejoindre l'Agence internationale de l'énergie (AIE) que le gouvernement Nixon avait mise en avant afin de renforcer la coopération internationale dans le domaine de l'énergie. Dans un contexte de déclin de la production nationale, les intérêts des consommateurs américains en matière de pétrole étaient en concurrence avec ceux des États d'Europe occidentale. Pris au piège de cette tension, Nixon a menacé de retirer les troupes américaines d'Europe si les États d'Europe occidentale n'adoptaient pas une approche collective [87]. Mais, tout au long des années 1970, les gouvernements d'Europe occidentale ont disposé d'une option leur permettant de réduire leur dépendance vis-à-vis du Moyen-Orient : ils pouvaient importer davantage de pétrole de l'Union soviétique. En pratique, ce n'était pas le cas des États-Unis. Bien que Kissinger ait tenté à nouveau, quand il a servi au sein du gouvernement de Gerald Ford, d'établir une base pour les futures exportations soviétiques à travers l'Atlantique, l'accord préliminaire conclu avec Brejnev s'est effondré [88].

Stratégiquement exposé par la crise de 1973, le gouvernement Nixon a rétabli ses relations avec l'Arabie saoudite, renforcé son alliance avec l'Iran, qui avait soutenu la hausse des prix mais pas l'embargo, et cherché à négocier une paix israélo-arabe par l'intermédiaire de l'Égypte. À l'avenir, a déclaré Nixon aux Américains dans un discours national en novembre 1973, le pays devrait se sevrer du pétrole du Moyen-Orient et se lancer dans ce qu'il a appelé le « projet indépendance », qui devait être réalisé d'ici la fin de la décennie, notamment grâce au développement du pétrole de schiste [89].

Une étrange victoire

Si la puissance énergétique américaine a diminué tout au long des années 1970, la révolution à Téhéran à la fin de la décennie et la crise des otages iraniens qui s'en est suivie ont aggravé le choc, engendrant certaines des dynamiques politiques cruciales qui sont actuellement à l'œuvre au Moyen-Orient. Après avoir redouté l'axe égypto-soviétique, Washington s'est mis à craindre une alliance irano-soviétique. Compte tenu de l'importance du golfe Persique, la politique américaine est devenue beaucoup plus agressive[90]. Ce qui a compliqué la situation des gouvernements d'Europe occidentale vis-à-vis du Moyen-Orient. Outre le risque d'embargo sur les exportations de pétrole par les États arabes et l'Iran, ils étaient confrontés à un monde dans lequel les sanctions américaines contre les régimes du Moyen-Orient menaçaient l'approvisionnement en pétrole à prix modéré.

Les retombées de la révolution iranienne se sont rapidement étendues à la partie occidentale du golfe Persique. Une fois de plus, à cause d'événements survenus ailleurs dans la région, l'Arabie saoudite s'est retrouvée vulnérable au sentiment anti-occidental. À la fin de 1979, des fondamentalistes désireux de renverser la monarchie saoudienne se sont emparés de la Grande Mosquée de La Mecque, et le régime saoudien a dû livrer bataille pour en reprendre le contrôle. Par la suite, il a imposé des règles islamiques plus strictes et s'est montré plus ouvert aux conservateurs religieux. L'Iran a par ailleurs rapidement prouvé qu'il était disposé à soutenir les groupes chiites dans les pays arabes, à commencer par le Liban, où le Corps des gardiens de la révolution islamique a établi une base dans la partie du pays contrôlée par la Syrie, à partir de laquelle le Hezbollah s'est développé.

Comme Nixon avant lui, le président Carter voyait dans le retour à l'indépendance énergétique le seul moyen pour les États-Unis de sortir de ce marasme géopolitique. Dans ce que l'on a appelé son discours sur le « malaise », il a déclaré :

« Cette dépendance intolérable à l'égard du pétrole étranger menace notre indépendance économique et la sécurité même de notre nation. À partir de maintenant, cette nation n'utilisera jamais plus de pétrole étranger qu'en 1977 – jamais. À partir de maintenant, chaque nouvelle augmentation de notre demande d'énergie sera satisfaite par notre propre production et notre propre conservation. »

Concrètement, il a misé sur la Synthetic Fuels Corporation, soutenue par le gouvernement fédéral, et sur le schiste, déclarant aux Américains que « notre schiste contient à lui seul plus de pétrole que plusieurs Arabie saoudite [91] ».

Mais, une fois de plus, l'aspiration à restaurer l'indépendance énergétique n'a en rien pu modifier la situation. L'invasion soviétique de l'Afghanistan à la fin de 1979, qui semblait ouvrir à Moscou la route vers le détroit d'Ormuz, puis la montée en puissance de l'Iran dans la guerre Iran-Irak, qui, à partir de 1982, a fait craindre que des troupes iraniennes atteignent les champs pétrolifères saoudiens et koweïtiens, ont aggravé la vulnérabilité américaine au Moyen-Orient. Le secrétaire à la Défense de Carter a déclaré que la perte du pétrole du golfe Persique serait « un choc aux répercussions catastrophiques » et que « le contrôle soviétique de cette région ferait d'une grande partie du monde industrialisé et moins développé des vassaux économiques [92] ». James Schlesinger, son secrétaire à l'Énergie, est allé plus loin en déclarant que « le contrôle soviétique sur le pétrole du Moyen-Orient signifierait la fin du monde tel que nous l'avons connu depuis 1945 [93] ». Mais, après le Vietnam, il n'était pas possible d'engager des troupes américaines en Afghanistan, ce qui ne laissait au gouvernement Carter que la possibilité d'armer les moudjahidines islamiques par l'intermédiaire du Pakistan, ou en Iran, ce qui a poussé le gouvernement Reagan à rétablir les relations diplomatiques avec l'Irak et la CIA à apporter un soutien clandestin à Bagdad.

Bien qu'il ait annoncé la mise en place d'une stratégie militaire pour le Moyen-Orient – la doctrine Carter – permettant aux États-Unis de recourir à des opérations militaires contre toute force extérieure qui chercherait à prendre le contrôle de la région du golfe Persique, le gouvernement Carter et ses successeurs n'ont pas disposé des moyens décisifs pour appliquer cette doctrine [94]. Carter a bien ordonné l'envoi de la flotte américaine dans le Golfe et mis en place une force de déploiement rapide pour opérer ailleurs qu'en Europe occidentale et en Asie de l'est. Mais les États-Unis n'avaient pas la capacité militaire nécessaire pour imposer un ordre régional au Moyen-Orient. Et les moyens militaires qu'ils pouvaient effectivement mettre en branle posaient également des problèmes aux alliés régionaux qu'il leur restait, si bien que, quand le gouvernement Reagan a créé le Commandement cental des États-Unis en 1983, en tant que commandement unifié permanent pour les opérations américaines au Moyen-Orient, aucun État du Golfe n'a voulu l'accueillir. Par conséquent, le quartier général logistique de la puissance militaire américaine dans la région a été installé en Floride, et il s'y trouve toujours [95].

La crise du golfe Persique, qui a débuté avec la révolution iranienne, a en outre ravivé les dissensions au sein de l'OTAN. Seule la Grande-Bretagne a participé aux manœuvres conjointes dans l'océan Indien après l'invasion soviétique de l'Afghanistan, et le gouvernement français a de nouveau flirté avec sa propre solution en envisageant un arrangement avec les Russes dans le Golfe [96]. Au début de la guerre Iran-Irak, la France s'est jointe à la Grande-Bretagne pour fournir des bâtiments d'escorte afin de protéger les pétroliers autour du détroit d'Ormuz, mais le gouvernement ouest-allemand a refusé de participer à l'opération [97].

À long terme, l'emploi du terme « extérieur » dans la doctrine Carter soulevait la question de savoir ce qui se passerait si l'Iran attaquait l'Arabie saoudite et était soutenu par l'Union soviétique [98]. L'Iran révolutionnaire s'est révélé être une puissance militaire non négligeable. En 1988, l'Iran a demandé la paix dans la guerre avec l'Irak, la marine et l'armée de l'air américaines ayant lancé une frappe massive contre des navires iraniens dans les eaux iraniennes. Mais la guerre Iran-Irak a finalement consolidé le régime iranien, et, du fait de l'intervention américaine, la légitimité politique du régime s'est trouvée encore plus dépendante de l'hostilité anti-américaine. La victoire partielle de Bagdad a ensuite entraîné l'invasion du Koweït par l'Irak et les offensives de Saddam

Hussein contre les Kurdes. Bien que George Bush père ait publié une directive de sécurité nationale en 1989 pour préciser que les États-Unis utiliseraient la force contre un acteur régional aussi bien qu'un acteur extérieur, dans la pratique, cette directive s'est davantage appliquée dans le cas de l'Irak que dans celui de l'Iran.

*
* *

En Europe, le retour en force de la guerre froide après l'invasion soviétique de l'Afghanistan a aggravé le schisme au sein de l'OTAN sur la question de l'énergie. En 1981, le gouvernement soviétique a conclu un accord avec un consortium bancaire allemand dirigé par la Deutsche Bank afin d'obtenir un crédit pour la construction d'un nouveau gazoduc. Le gazoduc transsibérien devait finalement relier le champ gazier d'Ourengoï, dans le bassin de la Sibérie occidentale, à Oujhorod, dans ce qui est aujourd'hui l'Ukraine occidentale, d'où le gaz était acheminé vers l'Europe centrale et occidentale. Le gouvernement Reagan s'est opposé au gazoduc transsibérien et, après que le gouvernement polonais contrôlé par les Soviétiques a imposé la loi martiale en décembre 1981, il a imposé des sanctions extraterritoriales sévères aux entreprises européennes impliquées dans le projet. Ces sanctions ont provoqué une réaction furieuse des gouvernements d'Europe de l'Ouest. Helmut Schmidt, le chancelier ouest-allemand, a insisté sur le fait que, quelle que soit l'opinion des Américains, l'oléoduc verrait le jour. Lord Cockfield, le ministre britannique du Commerce, s'est emporté en lançant que l'embargo américain constituait « une extension inacceptable de la juridiction extraterritoriale américaine d'une manière répugnante sur le plan du droit international[99] ». Mais, pour le gouvernement Reagan, il ne s'agissait pas simplement d'une répétition de la confrontation avec

Kennedy au sujet de l'oléoduc de Droujba. Ses principaux conseillers estimaient en effet que les recettes en devises fortes provenant des exportations d'énergie permettaient à l'Union soviétique de projeter sa puissance militaire à l'étranger au point que leur absence aurait des conséquences stratégiques [100]. Reagan a fait marche arrière sur le gazoduc une fois que les Européens de l'Ouest ont accepté que le gaz provenant de l'Union soviétique ne représente pas plus de 30 % de leurs importations [101]. Mais le conflit américano-européen au sein de l'OTAN sur l'énergie avait un caractère inéluctable tant que la guerre froide se poursuivait.

Bien sûr, à la fin des années 1980, la guerre froide s'est terminée et, paradoxalement, l'énergie a joué un rôle dans l'accélération de cette fin. Les prix élevés du pétrole dans les années 1970 ont rendu possible ce qui aurait autrement été d'un coût prohibitif : la production en mer du Nord. Dans l'hémisphère occidental, on a découvert davantage de pétrole au Mexique, et la levée des réglementations sur les prix du pétrole domestique américain – qui seront examinées au chapitre 8 – a incité BP et plusieurs compagnies pétrolières américaines à rechercher des approvisionnements à coût élevé en Alaska. Cette augmentation de l'offre autre que moyen-orientale et soviétique a affaibli la capacité de l'OPEP à contrôler les prix, de même que la création de Bourses à New York et à Chicago pour les contrats à terme – qui donnent le droit d'acheter du pétrole à une date et à un prix déterminés –, en encourageant les mouvements spéculatifs sur les prix de la part d'investisseurs dont l'intérêt n'est pas de se procurer vraiment du pétrole. Face à cette évolution, l'Arabie saoudite a d'abord incité l'OPEP à réduire sa production pour tenter de maintenir les prix. Mais, quand le dollar a commencé à chuter en 1986, entraînant une baisse des revenus en dollars du royaume, il a fait marche arrière et s'est battu pour obtenir des parts de marché, ce qui a fait s'effondrer les prix.

Les raisons pour lesquelles les Saoudiens ont laissé les prix dégringoler en 1986 ont fait l'objet de nombreuses spéculations par la suite. Certains anciens fonctionnaires de Reagan ont affirmé que le gouvernement américain avait encouragé les Saoudiens à agir afin de faire pression sur l'Union soviétique [102]. Rien ne prouve de façon incontestable que ce fut le cas [103]. Néanmoins, la Maison-Blanche de Reagan s'est félicitée de la chute, proclamant qu'il s'agissait de « l'une des choses les plus bénéfiques qui soient arrivées à l'humanité en treize ans [104] ». Pour les producteurs texans, en revanche, c'était tout sauf le cas. Pour eux, le choc pétrolier inversé de 1986 a été un désastre et, alors que l'économie pétrolière texane des années 1980 s'effondrait, le Texas est devenu l'épicentre de la crise américaine de l'épargne et du crédit [105]. En n'intervenant pas pour protéger les compagnies pétrolières texanes, le gouvernement Reagan a agi différemment de tous ses prédécesseurs [106]. Même avant le krach de 1986, Reagan avait montré beaucoup moins d'intérêt pour la restauration de l'indépendance énergétique américaine que Carter ou Nixon, notamment en laissant dépérir la Synthetic Fuels Corporation [107]. Quand le choc saoudien s'est produit, toute perspective de réduction des importations américaines de pétrole en provenance du Moyen-Orient a pris fin, jusqu'à ce que les prix élevés et le crédit extrêmement bon marché après le krach de 2008 facilitent le boom du schiste.

Quelle que soit la motivation des Saoudiens, l'effondrement des prix du pétrole a eu des répercussions géopolitiques. En 1986, l'Union soviétique était largement le premier producteur mondial de pétrole. Mais l'État soviétique était tellement dépendant des revenus des exportations d'énergie qu'il ne pouvait pas fonctionner sans eux. La faiblesse des prix du pétrole a aggravé la crise militaire durable en Afghanistan, comme le dollar l'avait fait pour les Américains au Vietnam, et a rendu les importations de denrées alimentaires soviétiques dépendantes du crédit occidental. Le pétrole est loin de suffire à expliquer la crise impériale qui a englouti l'Union soviétique en 1989. Mais, quand les révoltes ont éclaté en Europe de l'Est cette année-là, du fait de la crise économique immédiate provoquée par le pétrole, Mikhaïl Gorbatchev n'a pas été en mesure de tenter de défendre le pouvoir soviétique [108].

Comme la disparition des Ottomans au début du siècle, l'effondrement de l'Union soviétique en 1991 a laissé derrière lui un trésor géopolitique et énergétique, cette fois autour de la mer Caspienne. Pendant vingt ans, la production énergétique soviétique avait été dominée par la Sibérie occidentale. Mais, dans les dernières années de l'URSS, des ingénieurs géologues ont découvert les champs Azeri-Chirag-Güneshli au large du littoral de l'Azerbaïdjan, ainsi que du pétrole et du gaz au Kazakhstan. Ces découvertes ont fait entrevoir la perspective d'une autre source d'approvisionnement en Eurasie. Toutefois, cela signifiait également que les Américains et les Européens risquaient d'être à nouveau en désaccord sur les domaines où les membres de l'OTAN avaient des intérêts communs en matière de sécurité énergétique.

*
* *

De nos jours, les anciennes lignes de fracture énergétiques de l'OTAN, qui s'étaient dessinées pendant la guerre froide, interagissent avec les nouvelles lignes qui ont commencé à prendre forme à la fin de celle-ci, ainsi qu'avec celles engendrées par le retour des États-Unis en tant que producteur de pétrole et de gaz de premier plan dans les années 2010. La diminution des besoins américains en importations de pétrole s'est traduite par un retrait stratégique partiel des États-Unis au Moyen-Orient. Mais la marine américaine est toujours déployée dans le golfe Persique, et une stratégie visant à dissuader l'Iran par des moyens autres que la guerre reste en place, en partie parce que la Chine a elle aussi besoin des ressources énergétiques du Moyen-Orient. Chez les membres européens de l'OTAN, cette tension au sein de la politique américaine a accouché de versions plus dures d'anciens désaccords. Aux yeux d'Emmanuel Macron, le Moyen-Orient est le « voisinage » de l'Europe, et les risques y sont légion. Selon lui, les États-Unis ne peuvent pas partager ces intérêts européens et, par conséquent, l'OTAN ne peut pas être adaptée en tant que vecteur militaire destiné à protéger ces intérêts. Il y a là un écho évident de la crise de Suez, avec la complication supplémentaire que ni les Britanniques ni les Français ne possèdent la puissance militaire qui était la leur en 1956 et qu'ils peuvent encore être freinés au Moyen-Orient, en particulier en ce qui concerne l'Iran, par la puissance financière américaine.

L'Union européenne n'a donc guère fonctionné comme une sorte de vengeance géopolitique pour Suez. Elle n'a pas pu le faire en termes d'énergie, car les pays d'Europe occidentale ne sont pas parvenus à mettre fin aux importations de pétrole du Moyen-Orient, et l'intégration de l'Algérie dans la CEE n'a pas duré. Les États de la CEE ne pouvaient pas non plus rompre avec l'OTAN. Bien que la France se soit retirée de la structure de commandement de l'OTAN, les gouvernements français n'ont jamais été en mesure de réaliser les ambitions de De Gaulle, qui rêvait d'une confédération européenne de sécurité indépendante.

Si Suez a marqué un changement géopolitique décisif en Europe, c'est en poussant cette dernière à se tourner de nouveau vers les exportations énergétiques soviétiques. À partir des années 1970, la relation gazière germano-soviétique est devenue un élément déterminant du paysage géopolitique européen et de la division structurelle au sein de l'OTAN née de l'absence d'intérêts énergétiques comparables de part et d'autre de l'Atlantique. Malgré le rôle joué par les revenus pétroliers dans la chute de l'Union soviétique, il s'agissait là d'une conséquence de la guerre froide qui a perduré dans le monde de l'après-guerre froide. Il y aurait cependant une différence cruciale entre la relation énergétique germano-soviétique et la relation germano-russe : après 1991, le territoire à l'est de l'Allemagne par lequel le gaz était acheminé serait constitué d'États indépendants ne faisant pas partie de l'Union soviétique et n'étant pas soumis à son autorité. Ce changement géopolitique allait conférer à l'OTAN une importance militaire pour la sécurité en Europe de l'Est et rendre impossible une unité de vues entre l'OTAN et l'UE sur les exportations d'énergie russe, d'autant plus que de nouvelles sources d'approvisionnement s'ouvraient à partir de la mer Caspienne. Même avant que les États-Unis n'acquièrent les moyens à la fois de concurrencer les exportations de gaz russe et d'utiliser leur pouvoir financier sur les États européens pour leur imposer un changement de politique énergétique, ce casse-tête allait être une source de troubles extrêmement graves, comme le montrera le chapitre suivant.

3

L'Eurasie réinventée

En septembre 2015, des navires de guerre de la flotte russe de la mer Noire ont traversé le Bosphore pour se déployer en Méditerranée orientale, et l'armée de l'air russe a lancé des frappes aériennes contre des groupes de rebelles syriens soutenus par les États-Unis. L'administration Obama n'a pas réagi. Comme l'a expliqué un haut fonctionnaire du département d'État : « Si les Russes s'engagent davantage sur ce théâtre, nous devons désamorcer le conflit au niveau militaire [1]. »

L'intervention russe ayant rétabli l'équilibre des forces au profit du régime de Bachar el-Assad, Obama a décidé, à l'été 2016, de collaborer avec la Russie pour tenter de mettre fin à la guerre civile syrienne. Le 9 septembre, son secrétaire d'État, John Kerry, et le ministre russe des Affaires étrangères Sergueï Lavrov ont annoncé un cessez-le-feu imminent et déclaré que, s'il tenait une semaine, Washington et Moscou envisageraient de planifier des frappes aériennes conjointes contre l'État islamique (EI ou Daech). Mais, neuf jours plus tard, des avions américains et britanniques ont tué par erreur une soixantaine de soldats syriens dans le nord-est de la Syrie, ce qui a incité le gouvernement syrien à désavouer le cessez-le-feu. Après que des avions syriens et russes ont frappé un convoi d'aide près d'Alep, Obama a suspendu la coopération russo-américaine.

Alors que, pour la première fois, Obama faisait marche arrière en Syrie, Donald Trump et Hillary Clinton s'affrontaient au sujet des priorités géopolitiques américaines. Pour

Hillary Clinton, il fallait s'opposer à la Russie en Syrie. Lors du deuxième débat présidentiel, elle a déclaré que « ce qui est en jeu ici, ce sont les ambitions et l'agressivité de la Russie. La Russie a décidé d'y aller à fond en Syrie ». Pour Trump, la Russie restait un partenaire potentiel dans la lutte contre Daech. Ils se reprochaient mutuellement que leur attitude sur la question de la Russie les rendait inaptes à la présidence. Clinton dépeignait Trump comme un suppôt de la Russie : « Ils ont [...] décidé qui ils voulaient voir devenir président des États-Unis, et ce n'est pas moi. » Trump affirmait que la Russie avait gagné en influence en Syrie et en Iran « à cause de la faiblesse de notre politique étrangère » et que, en tant que première secrétaire d'État d'Obama, Hillary Clinton en portait la responsabilité [2].

Clinton et Trump n'étaient pas d'accord non plus sur l'importance relative de la puissance russe. Du point de vue de Trump, la Chine était le principal problème géopolitique des États-Unis. Il dénonçait ce qu'il présentait comme une offensive chinoise contre le secteur manufacturier américain et se plaignait qu'« il n'y ait personne dans notre gouvernement pour les combattre [3] ». Pour Clinton, la Chine était toujours un atout économique net. Elle ne saccagerait pas l'ordre commercial multilatéral sur lequel l'économie américaine était étayée, a-t-elle martelé. Là encore, chacun a vu dans la Chine un moyen d'attaquer les compétences personnelles de l'autre en tant que présidentiable. Trump a régulièrement rappelé aux électeurs que Bill Clinton avait été responsable de l'entrée de la Chine dans l'Organisation mondiale du commerce (OMC). Clinton a rétorqué que Trump utilisait régulièrement de l'acier chinois bon marché pour construire ses immeubles dans tout le pays.

Mais si, d'un point de vue géopolitique, l'élection présidentielle de 2016 s'est résumée à une confrontation entre un candidat hostile à la Chine et une candidate opposée à la Russie, cette vision des choses a quelque chose d'un peu simpliste. Quand, inquiet de la montée en puissance de la Chine, le gouvernement Obama s'est tourné vers l'Asie, Hillary Clinton en a été la principale architecte. Six semaines encore avant l'élection, Obama appliquait à peu près la politique de coopération avec la Russie contre l'EI que préconisait Trump. Après la victoire de Trump, le gouvernement Obama a imposé de nouvelles sanctions à la Russie. Quels qu'aient été les espoirs de Trump d'évoluer vers un accommodement avec Poutine, il a accédé à la présidence alors que son équipe et lui étaient accusés par leurs adversaires de s'être entendus avec Moscou pour remporter le scrutin. En août 2017, le Congrès américain a décidé de nouvelles sanctions contre la Russie et a imposé des restrictions légales sur l'autorité présidentielle empêchant de les supprimer. Paradoxalement, l'élection de 2016 a accouché d'une politique intérieure qui a conduit à une confrontation avec la Russie et la Chine.

Pourtant, des événements antérieurs en Europe avaient déjà prouvé qu'il serait difficile de modifier le comportement de la Russie. Quand les navires de guerre russes sont entrés en Méditerranée orientale, Moscou faisait l'objet de sanctions depuis dix-huit mois, en raison de l'annexion de la Crimée par la Russie en 2014 et du soutien apporté par la suite par le Kremlin aux forces antigouvernementales dans la région ukrainienne du Donbass. Ces sanctions ont eu des conséquences non négligeables sur les individus. Mais, comme elles n'ont pas empêché la Russie de vendre du pétrole et du gaz, elles n'ont guère incité Poutine à reculer.

Ici, les choix géopolitiques américains se sont heurtés aux faiblesses géopolitiques de l'Union européenne autour de ses frontières. C'est la dépendance de l'Europe vis-à-vis des importations d'énergie en provenance de la Russie qui a rendu impossible toute sanction sérieuse. Après avoir déclenché la crise ukrainienne en insistant pour que le gouvernement de Kiev – dont l'adhésion à l'OTAN s'était auparavant heurtée au veto de la France et de l'Allemagne – choisisse entre une économie orientée vers la Russie et une relation économique formelle avec l'UE, l'Europe a été impuissante quand, en février 2014, des soldats russes ont pris le contrôle du bâtiment du Parlement de Crimée.

L'influence russe en Syrie, entre-temps, a exposé l'UE à un autre problème frontalier, cette fois avec la Turquie. Alors que les navires russes franchissaient le Bosphore, l'UE était déjà plongée dans une crise causée par le sort des réfugiés syriens qui vivaient dans des camps en Turquie. Début septembre 2015, Angela Merkel a déclaré qu'il n'y avait pas de limite au nombre de réfugiés que l'Allemagne était prête à accueillir. Des centaines de milliers de personnes ont quitté la Turquie et traversé l'Europe centrale et méridionale. Mais sa nouvelle politique s'est rapidement révélée insoutenable. Quelques semaines plus tard, l'UE a conclu un accord provisoire avec la Turquie pour endiguer le flux. En mars 2016, la diplomatie bilatérale de Merkel avec le Premier ministre turc Recep Tayyip Erdogan a transformé cette entente provisoire en un accord plus substantiel : en échange de l'engagement de la Turquie à réduire le nombre de réfugiés entrant en Grèce et en Italie, l'UE a accepté un important programme d'aide et convenu d'accélérer les négociations sur l'adhésion de la Turquie à l'Union, qui étaient dans l'impasse.

Si ce moment, au début de l'année 2016, est apparu comme un tournant dans les relations de l'UE avec la Turquie, un développement ultérieur a radicalement reconfiguré l'alignement géopolitique de la Turquie. Dans la nuit du 15 juillet 2016, des officiers de l'armée turque ont tenté de prendre le pouvoir, sans y parvenir. Dans la foulée, Erdogan a clairement indiqué qu'il s'estimait mieux soutenu par Poutine que par Obama ou tout autre dirigeant de l'UE. Les purges menées par Erdogan après le coup d'État et sa menace de rétablir la peine de mort ont conduit certaines capitales européennes à douter publiquement de l'aptitude de la Turquie à entrer dans l'Union européenne. À la fin de l'année, Erdogan avait envoyé des forces turques à la frontière syrienne pour attaquer les milices kurdes soutenues par les Américains et s'était associé à la Russie et à l'Iran pour lancer un contre-processus de paix pour la Syrie, parallèlement à celui qui se déroulait sous les auspices des Nations unies.

Ces événements, qui ont fait de la puissance russe un enjeu majeur de l'élection présidentielle américaine de 2016 et qui ont mis l'UE sous pression à ses frontières, sont nés de lignes de faille géopolitiques présentes depuis longtemps dans le monde de l'après-guerre froide. Celles qui étaient liées de l'Ukraine existaient dès le départ, puisque la fin de la guerre froide avait fait voler en éclats l'environnement géopolitique européen dans lequel l'OTAN et les prédécesseurs de l'UE étaient nés sans en installer de nouveau. Celles qui étaient liées à la Syrie sont en partie dues aux incohérences à long terme de la politique américaine au Moyen-Orient. Celles qui concernaient la Turquie et les importations européennes d'énergie en provenance de Russie trouvent leur origine dans la guerre froide et se poursuivent au-delà de sa fin. Même si, dans les années 1990, peu de gens imaginaient qu'elles pourraient se révéler aussi perturbatrices, chacune d'entre elles aurait été reconnue comme un défi géopolitique. En revanche, le fait que le développement économique de la Chine ait été un enjeu géopolitique au cœur des élections américaines de 2016 et qu'il ait aidé un homme d'affaires qui ne s'était jamais présenté à une quelconque fonction a été vécu comme un formidable choc. À la fin des années 1990, les relations commerciales entre les États-Unis et la Chine n'étaient pas censées être un enjeu géopolitique, ni même un enjeu partisan, mais seulement un moteur de croissance pour une économie mondiale unique sous la férule des États-Unis.

Cette décennie, souvent présentée de manière malhonnête comme l'aube d'un nouvel ordre universel dirigé par les États-Unis, a en fait été le prélude à un monde géopolitiquement dangereux qui a remodelé l'Eurasie et connecté les anciennes lignes de faille qui la traversent. Malgré toute l'importance de la Chine, si l'on veut comprendre cette turbulence géopolitique, c'est par l'Europe qu'il faut commencer. C'est la carte géopolitique de l'Europe qui a été redessinée par le dénouement de la guerre froide, par rapport à la Russie et à la Turquie.

Où est l'Europe ?

Après la dissolution de l'Union soviétique en 1991, la question de savoir où se termine l'Europe, si une partie de l'Europe peut encore être menacée par la Russie et, dans l'affirmative, qui en assurera la sécurité, reste d'actualité. Cela a considérablement compliqué les relations déjà difficiles entre l'OTAN et ce qui est devenu, à partir de 1993, l'UE. Si l'UE prétendait réaliser un idéal d'unité européenne, elle ne pouvait pas s'arrêter à la frontière orientale de l'Allemagne de l'Est, la ligne Oder-Neisse. Or, comme des siècles d'instabilité en Europe sont nés d'États et d'empires situés dans l'espace géographique entre la Russie et l'Allemagne, l'intégration des anciens pays du pacte de Varsovie dans l'UE posait la question de leur sécurité militaire. Si les États d'Europe de l'Est rejoignaient l'UE, la logique de la guerre froide voulait qu'ils rejoignent également l'OTAN. Mais s'ils entraient effectivement dans l'OTAN, ce serait la preuve que la puissance soviétique n'avait jamais été autre chose qu'une nouvelle version de l'ancienne puissance russe et qu'une garantie de sécurité pour ces États ne serait pas qu'un exercice de rhétorique. Le traité de Maastricht, adopté en décembre 1991, n'a pas abordé la question de l'Europe de l'Est. Toutefois, en se dotant d'une politique étrangère et de sécurité commune, l'UE s'est engagée sur la voie d'une confédération de sécurité, même si elle ne partait pas du principe que l'OTAN n'avait plus lieu d'être.

L'incapacité de l'UE à se substituer à l'OTAN dans les guerres de succession yougoslaves est allée de pair avec son incapacité à résoudre les implications sécuritaires de l'élargissement à l'est. Trois pays non membres de l'OTAN – l'Autriche, la Suède et la Finlande – ont rejoint l'UE en 1995, l'année même où la France a réintégré le Comité militaire de l'OTAN, mais pas sa structure de commandement. Entre-temps, les principaux États d'Europe de l'Est qui souhaitaient adhérer à l'UE ont fait pression sur les Américains pour entrer dans l'OTAN. Au milieu des années 1990, la situation était dans une impasse. Craignant que l'UE ne devienne plus dépendante de l'OTAN si la Pologne et d'autres pays la rejoignaient, et que l'Allemagne ne se désintéresse des questions de sécurité si l'OTAN se renforçait en Europe de l'Est pour servir de tampon entre l'Allemagne et la Russie, la France s'est opposée à l'élargissement de l'UE et de l'OTAN [4]. Plus tard dans la décennie, elle a tenté de redonner vie à la structure formelle de la confédération de sécurité de l'UE. Le président français Jacques Chirac a trouvé en Tony Blair un défenseur britannique sans précédent de la nécessité pour l'UE de disposer d'une capacité militaire indépendante de l'OTAN. Dans la déclaration de Saint-Malo de 1998, les deux gouvernements sont convenus que l'UE devait disposer d'une capacité militaire autonome et d'une structure de prise de décision à cet effet. Cet accord bilatéral franco-britannique a facilité la mise en place d'une politique européenne de sécurité et de défense et, en 2002, d'un accord permettant à l'UE d'accéder aux ressources de l'OTAN pour des opérations auxquelles l'OTAN ne participait pas [5]. Un an plus tard, des troupes de l'UE ont été déployées pour la première fois dans le cadre d'une mission de maintien de la paix en Macédoine. Mais le fait de conférer à l'UE une certaine capacité militaire ne constituait pas non plus une réponse à la question de l'Europe de l'Est.

Pour y répondre, il faudrait faire face à ce que signifierait pour l'UE le fait de se retrouver avec une frontière commune avec la Russie. En 1996, quand il est apparu clairement qu'il était urgent d'élargir l'UE à l'est, le gouvernement Clinton a décidé que l'adhésion à l'OTAN de la Pologne, de la Hongrie et de la République tchèque devait être une priorité américaine. C'est ainsi que ces trois anciens membres du pacte de Varsovie ont rejoint l'OTAN en 1999, suivis en 2004, entre autres, par les anciennes républiques soviétiques qu'étaient l'Estonie, la Lettonie et la Lituanie. En se déplaçant vers l'est avant l'UE, l'OTAN s'est transformée en un symbole supposé des valeurs démocratiques [6]. Mais la question de savoir s'il y avait une volonté politique suffisante en Europe, et *a fortiori* parmi les électeurs américains, pour défendre les républiques baltes n'a pas, elle, trouvé de réponse [7].

En 2004, l'UE a finalement accueilli huit nouveaux membres, dont la Pologne. Mais l'élargissement de l'UE à l'est était toujours entravé par des questions de sécurité. Les Français craignaient qu'il ne compromette l'UE en tant que confédération de sécurité, et la deuxième guerre d'Irak leur a donné raison. Dans les semaines qui ont précédé le début de la guerre, Jacques Chirac a qualifié d'« infantile » le soutien des gouvernements d'Europe de l'Est à la position américaine sur l'Irak et a déclaré qu'ils « manquaient une occasion de se taire [8] ».

Ces tensions étaient presque inévitables. Pour les États d'Europe de l'Est, l'ancienne logique qui faisait de l'OTAN le pendant de l'UE dans le domaine de la sécurité restait une raison d'État évidente. Pour la France, un compromis avec l'OTAN après 1989 pouvait être envisagé car, du moins aux yeux de certains hommes politiques français, dans un monde post-soviétique, l'OTAN n'était pas pertinente à long terme [9]. L'élargissement à l'est n'était pas non plus la seule cause de ces tensions. La Grande-Bretagne, l'Italie, les Pays-Bas, le Danemark, l'Espagne et le Portugal se sont rangés du côté des États membres de l'Europe de l'Est au sujet de l'Irak. Pendant la guerre froide, les pays d'Europe de l'Ouest avaient eu d'âpres désaccords avec les Américains sur les questions relatives au Moyen-Orient, notamment au sujet de Suez, mais ils ne s'étaient jamais autant opposés les uns aux autres. Cette nouvelle possibilité de conflit a dressé la France et l'Allemagne contre la Grande-Bretagne, détruisant ainsi le rapprochement franco-britannique en matière de sécurité. Pour que l'UE devienne une confédération de sécurité, la France et la Grande-Bretagne devaient être plus proches sur les questions géopolitiques que la France et l'Allemagne, puisque l'Allemagne réunifiée a réduit ses dépenses de défense de près d'un tiers au cours des années 1990. Mais, si l'UE devait continuer à s'appuyer sur l'OTAN, la France prenait des risques en reprochant aux gouvernements d'Europe de l'Est d'avoir accepté de se ranger derrière Washington sur l'Irak, et en se ralliant à la Russie alors qu'une OTAN qui, en Europe, ne serait pas une alliance contre la Russie perdrait toute raison d'être [10].

L'Ukraine a joué un rôle central dans ces lignes de fracture entre l'UE et l'OTAN [11]. L'Ukraine est officiellement devenue un État indépendant avec la dissolution de l'Union soviétique en 1991. Mais son importance stratégique sur les rives de la mer Noire a compliqué la séparation. En 1997, la Russie et l'Ukraine se sont entendues pour se partager l'ancienne flotte soviétique de la mer Noire basée à Sébastopol, en Crimée. En vertu de ce traité, la nouvelle flotte russe de la mer Noire a pu utiliser Sébastopol pour un bail de vingt ans et stationner des troupes sur la péninsule de Crimée. Si ce traité garantissait effectivement l'indépendance de l'Ukraine sous réserve des droits militaires russes en Crimée, il ne bénéficiait pas d'un soutien extérieur significatif, puisque aucune adhésion, ni à l'UE ni à l'OTAN, n'était proposée à l'Ukraine. En effet, l'UE a formellement exclu l'entrée dans l'Union quand, après son élargissement de 2004, elle a défini une politique de « voisinage européen » pour les relations avec les États situés entre les républiques baltes et la mer Noire, le Caucase, l'Afrique du Nord et le Moyen-Orient qui excluait toute nouvelle adhésion.

La révolution orange de 2004-2005 a provoqué la première crise du dilemme ukrainien [12]. Les manifestations massives qui ont suivi l'élection présidentielle de novembre 2004, qui semblait avoir été truquée en faveur du candidat prorusse, ont conduit la Cour suprême ukrainienne à ordonner un nouveau scrutin, remporté alors par Viktor Iouchtchenko sur un programme pro-UE. Lors de son entrée en fonction en janvier 2005, Iouchtchenko a promis que l'adhésion à l'UE serait « l'alpha et l'oméga » de son gouvernement et qu'il ferait entrer l'Ukraine dans l'OTAN [13]. L'UE élargie était désormais confrontée à un clivage géopolitique autour de l'Ukraine. Une Union incluant la Pologne, la Slovaquie et la Hongrie – États limitrophes de l'Ukraine – signifiait que des pressions internes persisteraient en faveur d'un rapprochement économique substantiel. Mais, comme une UE qui accepterait l'Ukraine dans son orbite économique risquait d'être confrontée à des relations plus conflictuelles avec la Russie, et que cette évolution devait donc être associée à une adhésion à l'OTAN, la France continuerait à résister.

Retour au Caucase et à la Turquie

Outre la création d'un État ukrainien indépendant, l'effondrement de l'Union soviétique a provoqué le démantèlement de l'accord conclu après la Première Guerre mondiale autour de la mer Noire et de la mer Caspienne, ainsi que dans le Caucase qui séparait ces eaux. L'Eurasie a ainsi renoué avec certains aspects du monde géopolitique d'avant 1914, notamment la concurrence russo-turque dans la région.

Ce bouleversement a été intensifié par la découverte de gisements pétroliers à la fin de l'ère soviétique autour de la mer Caspienne. Quand l'Azerbaïdjan et le Kazakhstan ont déclaré leur indépendance, le gouvernement de George Bush père a tenté d'en faire des alliés énergétiques des États-Unis. Toutefois, la mer Caspienne étant enclavée, l'Azerbaïdjan étant bordé par la Russie au nord et l'Iran au sud, et le Kazakhstan partageant une longue frontière avec la Russie, le transport des futures ressources en pétrole et en gaz des deux pays serait synonyme de sérieuses difficultés logistiques et géopolitiques [14].

Durant le reste des années 1990, le gouvernement Clinton s'est efforcé d'éviter que soient construits de nouveaux oléoducs en provenance d'Azerbaïdjan, qui passeraient par la Russie ou l'Iran. Il a fini par soutenir un coûteux projet d'oléoduc reliant Bakou au port côtier turc de Ceyhan, en transitant par la Géorgie. En Europe, le gaz de la Caspienne a permis aux États du centre, de l'est et du sud de l'UE de réduire leur dépendance énergétique vis-à-vis de la Russie. En 2000, la Commission européenne a publié un livre vert sur l'importance pour les États européens d'acquérir de nouvelles sources d'approvisionnement en énergie, ce qui se traduisait par une diminution des importations russes. À partir de 2002, des entreprises autrichiennes et quatre États du centre et du sud candidats à l'adhésion à l'UE, dont la Turquie, ont formé un consortium pour développer un gazoduc, baptisé Nabucco, afin d'acheminer au nord le gaz déjà transporté vers la Turquie, *via* la Bulgarie, la Roumanie et la Hongrie, jusqu'à l'Autriche. Mais, dès le départ, le consortium Nabucco s'est retrouvé dans une impasse géopolitique : il avait besoin d'un accord avec l'Azerbaïdjan pour fournir du gaz qui transiterait par la Turquie, et, comme cet accord n'était pas acquis, l'UE était ouverte aux importations iraniennes *via* le gazoduc, ce qui a contrarié Washington [15].

En s'efforçant de contenir la Russie et l'Iran, Clinton et Bush Jr ont transformé la Géorgie en un axe géopolitique et ont amplifié l'importance de la Turquie [16]. En conséquence de quoi, beaucoup, en Géorgie, y ont vu la possibilité de faire entrer le pays dans l'OTAN et l'UE, et la révolution des roses de 2003 a mis au pouvoir un gouvernement pro-occidental. Les nouveaux oléoducs et les projets de gazoducs offraient à la Turquie l'occasion de devenir un État de transit énergétique crucial sur le plan stratégique [17]. L'importance géopolitique renouvelée de la Turquie a ajouté aux tensions orientales entre l'OTAN et l'UE. Depuis 1964, la Turquie était membre associé de l'UE, et une union douanière entre l'UE et la Turquie a finalement été conclue en 1995. Deux ans plus tard, l'UE a refusé d'accorder à la Turquie le statut de candidat, contrairement aux pays d'Europe de l'Est, des Balkans et de la Méditerranée, qui ont finalement adhéré en 2004.

Cette décision avait une justification géopolitique. L'adhésion de la Turquie à l'UE aurait abouti à une confédération de sécurité extrêmement sous-développée, avec des frontières avec l'Iran, l'Irak et la Syrie. En revanche, l'exclusion de la Turquie, alors que les candidats plus récents étaient inclus, a semblé conférer un caractère culturel aux frontières de l'Europe. Après la décision, les partis chrétiens-démocrates du Parlement européen ont publié une déclaration affirmant que « l'Union européenne est un projet de civilisation et que, dans ce projet de civilisation, la Turquie n'a pas sa place [18] ». Helmut Kohl, le chancelier allemand, a ajouté que l'UE était fondée sur des principes chrétiens [19]. En revanche, cette rhétorique civilisationnelle a excédé les conseillers de Clinton. Pour reprendre les termes d'un document du département d'État, ils considéraient la Turquie comme une « nation démocratique laïque dont les modèles politiques sont en Europe occidentale et aux États-Unis [20] ». Selon cette logique, l'OTAN et l'UE étant géopolitiquement complémentaires, la Turquie avait sa place au sein de l'UE [21]. Les vives pressions exercées par Washington et un nouveau gouvernement social-démocrate et vert à Berlin ont contraint l'UE à céder et à accorder à la Turquie le statut de candidat à l'adhésion en 1999. Mais il n'y avait pas vraiment de volonté politique en faveur d'une adhésion de la Turquie au sein de l'UE.

La question des ressources énergétiques russes n'a fait qu'exacerber le côté turc de la fracture UE-OTAN et l'a lié au casse-tête ukrainien. Au cours des années 1990, la production russe de gaz et surtout de pétrole a chuté. La production de ressources en provenance de la mer Caspienne représentait pour la Russie post-soviétique une concurrence dans le secteur de l'approvisionnement des marchés européens. La dissolution de l'Union soviétique a également reconfiguré la géographie du transit gazier en Europe. Les importations de gaz en Allemagne et en Europe centrale passaient principalement par le gazoduc Yamal-Europe, qui relie la Sibérie occidentale à l'Allemagne et à l'Autriche en transitant par la Biélorussie et la Pologne, et un ensemble de gazoducs, dont le gazoduc transsibérien Brotherhood (Fraternité), qui traversaient l'Ukraine. La gestion du transit par une Ukraine et une Biélorussie indépendantes constituait désormais un fardeau stratégique pour Moscou, qui devait réglementer les droits de transit avec deux États ayant la possibilité de détourner l'approvisionnement à leur profit. La manière dont la Russie a géré ces relations a posé à l'UE un problème de frontière extérieure.

Du côté russe, la Turquie offrait des solutions potentielles. En 1997, les deux gouvernements ont conclu un accord pour la construction du gazoduc Blue Stream, sous la mer Noire. Le Blue Stream, inauguré en 2003, a permis à la Russie d'augmenter ses exportations vers la Turquie et de détourner une partie du gaz destiné aux consommateurs européens en évitant le transit par l'Ukraine et la Biélorussie. Mais ce gazoduc a semé le ferment d'une division européenne à long terme autour de la Turquie et de la Russie. Cette division était en partie motivée par des intérêts commerciaux. Sur le plan opérationnel, Blue Stream était une coentreprise entre la compagnie énergétique italienne ENI, détenue en partie par l'État, et le géant russe de l'énergie Gazprom. Sans surprise, quand les négociations officielles d'adhésion de la Turquie ont finalement commencé, le gouvernement italien s'est montré plus enclin à soutenir Ankara que le gouvernement allemand. Mais avec le temps, alors que la Russie prenait des mesures pour contrer la concurrence accrue sur le marché et rompre sa dépendance vis-à-vis du transit par l'Ukraine, les États de l'UE se sont également divisés sur l'itinéraire à suivre pour leurs importations d'énergie russe.

Du point de vue de la Turquie, l'environnement énergétique de l'après-guerre froide a certes été une chance, mais il a rouvert des blessures historiques. La Turquie était, et reste, extrêmement dépendante des importations de pétrole et de gaz. Or, avec les nouvelles découvertes de pétrole et de gaz en Azerbaïdjan, elle pouvait désormais se positionner en plaque tournante énergétique reliant la mer Caspienne et le Moyen-Orient aux consommateurs du sud de l'Europe. Ce réseau de gaz et de pétrole rejoindrait ce qui avait été l'Empire ottoman, dont la chute avait laissé la Turquie à l'écart du Moyen-Orient et du Caucase, deux régions riches en énergie. Au cours des trois prochaines décennies, cependant, cette géographie énergétique eurasienne inciterait également la Turquie, malgré sa position au sein de l'OTAN, à trouver un compromis avec la Russie.

La faiblesse durable du Moyen-Orient

Au Moyen-Orient, la fin de la guerre froide et la défaite de l'Iran dans la guerre contre l'Irak ont semblé renforcer la position géopolitique jusqu'alors fragile des États-Unis, les aspirations de Nixon et Carter à restaurer l'indépendance pétrolière ayant échoué du fait de la faiblesse des prix et de l'indifférence de Reagan [22]. Pendant un court laps de temps, quand les Américains ont réussi à empêcher les troupes irakiennes d'atteindre les champs pétroliers saoudiens et à les forcer à quitter le Koweït, on a pu croire que la puissance militaire américaine pouvait servir de socle géopolitique à la poursuite de la dépendance des États-Unis et de certains pays européens vis-à-vis des importations d'énergie en provenance du Moyen-Orient. Comme James Schlesinger – secrétaire à la Défense de Nixon et Ford, et secrétaire à l'Énergie de Carter – l'a commenté à l'époque, les États-Unis avaient « fait le choix de sécuriser l'accès au pétrole par des moyens militaires [23] ». En outre, en mobilisant une coalition internationale pour mener cette guerre avec l'autorisation des Nations unies, Washington avait pu compter sur la participation des Européens (dont les Français), des Arabes (dont les Saoudiens et les Égyptiens) et des Turcs.

Mais les retombées de la guerre ont rapidement montré que les obstacles qui limitaient traditionnellement la puissance militaire américaine au Moyen-Orient et sapaient la cohésion de l'OTAN dans la région n'étaient pas près de disparaître. Bush père a renoncé à une guerre plus longue pour renverser Saddam Hussein, principalement parce qu'il redoutait que les pertes américaines éventuelles soient inacceptables sur le plan intérieur. Par ailleurs, la coalition réunie par Bush ne pouvait masquer les divisions internes de l'OTAN. Douze des seize membres que comptait alors l'Alliance ont fourni des forces, mais celles-ci n'ont pas combattu sous son commandement. La Turquie a joué un rôle logistique crucial dans la guerre, en fournissant des bases aériennes et en fermant l'oléoduc irakien dans le cadre des sanctions contre Bagdad ; elle a également dû faire face au problème des réfugiés que la guerre a chassés vers sa frontière sud-est avec l'Irak. Mais la proximité de la Turquie avec l'Irak a également soulevé la délicate question de savoir si tous les membres européens de l'OTAN étaient déterminés à défendre la Turquie, ce qui était loin d'être évident.

Ayant renoncé à un changement de régime, les États-Unis se sont retrouvés aux prises avec ce qui ressemblait à un engagement militaire permanent dans le golfe Persique pour contenir l'Irak. Il s'agissait de maintenir des zones d'exclusion aérienne au-dessus du nord et du sud de l'Irak, la première pour défendre les Kurdes et la seconde le détroit d'Ormuz, ainsi qu'un régime de sanctions pétrolières qui devait être mis en œuvre par la marine américaine, et un régime d'inspection des armements qui devait être appliqué sur le territoire irakien.

Le nouvel engagement militaire américain dans le golfe Persique correspondait à la doctrine Carter. Toutefois, une réponse directe à une attaque ouverte dans le Golfe, comme celle de l'Irak contre le Koweït, n'était pas la même chose qu'une surveillance militaire permanente du Golfe. L'opération Southern Watch est devenue une opération aérienne américano-franco-britannique, avec l'aide de l'Arabie saoudite, à partir des bases aériennes turques. Militairement, elle a duré jusqu'à la deuxième guerre d'Irak. Mais la coalition politique qui la sous-tendait s'est effondrée cinq ans avant, quand, les désaccords s'accumulant, le gouvernement français s'est retiré de l'application des zones d'exclusion aérienne.

En imposant leur puissance militaire dans le golfe Persique, les États-Unis ont aggravé les difficultés qu'ils rencontraient depuis longtemps dans la région. Le maintien de forces terrestres américaines sur place, où que ce soit, impliquait que le conflit israélo-palestinien évolue si l'on ne voulait pas que leur présence contribue à rétablir l'unité arabe, et leur maintien en Arabie saoudite, où se trouvent les sites les plus sacrés de l'Islam, était susceptible de déstabiliser un peu plus la politique intérieure saoudienne. Tout au long des années 1990, les hommes politiques et les fonctionnaires américains ont tenté de contenir le conflit entre Israël et les États arabes, et de soutenir le processus de paix israélo-palestinien défini par les accords de paix d'Oslo de 1993. Mais le maintien de la présence militaire américaine au Moyen-Orient, associé à l'échec du processus de paix en 2000, a consolidé les forces religieuses et politiques qui cherchaient la confrontation. La question de savoir si Al-Qaïda était principalement motivé par des raisons politiques ou religieuses et si le groupe était ou non une réplique aux actions américaines reste ouverte. Mais les attentats lancés par Al-Qaïda le 11 septembre 2001 ont démontré que les armes nucléaires ne constituaient pas une protection contre une attaque directe de la patrie américaine par des milices non étatiques originaires d'Eurasie.

*
* *

Alors qu'au tournant du siècle, le Moyen-Orient devenait moins sensible à la puissance militaire américaine et que les désaccords franco-américains se multipliaient dans la région, les tensions pétrolières se sont de nouveau vigoureusement manifestées. Les découvertes de gisements pétroliers ayant fortement diminué, les perspectives d'approvisionnement se sont détériorées. Sur les vingt plus grands champs pétroliers du monde en 1999, dix-sept avaient été découverts entre 1928 et 1968 ; le dernier à avoir été découvert était le champ Azeri-Chirag-Güneshli, en Azerbaïdjan, en 1986. Les sanctions pétrolières imposées à l'Iran, à l'Irak et à la Libye limitaient la production des réserves existantes. À mesure que ces contraintes d'approvisionnement se resserraient, la demande asiatique, engendrée surtout par la croissance économique spectaculaire de la Chine, s'accélérait. Bien que la Chine continue d'utiliser beaucoup plus de charbon que les pays occidentaux, sa consommation de pétrole a plus que doublé entre 1997 et 2006 [24].

En 2005, une crise pétrolière commençait à se faire jour. Cette année-là, alors que la demande asiatique augmentait rapidement, la production de pétrole brut a stagné. Comme on pouvait s'y attendre, les prix ont rapidement augmenté entre 2005 et la mi-2008.

Dès son entrée en fonction, le gouvernement de George Bush Jr a traité le pétrole comme un problème systémique. Son groupe de travail sur l'énergie, sous la direction du vice-président Dick Cheney, a conclu que le pays était confronté à une « crise énergétique » résultant du « déséquilibre fondamental » entre l'offre et la demande, qui menaçait la sécurité nationale. Pour permettre une augmentation de la production au Moyen-Orient et en Afrique du Nord, il a recommandé de revoir les régimes de sanctions en place contre l'Irak, l'Iran et la Libye.

La crainte d'une crise pétrolière imminente à Washington a joué un rôle important dans le contexte de la deuxième guerre d'Irak. Un Irak qui ne serait pas dirigé par Saddam Hussein n'aurait pas besoin d'être soumis à des sanctions pétrolières. Bush et ses conseillers estimaient en outre qu'un changement de régime à Bagdad offrait des avantages militaires. Sans sanctions pétrolières, l'opération Southern Watch pourrait enfin prendre fin, de même que les opérations militaires dans le nord de l'Irak, sans qu'il soit nécessaire de protéger les Kurdes. Un Irak post-baasiste permettrait alors de retirer les troupes américaines d'Arabie saoudite, une décision que Bush a prise quelques jours avant de déclarer « mission accomplie ». En ce sens, la deuxième guerre d'Irak a constitué un renversement de la logique énergétique de la première : l'Irak avait été stoppé la première fois parce qu'il prétendait contrôler les réserves de pétrole du Golfe ; l'Irak serait attaqué la deuxième fois parce que le fait de le contenir à long terme restreignait l'approvisionnement en pétrole, entraînait des coûts militaires élevés et suscitait trop de résistance dans la région [25].

Quel que soit le motif décisif de la guerre, Bush a choisi de la justifier à la fois par une nécessité militaire – la menace des armes de destruction massive – et en termes wilsoniens de démocratie [26]. Derrière chaque argument rhétorique se cachait la présomption que la puissance aérienne et terrestre américaine pouvait encore remodeler le Moyen-Orient, et que la contrainte intérieure liée aux pertes de la guerre du Vietnam, qui durait depuis plus de vingt ans, avait été considérablement atténuée par le 11 septembre 2001.

En fait, la deuxième guerre d'Irak a elle aussi abouti à un échec géopolitique et un désastre politique intérieur. Une fois de plus, la politique démocratique américaine a empêché la mobilisation d'une armée et de ressources fiscales à la hauteur de la tâche [27]. Loin d'atteindre son objectif énergétique, la guerre a fait le contraire [28]. À cause du chaos de l'après-guerre en Irak, la production pétrolière dans ce pays a mis une bonne partie de la décennie à revenir simplement au niveau où elle se trouvait en 2000. Cela a également créé les conditions nécessaires à l'émergence de Daech, un mouvement d'insurrection sunnite transfrontalier qui ambitionnait d'instaurer un califat. Alors que l'Irak de Hussein constituait un frein à l'Iran, le gouvernement irakien qui a pris le pouvoir après les élections parlementaires de décembre 2005 était dominé par une alliance de partis chiites. Cela a renforcé l'Iran au moment où les prix élevés du pétrole et du gaz augmentaient les revenus de Téhéran, où la République islamique avait entamé un programme nucléaire et où l'influence du Hezbollah au Liban s'accroissait.

Au sein de l'OTAN, la guerre a eu un impact terrible. Le Parlement turc a rejeté l'accord conclu entre le premier gouvernement formé par le parti d'Erdogan, Justice et Développement, et le gouvernement Bush, qui aurait permis à Washington d'utiliser la Turquie pour lancer une attaque contre le nord de l'Irak. Pendant ce temps, le chancelier allemand Gerhard Schröder a clairement indiqué que l'Allemagne ne soutiendrait pas la guerre, même si elle était approuvée par le Conseil de sécurité de l'ONU [29]. L'Allemagne, la France et la Belgique ont mis leur veto aux plans de l'OTAN visant à défendre la Turquie en cas d'attaque de l'Irak. L'ambassadeur américain auprès de l'OTAN de l'époque a qualifié les désaccords sur la guerre d'« expérience de mort imminente » pour l'Alliance [30]. Comme s'il voulait sciemment contrarier le gouvernement français, Donald Rumsfeld, le secrétaire à la Défense de Bush, a délibérément vanté que c'était la « nouvelle Europe » à l'est, et non la « vieille Europe » de la France et de l'Allemagne, qui était désormais le centre de gravité européen de l'OTAN [31].

La Russie en a également profité sur le plan géopolitique. L'environnement énergétique dans lequel la guerre s'est déroulée avait déjà fait de la Russie une puissance résurgente. L'augmentation des revenus du pétrole et du gaz a permis à

Poutine de rembourser les emprunts contractés par la Russie auprès du Fonds monétaire international dans les années 1990, ce qui a mis fin à la capacité américaine d'influencer Moscou par le biais de la dette. La croissance rapide de la demande énergétique de la Chine a accru cette possibilité. La Chine étant devenue un grand importateur de pétrole et de gaz, la Russie avait là l'occasion de devenir son principal fournisseur.

La guerre d'Irak a accentué cette relation énergétique naissante entre la Russie et la Chine, et entraîné une réévaluation stratégique en Chine. Pour les dirigeants chinois, il était évident que les motivations américaines en Irak auraient une influence sur l'avenir des approvisionnements en pétrole [32]. Le fait que Washington ait été prêt à engager une force militaire importante pour sa sécurité énergétique incitait donc Pékin à renforcer sa capacité à défendre son propre approvisionnement en devises. En novembre 2003, le président chinois Hu Jintao a exposé ce qu'il a appelé le « dilemme de Malacca », auquel faisait face Pékin, à savoir que les États-Unis – en tant que puissance navale responsable en pratique du maintien de la liberté de navigation dans les espaces maritimes internationaux – seraient à même de bloquer les importations de pétrole chinoises par le détroit de Malacca, l'étroite étendue d'eau qui relie les océans Pacifique et Indien et par laquelle transitent la plupart des importations de pétrole chinoises [33]. Les craintes suscitées par le « dilemme de Malacca » ont encouragé les dirigeants chinois à rechercher des solutions afin de réduire le volume des importations de pétrole passant par le détroit. Sous la houlette de Xi Jinping, cette volonté s'est traduite par la création d'une voie terrestre pour sortir du golfe Persique. Mais, à court terme, les craintes des dirigeants chinois en matière de sécurité les ont poussés à conclure un accord formel avec Moscou portant sur la construction de l'oléoduc Sibérie orientale-océan Pacifique. Depuis que la Chine était devenue un importateur net de pétrole en 1993, elle avait envisagé un approvisionnement en pétrole par voie terrestre. Mais, si elle était parvenue à un accord avec le Kazakhstan en 1997, les négociations précédentes avec la Russie n'avaient pas abouti. Or, avant même la construction de l'oléoduc, les importations chinoises de pétrole en provenance de Russie se sont accélérées [34].

La Russie reste un acteur en Europe

Alors que la production de pétrole brut stagnait, la géopolitique du transit du gaz naturel en Europe a connu un changement important. En 2005, les gazoducs qui passaient par l'Ukraine acheminaient encore environ 75 % du gaz russe à destination de l'UE [35]. Cette dépendance à l'égard de Kiev exaspérait Moscou depuis la dissolution de l'Union soviétique. Au début des années 2000, le gouvernement de coalition social-démocrate-vert de Berlin a cherché à trouver d'autres voies de transit. Au cours de ses dernières semaines au pouvoir, Schröder a signé un accord avec le gouvernement russe pour construire le gazoduc nord-européen sous la mer Baltique, afin d'acheminer le gaz de Vyborg, près de la frontière russe avec la Finlande, jusqu'à Greifswald, sur la côte nord-est de l'Allemagne. Ce gazoduc, baptisé Nord Stream 1, a commencé à fonctionner en 2012 [36].

Dès le départ, Nord Stream a pris le contre-pied de ce qui était censé être la politique de diversification énergétique de l'Europe vis-à-vis de la Russie. Dans une grande partie de l'Europe de l'Est, il a suscité une réaction de colère, aggravée par le fait que Schröder est devenu président de la société Nord Stream presque immédiatement après avoir quitté ses fonctions. Le ministre polonais de la Défense a comparé le gazoduc au pacte de non-agression germano-soviétique, qui avait cédé à l'Union soviétique l'Ukraine sous domination polonaise [37]. Mais, du côté allemand, c'était le problème ukrainien qui justifiait Nord Stream. Quand, en janvier 2006, à la suite d'un différend entre Moscou et Kiev, la Russie a interrompu pendant trois jours l'acheminement du gaz à travers l'Ukraine, cette crainte a paru justifiée, même si les importations allemandes n'ont pas été durement touchées.

Nord Stream a par ailleurs divisé l'UE selon un axe nord-sud. Pour les gouvernements d'Europe du Sud, Nord Stream n'était pas un remède au risque ukrainien. Leurs intérêts étaient mieux servis par le projet Nabucco avec la Turquie, qui n'avait guère progressé. Poutine estimant que cette voie de transit pour le gaz de la Caspienne et du Moyen-Orient constituait une menace pour la domination russe sur le gaz européen, Gazprom et la société italienne ENI ont signé un protocole d'accord en 2007 pour construire un gazoduc South Stream, afin de rediriger le gaz russe vers l'Europe du Sud en contournant l'Ukraine. Ce gazoduc sous-marin aurait acheminé le gaz d'un port situé sur la côte russe de la mer Noire jusqu'à Varna, en Bulgarie – qui a rejoint l'UE en janvier 2007 –, puis, d'une part, à travers les Balkans occidentaux jusqu'en Hongrie et en Autriche et, d'autre part, à travers la Grèce et sous la mer Adriatique jusqu'en Italie. Le rôle central d'ENI dans un second projet de gazoduc avec Gazprom faisait écho à l'accord conclu dans les années 1950 entre la société italienne et l'Union soviétique [38]. Mais, alors que tous les États de la CEE de l'époque et même la Grande-Bretagne avaient vu l'utilité de l'énergie soviétique après Suez, l'UE de l'après-guerre froide n'a jamais pu se mettre d'accord sur le gaz russe ou sur son transport. En effet, la concurrence entre South Stream et Nabucco, alors que l'Allemagne s'était engagée de manière indépendante en faveur de Nord Stream, a rendu caduque toute stratégie énergétique commune de l'UE.

La détérioration des relations russo-ukrainiennes a mis en évidence la ligne de fracture OTAN-UE de l'après-guerre froide en Europe. Comprenant que Poutine avait adopté une attitude de plus en plus conflictuelle à partir de 2007, le gouvernement Bush Jr a fait pression pour que l'Ukraine et la

Géorgie rejoignent l'OTAN [39]. Il n'est pas certain qu'une telle garantie de sécurité aurait pu être acceptée par les Américains. Mais les principaux États de l'UE n'étaient tout simplement pas disposés à l'envisager. En avril 2008, les gouvernements allemand et français ont opposé leur veto à l'entrée des deux pays dans l'OTAN. Un mois plus tard, en guise de concession à la Pologne, ils ont accepté d'entamer des discussions sérieuses avec l'Ukraine sur une adhésion à l'UE en tant que membre associé, afin d'assurer la convergence économique du pays avec l'UE [40]. Cette décision a bouleversé la formule *de facto* apparue à la fin des années 1990, selon laquelle les anciens États du pacte de Varsovie et les États soviétiques rejoignaient d'abord l'OTAN, ou l'OTAN et l'UE en même temps. Le fait de s'engager avec l'Ukraine sur l'association économique, de rompre avec elle sur le transit du gaz et de la tenir à l'écart de l'OTAN révélerait de façon spectaculaire le désalignement UE-OTAN au cours de la décennie qui allait suivre [41].

Du fait de la position de l'Ukraine en tant qu'État de transit énergétique, ces tensions ont eu des conséquences systémiques en Europe. Pendant quelques jours, en janvier 2009, la Russie a interrompu l'acheminement du gaz *via* l'Ukraine. La crise gazière européenne qui s'en est suivie a été décrite plus tard par la Commission comme un « réveil brutal [42] » et, comme on pouvait s'y attendre, elle a recentré l'attention de l'Europe sur la diversification énergétique et sur Nabucco. En 2009, la Turquie a signé un accord intergouvernemental, soutenu par l'UE, avec l'Autriche, la Hongrie, la Bulgarie et la Roumanie pour construire ce gazoduc. Après la cérémonie de signature, le président de la Commission, José Manuel Barroso, a décrit Nabucco comme un « authentique projet européen [43] ».

Inévitablement, Nabucco a rouvert la question de l'adhésion de la Turquie à l'UE [44]. Au cours de la décennie qui avait suivi l'octroi à la Turquie du statut de candidat à l'adhésion en 1999, l'UE s'était montrée peu empressée quand il s'était agi d'accélérer l'entrée du pays dans l'Union. Les négociations officielles d'adhésion n'ont commencé qu'en juin 2005. Trois mois plus tard, les élections générales allemandes ont ramené au pouvoir les chrétiens-démocrates, dont certains ne répugnaient toujours pas à envisager l'avenir de la Turquie en termes de civilisation. Si Angela Merkel elle-même s'est abstenue d'avancer des arguments religieux, elle a déclaré à plusieurs reprises, quand elle était dans l'opposition, que la Turquie ne devait bénéficier que d'un « partenariat privilégié [45] ». Certains membres du gouvernement turc pensaient qu'un Nabucco revigoré rendait l'adhésion inévitable [46]. Pourtant, un gazoduc turc destiné à fournir davantage de gaz non russe ne constituait pas une stratégie énergétique commune de l'UE. Ni le gouvernement allemand, ni le gouvernement français ne se sont investis dans ce projet, et le gouvernement britannique de Gordon Brown n'était pas prêt à y consacrer du capital politique [47]. Même le gouvernement italien, qui soutenait l'adhésion de la Turquie, s'était fortement engagé en faveur du South Stream, le rival de Nabucco, pour le transit du gaz. Sans possibilité d'unité européenne sur le gaz, ce qui était apparu à Ankara comme une possible ouverture à la Turquie dans l'UE s'est rapidement refermé. Cette voie resterait close jusqu'à la crise des réfugiés de 2015.

La puissance américaine s'accroît et s'affaiblit en même temps

Sur l'autre rive de l'Atlantique, la deuxième guerre d'Irak a réactivé les fortes contraintes politiques démocratiques qui pesaient sur le déploiement de la puissance militaire américaine au Moyen-Orient. Avant le 11 septembre 2001, il existait un large consensus national quant à l'emploi de la puissance américaine pour provoquer un changement de régime en Irak. Le Congrès avait adopté la loi sur la libération de l'Irak en 1998, engageant Washington à soutenir les efforts visant à chasser Saddam Hussein du pouvoir. Étant donné que le régime irakien n'admettait aucune opposition, cela sous-entendait une certaine forme d'intervention américaine, même si elle n'était pas nécessairement militaire [48]. Mais, comme au Vietnam, la guerre d'Irak a fini par briser le soutien intérieur nécessaire pour qu'un président américain s'engage dans une nouvelle action militaire significative où que ce soit en Eurasie. Lors des élections de mi-mandat de 2006, les démocrates ont profité de l'impopularité de la guerre pour prendre le contrôle des deux chambres du Congrès. En janvier 2007, quand Bush a annoncé une augmentation des troupes, le « *Surge* », les membres du nouveau Congrès ont tenté de l'en empêcher. Bien qu'ils aient échoué, l'année suivante, Bush a convenu avec le gouvernement irakien d'un calendrier prévoyant le retrait des Américains avant le 31 décembre 2011 [49]. L'envoi de renforts a été au cœur de l'élection présidentielle de 2008. En tant que sénateur, Barack Obama s'y était opposé. Il a ensuite exploité son opposition à la guerre quand il était sénateur de l'Illinois pour battre Hillary Clinton lors de l'investiture démocrate et John McCain à la présidentielle [50].

Ayant gagné en tant que candidat anti-guerre, bien qu'il soit resté engagé dans les opérations militaires américaines en Afghanistan jusqu'en 2014, Obama a choisi de transférer l'attention stratégique américaine vers la Chine dans le cadre de ce qu'il a appelé un « pivot vers l'Asie [51] ». Les États-Unis, a-t-il déclaré au Parlement australien en novembre 2011, étaient « une puissance du Pacifique » qui était « là pour rester [52] ».

Les présidents américains successifs ayant traité l'intégration en profondeur de la Chine dans l'économie mondiale depuis la fin des années 1990 comme une question non de politique étrangère, mais de gain économique mutuel – comme nous le verrons au chapitre 5 –, cette décision constituait en partie un changement significatif. Mais elle a également creusé ce qui a toujours été une ligne de faille géopolitique dans les relations sino-américaines de l'après-guerre froide. Cette tension était admise, au moins tacitement, sur la question du changement climatique à Washington et sur celle de l'énergie à Pékin. Clinton n'avait pas pu demander au Congrès de ratifier le protocole de Kyoto de 1997 parce que presque tous les membres du Congrès rejetaient l'idée que les États-Unis soient soumis à des engagements sur les gaz à effet de serre qui ne s'appliquaient pas à la Chine. Pour la Chine, dès son adhésion à l'OMC, la croissance économique s'est accompagnée d'une augmentation massive de la consommation d'énergie, notamment pour la production manufacturière. Au cours des deux décennies qui se sont écoulées entre 1980 et 2000, la consommation d'énergie primaire de la Chine a augmenté d'environ 240 % ; au cours de la décennie 2000-2010, elle augmenterait au même rythme [53]. Les dirigeants chinois n'ont jamais considéré que le développement économique de la Chine devait être limité par la puissance américaine. Par conséquent, à partir du moment où, en 1993, la Chine a commencé à avoir besoin d'importations de pétrole, elle a traité la sécurité énergétique comme un impératif géopolitique incontournable, même si, à court et à moyen terme, elle profitait de la présence de l'US Navy dans les eaux internationales. Ce qui a changé en Chine avant le pivot vers l'Asie d'Obama, c'est la réflexion militaire autour de la sécurité énergétique navale : en 2010, Pékin a déclaré que la mer de Chine méridionale, par laquelle transite environ un tiers du commerce maritime mondial, était une zone d'intérêt chinois « essentielle [54] ».

Même selon ses propres termes, le pivot vers l'Asie était difficile à mettre en œuvre. Barack Obama a insisté sur la création d'un nouveau bloc commercial régional – le partenariat transpacifique (TPP) – que les États-Unis pourraient diriger et dont la Chine serait exclue. Mais il n'a pas pu s'assurer le soutien du Congrès, ne serait-ce que pour discuter de la ratification du TPP. Lors des élections de 2016, le traité commercial serait combattu tant par Hillary Clinton que par

Donald Trump, ainsi que par Bernie Sanders, la majeure partie du parti démocrate et certains des autres candidats républicains. Sur le plan militaire, le gouvernement Obama a renforcé les ressources navales américaines dans le Pacifique, élaboré une doctrine opérationnelle en vue d'une éventuelle confrontation militaire avec la Chine et amélioré les relations bilatérales en matière de sécurité avec d'autres États du Pacifique. Mais cela a entraîné une réponse stratégique de la Chine, en particulier après l'ascension de Xi Jinping. Annoncée en 2013, l'initiative des « nouvelles routes de la soie » de Xi visait à réorienter l'économie chinoise du Pacifique vers l'Eurasie, qu'un général chinois a décrite comme l'« arrière-pays stratégique » de la Chine [55]. Si les États-Unis se déplaçaient plus à l'est et augmentaient la probabilité d'une éventuelle confrontation maritime dans le Pacifique, la Chine se tournerait vers l'ouest, par voie terrestre [56].

Comme on pouvait s'y attendre, la sécurité pétrolière et gazière est devenue un élément fondamental du recalibrage stratégique de Xi. En 2013, la Chine a acquis le port de Gwadar, sur la côte pakistanaise de la mer d'Oman, et a conclu un accord avec Islamabad pour construire le corridor économique Chine-Pakistan. Avec un port en eau profonde à la sortie du détroit d'Ormuz et un accord pour construire des pipelines à travers le Pakistan jusqu'à la province du Xinjiang, dans le nord-ouest de la Chine, Pékin disposerait d'une alternative au transport de tout le pétrole du Moyen-Orient et de l'Afrique par le détroit de Malacca [57]. En mai 2014, Xi a également conclu un accord avec Poutine portant sur un gazoduc de la Sibérie occidentale vers le nord-est de la Chine, étayé par un accord gazier de trente ans avec Gazprom. Force de Sibérie, opérationnel en décembre 2019, est le premier gazoduc russe orienté vers l'est. En 2016, la Chine a commencé à travailler sur un projet de construction d'une base navale à Djibouti, dans les eaux reliant la mer Rouge au golfe d'Aden, qui, *via* le canal de Suez, permet de passer de la

Méditerranée à l'océan Indien. En tant que projet maritime et terrestre, le projet des nouvelles routes de la soie nécessitait également des modifications militaires : le livre blanc sur la défense publié par la Chine en 2015 indiquait que Pékin souhaitait devenir « une puissance maritime de rang mondial » et qu'elle avait besoin d'une marine plus importante, car « les intérêts de la Chine à l'étranger se sont progressivement étendus à toutes les régions du globe [58] ». En 2020, la marine chinoise était devenue la plus importante au monde numériquement, même si la marine américaine restait la plus puissante [59].

Face à ce tournant stratégique chinois, le gouvernement Obama a eu du mal à réagir. Il n'a pas pu empêcher bon nombre de gouvernements européens et asiatiques d'adhérer à la Banque asiatique d'investissement pour les infrastructures lancée par la Chine pour soutenir les nouvelles routes de la soie. Il a tardé à agir quand, en 2014, la Chine a commencé à récupérer de vastes étendues de terre pour construire des îles artificielles en mer de Chine méridionale, alors même qu'elle transformait ces îles en bases militaires équipées de systèmes antiaériens et antimissiles.

En effet, plutôt que de chercher à freiner davantage les ambitions de la Chine après l'arrivée de Xi, Obama a tenté de coopérer sur le changement climatique, un impératif motivé par une forte augmentation de la consommation chinoise de charbon entre 2008 et 2013. En novembre 2014, dans un traité qui jetait les bases de l'Accord de Paris sur le climat de l'année suivante, Obama et Xi ont annoncé à Pékin que la Chine réduirait ses émissions à partir de 2030 et que les États-Unis procéderaient à des réductions importantes pour parvenir à des émissions inférieures de 26 à 28 % au niveau de 2005 d'ici à 2025. En septembre 2016, Obama et Xi ont coordonné la ratification américaine et chinoise de l'Accord de Paris lors d'une cérémonie à Hangzhou.

Alors que la présidence d'Obama touchait à sa fin, les relations entre les États-Unis et la Chine étaient marquées par des dynamiques structurelles opposées. D'une part, Washington s'orientait vers une stratégie d'endiguement dans le Pacifique, et la Chine cherchait à contourner le dilemme de Malacca en transformant une grande partie de l'Eurasie en sphère d'influence économique. D'autre part, le climat était désormais un enjeu de coopération bilatérale entre les États-Unis et la Chine. Ces dynamiques étaient aussi indissociables sur la question de l'énergie. Si le changement climatique a créé une logique de détente sino-américaine, les nouvelles routes de la soie impliquaient d'énormes projets à forte intensité en carbone et ajoutaient le gaz à la relation pétrolière entre la Chine et la Russie.

Le fait qu'en 2016, le candidat hostile à la Chine ait su jouer plus habilement sur les questions géopolitiques que le candidat hostile à la Russie était en partie le reflet des problèmes politiques immédiats posés par l'accommodement avec la Chine. En effet, la présidence de Trump a révélé qu'il existait en réalité un large consensus au sein du Congrès, couvrant pour l'essentiel les deux partis, en faveur d'une politique plus conflictuelle à l'égard de la Chine, même chez ceux qui prenaient le changement climatique beaucoup plus au sérieux que Trump. Si la tendance de Trump à chercher la confrontation lui valait une censure persistante, le recours aux pressions tarifaires pour tenter de reconstruire les relations commerciales entre les États-Unis et la Chine ou, plus important encore, la volonté de faire de la concurrence technologique une question de sécurité nationale n'ont guère été critiqués sur le fond, comme nous le verrons au chapitre 6.

*
* *

Obama était confiant dans sa capacité à accorder la priorité stratégique à la Chine plutôt qu'au Moyen-Orient, puis à travailler avec la Chine sur le changement climatique, mais cela n'aurait pu naître sans le changement sismique provoqué par le boom du pétrole et du gaz de schiste aux États-Unis. Sans le pétrole de schiste, Obama n'aurait pas pu s'engager dans une approche stratégique du Moyen-Orient qui faisait l'impasse sur l'échec de l'Irak. Sans le gaz de schiste, il n'aurait pas pu faire une offre sérieuse à la Chine sur les émissions américaines, en remplaçant le charbon par du gaz produit dans le pays pour la production d'électricité. Cette résurgence de la puissance énergétique américaine a entraîné d'immenses perturbations géopolitiques en Europe autour du gaz et au Moyen-Orient autour du pétrole. Paradoxalement, elle a également compliqué les choix stratégiques américains.

Le développement rapide du secteur du gaz de schiste a permis aux États-Unis de devenir un exportateur de gaz au moment où le marché international du gaz naturel liquide transporté par voie maritime était déjà en pleine expansion. Cela a aussitôt politisé un peu plus la question de l'énergie dans l'UE et a accentué toutes les tensions que les importations et le transport de gaz suscitaient sur les lignes de fracture entre l'UE et l'OTAN. Pour la Pologne et la Lituanie, les importations de gaz américain étaient une bouée de sauvetage géopolitique. Quand le premier navire transportant du gaz américain est arrivé en 2017, le Premier ministre polonais a déclaré que la Pologne pouvait désormais affirmer « qu'elle était un pays sûr et souverain [60] ». Pour l'Allemagne, en revanche, les importations américaines n'avaient aucun attrait. Au début des années 2010, la relation gazière germano-russe était vieille de trente ans. En s'engageant en 2011 à éliminer l'énergie nucléaire en l'espace d'une décennie, Angela Merkel avait fait en sorte que, dans le cadre de l'*Energiewende* (le tournant énergétique) allemand, la consommation de gaz augmenterait, au moins jusqu'à ce qu'une percée technologique soit réalisée dans le domaine du stockage des énergies renouvelables [61]. Les importations de gaz naturel liquide sont plus coûteuses que le gaz acheminé par gazoduc, et elles nécessitent la construction d'infrastructures portuaires technologiquement sophistiquées. Les pays européens sont également à la merci des navires qui changent de direction et se dirigent vers l'Asie, où les prix sont plus élevés puisque, à l'exception de la Chine, on n'y trouve que peu de gazoducs. Plutôt que de se réjouir de la nouvelle capacité d'exportation américaine, le gouvernement d'Angela Merkel a redoublé d'efforts en faveur du gaz russe et du transit baltique en soutenant un deuxième gazoduc Nord Stream.

La Russie étant aux prises avec les États-Unis et l'Azerbaïdjan dans un bras de fer pour ses marchés européens, les conflits liés aux importations de gaz vers l'Europe du Sud et l'Europe centrale inférieure se sont intensifiés. En 2013, le projet Nabucco s'est effondré quand le consortium national azerbaïdjanais de l'énergie a refusé de signer un contrat d'approvisionnement [62]. South Stream sortait donc apparemment vainqueur du conflit entre les deux projets. Mais, après l'annexion de la Crimée par la Russie en 2014, le gouvernement Obama a sanctionné l'entreprise russe chargée de construire la partie bulgare du gazoduc South Stream et a fait pression sur les États membres de l'UE engagés dans South Stream pour qu'ils s'en retirent. En juin 2014, le gouvernement bulgare a cédé et a suspendu les travaux sur le gazoduc [63].

Bien sûr, les pressions américaines sur les membres de l'UE au sujet de leur dépendance énergétique vis-à-vis de la Russie n'étaient pas nouvelles. Mais Washington pouvait désormais proposer une autre solution, et les entreprises énergétiques américaines avaient tout à gagner dans cette affaire. Le soutien actif de la Commission européenne aux mesures prises par Obama pour stopper South Stream a également montré à quel point la désunion géopolitique était profonde au sein de l'UE. La Commission a longtemps insisté sur le fait que le rôle joué par Gazprom dans South Stream n'était pas conforme aux réglementations de l'UE et a entrepris des poursuites judiciaires contre la Bulgarie. Mais, en présentant l'approvisionnement énergétique comme une question de droit de la concurrence, la Commission a exaspéré les gouvernements de l'UE qui étaient susceptibles de bénéficier de South Stream et étaient mieux équipés que la Bulgarie pour résister à Washington. Au mépris des sanctions imposées à la Russie à cause de la Crimée, le gouvernement autrichien a signé un accord intergouvernemental avec la Russie sur la partie autrichienne de South Stream deux mois avant que la Bulgarie ne batte en retraite. Le Premier ministre italien Matteo Renzi a également fait part de sa colère face à la décision de la Commission de mettre fin à South Stream, sans avoir agi de manière décisive à propos de Nord Stream [64].

Après l'échec de South Stream, Poutine l'a tout simplement réinventé. Fin 2014, il s'est entendu avec la Turquie pour construire TurkStream, cette nouvelle version d'un gazoduc de la mer Noire allant jusqu'à la côte turque plutôt que bulgare. Un mois plus tard, Gazprom a écrit à la Commission pour dire qu'une fois TurkStream achevé, la Russie n'enverrait plus de gaz aux États de l'UE *via* l'Ukraine [65]. C'était en partie une menace en l'air. Le Kremlin a eu beau clamer qu'il n'en ferait rien, Gazprom a conclu un nouvel accord en décembre 2019 avec la compagnie nationale ukrainienne de l'énergie pour maintenir les gazoducs traversant l'Ukraine ouverts au moins jusqu'en 2024. TurkStream a néanmoins réussi à contourner l'autorité juridique de l'UE pour sa construction. En janvier 2020, le gaz a commencé à arriver en Bulgarie et en Grèce, un mois seulement après que le Congrès américain a imposé des sanctions contre les entreprises travaillant sur le projet suivant de Gazprom, TurkStream 2. Pour l'UE comme pour l'OTAN, les dissensions internes en matière d'énergie sont apparues après la dissolution de l'Union soviétique, autour de la Turquie et de l'Ukraine. Mais ce qui, pendant la guerre froide, était une fracture transatlantique de l'OTAN s'est mué, à propos du transit ukrainien et turc, en un problème intra-européen.

Du point de vue de l'UE, ce dilemme a été exacerbé par la logique de la position de Merkel sur Nord Stream 2, position qui a consisté à insister, selon ses propres termes, sur le fait qu'« il [s'agissait] avant tout d'un projet économique » et que « l'Ukraine [devait] continuer à jouer un rôle en tant que pays de transit ». Ce qui ne pouvait que signifier que c'était aux États du sud de l'UE d'accepter le transit par l'Ukraine, même si une grande partie du gaz russe et azéri parvenait dans le sud de l'Europe *via* la Turquie[66]. Mais, pour l'OTAN, les difficultés allaient au-delà des ramifications stratégiques des itinéraires des gazoducs vers la source des importations européennes : tant que les États-Unis peuvent rivaliser avec la Russie pour exporter du gaz vers l'Europe, la dépendance des grands États fondateurs de l'UE vis-à-vis du gaz russe rend l'OTAN instable.

* * *

Les conséquences géopolitiques de l'huile de schiste ont commencé au Moyen-Orient. Les craintes quant à leur propre approvisionnement en pétrole après la Première Guerre mondiale avaient poussé les Américains à prendre pied dans la région, en Arabie saoudite. Le désir de protéger l'accès au pétrole du golfe Persique pour l'Europe occidentale et le Japon a influencé l'engagement incohérent des États-Unis dans le Moyen-Orient de l'après-Seconde Guerre mondiale, une position repensée au début des années 1970 afin de répondre à leur propre besoin de pétrole étranger. Après la révolution iranienne, la doctrine Carter a conduit à un déploiement croissant de la puissance militaire américaine dans la région, alors qu'un problème en entraînait un autre sans jamais parvenir à la stabilité. Par conséquent, dès le début de l'essor de l'huile de schiste, Obama et ses conseillers ont vu dans la perspective apparente d'un retour à l'indépendance énergétique une porte de sortie idéale pour les guerres du Moyen-Orient, ainsi qu'une occasion de faire face aux ambitions nucléaires de l'Iran. L'huile de schiste et les calculs stratégiques que cette nouvelle offre a entraînés à Washington ont causé un choc considérable.

Avant que ces dynamiques ne commencent à entrer en jeu, le Moyen-Orient et l'Afrique du Nord ont été secoués par les rébellions du printemps arabe de 2011, ce qui a aggravé les effets éventuels des dynamiques en question. Alors que des troupes américaines se trouvaient encore en Irak, Obama a renvoyé la marine et l'armée de l'air américaines en Libye, dans le cadre d'une coalition dirigée par l'OTAN et à laquelle se sont joints plusieurs États arabes. Comme lors de la deuxième guerre d'Irak, cette action militaire a divisé l'OTAN. Mais il y a eu aussi des différences cruciales. Du côté européen, les divergences n'ont pas été les mêmes entre les trois grands États de l'UE. Alors que les Britanniques et les Français se sont fortement impliqués dans la guerre en Libye, les Allemands n'ont même pas soutenu l'action militaire au Conseil de sécurité de l'ONU. À Washington, entre-temps, Obama a semblé envisager l'intervention en Libye comme un service américain rendu à la France et à la Grande-Bretagne en tant qu'États de l'OTAN en première ligne, responsables de ce qui se passait en Afrique du Nord. En effet, du moins rétrospectivement, il a présenté la guerre comme un test pour savoir si les Européens pouvaient cesser de « se défausser » sur Washington et endosser leurs responsabilités là où la géographie signifiait que leurs seuls intérêts étaient directement en jeu[67].

Avec des enjeux plus importants, des dynamiques similaires étaient à l'œuvre au sujet de la Syrie. Obama souhaitait un changement de régime à Damas, et son gouvernement a apporté un soutien substantiel à l'opposition syrienne. Mais ses actions à l'égard de la Syrie reposaient toujours sur l'hypothèse que ce qui se passait à l'ouest du golfe Persique était davantage un problème européen, turc et arabe qu'un problème américain. Pour lui, la relation entre les États-Unis et l'Eurasie avait changé, et si, selon ses propres termes, le « manuel de jeu de Washington [...] que les présidents sont censés suivre » n'avait pas pris cette évolution en compte, lui, en tant que « président du Pacifique » conscient de ses responsabilités, l'avait fait [68]. En septembre 2013, quand est venu le moment de décider s'il fallait maintenir ou non la ligne rouge qu'il avait précédemment tracée à propos des armes chimiques et d'ordonner des frappes aériennes sur la Syrie, il a fait marche arrière.

Pour Obama, comme l'a révélé une interview accordée à *The Atlantic* en 2016, ç'a été le choix décisif de sa présidence, le moment où il a affirmé la primauté de son jugement en s'affranchissant du vieux postulat selon lequel le Moyen-Orient était un voisinage partagé entre l'Europe et les États-Unis [69]. Mais quelles qu'aient été les réflexions rétrospectives d'Obama, c'est le contrecoup démocratique de la deuxième guerre d'Irak, plus que la résurgence de la puissance énergétique américaine, qui a façonné ce moment politique. La chaîne d'événements qui a conduit Obama à annuler les frappes aériennes a débuté quand le Premier ministre britannique David Cameron a décidé qu'il devait obtenir l'autorisation du Parlement pour la participation britannique et qu'il a perdu un vote à la Chambre des communes. Ce n'est qu'à ce moment-là qu'Obama a demandé au Congrès de soutenir l'action militaire, et ce n'est que lorsqu'il est apparu clairement que la Chambre des représentants risquait de ne pas adopter de projet de loi en ce sens qu'il a accepté l'offre de Poutine d'obliger Assad à se débarrasser de ses armes chimiques.

Redoutant la présidentielle de 1956, Eisenhower avait torpillé l'intervention de la Grande-Bretagne contre l'Égypte et la stratégie américaine de l'après-guerre au Moyen-Orient.

Maintenant, soixante ans plus tard, le Parlement britannique contribuait involontairement au recul d'un président américain au Moyen-Orient. Du côté européen, la volte-face d'Obama sur la Syrie a laissé le gouvernement français à la dérive, comme il l'avait été en 1956. Pour ce qui était de la Libye, les Français avaient fini par accepter l'OTAN comme une structure nécessaire à l'action militaire européenne en Afrique du Nord, avant de découvrir que Washington, aux prix de sa propre crédibilité, ne mettrait pas à exécution ses propres menaces militaires au Moyen-Orient. Ils ne disposaient d'aucun autre moyen militaire que la puissance unilatérale française pour mener une action décisive dans une région qu'ils considéraient toujours comme vitale pour eux.

En réalité, Obama ne s'est pas plus passé des guerres du Moyen-Orient qu'Eisenhower n'avait pu se passer de la Grande-Bretagne après Suez. En 2014, Obama a fait intervenir les forces américaines contre Daech en Irak et en Syrie, après que le groupe islamique s'était emparé de vastes territoires en Syrie et en Irak, et que le gouvernement irakien s'était effondré. La coalition mondiale pour vaincre l'EI étant centrée sur les membres de l'OTAN et comprenant l'Allemagne, cette intervention a fait peser moins de pression sur la partie européenne de l'OTAN. Mais cette nouvelle guerre au Moyen-Orient a de nouveau démontré la fragilité de l'engagement américain en faveur d'une action militaire en Eurasie. Une fois de plus, la politique démocratique américaine a empêché un président américain d'agir. Craignant que le Congrès ne l'autorise pas à entrer en guerre, Obama n'a pas demandé son accord pour ses frappes aériennes contre la Syrie en 2014, mais seulement pour son action parallèle visant à fournir un soutien militaire plus logistique aux rebelles syriens. Il a également promis de ne pas envoyer de troupes américaines sur le terrain en Syrie. En limitant l'engagement militaire à une couverture aérienne et à des forces spéciales, Washington a dû trouver des milices locales pour livrer les violents combats sur le terrain et a opté pour les Unités de protection du peuple kurde (YPG). Cet impératif tactique a immédiatement déclenché un conflit inéluctable avec le gouvernement turc, pour qui les YPG sont une organisation terroriste. Alors que le clivage au sujet de l'Irak avait résulté du refus du Parlement turc d'accueillir des forces américaines censées intervenir dans un État frontalier et de l'absence de volonté de certains membres de l'OTAN de défendre la Turquie, en Syrie, le désir américain de passer outre les préoccupations turques en matière de sécurité s'est heurté à une autre réalité, à savoir que l'opinion publique outre-Atlantique n'accepterait pas d'engager des soldats américains dans une autre guerre au Moyen-Orient, indépendamment du fait que les bases aériennes américaines en Turquie étaient utilisées pour des attaques contre l'EI.

La guerre a par ailleurs révélé au grand jour le gouffre géographique au sein de l'OTAN concernant les questions non énergétiques au Moyen-Orient. Pour justifier son intervention, Obama a fait la distinction entre l'Europe, où Daech avait lancé des attaques terroristes directes, et « notre patrie », moins menacée[70]. Après les attentats de Paris en 2015, Obama a mis en garde contre les dangers d'une « exagération du risque » émanant de groupes au Moyen-Orient[71]. Mais, pour la France, la guerre contre Daech était tout autre chose. À partir de 2014, la France a été la cible d'une série d'assauts meurtriers et a été confrontée à des milliers de citoyens français musulmans qui sont partis rejoindre le djihad du califat islamique. Le dos au mur, la France a lancé une action militaire autonome en Irak en septembre 2014. Cette guerre aérienne a constitué sa première action militaire directe au Moyen-Orient depuis son retrait de l'opération Southern Watch. Pour la France, la guerre contre l'EI et d'autres groupes islamiques ne s'est pas non plus arrêtée au Moyen-Orient. En 2013, le président François Hollande a envoyé des troupes françaises au Mali et, par la suite, a procédé à d'autres déploiements dans la région du Sahel, en Afrique. Du point de vue français, mais pas américain, le Sahel pose en partie le même problème que le Moyen-Orient, et l'OTAN est mal équipée pour gérer l'un ou l'autre.

Sur le plan énergétique, le renouveau de la capacité pétrolière américaine était censé avoir pour résultat géopolitique positif une relation plus distante avec l'Arabie saoudite et une relation finalement moins conflictuelle avec l'Iran. C'est parce que Jimmy Carter voulait se libérer de sa propre doctrine qu'il a souhaité restaurer l'indépendance énergétique des États-Unis. Carter a proclamé que l'huile de schiste serait l'une des facettes d'un avenir qui a tardé à se manifester. Désormais, le schiste était financièrement viable, et il s'accompagnait de l'espoir que la doctrine Carter puisse être remise au goût du jour.

En ce qui concerne l'Iran, Obama espérait qu'une démonstration de force visant à réduire les ambitions nucléaires de Téhéran servirait de condition préalable à une réinitialisation des relations. Pour obtenir ce changement, Obama devait d'abord pousser l'UE à la confrontation. Dans les années 1990, l'UE avait réagi avec colère aux sanctions extraterritoriales américaines contre les entreprises qui investissaient dans le secteur énergétique iranien. Au cours des années 2000, les sanctions de l'UE contre l'Iran n'ont pas limité les importations d'énergie iranienne, et plusieurs États de l'UE en étaient dépendants. En décembre 2011, Barack Obama a demandé au Congrès d'adopter de nouvelles sanctions extraterritoriales. Celles-ci exploitaient la puissance du dollar américain pour empêcher les entreprises non américaines qui traitaient avec la banque centrale iranienne, par laquelle transitaient les revenus du pétrole iranien, d'accéder au système financier américain [72]. Cette fois, ce qui aurait été un choc pétrolier a pu être atténué par l'offre de l'huile de schiste, et l'UE a rapidement accepté d'interdire les importations de pétrole iranien. L'Iran étant pour la première fois soumis à des sanctions qui limitaient directement sa capacité à obtenir des devises fortes grâce à ses exportations de pétrole, Téhéran avait dorénavant une raison de négocier à propos de ses ambitions nucléaires.

Cependant, l'utilisation de la puissance énergétique américaine par Obama restait limitée. Bien que l'accord nucléaire de 2015 ait temporairement empêché l'Iran de développer des armes atomiques, il ne disait rien des activités régionales de l'Iran. Le fait qu'une bombe nucléaire iranienne n'ait été que retardée et que l'Iran ait pu continuer à opérer en Syrie et à soutenir le Hezbollah et le Hamas a suscité de vives inquiétudes au sein du Congrès américain. Conscient qu'il y avait peu de chances que le Sénat, alors contrôlé par les républicains, ratifie un traité, Obama l'a présenté comme un accord exécutif qui ne nécessitait pas de consentement législatif, garantissant ainsi que tout futur président pourrait l'annuler sans difficulté. Étant donné que tous les principaux candidats à l'investiture républicaine s'y opposaient, l'accord sur le nucléaire iranien avait peu de chances de survivre à la perte de la présidence par les démocrates.

Dans l'UE, les calculs autour de l'accord sur le nucléaire iranien étaient assez différents. Pour les gouvernements européens, l'allègement des sanctions sur le secteur énergétique iranien était l'occasion d'établir une nouvelle relation économique avec Téhéran, notamment pour poursuivre la diversification des approvisionnements de gaz en provenance du Moyen-Orient, comme l'a reconnu la Commission européenne en 2014 au sujet de l'urgence d'une « stratégie de sécurité énergétique [73] ». Par conséquent, la question de savoir si Washington et l'UE pouvaient maintenir une position unifiée sur un accord avec l'Iran dépendait toujours du résultat de l'élection présidentielle américaine de 2016.

L'entrée militaire de la Russie dans la guerre en Syrie, qui garantissait effectivement que l'Iran et le Hezbollah resteraient présents militairement dans le pays, a ensuite anéanti tout espoir que la croissance économique rapide de l'Iran conduise ce dernier à se retirer de l'ouest du golfe Persique. Comme l'a reconnu Obama en annonçant l'accord, la Russie a joué son rôle en amenant l'Iran à la table des négociations nucléaires[74], mais son intervention militaire en Syrie a bouleversé l'environnement géopolitique du Moyen-Orient qui avait rendu concevable un certain rapprochement avec Téhéran.

Les mesures prises par le gouvernement Obama à l'égard de l'Iran et son approche de la Syrie ont ébranlé l'Arabie saoudite. Dans les deux cas, on partait du principe que l'énergie du schiste permettait un retrait stratégique partiel des États-Unis de la région. Mais c'est le volume même de ce nouveau pétrole qui a eu les conséquences les plus déstabilisantes pour l'Arabie saoudite. Fin 2014 – comme on l'a vu au début du chapitre 2 –, les Saoudiens ont fait chuter des prix déjà en baisse à des niveaux extrêmement bas. Immédiatement, cela a considérablement affaibli le gouvernement irakien déjà en difficulté, renforçant l'influence iranienne dans le pays au moment même où les rebelles houthis soutenus par l'Iran prenaient le pouvoir au Yémen. L'incapacité des Saoudiens à supplanter le secteur américain du schiste a conduit Riyad à rechercher une coopération avec Moscou, conférant davantage d'importance à l'OPEP Plus qu'à l'OPEP. Bientôt, les grandes compagnies pétrolières occidentales présentes en Irak ont été soumises à des limites de production en partie déterminées par Moscou, outre les attaques de Daech contre leurs infrastructures. En 2019, toutes les compagnies, à l'exception de TotalEnergies, cherchaient à se débarrasser d'au moins une partie de leurs investissements.

Cette perturbation centrée sur l'Arabie saoudite s'est ensuite répercutée sur les États-Unis. Quand l'Arabie saoudite est intervenue militairement au Yémen en 2015, le gouvernement Obama a empêtré les États-Unis dans un autre conflit au Moyen-Orient en lui fournissant un soutien logistique. Le fait d'être le seul grand producteur de pétrole en dehors du nouveau cartel s'est révélé avantageux pour les entreprises américaines du schiste, leur permettant, de la fin 2016 à mars 2020, de bénéficier des prix plus élevés garantis par les réductions de production appliquées par l'OPEP Plus. Mais la faiblesse saoudienne a également fait dépendre les prix américains à la consommation des décisions russes. Si la doctrine Carter avait été conçue pour maintenir l'Union soviétique hors du golfe Persique, un axe pétrolier russo-saoudien, une présence militaire russe en Syrie et un soutien russe au régime iranien en constituaient une inversion presque parfaite.

Après 2008, le gouvernement Trump s'est encore plus empêtré dans les échecs de la doctrine Carter qu'Obama ne l'avait été[75]. Le candidat qui s'était livré à des attaques en roue libre contre l'Arabie saoudite a finalement été le président qui a fait de la capitale saoudienne le site de sa première visite officielle à l'étranger. Les excès de Trump ont en partie accéléré ce revirement, car il s'est cru autorisé à penser que sa relation et celle de sa famille avec le roi Salman et le prince héritier Mohammed ben Salman pouvaient se substituer à une nouvelle stratégie saoudienne et conduire à un gain personnel. Par conséquent, en 2017, quand MBS a purgé le gouvernement saoudien et fait torturer des membres de la famille royale, la relation de Trump avec le prince héritier n'a fait qu'alimenter la toxicité politique intérieure de la relation américano-saoudienne dont l'ex-homme d'affaires avait autrefois profité. Or le problème était également structurel : les États-Unis ne pouvaient ni rétablir l'ordre dans la région ni se retirer. Au début de la crise du golfe Persique, Trump a tweeté « nous n'avons rien à faire là[76] », mais, après avoir replié les forces spéciales américaines du nord de la Syrie en 2019, Trump les a envoyées en Arabie saoudite.

Comme Obama avant lui, Trump était face à un problème immédiat, celui de l'instabilité de l'Irak. En octobre 2019, des manifestations nationales de grande ampleur ont éclaté en Irak et se sont poursuivies pendant toute l'année 2020. Elles étaient au départ motivées par le ressentiment à l'égard des activités de l'Iran dans le pays et de la crise économique irakienne de l'après-2014. Face à l'escalade de la violence, alimentée par les milices iraniennes et les forces de sécurité soutenues par l'Iran, Trump a ordonné des frappes aériennes ainsi que l'attaque de drone qui, en janvier 2020, a permis d'assassiner le général Soleimani, le commandant des forces iraniennes à l'étranger. Les manifestations ont également pris une tournure nettement anti-américaine. Quand le Parlement irakien a voté l'expulsion de tous les soldats étrangers, un nouveau retrait partiel des troupes américaines a commencé.

La résurgence de la production énergétique américaine n'a pas permis de faire fi de la doctrine Carter. En 2019, les importations américaines de pétrole passant par le golfe Persique étaient inférieures de 250 % à leur premier pic de 1977, avant la révolution iranienne, et d'environ 290 % à leur deuxième pic de 2001 [77]. Mais l'indépendance énergétique américaine est une illusion, même si les États-Unis devaient cesser complètement d'importer du pétrole – ce qui n'est pas près d'arriver – puisque les raffineries américaines ont une capacité limitée à traiter le pétrole de schiste. Ce qui se passe au sein de l'OPEP Plus a des conséquences pour les consommateurs américains si les prix augmentent trop, et pour les producteurs américains s'ils baissent trop. Les présidents et le Congrès américains sont donc à la merci des relations entre l'Arabie saoudite et la Russie et de l'instabilité de l'Irak.

En effet, le monde de l'énergie, influencé par le schiste, qui a conduit la Chine à remplacer les États-Unis en tant que plus grand importateur de pétrole de la planète, consolide paradoxalement les arguments stratégiques en faveur de la doctrine Carter [78]. La majeure partie du pétrole qui passe actuellement par le détroit d'Ormuz est destinée à la Chine et à d'autres pays asiatiques. Depuis qu'elle a acquis le port de Gwadar, la Chine peut contrôler la navigation dans le détroit d'Ormuz. Bien que le pays n'ait pas de présence navale permanente dans le Golfe, les dirigeants chinois considèrent l'Iran comme un pays d'une importance géopolitique cruciale. Sur terre et sur mer, l'Iran est au cœur des nouvelles routes de la soie. La Chine a mené des exercices navals conjoints avec l'Iran près du détroit d'Ormuz en 2017, et des exercices trilatéraux avec la Russie et l'Iran en 2019, après le début de la crise du golfe Persique. Rien ne prouve, loin s'en faut, que le gouvernement chinois souhaite utiliser la puissance navale chinoise pour assumer la responsabilité directe de la sécurité énergétique de la Chine dans le Golfe. Mais, compte tenu de l'accélération de la rivalité géopolitique sino-américaine, il serait risqué pour tout président américain de laisser la Chine devenir la présence navale prédominante dans cette région, même si le fait de rester dans le Golfe apparemment pour protéger les importations de pétrole vers la Chine sera toujours susceptible d'être contesté sur le plan de la politique intérieure.

*
* *

Les retombées de la pandémie ont mis sous pression les lignes de fracture autour de la puissance américaine en Eurasie et ont montré de façon spectaculaire comment elles en sont venues à s'interconnecter. Bien que le gouvernement Trump et la Chine soient parvenus à un accord préliminaire en janvier 2020 pour mettre fin à la guerre commerciale, ce recul par rapport au découplage a été de courte durée. Avec l'effondrement de la demande chinoise au premier trimestre de l'année, la Chine n'était plus en mesure d'acheter le volume d'exportations américaines qu'elle avait promis. En mai 2020, quand le pays a imposé une législation sur la sécurité nationale à Hong Kong, mettant ainsi fin aux accords de gouvernance convenus dans la déclaration commune de 1984 avec la Grande-Bretagne, les relations sino-américaines se sont encore détériorées.

Entre-temps, début 2020, du fait de la volonté de Poutine de renoncer temporairement à l'OPEP Plus et de prendre des mesures de rétorsion contre Washington au sujet des sanctions imposées en décembre 2019 sur Nord Stream 2 et Turk-Stream, la concurrence gazière russo-américaine en Europe a eu des répercussions sur les questions pétrolières. Même l'accord conclu par la suite entre les trois principaux producteurs de pétrole du monde, en avril 2020, pour fixer un plancher aux prix n'a pas pu stabiliser la dynamique géopolitique sous-jacente entourant l'énergie fossile. Avec l'effondrement des prix du pétrole en mars et avril, la Chine a acheté de grandes quantités de pétrole pour les stocker. Apparemment enhardi par la conviction que les producteurs de schiste américains avaient été durement touchés, un navire de Gazprom est entré en mai 2020 dans le port allemand de Mukran, dans le but d'achever le dernier tronçon de Nord Stream 2. Sous la pression du Congrès, Trump a ordonné de nouvelles sanctions. Quelques jours plus tard, il a annoncé le retrait d'un quart des troupes américaines en Allemagne.

Après la défaite de Trump, le Congrès a fait en sorte qu'il ne puisse pas mettre en œuvre le retrait des troupes avant de quitter son poste. Au cours des six premiers mois de son mandat, Joe Biden a renoncé aux sanctions contre Nord Stream 2. Mais, à l'ère du gaz liquide maritime et de l'OPEP Plus, il est peu probable que les politiciens américains acceptent que les pays européens importent de grandes quantités de gaz russe, surtout si, dans le même temps, les gouvernements allemands attendent de l'OTAN qu'elle agisse comme un rempart antirusse en Europe de l'Est. Ce que l'on pourrait appeler le choc Trump a peut-être eu un impact bien plus structurel sur l'Allemagne. Si ce n'était pas le cas, on voit mal pourquoi les conseillers d'Obama ont passé leur temps à s'inquiéter du fait que Merkel semblait parfois plus intéressée par la compagnie des Russes et des Chinois aux Nations unies que par celle des Américains [79]. Ce que Trump a explicité par ses agissements, c'est que l'engagement américain à résoudre les dilemmes de sécurité pour l'Allemagne en Europe touche à sa fin.

Quoi qu'il en soit, les événements de 2019 et 2020 ont affaibli la puissance énergétique américaine. Les sociétés productrices d'huile de schiste ont été malmenées par l'effondrement des prix en mars avril 2020 et la chute des investissements dans les entreprises pétrolières. Bien que les réductions de production opérées par l'OPEP Plus aient ramené les prix au-dessus de 60 dollars le baril en février 2021, une vague de faillites dans le secteur du schiste avait déjà eu lieu, et la production américaine à la fin de 2020 restait inférieure d'environ deux millions de barils par jour à ce qu'elle était au début de l'année. Certes temporairement, en mai et juin 2020, les États-Unis ont de nouveau importé plus de pétrole qu'ils n'en ont exporté [80]. Dès le début de sa présidence, l'agenda climatique de Joe Biden ne lui a pas permis d'encourager les producteurs de schiste. Or, sans une reprise du secteur, les États-Unis redeviendront fortement dépendants du pétrole étranger, y compris du Moyen-Orient. Par ailleurs, alors que les perspectives de l'huile de schiste s'amenuisent, un autre retrait partiel des troupes américaines d'Irak a été confié en janvier 2021 à un président démocrate plutôt qu'à un républicain. Macron a salué l'investiture de Joe Biden en appelant à une plus grande implication militaire américaine au Moyen-Orient.

Les exportations américaines de gaz naturel liquéfié se sont révélées plus robustes pendant la pandémie. Début 2021, elles ont atteint un nouveau record mensuel [81], mais elles l'ont fait alors que le climat devenait une nouvelle source de tension dans les relations gazières américano-européennes. À l'automne 2020, le gouvernement français a demandé au groupe énergétique Engie, dans lequel l'État français a une participation et qui est un des soutiens financiers de Nord Stream 2, de ne pas signer de contrat à long terme pour des importations américaines en raison des fortes émissions de méthane dans la production de schiste [82].

Il existe désormais une intersection entre la géopolitique du changement climatique et la rivalité sino-américaine et ses conséquences pour l'Europe. Si l'UE et ses État membres, grands importateurs d'énergie fossile, considèrent la Chine – le plus grand émetteur de carbone au monde – comme un meilleur partenaire dans le domaine du climat que les États-Unis – le plus grand producteur de pétrole et de gaz au monde –, les ambitions vertes risquent de déstabiliser un peu plus les relations américano-européennes dans le secteur de l'énergie. En outre, plus les États-Unis agiront pour améliorer leur faible position économique en matière d'énergie verte, plus la rivalité sino-américaine s'intensifiera. Joe Biden a entamé sa présidence en promettant des milliards de dollars d'investissements dans le secteur manufacturier des énergies vertes, tandis que John Kerry, son responsable pour le climat, a exprimé son désir de dissocier cette question du reste des relations sino-américaines. Des objectifs rendus incompatibles par la domination de la Chine dans la production d'énergies renouvelables et les métaux nécessaires à cette production. L'énergie verte aux États-Unis ne peut pas renforcer le secteur manufacturier chinois sans déclencher le cycle de ressentiments qui a contribué à l'accession à la présidence d'un outsider politique hostile à Pékin.

L'UE centrifuge

Pour l'Europe, les bouleversements survenus au Moyen-Orient au cours des années 2010 ont fait de cette région bien plus qu'un voisinage riche en énergie dont elle dépend économiquement. Les millions de réfugiés chassés de Syrie ont provoqué une crise politique et humanitaire dans l'UE. Si l'accord conclu entre Merkel et Erdogan en 2016 pour mettre fin à l'afflux de réfugiés dans l'UE était censé accélérer les négociations d'adhésion de la Turquie, la raison invoquée par Merkel pour parvenir à cet accord expliquait également pourquoi l'adhésion de la Turquie était indéfendable pour l'UE. En effet, Merkel elle-même n'a pas tardé à affirmer qu'il n'y aurait pas de solution quand, pendant la campagne électorale allemande de 2017, elle a déclaré : « C'est une évidence : la Turquie ne devrait pas devenir membre de l'Union européenne [83]. » Pourtant, sachant que l'UE avait toujours besoin de la coopération de la Turquie sur les migrations à travers les frontières terrestres et maritimes de l'UE, il a été plus qu'épineux de mettre un terme formel aux pourparlers d'adhésion d'Ankara.

Cet embrouillamini s'inscrit dans le contexte géopolitique du référendum sur le Brexit. Quel que soit leur parti, les gouvernements britanniques ont toujours soutenu l'adhésion de la Turquie à l'UE depuis les années 1990. Pour le gouvernement de David Cameron, la crise gazière de 2009 avait rendu cette adhésion encore plus nécessaire [84]. Peu après être devenu Premier ministre, Cameron, lors d'un voyage officiel à Ankara, a déclaré qu'il était le « plus ardent défenseur » de l'adhésion turque [85]. Un an plus tard, son gouvernement a signé un nouveau traité bilatéral de coopération militaire avec la Turquie. Mais le consensus géopolitique en Grande-Bretagne autour de l'adhésion de la Turquie masquait un problème de légitimation interne : le soutien public à cette idée était faible, et à peine supérieur à la moyenne de l'UE [86]. Craignant apparemment de laisser la question s'enliser dans la vie politique britannique, le gouvernement de coalition de Cameron a exclu l'adhésion de nouveaux États de la loi sur l'UE de 2011 – qui garantissait un référendum avant tout transfert de pouvoirs supplémentaires de Westminster –, malgré le fait que la France et l'Autriche s'étaient déjà engagées légalement à organiser des référendums sur tout accord relatif à l'adhésion de la Turquie.

Dans ces circonstances, il a toujours été raisonnable d'envisager que la Turquie serait une des questions d'un référendum sur le maintien de la Grande-Bretagne dans l'UE. Mais la crise des réfugiés de 2015-2016 et les décisions de Merkel ont conféré un sens exceptionnel à la question turque. Cela s'explique en partie par le grand nombre de personnes qui sont arrivées en Europe dans les mois précédant le référendum. Mais le rôle de Merkel en tant qu'arbitre de la réaction de l'UE à la crise a également démontré la faiblesse politique de la Grande-Bretagne au sein de l'Union. Même quand la Grande-Bretagne disposait d'une clause de non-participation, comme dans le cas du droit d'asile, les décisions de l'UE proposées par d'autres États avaient des conséquences. Soumis au feu roulant des attaques de la campagne en faveur du Brexit, Cameron a fait volte-face, affirmant que les opposants au référendum étaient des alarmistes, puisque la Turquie ne serait pas prête à adhérer « avant l'an 3000[87] ». Mais, comme cela avait été le cas lors du référendum français sur le traité constitutionnel de l'UE en 2005, la question de la Turquie a très probablement porté tort aux arguments pro-UE auprès d'un nombre suffisant d'électeurs pour influencer l'issue du référendum.

Ailleurs, l'impasse structurelle autour de l'adhésion de la Turquie a été aggravée par de nouvelles divergences franco-allemandes. Pour le gouvernement allemand, l'économie turque devait être traitée comme une sphère de risque pour l'Allemagne et l'UE. Quand la Fed a relevé ses taux d'intérêt en 2018, la Turquie a subi une crise financière. Celle-ci était le reflet d'une vulnérabilité structurelle de l'économie turque post-krach, les banques turques ayant acquis un volume élevé de dettes en dollars sans que la banque centrale turque ne possède de ligne de swap pour fournir des dollars en cas d'urgence. Les sanctions commerciales imposées par Trump ont aggravé ce choc financier. Craignant qu'un effondrement de l'économie turque ne mette fin à l'accord UE-Turquie de 2016, le gouvernement allemand a commencé à envisager une aide économique à Ankara. Mais, pour Macron, la Turquie était un antagoniste des Français au Moyen-Orient. Il jugeait l'intervention militaire turque en Syrie, lancée en 2016, contraire aux intérêts européens de l'OTAN dans la guerre contre l'EI. Quand on lui a demandé s'il fallait déduire de ses commentaires de 2019, selon lesquels l'OTAN était « en état de mort cérébrale », que la Turquie n'avait selon lui pas sa place dans l'OTAN à long terme, il a répondu : « Je ne saurais le dire [88]. »

Ces désaccords ont nécessairement pesé sur les lignes de fracture de l'UE en matière d'énergie. En 2018, c'en était fini de l'idée que la Turquie deviendrait une plaque tournante de l'énergie pour le sud de l'UE, indépendamment de son rôle d'État de transit pour le gaz russe. En effet, la Turquie et plusieurs États de l'UE se disputaient désormais les droits sur les sources d'énergie situées en Méditerranée orientale. Ces tensions sont apparues pour la première fois en 2010-2011, après la découverte de gisements de gaz dans le bassin du Levant au large d'Israël, de l'Égypte et de Chypre, où la Turquie est la seule à reconnaître Chypre du Nord comme un État. Elles se sont intensifiées au cours de l'été 2015, au moment de la crise des réfugiés, avec la découverte d'une importante quantité de gaz dans les eaux égyptiennes par l'entreprise italienne ENI. Face à la perspective d'un nouvel approvisionnement en gaz en partie interne, la Commission a soutenu un projet de nouveau gazoduc pour acheminer le gaz offshore de Chypre et d'Israël vers la Grèce et l'Italie, puis vers des marchés européens plus vastes. Exclu de tous les développements gaziers en Méditerranée orientale, le gouvernement turc a commencé à revendiquer agressivement ce qu'il prétend être les droits légaux de la république de Chypre du Nord. Début 2018, des bâtiments de combat turcs ont empêché ENI de forer au large de l'île, et, en 2019, les navires turcs ont commencé leurs propres opérations, ce qui a poussé l'UE à sanctionner Ankara. Erdogan a répondu par ce qui, depuis 2016, est devenu sa menace de représailles classique, déclarant que « ces portes s'ouvriront et ces Daech vous seront envoyés [89] ». Considérant que la Turquie est encerclée, Erdogan a conclu un accord en novembre 2019 avec le gouvernement libyen aux abois pour délimiter de nouvelles frontières maritimes entre les deux États, ce que l'UE a dénoncé comme une violation de la souveraineté grecque et chypriote. Peu après, le Parlement turc a autorisé le déploiement de troupes en Libye, ce qui a opposé militairement la Turquie à l'armée rebelle soutenue par la Russie et provoqué une réaction ulcérée de Macron, mais pas de Merkel.

Le schisme franco-allemand de plus en plus manifeste à propos de la Turquie s'est ajouté au désalignement UE-OTAN traditionnel, à un moment où le Brexit offrait en principe à l'UE la possibilité de mettre fin à sa dépendance vis-à-vis de l'Alliance atlantique en matière de sécurité. L'ambition de l'après-guerre froide de faire de l'UE une fédération de sécurité ne s'est jamais remise de l'éloignement franco-britannique lié à la deuxième guerre d'Irak. Mais, après la crise de 2008, les relations bilatérales entre Londres et Paris se sont considérablement améliorées. En 2009, la France a rejoint le commandement militaire intégré de l'OTAN. Un an plus tard, motivés en partie par un désir mutuel de réduire les dépenses de défense, les gouvernements britannique et français sont convenus d'œuvrer à une coopération militaire bilatérale pendante cinquante ans en dehors de tout cadre européen. Bien que cette nouvelle collaboration se soit poursuivie en Libye, elle s'est disloquée quand le retrait américain en Syrie à l'automne 2013 a réactivé à Paris la question de l'autonomie stratégique de l'Europe. Alors que l'idée que l'UE devrait acquérir plus d'autorité dans le domaine de la sécurité reprenait du poil de la bête, David Cameron s'est opposé aux propositions visant à développer un quartier général militaire européen distinct et des moyens de défense communs à l'UE. Le même mois que le référendum britannique, le haut représentant de l'UE a publié la première stratégie de sécurité de l'Union depuis le début de la guerre en Irak. Au cours de l'année suivante, sans avoir à se soucier des objections britanniques, l'UE a adopté des mesures visant à approfondir la coopération en matière de défense et à permettre à un sous-ensemble d'États membres de développer des capacités militaires communes.

Pour Macron, c'était une occasion de déplacer l'axe franco-allemand dans la sphère de la sécurité, afin que l'Europe puisse, comme il l'a dit plus tard, « retrouver sa souveraineté militaire [90] ». Avec le traité franco-allemand d'Aix-la-Chapelle de 2019, il a persuadé Merkel d'accepter une plus grande intégration bilatérale dans le domaine de la sécurité. Mais l'UE ne pourrait évoluer vers l'autonomie stratégique que si l'Allemagne reproduisait la garantie de sécurité que l'OTAN offrait aux États membres orientaux de l'UE et soutenait les engagements français au Moyen-Orient et en Afrique du Nord. En réalité, l'armée allemande de l'après-guerre froide manque des capacités opérationnelles les plus élémentaires : moins de la moitié de ses chars et un tiers de ses avions de combat étaient aptes au combat début 2018, et, fin 2017, elle ne disposait pas d'un seul sous-marin en état de marche [91].

À mesure que la distance entre les ambitions géopolitiques de Macron et les préférences allemandes devenait plus claire, l'incapacité structurelle de l'UE sur les questions de sécurité a pesé de plus en plus sur les lignes de faille OTAN-UE. En 2019, le président français a commencé à plaider en faveur d'une réévaluation des relations avec la Russie. Macron renouait là avec la stratégie de De Gaulle pendant la guerre froide. Or de Gaulle avait échoué dans un environnement géopolitique plus favorable. L'UE actuelle a des frontières avec la Russie et, par conséquent, des membres qui n'envisageront jamais de rejeter le commandement de l'OTAN, comme l'avait fait la France, ou de trouver un arrangement avec Moscou, comme l'avait fait l'Allemagne de l'Ouest. Le Moyen-Orient et l'Afrique du Nord sont des voisins beaucoup plus éloignés pour certaines parties de l'UE qu'ils ne l'étaient pour une CEE qui incluait initialement l'Algérie et dont un tiers des membres initiaux étaient des États méditerranéens.

Frustré, Macron a opté pour des mesures unilatérales. En octobre 2019, il a opposé son veto aux négociations d'adhésion à l'UE précédemment promises à la Macédoine du Nord et s'est joint à d'autres pour bloquer celles de l'Albanie, déclarant que l'UE ne pourrait pas développer une identité stratégique ou une capacité de prise de décision si elle continuait à s'étendre. Cette attitude n'a fait qu'aggraver l'impasse franco-allemande. C'est après son veto que Merkel lui aurait dit qu'elle était « fatiguée de ramasser les morceaux » de sa « politique perturbatrice » et de « recoller les pots qu'il avait cassés [92] ».

Pendant ce temps, Angela Merkel accordait la priorité à la nécessité de gérer le risque que représentait pour l'OTAN un président américain extrêmement désireux de pontifier à voix haute sur les incohérences de la relation entre l'UE et l'Alliance. Sa tactique consistait à gagner du temps. Mais, en défendant l'engagement de l'Allemagne en faveur de Nord Stream, elle ne pouvait qu'amplifier les divergences de l'UE quant à sa dépendance gazière vis-à-vis de la Russie. Fin 2019, quand le Congrès américain a adopté ses nouvelles sanctions contre Nord Stream 2, le ministre allemand des Finances les a dénoncées en les qualifiant de « grave ingérence » non seulement dans la « souveraineté » de l'Allemagne, mais aussi dans celle de l'Europe, ignorant le fait que d'autres gouvernements de l'UE avaient une conception très différente de ladite souveraineté [93]. Puis, fin août et début septembre 2020, les manifestations en Biélorussie après l'élection présidentielle du pays et la tentative d'assassinat du chef de l'opposition russe Alekseï Navalny ont fait entrer ces divisions de l'UE dans la vie politique allemande. Le consensus relatif au sein des partis de la grande coalition en Allemagne a semblé voler en éclats, laissant Merkel face à des critiques internes sans précédent sur son engagement en faveur de Nord Stream, y compris de la part de ses collègues chrétiens-démocrates [94].

Les origines de ces différends remontent aux questions énergétiques qui étaient au cœur de la rupture de Suez et à la longue histoire de l'Europe depuis que le pétrole est devenu une composante de la géopolitique. Depuis cinquante ans, la dépendance énergétique de l'Europe centrale et méridionale vis-à-vis de la Russie est une réalité géopolitique. En effet, depuis la fin de la Première Guerre mondiale, les périodes au cours desquelles l'Allemagne a renoncé au pétrole russe/soviétique, puis au gaz, ont été brèves. De façon tout à fait différente, ce sont le désir de Hitler de conquérir la Russie et la première décennie de la guerre froide qui ont constitué des aberrations. La relation gazière germano-russe actuelle s'est construite avec l'Union soviétique. Puisqu'elle a perduré pendant trente ans dans le monde de l'après-guerre froide, monde où Moscou se sert du gaz comme d'un instrument de pouvoir, l'Allemagne ne peut échapper à la responsabilité de ce qui arrive aux États ayant des frontières avec la Russie post-soviétique, qu'ils soient à l'intérieur de l'UE ou, comme dans le cas de l'Ukraine, qu'ils n'en fassent pas partie.

En contestant la fin de l'Empire ottoman en Europe et au Moyen-Orient, Erdogan rend également l'environnement géopolitique actuel beaucoup plus difficile à gérer pour l'UE que celui qui prévalait dans les années 1950. En juin 2020, l'intervention militaire turque dans la deuxième guerre civile libyenne a permis au gouvernement de Tripoli de forcer les rebelles soutenus par la Russie et la France à quitter le nord-ouest du pays, donnant à la Turquie la possibilité de développer des bases navales et aériennes sur la côte sud de la Méditerranée. Au cours des mois suivants, Erdogan a pris une nouvelle série de mesures hostiles en Méditerranée orientale [95]. Des navires d'exploration turcs, escortés par des bâtiments de guerre turcs portant des noms ottomans, ont pénétré dans les eaux chypriotes et grecques. Pour expliquer les actions du gouvernement turc, l'adjoint d'Erdogan a déclaré que « nous nous débarrassons des cartes de la Méditerranée orientale qui nous emprisonnent sur le continent[96] ». Le même été, Erdogan a publié un décret reconvertissant Sainte-Sophie et d'autres anciennes églises byzantines de musées en mosquées.

Craignant une rupture des relations avec la Turquie, l'Allemagne a poursuivi sa médiation. Mais, au sein de l'UE, elle s'est heurtée au gouvernement grec qui, en août 2020, a conclu unilatéralement un accord de souveraineté maritime avec l'Égypte. Macron, lui, a poussé à la confrontation, envoyant des navires et des avions français en Méditerranée orientale s'opposer à un autre membre de l'OTAN, tout en offrant une garantie de sécurité bilatérale efficace à Chypre. Plus tard dans l'année, la France, soutenue par ses alliés grecs et chypriotes, a fait pression pour que l'UE adopte des sanctions importantes contre Ankara, y compris la fin de l'union douanière entre l'UE et la Turquie, avant d'être contrecarrée par le gouvernement allemand, soutenu par l'Italie et l'Espagne, qui a insisté sur des mesures beaucoup plus douces.

Ce désaccord franco-allemand a rendu impossible une réaction collective de l'UE face aux ambitions stratégiques turques. Pour Macron, la rhétorique néo-ottomane d'Erdogan est la preuve de velléités territoriales révisionnistes. Si ce jugement ne tient pas compte de l'appartenance commune des deux pays à l'OTAN, aux yeux de Macron, cela ne fait que jeter un doute supplémentaire sur l'utilité de l'OTAN. Si l'UE se révèle également inadaptée pour contrôler Ankara, la France a des alliés non européens en Arabie saoudite et aux Émirats arabes unis, où elle dispose d'une base aéronavale[97]. En revanche, l'Allemagne est le plus grand partenaire commercial et investisseur étranger de la Turquie. Davantage orientée vers la Russie pour le pétrole et le gaz que la France, elle dépend moins de la nécessité de mettre en place des importations futures en provenance d'Afrique du Nord ou de l'est de la Méditerranée.

Ces divergences ne doivent rien au hasard. Elles reflètent plutôt les lignes de faille géopolitiques plus profondes de l'UE, engendrées par ses frontières orientales et méridionales de l'après-guerre froide, sa dépendance actuelle dans le domaine de l'énergie pétrolière et gazière, ainsi que son besoin de s'aligner sur l'OTAN, mais aussi son désalignement par rapport à cette organisation. Si la rupture des relations entre les États-Unis et la Turquie signifie que l'UE peut désormais traiter avec la Turquie sans subir la pression de Washington en faveur de l'adhésion d'Ankara, la réorientation de la Turquie en fait également un concurrent géopolitique dans le voisinage méridional de l'UE, ainsi qu'une source de division quant à l'importance relative de cette région.

*
* *

À des degrés divers, tous les problèmes géopolitiques des trente dernières années ont été aggravés par des problèmes économiques. Dans une économie mondiale où le crédit en dollars est devenu un élément central de la croissance et où l'accès des entreprises au système bancaire américain est souvent indispensable, les États-Unis disposent d'un énorme pouvoir financier. Le fait que les bouleversements politiques de la dernière décennie soient structurellement interconnectés est en partie fonction de ce pouvoir. Mais les changements économiques substantiels qui se sont produits depuis les années 1970 ont également joué un rôle indépendant dans la déstabilisation de la politique au sein des démocraties occidentales, y compris d'une façon qui limite les choix géopolitiques. Cela a commencé par l'effondrement de Bretton Woods. Non parce que l'on peut réduire les années entre 1945 et 1973 à ce qu'il est pratique de résumer comme l'ère de Bretton Woods. Au contraire, son effondrement ne peut être dissocié d'une série de facteurs interconnectés : le déclin de la puissance énergétique américaine, le mouvement américain en faveur de la détente, l'importance croissante d'un environnement international de crédit en dollars et des niveaux d'endettement beaucoup plus élevés.

Depuis que le système de taux de change fixes de Bretton Woods a été remplacé par des taux de change flottants en 1973, il n'y a pas eu de retour à un ordre monétaire international ou à une base métallique pour la monnaie. Ce n'est que dans un monde sans convertibilité dollar-or qu'il a pu y avoir un assouplissement quantitatif et que des conditions de crédit aussi faciles ont permis de renouveler la puissance énergétique américaine. L'économie internationale dans laquelle la Chine s'est intégrée n'avait pas de règles en matière de taux de change, et c'est la gestion de la monnaie par la Chine qui est devenue la première source de tensions commerciales sino-américaines importantes dans les années 2000. Sans la fin de Bretton Woods, il n'y aurait pas eu les problèmes monétaires pour lesquels la zone euro a constitué un remède, et le pouvoir allemand au sein de l'UE n'aurait pas pris la forme particulière qu'il a prise. Le dollar, la politique monétaire, la dette et l'énergie sont autant de points où les changements économiques, la géopolitique et la politique démocratique se croisent de manière décisive. C'est dans les années 1970 que se trouvent les origines économiques des bouleversements politiques actuels, et que commence la deuxième histoire du livre.

Deuxième partie

Économie

4

Nos devises, votre problème

Au début de l'été 2011, les rendements des obligations d'État italiennes ont augmenté au point que l'Italie ne pouvait plus emprunter sans un renflouement que la zone euro n'était pas en mesure d'assurer. Le 5 août, les présidents sortant et entrant de la Banque centrale européenne (BCE) – Jean-Claude Trichet et Mario Draghi – ont adressé un courrier un Premier ministre italien Silvio Berlusconi. Ils exigeaient que, « compte tenu de la gravité de la situation actuelle des marchés financiers », des mesures soient prises dans six domaines politiques, « dès que possible par décret-loi, suivi d'une ratification parlementaire avant la fin du mois de septembre 2011 ». La lettre soulignait en outre qu'une « réforme constitutionnelle renforçant les règles fiscales serait également appropriée », et se concluait par la phrase suivante : « Nous sommes convaincus que le gouvernement prendra toutes les mesures appropriées [1]. » Dans les vingt-quatre heures, Berlusconi a promis d'agir. Le 7 août, Trichet a publié une déclaration saluant l'initiative de Berlusconi et révélant que la BCE achèterait indirectement une part de la dette souveraine italienne. Plus tard dans le mois, Berlusconi a demandé au Parlement italien d'adopter un budget d'austérité et des projets de loi portant sur des réformes structurelles. Mais, quand il est devenu évident que certaines de ces lois seraient rejetées, Berlusconi a fait marche arrière. En septembre et octobre, la pression du marché sur les obligations italiennes, qui s'était atténuée après le 7 août, s'est accrue, et la BCE n'a procédé qu'à un faible volume d'achats pour la contrer. À l'occasion du sommet du G20 des 3 et 4 novembre, la chancelière allemande et le président français ont lancé un ultimatum à Berlusconi afin qu'il agisse de manière décisive, sous peine de perdre leur soutien [2]. Au lendemain du sommet, la BCE a cessé d'acheter des obligations italiennes, et Angela Merkel a appelé le président italien Giorgio Napolitano pour lui suggérer de nommer un autre gouvernement [3]. Quelques jours plus tard, Berlusconi a démissionné, et Napolitano a formé une équipe entièrement composée de technocrates, dirigée par l'ancien commissaire européen Mario Monti. Dès lors, et jusqu'en 2019, aucun ministre italien de l'Économie et des Finances n'a été un homme politique élu.

Durant les premières élections législatives organisées après la nomination de Monti, le Mouvement 5 Étoiles a remporté un quart des voix. Ce mouvement insurrectionnel, qui accusait l'ensemble de la classe politique italienne d'être antidémocratique et corrompue, a refusé de partager le pouvoir avec le groupe de centre gauche emmené par les démocrates, qui disposait du plus grand nombre de sièges. L'Italie s'est retrouvée avec un gouvernement de grande coalition formé par le centre gauche, le centre droit de Berlusconi et deux partis centristes. Cinq ans plus tard, aux législatives suivantes, le Mouvement 5 étoiles a largement surclassé les autres formations. Il a alors formé un gouvernement de coalition avec la Lega, un parti eurosceptique de droite qui avait débuté sous le nom de Lega Nord (Ligue du nord) et avait un temps prôné la sécession du nord de l'Italie. Au cours de cette campagne électorale, Matteo Salvini, le chef de file de la Lega, a déclaré qu'il était « clair pour tout le monde que l'euro est une erreur pour notre économie », puisque l'euro était en réalité « un mark allemand qu'ils ont baptisé l'euro [4] ».

Entre le départ de Berlusconi et l'arrivée de la coalition 5 Étoiles-Lega, la dette italienne a été rendue soutenable par

Mario Draghi, l'homme qui, en novembre 2011, avait pris la tête de la BCE et allait lui-même devenir Premier ministre italien début 2021. En juillet 2012, prenant la parole à Londres, Draghi, sans avoir consulté qui que ce soit d'autre à la BCE, a assuré que « dans le cadre de notre mandat, la BCE [était] prête à faire tout ce qu'il faut pour préserver l'euro ». Il a marqué une pause, puis a ajouté : « Croyez-moi, cela suffira [5]. » Ce discours n'a pas immédiatement mis fin à la crise de la zone euro. En effet, Draghi n'aurait pas été en mesure d'agir, en réalité : ses déclarations ne reposaient sur aucune politique convenue de la BCE et, ce qui est tout aussi important, le gouvernement allemand n'admettait pas que la BCE prenne des mesures radicales. Draghi a donc dû passer l'été à élaborer un nouveau programme d'achat d'obligations qui serait acceptable pour Merkel [6]. La solution à laquelle il est parvenu est celle des Opérations monétaires sur titres (OMT). Bien que les paroles de Draghi et leur approbation par Merkel aient permis à l'Italie de gagner du temps, elles n'ont pas suffi à réparer la zone euro. De fait, aucune solution politique envisageable ne l'aurait pu : la zone euro, telle qu'elle a été conçue et telle qu'elle a pris corps, contient une série de problèmes insolubles, dont certains existaient avant sa création.

La fin de Bretton Woods

Comme bien d'autres composantes de l'économie mondiale actuelle, l'histoire de la zone euro remonte aux années 1970, et en particulier à la fin de Bretton Woods. En tant qu'ordre fixé sur le dollar, Bretton Woods avait fait de la devise américaine la seule à être convertible en or, et la devise de référence pour une grande partie du commerce international. Ce système présentait des avantages évidents pour Washington, puisque les États européens ne pouvaient pas facilement procéder à des dévaluations compétitives et que, par l'intermédiaire du Fonds monétaire international (FMI), les États-Unis pouvaient insister sur des changements de politique économique quand ils leur accordaient des prêts. Il a cependant aussi permis aux États d'Europe occidentale d'accéder à des crédits en dollars pour financer de légers déficits de leur balance des paiements et leur a donné le droit de contrôler les flux de capitaux de leurs territoires vers les États-Unis. Selon John Maynard Keynes, le principal négociateur de la Grande-Bretagne à Bretton Woods, en réduisant le problème de la fuite des capitaux et en offrant aux gouvernements la possibilité de fixer les taux d'intérêt en fonction du chômage, ce système monétaire était crucial pour les perspectives de stabilité politique démocratique en Europe [7].

Dans la pratique, Bretton Woods s'est révélé inadapté aux problèmes de reprise dans un monde à court de dollars, tout en confrontant à de sérieuses difficultés le successeur de Roosevelt. Lors de la crise économique européenne de 1947-1948, Harry Truman a renoncé aux institutions de Bretton Woods pour fournir des dollars aux pays d'Europe occidentale, préférant lancer le plan Marshall. Il n'a pas non plus fait beaucoup d'efforts pour empêcher les banques new-yorkaises de recevoir des sorties illégales de capitaux en provenance d'Europe, bien qu'il ait accepté que les monnaies européennes restent non convertibles pendant un certain temps à des fins commerciales. La crise économique européenne de 1947-1948 a également dévoilé une faille fondamentale dans la relation entre le dollar et l'or, faille qui perdurerait jusqu'à la fin des accords de Bretton Woods. Dans sa quête d'une solution qui accorderait la primauté au dollar tout en continuant à s'appuyer sur l'or, Harry Dexter White – le principal négociateur américain à Bretton Woods – avait créé un système où une monnaie nationale servait d'actif de réserve international qui était physiquement lié. Ce qui a eu pour résultat un système qui devait fonctionner soit avec trop peu de dollars, comme ce fut le cas entre 1947 et 1948, soit avec trop peu d'or, comme ce fut le cas dans les années 1960 [8].

Le deuxième de ces problèmes a été considérablement aggravé par la montée en puissance des eurodollars en tant que monnaie extraterritoriale. Si bien qu'à la fin des années 1960, l'économie mondiale comptait beaucoup plus de dollars non garantis par de l'or que ceux émis par la Réserve fédérale [9]. Les eurodollars sont apparus dans l'immédiat après-guerre sous la forme de dépôts en dollars détenus dans des banques situées hors des États-Unis et qui n'étaient pas soumises aux contrôles bancaires américains [10]. À la fin des années 1950, les banques négociaient et prêtaient ces dollars offshore à Londres [11]. Sur ces marchés londoniens, les capitaux circulaient sans être soumis aux contrôles des taux d'intérêt opérés par le Trésor américain. Au milieu des années 1960, un important marché du crédit en eurodollars s'était développé. Il était de plus en plus dominé par des banques américaines qui avaient établi des succursales à Londres pour y participer, et il permettait aux entreprises européennes d'emprunter en dollars offshore. La façon dont ces marchés du crédit en eurodollars fonctionnaient pour produire une quantité croissante de dollars était loin d'être transparente. Dans un article fondateur sur le système des eurodollars, l'économiste monétariste Milton Friedman a décrit la « qualité mystificatrice de la création monétaire » et suggéré que les eurodollars étaient « essentiellement le produit de la plume du comptable [12] ». En décembre 1968, la Fed a évoqué le risque d'être considérée comme le prêteur en dernier recours sur ces marchés du crédit [13]. Mais, en fin de compte, ce qui se passait dans le système des eurodollars échappait au contrôle ou à l'autorité de toute banque centrale. Ainsi que l'a exprimé sans détour l'économiste politique américain Jeffry Frieden : « Qui allait superviser les dépôts en dollars dans les succursales d'une banque allemande sur le sol britannique ? La réponse ne s'est pas fait attendre : personne [14]. »

Les marchés des eurodollars rendant incohérent le principe même de la convertibilité dollar-or, les décideurs américains ne pouvaient pas faire fonctionner Bretton Woods comme il avait été conçu. À partir de 1965, leurs priorités géopolitiques ont accentué ce dilemme. En décidant de déployer des troupes américaines au Vietnam, le président Johnson a augmenté les emprunts américains et, avec l'aide de la Réserve fédérale, il a permis une hausse de l'inflation. Ce mépris manifeste pour la valeur extérieure du dollar a ulcéré le président français Charles de Gaulle. Dès lors, de Gaulle a exigé de l'or pour les réserves en dollars de la France et a accusé le système de permettre aux États-Unis de contracter des « dettes énormes » pour financer leurs guerres, pour lesquelles d'autres devaient « souffrir [15] ». Sa position anti-dollar et la position *de facto* anti-or de Johnson ont engendré un conflit structurel insoluble [16]. En mars 1968, la décision de Johnson de changer de cap au Vietnam pendant une crise de l'or – discutée au chapitre 2 – a montré à quel point la convertibilité du dollar et de l'or était devenue contraignante.

À partir des années 1970, le pétrole a compliqué ces choix américains. La production nationale pré-huile de schiste ayant atteint son maximum en 1970, les États-Unis ont importé des quantités croissantes de pétrole tout au long de la décennie suivante [17], ce qui a eu pour effet de creuser structurellement le déficit commercial. Bretton Woods avait été conçu pour un monde où l'économie dominante, s'appuyant sur une forte production de pétrole nationale, présentait un excédent commercial important, et non pour un monde où le plus grand consommateur de pétrole du monde était en passe de devenir le plus grand importateur de pétrole.

La pression exercée par le pétrole sur le déficit commercial américain a aggravé un problème antérieur. Dexter White avait eu tort de croire que le système protégeait forcément la compétitivité des exportations américaines. À la fin des années 1960, il n'était pas nécessaire de dévaluer la monnaie pour que l'Allemagne de l'Ouest et le Japon bénéficient des accords de change en vigueur ; il leur suffisait de résister à une réévaluation importante. En réponse, les politiciens américains n'ont eu d'autre choix que de brandir la menace des droits de douane pour protéger les secteurs menacés par la concurrence internationale, à commencer par le textile. Du fait de cette dynamique, il a fallu choisir entre le maintien du système monétaire international et le maintien de l'ordre commercial international [18]. D'une certaine façon, c'est également à ce choix qu'avaient été confrontés les hommes politiques américains au début des années 1930, mais sans les complications supplémentaires liées aux réparations allemandes. À l'époque, Hoover et le Congrès avaient soutenu les barrières douanières, tandis que Roosevelt avait préféré détacher le dollar de l'or [19]. En 1968, année politiquement agitée, la décision a incombé à Richard Nixon, un homme qui avait pris ses fonctions en étant convaincu que la prudence monétaire de la Fed au début de la décennie lui avait fait perdre l'élection de 1960 au profit de John Kennedy.

En août 1971, le président Nixon a mis fin de façon spectaculaire à la convertibilité or-dollar et a imposé des droits de douane sur les importations qui resteraient en vigueur jusqu'à ce que d'autres États acceptent une dévaluation du dollar. Quatre mois plus tard, Nixon a obtenu cette dévaluation dans le cadre de l'accord du Smithsonian. Cet accord aurait pu relancer Bretton Woods. Mais, si certains membres du gouvernement Nixon souhaitaient réformer le système monétaire international, Nixon, lui, voulait y mettre fin. En effet, en 1972, le Trésor américain a signalé qu'il comptait libérer les capitaux des lois qui restreignaient leur circulation à l'intérieur et à l'extérieur des États-Unis. Les importations de pétrole ayant creusé le déficit commercial américain, l'économie du pays avait désormais besoin d'un approvisionnement en dollars à l'étranger pour financer ce déficit. Sans même qu'il y ait eu un soupçon de contrainte américaine, les parités de change se sont de plus en plus tendues. En mars 1973, toute tentative de maintenir des taux de change fixes a été abandonnée. Par la suite, les monnaies flotteraient, leur valeur étant déterminée par les transactions quotidiennes sur les marchés des changes. Au début de l'année suivante, le gouvernement Nixon a supprimé tous les contrôles de capitaux américains. Ce qui aurait pu être une guerre commerciale s'est mué en une compétition qui a duré des décennies sur les taux de change et sur la question de savoir qui devait supporter le fardeau monétaire de ce que Washington et la Fed souhaitaient faire du dollar [20].

Dans le monde monétaire de l'après-Bretton Woods, les marchés de l'eurodollar et le pétrole sont devenus la base de la puissance financière américaine. Grâce au système des eurodollars, il était beaucoup plus facile de préserver la position internationale du dollar à un coût intérieur aussi faible que possible : ces marchés offshore faisaient du dollar la première monnaie pour la banque et le crédit. Le choc pétrolier de 1973 – comme nous le verrons dans le chapitre suivant – a stimulé l'activité des eurodollars [21]. Il a également provoqué le retour aux États-Unis des dollars des pays arabes producteurs de pétrole de l'OPEP [22]. En 1974, pour éviter que l'Arabie saoudite ne soit tentée de prêter ces revenus en dollars aux pays européens, le secrétaire au Trésor de Nixon a obtenu un accord prévoyant que Riyad achète des bons du Trésor américain en dehors des enchères normales de la dette publique, et sans que le Trésor n'exige que le volume des achats soit rendu public. En échange, l'Arabie saoudite a reçu un surcroît d'aide militaire et a pu avoir accès à de nouveaux achats d'armes [23]. Les successeurs de Nixon ont maintenu ce recyclage des pétrodollars. Durant la seconde moitié des années 1970, la faiblesse du dollar a incité l'Arabie saoudite et d'autres États de l'OPEP à lier les prix du pétrole à un panier regroupant les principales devises du monde. Mais le gouvernement Carter a négocié une augmentation des quotas et des votes saoudiens au FMI afin d'obliger l'OPEP à fixer les prix en dollars, accord sans doute rendu plus acceptable par un renforcement de l'aide militaire [24]. L'Arabie saoudite était de plus en plus utile pour la sécurité énergétique américaine dans le golfe Persique dans les années 1970. Et, parallèlement, Riyad a permis aux États-Unis d'importer du pétrole libellé dans leur propre monnaie à un moment où les compagnies nationales des pays de l'OPEP prenaient le pas sur les grandes sociétés pétrolières américaines et européennes au Moyen-Orient.

* * *

Ce monde post-Bretton Woods, où aucune monnaie n'était convertible en métal – le monde de la monnaie fiduciaire –, était un phénomène monétaire sans précédent dans l'histoire de l'humanité. Associées aux chocs pétroliers, ces conditions monétaires inédites ont entraîné de profondes mutations économiques. L'endettement public et privé a explosé, la dette mondiale totale ayant plus que doublé en proportion du PIB mondial entre 1974 et 2016 [25]. L'inflation, autrefois associée à la guerre, s'est accélérée. Le chômage, dont les économistes keynésiens étaient convaincus qu'il devait diminuer lorsque l'inflation augmentait, s'est accru dans pratiquement toutes les économies occidentales.

Les implications politiques de ce nouveau monde inflationniste et endetté étaient complexes. En effet, la question de savoir qui en a profité et qui a perdu, et pourquoi, a fait l'objet d'âpres contestations. Un récit bien connu fait des années 1970 le début de la montée politique d'une approche antiétatique de l'organisation des économies et de la politique économique [26]. Selon ce récit, la nomination de Paul Volcker à la présidence de la Réserve fédérale en 1978, suivie de l'arrivée au pouvoir de Margaret Thatcher en Grande-Bretagne un an plus tard et de l'élection de Ronald Reagan en 1980, ont constitué des moments décisifs. Chacun d'entre eux – et dans les cas de Thatcher et de Reagan leurs conseillers – est alors présenté comme attiré par les arguments de l'économiste autrichien Friedrich Hayek et du monétariste américain Milton Friedman, selon lesquels les interventions de l'État après la guerre étaient responsables de l'inflation galopante et de la faible croissance qui ont marqué les années 1970. Le chômage qui a résulté de leurs politiques à la fin des années 1970 et dans les années 1980 a conduit les critiques à accuser les économies américaine et britannique d'avoir été sacrifiées sur l'autel d'un dogme idéologique. Bien plus tard, l'idéologie a été baptisée néolibéralisme, même si l'origine des idées que l'on peut qualifier de manière cohérente de néolibéralisme se trouve dans la disparition de l'empire des Habsbourg et dans ce que ses défenseurs considéraient comme l'assaut post-inflationniste d'un nationalisme destructeur lié à la démocratie remplaçant la monarchie constitutionnelle [27].

Mais faire de l'histoire économique des années 1970 celle d'une quelconque ascendance idéologique minimise nécessairement les causes matérielles structurelles des crises de la décennie, qui se sont produites indépendamment des dispositions préalables des hommes politiques et des banques centrales [28]. En particulier, l'énergie jette une ombre considérable sur le débat apparemment idéologique des années 1970 concernant ce que l'État pouvait et devait faire [29]. Les hommes politiques des deux côtés de l'Atlantique avaient tout intérêt à se retirer de la réglementation des flux de capitaux parce qu'ils avaient besoin d'un accès facile au dollar pour payer des factures d'importation de pétrole plus importantes. Aux États-Unis, les partisans de la déréglementation économique dans les années 1970 plaidaient avant tout pour la fin des agences fédérales chargées de réglementer les prix de l'énergie et d'allouer le pétrole aux différents États pour des usages spécifiques – comme nous le verrons au chapitre 8 [30]. Le premier décret pris par Ronald Reagan en tant que président a levé tous les contrôles fédéraux restants sur les prix et les allocations de pétrole, déclarant que « les années 1970 étaient l'âge des ténèbres de l'histoire énergétique de l'Amérique [31] ». Milton Friedman, souvent considéré comme l'un des principaux partisans du néolibéralisme, était obsédé par la question de l'énergie, affirmant que les contrôles gouvernementaux sur les prix et le rationnement efficace du pétrole au niveau fédéral étaient entièrement responsables des pénuries d'énergie [32]. En effet, l'insistance intellectuelle de Friedman sur le fait que l'inflation était toujours un phénomène monétaire, et qu'elle n'était donc pas affectée par les chocs énergétiques, pourrait politiquement être considérée comme le corollaire de sa conviction que les prix du pétrole devaient augmenter pour mettre fin aux pénuries d'approvisionnement. Tout simplement, si l'on ne prend pas l'énergie au sérieux, il n'est pas possible de raconter une histoire convaincante sur les trajectoires des économies des années 1970 aux années 1980, ou sur leurs conséquences politiques, y compris celles qui ont conduit à la création de l'euro.

Quand on considère le néolibéralisme comme un phénomène principalement anglo-américain, on occulte également le fait que, dans les années 1980, les partisans les plus acharnés et les plus puissants de la discipline anti-inflationniste ne se trouvaient pas à Washington, New York ou Londres, mais à Francfort et Bonn. Comme nous allons le voir, ces questions sont d'ailleurs liées : c'est précisément parce que la banque centrale ouest-allemande n'a pas considéré l'effondrement des prix du pétrole en 1986 comme la fin de l'ère inflationniste que le gouvernement français a commencé à revenir à l'idée d'une union monétaire européenne, idée qui avait fini part sombrer durant les dernières années du système de Bretton Woods.

Le double fardeau monétaire européen

En août 1971, les gouvernements d'Europe occidentale ont été, pour reprendre l'expression de Paul Volcker, « abasourdis » par les décisions de Nixon [33]. Par la suite, ils se sont attendus à ce que l'on répare Bretton Woods au lieu de le condamner aux oubliettes. Mais, s'ils étaient face à une adversité commune, cela ne pouvait masquer des divergences cruciales dans leur perception de la crise, leur capacité à y répondre et les perspectives de leurs monnaies dans un nouveau monde flottant.

Pour les hommes politiques et les fonctionnaires allemands, la crise de Bretton Woods était liée aux marchés de l'eurodollar. Si les banques et les entreprises qui empruntaient des dollars à Londres pouvaient éviter des taux d'intérêt plus élevés, la Bundesbank ne pouvait pas en pratique resserrer les conditions de crédit. Selon le chancelier ouest-allemand Willy Brandt, les marchés de l'eurodollar compromettaient l'autonomie monétaire européenne, et donc l'autonomie allemande. Sa solution consistait à créer une banque centrale européenne. Pour les responsables politiques français, les problèmes de Bretton Woods découlaient essentiellement de l'attitude cavalière des Américains à l'égard de l'or. D'ailleurs, quelques jours avant la décision de Nixon, le président français Georges Pompidou avait ordonné à un navire de guerre français de traverser l'Atlantique pour aller récupérer l'or de la France à New York [34].

À ces différences d'appréciation politiques s'ajoutaient des différences matérielles. Le deutschemark allemand avait une crédibilité anti-inflationniste que le franc n'avait pas. L'avantage monétaire allemand provenait en partie de l'excédent commercial de l'Allemagne de l'Ouest, et en partie de l'indépendance de la Bundesbank par rapport au contrôle démocratique à une époque où, dans la plupart des pays d'Europe occidentale, c'étaient les gouvernements, et non les banques centrales, qui décidaient des taux d'intérêt. Au fil du temps, ces deux phénomènes se sont mutuellement renforcés : la banque centrale allemande a accordé la priorité à la stabilité des prix intérieurs, ce qui a orienté l'économie ouest-allemande vers l'exportation.

En dépit de ces divergences, en 1969, la Communauté européenne (CE) a commencé à discuter d'une coopération monétaire. En 1970, le rapport Werner a proposé une transition en trois étapes vers une union monétaire, tout en évitant la question sur laquelle les Français et les Allemands étaient sans doute le plus en désaccord, à savoir qui déciderait de la politique monétaire européenne [35]. Au début de l'année 1971, la parité du deutschemark par rapport au dollar subissait de fortes pressions haussières, les entreprises allemandes empruntant massivement des dollars sur les marchés de l'eurodollar, où les taux d'intérêt étaient inférieurs à ceux de l'économie nationale, et les revendant ensuite contre des deutschemarks [36]. En mai 1971, deux mois seulement après l'adoption officielle du plan Werner par les États de la CE, l'Allemagne de l'Ouest et les Pays-Bas ont laissé unilatéralement flotter leurs monnaies. Pompidou a dénoncé cette tactique d'appréciation de la monnaie comme étant une violation de la « moralité communautaire », puisque, par défaut, elle modifiait également la valeur des devises allemande et néerlandaise par rapport à celle des autres monnaies de la CE [37]. Ainsi que l'a fait remarquer un fonctionnaire allemand, le flottement unilatéral du deutschemark a « poussé la Communauté au bord de la rupture [38] ». Il n'existait pas de politique qui aurait permis de traiter en même temps les problèmes de l'eurodollar et l'instabilité des taux de change intra-européens, mais la colère française au sujet du flottement unilatéral a poussé Brandt à tenter de trouver malgré tout une solution européenne. En 1972, la CE a adopté un accord collectif sur les taux de change connu sous le nom de « serpent dans le tunnel ». Les monnaies de la CE ont alors été rattachées les unes aux autres par des marges plus étroites que leurs parités de Bretton Woods. Par conséquent, les fluctuations des monnaies les unes par rapport aux autres seraient moindres que leurs mouvements individuels par rapport au dollar. Les participants à ce système étaient les six premiers États membres de la Communauté, les trois pays – la Grande-Bretagne, le Danemark et l'Irlande – qui allaient adhérer à la CE en janvier 1973 et la Norvège.

Or le serpent dans le tunnel a rapidement mis en évidence une version un peu différente du double dilemme des taux de change entre le dollar et le deutschemark. Quand Nixon a mis fin à la convertibilité dollar-or, la plupart des devises de la CE ont subi des pressions à la hausse par rapport au dollar, ce qui a affecté la compétitivité des exportations face aux producteurs basés sur le dollar, et des pressions à la baisse par rapport au deutschemark, ce qui a entraîné une hausse de l'inflation. Dans ce contexte, le gouvernement ouest-allemand a été confronté à l'appréciation du deutschemark par rapport aux autres monnaies européennes et au dollar, ainsi qu'aux demandes de ses partenaires de la Communauté européenne qui souhaitaient que la Bundesbank réduise ses taux d'intérêt. En mars 1973, quand les taux de change fixes ont pris fin, ces tensions contradictoires ont atteint leur paroxysme. Après que Nixon a de nouveau dévalué le dollar et que le Japon a laissé flotter le yen, les États de la CE ont suspendu les marchés des changes afin de délibérer sur ce qu'il convenait de faire. Encore sous le coup des dissensions européennes de mai 1971, le gouvernement ouest-allemand était en quête d'un terrain d'entente. Brandt y a vu une occasion de progresser sur la voie de l'union monétaire. Mais le serpent du « tunnel » avait déjà montré que la stabilisation des monnaies de la CE les unes par rapport aux autres exigeait des États à devise faible qu'ils procèdent à des changements de politique que leurs gouvernements ne pouvaient pas envisager. Par conséquent, toute approche nominalement collective ne pouvait inclure les neuf monnaies de la CE. La solution temporaire a consisté à diviser la CE en deux groupes monétaires. Le premier, emmené par l'Allemagne de l'Ouest, a réformé le serpent en rattachant les monnaies de ses membres l'une à l'autre. Les devises du second, groupe qui comprenait la Grande-Bretagne, l'Irlande et l'Italie, flottaient à la fois par rapport au dollar et au deutschemark.

La France s'est retrouvée dans le bloc monétaire ouest-allemand. Mais c'est là le résultat de la nécessité d'un accord politique franco-allemand, non, comme on s'en est aperçu rapidement, de la compatibilité macroéconomique. Incapable de suivre la politique monétaire de la Bundesbank, le gouvernement français a retiré le franc du serpent en janvier 1974, l'y a replacé en mai 1975, en exigeant des réformes de la Bundesbank, et l'a de nouveau quitté en mars 1976, sans résultat. Dès 1974, le ministre français des Finances Valéry Giscard d'Estaing déclarait au président Pompidou : « Nous ne pourrons finalement pas empêcher le franc et le DM de s'éloigner l'un de l'autre. » En 1976, Helmut Schmidt, qui avait succédé à Brandt au poste de chancelier, considérait la distinction entre le serpent autour de l'Allemagne et le groupe plus important à l'extérieur comme la preuve de l'existence d'une « Communauté à deux vitesses [39] ».

Seuls leurs problèmes communs liés au dollar pouvaient inciter les pays de la CE à se ressouder sur le plan monétaire. Or le prix à payer était nécessairement l'institutionnalisation des privilèges monétaires intra-européens de l'Allemagne de l'Ouest. En 1977-1978, un épisode prolongé de faiblesse du dollar a exaspéré Schmidt. De son point de vue, l'Allemagne de l'Ouest ne pouvait pas à la fois s'adapter à une concurrence commerciale asiatique en hausse, acheter des bons du Trésor américain pour financer les déficits des États-Unis, absorber une nouvelle dépréciation du deutschemark par rapport au dollar et aux monnaies européennes autres que celles du serpent, et contrôler les conditions monétaires nationales alors que les marchés de l'eurodollar fournissaient des crédits à l'étranger. S'il n'y avait rien à faire à court terme du côté du dollar, la France et l'Allemagne ne pouvaient pas, a-t-il déclaré à la Bundesbank en 1978, continuer dans « deux zones monétaires différentes » si l'on voulait réduire à moyen terme l'impact du dollar sur les économies européennes [40].

Schmidt s'est prononcé en faveur d'un système monétaire européen (SME) dont la pièce maîtresse serait un mécanisme de taux de change (MCE). Il a trouvé un allié, certes un peu anxieux, en la personne du président français Valéry Giscard d'Estaing. Aux yeux de Giscard, la France avait le choix entre une inflation toujours plus forte et une discipline monétaire sous l'égide de l'Allemagne, et c'est pour cette dernière qu'il a opté. Tous les participants du nouveau système de taux de change fixes ont tenté de dissimuler la structure de pouvoir monétaire qu'il impliquait, en rattachant les monnaies à une devise artificielle, l'ECU, que l'historien des finances Charles Kindleberger a définie comme « le deutschemark avec un nom français [41] ».

Comme elle le ferait plus tard lors de la création de l'euro, la position de l'Italie a montré que peu de choses avaient changé dans la hiérarchie monétaire européenne depuis les dernières années de Bretton Woods. Le MCE a dû prévoir des dispositions particulières pour l'Italie, afin que la lire puisse fluctuer dans des marges plus larges autour de sa parité centrale que les autres monnaies. Les gouvernements ouest-allemand, français et italien souhaitaient tous que l'adhésion de l'Italie soit avant tout traitée comme une question d'unité de la CE. Si la CE devait devenir une zone monétaire unique, l'Italie devait en faire partie. Dans le cas contraire, la CE se retrouverait avec des paliers d'adhésion différents.

*
* *

Quelles qu'aient les aspirations communautaires de la CE, le MCE n'incluait pas la Grande-Bretagne. Dès le départ, Londres s'est détaché de la coopération monétaire européenne. Cela ne s'explique pas par le fait que le gouvernement Heath, qui avait fait entrer la Grande-Bretagne dans la CE, s'opposait clairement sur le plan politique à une future union monétaire européenne.

En fait, Heath et son chancelier de l'Échiquier avaient dépeint la crise de mars 1973 comme s'il s'était agi d'un avenir souhaitable [42], mais les coûts économiques et politiques intérieurs impliqués par la défense de la parité entre la livre sterling et le deutschemark étaient pour ainsi dire insurmontables.

Dès la première demande d'adhésion de Londres à la CEE, la zone sterling avait constitué un obstacle. Créée dans les années 1930, la zone sterling était un accord monétaire et de change en vertu duquel les anciennes colonies britanniques et les États étroitement associés à la Grande-Bretagne rattachaient leur monnaie à la livre sterling, conservaient des soldes importants en livres sterling comme réserves et alignaient leurs contrôles de capitaux sur ceux de la Grande-Bretagne. Estimant que l'utilisation internationale de la livre sterling rapprochait les intérêts de la Grande-Bretagne dans le cadre de Bretton Woods de ceux des États-Unis plutôt que de ceux des pays d'Europe occidentale, et redoutant qu'en cas de crise monétaire les soldes en livres sterling ne deviennent un problème pour la CEE, de Gaulle avait refusé que cette zone fasse partie de la CEE. En fait, c'est la décision de Wilson de dévaluer la livre en 1967 qui avait poussé de Gaulle à opposer son deuxième veto. À cette occasion, il avait déclaré que « l'état de la livre sterling ne lui permettrait pas actuellement de faire partie de la société solide, interdépendante et assurée dans laquelle le franc, le mark, la lire, le franc belge et le florin sont réunis [43] ». Afin d'éviter que le problème ne fasse dérailler la troisième demande, Heath a assuré à Giscard que les soldes en livres sterling seraient progressivement éliminés à mesure que les États qui les détenaient se tourneraient vers le dollar [44]. Mais la fin de la zone sterling était susceptible de provoquer de graves fuites de capitaux. Ajouté au fait que le taux d'inflation britannique était plus proche de celui de l'Italie que de celui de l'Allemagne, cela rendait la perspective de défendre toute nouvelle parité monétaire par des augmentations de taux d'intérêt peu attrayante sur le plan électoral, même pour un gouvernement comme celui de Heath, qui tenait à préserver la crédibilité de la Grande-Bretagne au sein de la CE.

Bien que Heath ait intégré la livre sterling au serpent du tunnel en mai 1972, il l'en a retirée le mois suivant, au premier signe de difficulté. Lors des discussions de mars 1973 sur le serpent, Heath, bien conscient que les Français avaient dit aux Allemands qu'ils n'étaient disposés à passer à un flotteur commun qu'avec les neuf États de la CE, s'est efforcé de revenir à une approche européenne [45]. Mais, une fois qu'il est apparu clairement que ce serait à la classe politique britannique, et non à la Bundesbank, qu'il incomberait de maintenir la livre dans le serpent, et que le gouvernement français ne tolérerait pas un flottement unilatéral de l'Allemagne, Heath s'est retrouvé face à un choix qui allait hanter les gouvernements de Londres pendant les vingt années suivantes : le prix macroéconomique et politique intérieur de l'adhésion à un accord monétaire européen était trop élevé pour être envisagé, mais, si la Grande-Bretagne se tenait à l'écart, il lui en coûterait son influence politique au sein de la CE. Quand Schmidt a entrepris de promouvoir son projet de MCE, le Premier ministre travailliste Callaghan a espéré que, grâce aux réticences françaises, les deux zones monétaires de la CE resteraient en place, et que la Grande-Bretagne et la France seraient du même côté. Mais, une fois que Giscard a décidé que la France devait accepter une plus grande discipline monétaire, les coûts d'une exclusion ont augmenté. L'Italie et l'Irlande ayant décidé d'adhérer, Londres s'est retrouvé dans un groupe monétaire qui ne comptait qu'un seul membre [46].

Le choc de Volcker

Si le MCE représentait une tentative de protéger la CE de la faiblesse du dollar, c'était l'inflation américaine qui inquiétait les Européens. Or, au moment où le MCE se mettait en place, la Fed se demandait déjà dans quelle mesure cette inflation pourrait être prise en compte et pendant combien de temps. Après la nomination par Carter de Paul Volcker à la tête de la Réserve fédérale, la politique monétaire américaine a pris un tournant radical. En octobre 1979, Volcker l'a redéfinie dans le sens d'une élimination systématique de l'inflation par une restriction de la masse monétaire [47]. Les taux d'intérêt qui en ont découlé et qui sont restés pour la plupart à deux chiffres jusqu'à l'automne 1984 ont entraîné une forte hausse du dollar entre 1981 et le printemps 1985.

Le choc Volcker a causé de nombreux problèmes aux pays de la CE. Même après la baisse progressive des prix du pétrole en dollar à la suite du deuxième choc pétrolier de 1979-1980, la force du dollar a rendu les importations de pétrole plus onéreuses. Jacques Delors, ministre français des Finances de 1981 à 1984, a qualifié les années 1981 à 1985 de troisième choc pétrolier [48]. Les taux d'intérêt américains élevés ont créé les conditions d'une fuite des capitaux au moment même où plusieurs États européens, au premier rang desquels la Grande-Bretagne et l'Allemagne de l'Ouest, supprimaient leur contrôle des capitaux.

Une fois de plus, les décisions monétaires américaines ont eu des répercussions diverses. En 1981, la Bundesbank a resserré les taux d'intérêt et fait pression en faveur d'un gel des salaires. En empêchant le gouvernement de Schmidt d'ouvrir une ligne de crédit depuis l'Arabie saoudite, la banque centrale allemande a largement contribué à mettre fin au gouvernement de coalition des sociaux-démocrates et des libéraux-démocrates sans qu'il y ait d'élections [49].

En France, en revanche, il n'y avait pas de banque centrale indépendante capable d'imposer une réponse monétaire aux hommes politiques. Dans quelque situation politique que ce soit, cette différence aurait mis à rude épreuve le mécanisme de change. Mais la victoire de François Mitterrand à la présidentielle de 1981, puis des socialistes aux législatives – les premiers succès politiques des socialistes depuis l'avènement de la Cinquième République – ont failli faire éclater complètement le mécanisme. Même sans le resserrement monétaire de la Bundesbank, Mitterrand et ses ministres se seraient heurtés aux contraintes que Giscard avait accepté d'institutionnaliser. Or Mitterrand est devenu président alors que l'adhésion au MCE exigeait des taux d'intérêt particulièrement élevés. Après avoir dévalué le franc à plusieurs reprises, il a été confronté en mars 1983 à un moment décisif. Soit son gouvernement acceptait de suivre le deutschemark, et donc que ce soit la Bundesbank qui détermine comment gérer la contrainte du dollar, soit il rompait résolument avec l'Allemagne de l'Ouest sur le plan monétaire. Après avoir envisagé les deux options, Mitterrand a choisi de rester membre du MCE. Sa nouvelle approche du franc fort a subordonné l'ensemble de la politique macroéconomique française au maintien de la parité entre le franc et le deutschemark. Dorénavant, les responsables politiques français devraient soutenir l'alignement monétaire de la Banque de France sur la Bundesbank, imposer une discipline salariale dans le secteur des exportations et s'efforcer d'atteindre un excédent de la balance courante.

Ne faisant pas partie du mécanisme de change, la Grande-Bretagne se trouvait dans une situation différente quand le choc Volcker a eu lieu. En effet, le gouvernement Thatcher avait déjà adopté une politique monétaire assez proche de celle de Volcker. Durant le mois où Volcker a accordé la priorité à l'inflation, le gouvernement Thatcher a supprimé le contrôle des capitaux, amplifiant ainsi les retombées des politiques de Thatcher et Volcker en Grande-Bretagne. Par conséquent, de 1979 à 1981, avant que la hausse générale du dollar ne s'accélère, la livre sterling s'est fortement appréciée. Comme aux États-Unis, les taux d'intérêt élevés et une devise forte ont eu un effet dévastateur sur l'industrie manufacturière et sur l'emploi. Pendant une bonne partie de l'année 1981, le gouvernement Thatcher s'est efforcé de faire baisser la livre sterling sans relancer l'inflation.

Mais, alors que l'appréciation du dollar s'accélérait, cette stratégie n'a fait que rapprocher la Grande-Bretagne des problèmes monétaires engendrés par le dollar dans les pays du MCE. À compter de l'automne 1981, le gouvernement Thatcher a dû continuer à relever les taux d'intérêt pour tenter d'enrayer le déclin de la livre sterling. Cet impératif a donné lieu au premier débat sérieux au sein du gouvernement Thatcher quant à l'appartenance au MCE. À partir de 1985, le débat a dégénéré en un affrontement particulièrement vif entre Thatcher et ses principaux collègues, jusqu'à l'adhésion de la Grande-Bretagne en 1990 [50]. Mais, que ce soit en 1981 ou 1985, personne, dans le gouvernement Thatcher, n'a envisagé que la question était liée à la position de Londres au sein de la CE. Cela s'explique en grande partie par les difficultés causées par la monnaie fiduciaire et les taux de change dans un contexte d'ouverture des flux de capitaux. Quand les conditions économiques se sont décrispées à partir de 1986 et que la question européenne a refait surface, l'équipe de Thatcher a usé de sa flexibilité macroéconomique pour distinguer un peu plus l'économie britannique de celles des États qui étaient membres du MCE. Par conséquent, il n'y a jamais eu de réalignement entre l'argument géopolitique et l'argument macroéconomique en faveur de l'adhésion de la Grande-Bretagne.

Une monnaie unique pas tout à fait allemande

La fin du choc Volcker et les préoccupations du second gouvernement Reagan au sujet de l'impact d'un dollar fort sur les exportations américaines ont offert un répit monétaire temporaire à la CE. Tout comme Nixon avait finalement choisi la dévaluation du dollar plutôt que les barrières douanières, Reagan a décidé d'aborder le déficit commercial américain croissant avant tout comme une question monétaire, bien qu'étant confronté à un Congrès – dont les deux chambres ont été contrôlées par les démocrates à partir des élections de mi-mandat en 1986 – qui légiférait en faveur d'un certain protectionnisme [51]. En cherchant à déprécier le dollar, le gouvernement Reagan a tenté de s'assurer la coopération de l'Allemagne de l'Ouest, de la Grande-Bretagne, de la France et du Japon. Dans le cadre de l'accord du Plaza de 1985, ces cinq gouvernements ont accepté d'agir collectivement pour faire baisser régulièrement le dollar. En incluant le Canada dans leur groupe, ils ont conclu l'accord du Louvre en 1987 pour fixer un plancher effectif à la dépréciation du dollar [52].

Mais l'accord du Louvre a ravivé les divergences monétaires germano-américaines. Le déficit commercial américain a peu profité de la chute du dollar. Si l'on voulait traiter ce déficit comme un problème monétaire, les autres gouvernements et les banques centrales devraient mener des politiques qui encourageraient une consommation intérieure plus élevée afin de créer une demande pour les exportations américaines. Alors que le gouvernement japonais pouvait convenir d'un arrangement monétaire auquel la banque centrale japonaise adhérerait – un arrangement qui a eu des conséquences désastreuses pour l'économie japonaise –, le gouvernement ouest-allemand ne pouvait pas lier la Bundesbank à des assurances atlantiques. Comme la Bundesbank n'était pas disposée à assouplir sa politique monétaire – en octobre 1987, elle a même relevé ses taux d'intérêt – la période de coopération en matière de taux de change du Plaza-Louvre s'est interrompue.

Ces turbulences ont alors ravivé le désaccord monétaire franco-allemand à un moment où les prix du pétrole chutaient rapidement. Le choc pétrolier inverse de 1986 a été en partie, mais en partie seulement – voir le chapitre 2 –, un produit de la dépréciation du dollar [53]. Quelles qu'en soient les causes complexes, il a constitué une force structurelle de réduction de l'inflation. Pour la Bundesbank, il permettait une inflation nulle. Pour les Français, en revanche, cela aurait dû être l'occasion de baisser les taux d'intérêt pour soutenir une croissance plus forte, d'autant plus que la politique monétaire de la Fed était beaucoup plus accommodante qu'elle ne l'avait été au début de la décennie. Mais le mécanisme de change a contraint la Banque de France à suivre la Bundesbank.

Du point de vue français, les contraintes imposées par l'Allemagne dans le cadre du MCE étaient désormais impitoyables. Fin 1987, Mitterrand a persuadé le chancelier ouest-allemand, Helmut Kohl, d'accepter la création d'un Conseil franco-allemand chargé de coordonner la politique macroéconomique, y compris les questions monétaires. Mais, une fois qu'elle a compris ce que Kohl avait concédé, la Bundesbank a rendu l'accord superflu. Le ministre français des Finances, Édouard Balladur, a alors présenté une proposition d'union monétaire lors d'une réunion des ministres des Finances de la Communauté européenne en janvier 1988, ouvrant ainsi la voie au traité de Maastricht et à l'euro [54]. Cette initiative française en faveur d'une monnaie unique a marqué un tournant par rapport aux initiatives monétaires européennes précédentes. Le rapport Werner et le mécanisme de change avaient été des réponses aux problèmes posés par le dollar aux États européens. En revanche, l'affaire Balladur répondait au problème interne à l'Europe posé par la Bundesbank [55].

Le fait que l'union monétaire ait été conçue pour mettre fin au pouvoir monétaire de la Bundesbank et qu'elle ait exigé des Allemands de l'Ouest qu'ils abandonnent le deutschemark a suscité une forte opposition au projet en Allemagne. Le gouvernement de Helmut Kohl a décidé de se concentrer sur les avantages d'une monnaie unique, qui étaient principalement la perspective de la fin des dévaluations compétitives par les autres États du MCE et la possibilité de réorienter et de réformer la CE. Même après la réunification de l'Allemagne, qui aurait pu servir de prétexte à un recul, Kohl a persisté dans son choix [56]. Néanmoins, compte tenu du sacrifice consenti, il était impossible que le gouvernement allemand autorise un jour une union monétaire qui ne réponde pas aux préoccupations fondamentales de l'Allemagne.

En termes simples de politique monétaire, cela signifiait que la BCE proposée serait une autre version de la Bundesbank, légalement engagée par un traité de l'Union européenne à garantir la stabilité des prix comme unique objectif de la politique monétaire et libre de tout contrôle politique démocratique. Quant à savoir si la BCE pourrait en pratique ressembler à la Bundesbank, c'était une autre histoire. La Bundesbank dispose de l'autorité politique *de facto* pour fixer les taux d'intérêt en Allemagne, ce qui résulte d'un robuste consensus national sur le fait que la stabilité des prix doit prévaloir dans la politique monétaire [57]. Il n'y avait pas de consensus semblable dans l'UE au moment de la ratification du traité de Maastricht qui a institué la BCE. En effet, si ce consensus européen avait existé en faveur d'une politique monétaire du même type que celle de la Bundesbank, la classe politique n'aurait pas réclamé d'union monétaire en premier lieu. Dès le début de l'union monétaire, des dissensions se sont promptement manifestées, entre autres sous la forme d'attaques contre l'indépendance de la BCE, prévue par le traité [58].

Bien que ce jugement n'ait pas pu être explicité, le gouvernement allemand a également insisté sur le fait que l'union monétaire ne pouvait pas inclure tous les membres de la CE. À cette fin, le traité de Maastricht, adopté en 1991, prévoyait des critères de convergence stricts – au sujet de l'inflation, la stabilité des taux de change, les déficits budgétaires et la dette publique – pour que les États puissent bénéficier de la monnaie unique [59]. En posant un cadre pour établir les entrées et les sorties, l'Allemagne a adopté une position très différente de celle de Brandt et Schmidt. Lorsque les pressions en faveur de l'union monétaire ont commencé en 1988, parmi les États du sud de la CE de l'époque, seule l'Italie faisait partie du mécanisme de change, et elle utilisait encore les fourchettes larges avec lesquelles elle était entrée dans le système. Il aurait alors semblé invraisemblable de penser que l'Italie, sans parler des autres, puisse maintenir un taux de change fixe permanent avec l'Allemagne de l'Ouest sans conséquences économiques désastreuses [60]. Contrairement à ce qui s'était passé en 1978-1979, pour traiter l'Italie comme la France, il aurait fallu soit un soutien important de la BCE à la dette italienne, soit une union fiscale redistribuant les revenus à l'Italie, deux mesures qui n'étaient pas envisageables en Allemagne de l'Ouest. En conséquence, la voie allemande vers l'union monétaire définie dans le traité de Maastricht semblait offrir une UE à deux niveaux.

Dans la pratique, les critères de convergence de Maastricht n'ont pas permis de résoudre la question des entrées et des sorties. Au départ, le gouvernement allemand et la Bundesbank n'étaient pas tous d'accord sur la question de savoir qui les critères de convergence pouvaient exclure. La plus petite union monétaire possible aurait pu répondre aux préoccupations anti-inflationnistes de la Bundesbank. Mais elle risquait d'exposer les exportateurs allemands à des dévaluations continues de la part des pays n'appartenant pas à la monnaie unique [61]. Entre-temps, les critères de convergence ne pouvaient pas être directement dirigés contre les États du sud de l'Europe. Si le critère du déficit budgétaire avait été appliqué en 1991, la Belgique aurait été exclue et, bien qu'il ait pu sembler que l'Italie n'avait aucune chance de se qualifier, il n'en allait pas de même pour l'Espagne. Dans le traité, le gouvernement allemand semblait avoir l'avantage sur la Bundesbank grâce à une clause permettant au Conseil européen d'exercer une interprétation « souple » sur la question de savoir si un État avait rempli les conditions ou non [62]. Mais, comme l'adhésion au MCE sans dévaluation pendant deux ans était une condition de convergence, la Bundesbank avait les moyens d'écarter les États du sud de l'Europe.

En effet, neuf jours après la fin du sommet de Maastricht, la Bundesbank a relevé les taux d'intérêt en réponse aux effets inflationnistes de la réunification allemande. Cette décision a entraîné dix-huit mois de turbulences au sein du mécanisme de change, au cours desquels la Grande-Bretagne a quitté définitivement le mécanisme, l'Italie l'a quitté temporairement, les monnaies espagnole, portugaise et irlandaise ont été dévaluées, et, en juillet 1993, toutes les bandes monétaires, à l'exception de celle entre l'Allemagne et les Pays-Bas, ont été suspendues. Pendant un certain temps, il a semblé que l'union monétaire ne se ferait pas. Puis il a semblé qu'un groupe restreint d'États irait de l'avant, divisant l'UE en un noyau dur et les autres. Au lieu de cela, la zone euro a vu le jour en 1999, sans les pays qui avaient la possibilité de se retirer légalement de l'Union – la Grande-Bretagne et le Danemark – et temporairement la Grèce.

Cette grande union monétaire n'a pas bénéficié d'un large soutien politique en Allemagne. L'opposition à cette union s'est d'abord manifestée par une série de contestations juridiques du traité de Maastricht devant la Cour constitutionnelle fédérale. En 1993, la Cour, en déclarant que la ratification du traité était constitutionnelle, a également affirmé, entre autres, qu'il appartenait au Parlement allemand de décider si un État remplissait les conditions requises pour adhérer à l'Union. La taille de l'union monétaire a donc été contestée au sein de la politique démocratique allemande. Les sociaux-démocrates se sont présentés aux élections fédérales allemandes de 1994 avec pour programme d'exclure les États d'Europe du Sud de la monnaie unique, et, pendant un certain temps, il a semblé qu'ils allaient gagner [63]. En essayant de sauver cette élection, Kohl a fait de l'union monétaire ce qu'elle n'avait pas été jusque-là : une question symbolique d'unité européenne. L'année suivante, il est allé plus loin en déclarant que l'union monétaire était une question de « guerre et de paix au XXIe siècle [64] ». Bien que la coalition démocrate-chrétienne et libérale-démocrate ait conservé le pouvoir en 1994, l'élection n'a pas réglé la question de la composition de l'euro. En 1995, le ministre des finances de Kohl, Theo Waigel, a déclaré que l'Italie ne respecterait pas les critères de convergence. Cette conviction que l'Italie n'avait pas sa place dans une union monétaire a perduré au sein du gouvernement allemand jusqu'en 1997 [65]. Mais Waigel et la Bundesbank n'avaient pas les moyens d'imposer leur volonté, car les difficultés budgétaires de l'Allemagne, dues à la réunification, empêchaient d'appliquer strictement les critères de convergence relatifs à la dette publique et aux déficits budgétaires. Tant qu'il n'y avait pas de moyen technique propre pour déterminer les exclusions de la monnaie unique, l'argument de Kohl selon lequel ce qui importait était l'unité européenne avait une force qu'il n'aurait pas eue autrement.

Néanmoins, les risques liés à une grande union monétaire ont poussé le gouvernement Kohl à revoir les conditions de Maastricht pour l'abandon du deutschemark. Au milieu des années 1990, il souhaitait des règles fiscales légales pour l'union monétaire après l'introduction de l'euro et a proposé ce qui est devenu le Pacte de stabilité et de croissance. Les ministres français n'ont pas été surpris par cette décision, d'autant plus que leurs tentatives de réduire le déficit budgétaire français conformément à ce critère de convergence se heurtaient à une forte résistance politique interne. Lorsque le président gaulliste Jacques Chirac a décidé d'organiser des élections législatives anticipées en mai 1997 pour renforcer sa capacité à poursuivre les réformes de Maastricht, il n'a réussi qu'à donner au parti socialiste une majorité à l'Assemblée nationale française, deux ans seulement après le début de son mandat. Lionel Jospin, le nouveau Premier ministre socialiste de Chirac, était sceptique quant à l'union monétaire – comme nous le verrons au chapitre 9 – et s'était opposé au Pacte de stabilité et de croissance pendant la campagne électorale. Mais, une fois en fonction, il s'est efforcé d'empêcher la création d'une petite union monétaire dont la France aurait été l'un des membres les plus faibles, en acceptant les règles fiscales du pacte en échange de l'acquiescement de l'Allemagne à l'adhésion de l'Italie [66].

En acceptant le traité de Maastricht, les gouvernements de l'Europe du Sud se sont imposé un lourd fardeau. Ils ont accepté l'obligation légale de s'efforcer d'adhérer à une monnaie unique qui serait plus difficile à gérer que le MCE et dont la Grèce et le Portugal n'avaient aucune expérience ; et ils l'ont fait en sachant que, quels que soient les sacrifices politiques consentis, d'autres États pourraient toujours exclure leur participation. En partie, à l'exception de l'Italie, ils ont été apaisés par des paiements annexes sous la forme d'une augmentation des fonds structurels de l'UE [67], mais, en réalité, ils n'avaient pas vraiment le choix. En concédant la non-adhésion, ils auraient risqué l'instabilité monétaire, une inflation plus forte et des taux d'intérêt plus élevés. Tenter de se qualifier a également permis d'acquérir une crédibilité anti-inflationniste sur les marchés des changes et de bénéficier de taux d'intérêt beaucoup plus bas, ce qui, en réduisant les paiements d'intérêts, a rendu plus facile le respect de la limite de 3 % fixée par Maastricht pour le déficit budgétaire.

Pour l'Italie, les difficultés étaient profondes et avaient des conséquences politiques démocratiques importantes, comme nous le verrons au chapitre 9. L'Italie n'a rejoint le MCE qu'en novembre 1996. Entre sa sortie en septembre 1992 et son retour, la lire a perdu près d'un quart de sa valeur [68]. La croissance moyenne de l'Italie entre 1992 – année où elle a commencé à tenter de se qualifier pour l'union monétaire – et 1999 – année où elle est entrée dans l'union monétaire – n'a été que d'un peu plus de 1 %. Le chômage, qui avait été inférieur à 10 % pendant toute la durée des années 1980, a augmenté de manière significative.

Les gouvernements italiens étaient prêts à accepter un engagement aussi restrictif pour la croissance, car l'alternative était d'acquiescer à la séparation de l'UE en blocs monétaires. Comme l'a déclaré le Premier ministre italien de l'époque, Romano Prodi, en février 1997 : « Si nous ne faisons pas partie du premier groupe, notre monnaie sera attaquée, notre économie sera sans défense, notre crédibilité internationale sera diminuée [69]. » Son appel à l'Allemagne pour qu'elle interprète généreusement les critères de convergence était une version de l'appel de Kohl aux électeurs allemands : « L'Europe n'est pas qu'une question de monnaie. Il est impossible de penser à une Europe coupée de sa grande culture latine [70]. »

Les difficultés qu'a connues l'Italie pour rejoindre la zone euro en disent long sur l'évolution de la zone depuis lors. La justification franco-centrique de l'union monétaire était macroéconomique et dirigée contre la Bundesbank. Or le traité de Maastricht avait dépouillé l'euro de son objectif macroéconomique en confiant à la BCE le même mandat de stabilité des prix que celui de la Bundesbank. La structure germano-centrique qui en découlait nécessitait une union monétaire de dimensions modestes. Pourtant, dans la pratique, à mesure que le pouvoir monétaire de l'Allemagne a diminué au cours des années 1990, la taille de la zone euro, favorable à l'Europe du Sud, l'a transformée en un test de l'engagement des États envers l'UE, alors même que les politiques macroéconomiques qu'elle exigeait pour y participer étaient déstabilisantes sur le plan économique et politique.

*
* *

L'absence de la Grande-Bretagne de la zone euro était une question différente, même si, au début du mois de septembre 1992, alors que les gouvernements de Londres et de Rome se démenaient pour sauver leur adhésion au mécanisme de change, on aurait pu croire qu'il en allait autrement. La trajectoire monétaire singulière de la Grande-Bretagne en tant que membre de l'UE remonte au choc pétrolier inversé. À partir de 1986, le gouvernement Thatcher, tout comme la Maison-Blanche de Reagan et la Fed, n'avait pas de raison de continuer à accorder la priorité à la maîtrise de l'inflation alors que celle-ci baissait et que le chômage restait élevé. N'ayant pas subordonné la politique monétaire britannique à celle de la Bundesbank, Londres n'avait pas les mêmes raisons que Paris de poursuivre la mise en place d'une monnaie unique, même en tenant compte de l'aversion instinctive qu'éprouvait Thatcher à l'idée de se défaire de sa souveraineté monétaire.

Cela ne signifiait pas que le problème du taux de change pour l'économie britannique disparaissait. En effet, au moment où, en juin 1989, les États membres de la Communauté européenne ont décidé de procéder à l'union monétaire, la faiblesse de la livre sterling a obligé les taux d'intérêt britanniques à être sensiblement plus élevés que ceux de la plupart des États membres du mécanisme de change. Mais la faiblesse de la livre sterling à cette époque s'expliquait précisément par le fait que, contrairement aux pays du MCE, les gouvernements Thatcher avaient profité du contre-choc pétrolier pour renoncer aux politiques anti-inflationnistes. Par conséquent, lorsqu'en octobre 1990, Thatcher a finalement concédé l'adhésion au MCE, elle ne l'a fait que pour stabiliser la livre sterling dans le cadre d'une stratégie macroéconomique à court terme. Mais, comme cette concession est intervenue au moment où la conférence intergouvernementale sur l'union monétaire allait bientôt commencer, elle a renforcé les critiques de son cabinet qui craignaient qu'en fermant définitivement la porte à l'union monétaire, la Grande-Bretagne ne soit reléguée dans la hiérarchie de la Communauté européenne. Horrifié par les remarques qu'elle avait faites cet automne-là, à savoir qu'elle ne soutiendrait jamais l'abandon de la livre sterling ou de l'autorité monétaire, son ancien chancelier, Geoffrey Howe, a démissionné du cabinet, déclenchant ainsi la séquence d'événements qui a conduit à la démission de Mme Thatcher.

Néanmoins, il a été beaucoup plus difficile de trouver une voie macroéconomique permettant d'éviter l'isolement monétaire du Royaume-Uni. Pour le traité de Maastricht, John Major a élaboré ce qui semblait être une clause de non-participation ; en réalité, il s'agissait d'une clause d'adhésion permettant de gagner du temps pour rejoindre le MCE. Mais, comme la Bundesbank resserrait sa politique monétaire alors que l'économie britannique était en récession, l'adhésion au MCE n'était pas viable. Son effondrement le mercredi noir de septembre 1992 a transformé l'option d'adhésion en une véritable option de refus, en réduisant à néant toute possibilité de vendre au parti conservateur parlementaire et à l'électorat britannique un engagement monétaire européen encore plus fort [71].

Pendant un court laps de temps, la faiblesse de la livre sterling aurait pu inciter le gouvernement Major à parier sur le sauvetage de l'opt-in, mais, au milieu de l'année 1995, le dollar est retourné à la hausse et a entraîné la livre sterling avec lui. En conséquence, les successeurs de Major ont été effectivement libérés pendant plus d'une décennie des pressions sur la livre sterling qui avaient, sans trop d'interruptions, contraint les gouvernements britanniques depuis la fin de la Première Guerre mondiale. Une union monétaire de grande envergure a également aidé la Grande-Bretagne, car, en 2001, seuls le Danemark et la Suède, qui avaient également choisi de ne pas en faire partie, n'étaient pas membres du club des États à monnaie faible. Malgré les frustrations de Tony Blair quant au coût de l'influence de la non-adhésion au sein de l'UE, la croissance ininterrompue et non inflationniste de 1993 à 2008 s'est avérée trop utile pour que le gouvernement travailliste y renonce. Cette performance économique dépendait en partie – comme le montrera le chapitre suivant – des forces anti-inflationnistes de la Chine, qui n'avaient rien à voir avec la Grande-Bretagne ou l'euro. Mais l'absence d'inflation a séparé le problème macroéconomique de la livre sterling du problème géopolitique de la position de la Grande-Bretagne dans l'UE. En outre, après la création de la zone euro, la crainte de voir Londres perdre sa position de premier centre financier européen, qui avait motivé et en partie servi de prétexte à l'éviction de Thatcher, s'est dissipée. Au contraire, Londres s'est rapidement imposée comme le centre financier de la zone euro [72].

*
* *

Les accusations contradictoires qui veulent que l'euro soit trop allemand pour servir l'Italie et trop italien pour être toléré par l'Allemagne remontent au début de l'histoire de la zone euro. L'union monétaire qui a vu le jour en 1999, et qui a nécessité d'être réinventée par Draghi en 2012, n'a jamais été celle qui était voulue. À l'origine, la zone euro était un projet lancé par la France dans l'espoir de trouver des solutions à un ensemble de problèmes déclenchés par la réaction de l'Allemagne de l'Ouest à l'effondrement de l'ordre monétaire de Bretton Woods fondé sur le dollar. Le gouvernement allemand a accepté à contrecœur une union monétaire aux conditions allemandes, pourvu qu'elle n'intègre pas une Italie lourdement endettée. Dans la pratique, une telle union monétaire n'a pas pu voir le jour. Au lieu de cela, elle est devenue un bloc monétaire incorporant l'Italie, avec des règles inscrites dans le droit italien qui n'étaient pas conçues pour faire face au fardeau que constituait la dette italienne. En réformant la BCE par décret, Draghi a effectivement cherché un moyen de sortir de cette situation difficile sans revenir sur le traité par lequel l'union monétaire avait été établie.

Le passage éventuel de la BCE à l'assouplissement quantitatif en 2015, grâce auquel la Banque centrale a directement acheté la dette des États de la zone euro, a représenté une transformation capitale. Elle a achevé la conversion de l'union monétaire telle qu'elle était définie dans le traité de Maastricht aux conditions allemandes en une union que jamais le gouvernement allemand n'aurait acceptée en guise de prix à payer pour l'abandon du deutschemark. En 1986, la Bundesbank avait ramené l'inflation allemande en dessous de zéro. Trente ans plus tard, la BCE a présidé à la mise en place de taux d'intérêt inférieurs à zéro. En 1993, la Cour constitutionnelle allemande a jugé que la ratification du traité de Maastricht en Allemagne était conforme à la Constitution. En 2020, dans un contexte où la crise du Covid-19 a conduit la Commission à suspendre les règles du marché unique, la Cour a estimé que le gouvernement allemand et le Bundestag avaient violé les droits des citoyens allemands en ne remettant pas en cause la BCE. Mais la transformation de la BCE en banque centrale capable d'agir en tant que prêteur de dernier recours a également posé la question de savoir quelle dette des États et quels partis au pouvoir pouvaient être soutenus, comme s'en sont aperçus les politiciens italiens et grecs.

Si la BCE d'origine a été supplantée après 2010, elle avait déjà perdu la logique anti-inflationniste sur laquelle elle s'appuyait. Dans les années 2000, l'économie allemande n'évoluait plus dans un monde où les responsables politiques devaient la protéger des pressions inflationnistes venant d'ailleurs. En effet, la dynamique structurelle de l'économie mondiale et celle de l'Allemagne œuvraient dans des directions opposées. Les importations chinoises ont agi comme une force anti-inflationniste, alors même qu'un nouveau choc pétrolier était en cours, et le secteur financier allemand ne pouvait plus être considéré comme une source de stabilité qu'il fallait protéger des turbulences sur les marchés de l'eurodollar. En effet, le fait que les principales banques allemandes aient été massivement impliquées dans ces marchés allait expliquer en partie pourquoi la BCE réagirait à la crise de la zone euro en se transformant. Il convient à présent d'examiner comment ces changements structurels de l'économie mondiale se sont déroulés autour de la Chine et du système des eurodollars.

5

Fabriqué en Chine, a besoin de dollars

En mai 2015, cela faisait sept ans et demi que le taux des fonds fédéraux – le principal taux d'intérêt de la Réserve fédérale – se maintenait à 0,25 %. Dans un discours prononcé ce même mois à Providence, dans le Rhode Island, la présidente de la Fed Janet Yellen a déclaré que, si l'économie continuait de s'améliorer comme elle le prévoyait, la Fed relèverait finalement le taux des fonds fédéraux avant la fin de l'année [1].

Ce que Yellen a dépeint comme la « normalisation de la politique monétaire » allait causer des difficultés aux États dont le taux de change était lié au dollar : attirés par des taux d'intérêt plus élevés, les capitaux afflueraient vers les actifs américains [2]. L'économie chinoise connaissait déjà son taux de croissance le plus faible depuis vingt-cinq ans, et ses exportations, fondement de son essor économique, étaient en déclin. Le 11 août 2015, devançant toute initiative de la Fed, la banque centrale chinoise a dévalué de manière spectaculaire le renminbi, la monnaie chinoise, faisant chuter les cours des actions en Chine et dans une grande partie du reste du monde, et provoquant des perturbations des taux de change sur les marchés émergents [3]. Pour tenter d'empêcher la fuite des capitaux, Pékin a de nouveau dévalué le renminbi et liquidé, en l'espace de quinze jours, environ 100 milliards de dollars de réserves chinoises en dollars.

La plupart des observateurs s'attendaient à ce que la hausse des taux d'intérêt américains intervienne lors de la réunion de septembre de la Fed. Mais les conditions financières engendrées par le chaos chinois ont fait reculer l'institution. Lors de sa conférence de presse, Yellen a déclaré que les « inquiétudes sur la croissance » en Chine avaient « entraîné une volatilité notable sur les marchés financiers » et que « compte tenu des incertitudes accrues à l'étranger », ainsi que « d'une trajectoire attendue légèrement plus faible pour l'inflation » – du fait de la chute des prix du pétrole –, « le Comité a jugé approprié d'attendre de disposer de davantage de preuves » avant d'augmenter les taux [4].

Alors que l'année s'achevait sans augmentation des taux, de nouvelles tensions monétaires entre les États-Unis et la Chine se sont manifestées. Le 11 décembre, la banque centrale chinoise a annoncé qu'elle mettrait en place un nouvel ancrage du renminbi par rapport à un panier de devises, et pas seulement par rapport au dollar. Lors de sa réunion des 15 et 16 décembre, la Fed a finalement relevé le taux des fonds fédéraux de 0,25 %. En réaction à l'orgie de fuites des capitaux qui s'en est suivie en Chine, la banque centrale chinoise a laissé le renminbi se déprécier davantage. En février 2016, craignant que ce ne soit là le prélude à un changement majeur de la monnaie chinoise, le secrétaire au Trésor d'Obama a persuadé les dirigeants des banques centrales et les ministres des Finances du G20 de signer l'accord de Shanghai, par lequel chaque gouvernement s'engageait à « s'abstenir de dévaluations compétitives [5] ». La pression haussière sur le dollar s'est atténuée pendant quelques mois, mais la Fed n'a pas pris le risque de relever à nouveau le taux des fonds fédéraux jusqu'en décembre 2016.

Si la dernière année de la présidence d'Obama a été marquée par des tentatives de gestion des relations monétaires entre les États-Unis et la Chine par le biais de la coopération, la première année de Donald Trump a marqué le début de ce qui allait se transformer en une attaque en règle contre les relations commerciales entre Washington et Pékin. En août 2017, Trump a réclamé l'ouverture d'une enquête sur les pratiques commerciales de la Chine. Début 2018, il a d'abord annoncé l'imposition de droits de douane sur les panneaux solaires et les machines à laver chinoises, puis il les a étendus à plus de 1 300 catégories d'importations chinoises. Un mois plus tard, la Chine a pris des mesures de rétorsion. Des pourparlers visant à restructurer les termes de l'échange ont été entamés à deux reprises, avant d'échouer. Après la seconde rupture, le Trésor américain a considéré la Chine comme un manipulateur de devises.

La politique de Trump s'est accompagnée d'un changement de rhétorique géopolitique sur les relations économiques sino-américaines. La doctrine de sécurité nationale des États-Unis, publiée en décembre 2017, affirmait que la « compétition entre grandes puissances » était « de retour ». Elle assurait que Washington avait fait preuve d'une « grande complaisance stratégique » en « supposant » à tort que le « commerce mondial » transformerait les « rivaux » en « acteurs bienveillants et partenaires dignes de confiance ». Désormais, les États-Unis promettaient d'« appliquer une stratégie économique qui relancerait l'économie nationale, profiterait au travailleur américain, revitaliserait la base manufacturière, créerait des emplois pour la classe moyenne, encouragerait l'innovation, préserverait l'avantage technologique, protégerait l'environnement et garantirait la domination énergétique [6] ». Un peu moins d'un an plus tard, le vice-président Mike Pence a prononcé un discours dans lequel il insistait sur le fait que la Chine était déterminée à « dominer la scène internationale » et déplorait « l'influence nocive et l'ingérence de Pékin dans la politique américaine », qui, selon lui, était nettement supérieure à celle de la Russie [7]. À l'issue de ce discours, un responsable chinois a fait remarquer qu'un « rideau de bambou » avait remplacé l'ancien rideau de fer [8].

Il est incontestable que la réinitialisation stratégique de Trump bénéficiait du soutien de l'ensemble du spectre politique américain. Si certains démocrates ont critiqué sa rhétorique incendiaire, bien peu cependant étaient prêts à défendre le *statu quo*. Mais ce revirement américain contre la Chine allait avoir un impact tout autre sur l'UE. En juillet 2018, quand on lui a demandé pourquoi il n'avait pas cherché à collaborer avec l'UE pour lutter contre les pratiques commerciales de la Chine, Trump a rétorqué que « l'Union européenne [était] peut-être aussi néfaste que la Chine, juste plus petite [9] ». En 2019, quand Trump s'en est pris agressivement à l'entreprise technologique chinoise Huawei, il a demandé à l'UE et à la Grande-Bretagne de lui emboîter le pas, ce qu'elles ont refusé.

Si les décisions monétaires de la Fed ont été limitées par les problèmes de la Chine avec le dollar, et si Trump a déclaré une guerre commerciale et technologique à la Chine, c'est entre autres à cause de ce qui s'était passé dans les décennies précédant le krach de 2007-2008, ainsi que dans les années qui ont suivi. Il y a là deux grandes histoires à raconter, l'une sur les conséquences de la croissance économique de la Chine et l'autre sur l'émergence d'un marché mondial du crédit en eurodollars. Conjuguées, ces deux réalités ont profondément bouleversé les conditions monétaires et financières internationales, et entraîné un énorme choc pétrolier et une perturbation durable de l'économie américaine. L'interaction des deux premiers phénomènes est à l'origine du krach de 2007-2008, et le troisième a en partie accouché des conditions politiques qui ont permis à un insider-outsider hostile à la Chine comme Donald Trump de remporter la présidence.

Le choc chinois

La croissance économique spectaculaire de la Chine entre 2000 et 2007, qui a atteint un taux annuel de 14 % à son apogée, s'est répercutée sur l'ensemble de l'économie mondiale. Ce choc chinois a surtout été sensible dans le commerce. Alors que le gouvernement chinois faisait tout ce qu'il pouvait pour maintenir le renminbi à un taux compétitif par rapport au dollar, la Chine a pratiqué une croissance tirée par les exportations. Cette possibilité a été renforcée par l'accord du Congrès américain sur la normalisation permanente des échanges commerciaux avec la Chine en 2000, prélude à l'entrée de la Chine dans l'Organisation mondiale du commerce (OMC) en 2001. Les exportations chinoises dans ce nouveau monde commercial étaient principalement des produits manufacturés. Par conséquent, les États-Unis et plusieurs pays européens se sont retrouvés confrontés à d'importants déficits commerciaux avec Pékin ; le déficit commercial américain avec la Chine dans le domaine des produits manufacturés a été multiplié par près de quatre entre 1999 et 2008 [10].

Cette poussée des exportations manufacturières chinoises a eu des conséquences sur le marché du travail à la fois en Amérique du Nord et en Europe occidentale, notamment aux États-Unis [11]. L'ampleur de ce choc fait encore l'objet de débats, mais il a sans aucun doute été important dans les secteurs où les exportations chinoises ont été les plus concentrées, et il s'est propagé aux chaînes d'approvisionnement locales [12]. À partir de 2001, l'emploi dans le secteur manufacturier américain a commencé à s'effondrer, passant de 17,2 millions en décembre 2000 à 11,5 millions en décembre 2009. C'était un changement radical par rapport à un passé récent. Ces emplois avaient culminé à 19,5 millions à la mi-1979. Fin 1989, le secteur comptait encore 17,9 millions de salariés et, fin 1999, 17,3 millions. C'est en grande partie au début des années 2000 qu'a eu lieu l'effondrement rapide qui a suivi. En 2001, l'emploi dans le secteur manufacturier a chuté de 17,1 à 15,7 millions, et, en décembre 2003, il avait dégringolé à 14,3 millions [13]. Quelle que soit la proportion exacte de ces pertes d'emplois que l'on peut imputer au commerce avec ce pays, du fait de l'ampleur de ce changement et du moment où il s'est produit, la normalisation des relations commerciales avec la Chine a été vécue comme un désastre par ceux qui ont été touchés [14].

Jamais le gouvernement Clinton n'avait laissé entendre qu'une normalisation permanente des relations commerciales avec la Chine causerait un choc sur l'emploi. En 2000, Bill Clinton avait déclaré : « C'est un accord à cent contre rien pour l'Amérique en termes de conséquences économiques [15]. » À propos de la législation permanente normalisée sur les relations commerciales, son secrétaire à l'Agriculture avait assuré que « cet accord [était] vraiment une évidence » et que, puisque les marchés américains étaient déjà ouverts à la Chine, « toutes les concessions sont de leur côté, et tous les bénéfices sont du nôtre [16] ».

Le décalage entre ces promesses et la réalité a provoqué une réaction aussi prompte que vive au Congrès. Cette colère a en grande partie visé la politique de change de la Chine. Si la Chine avait laissé flotter sa monnaie, l'excédent commercial croissant de Pékin aurait poussé le renminbi à la hausse, rendant les importations chinoises plus chères. Mais, depuis 1994, la Chine appliquait une parité fixe par rapport au dollar. Plutôt que de permettre au renminbi de s'apprécier, la banque centrale chinoise s'est engagée à partir de 2003 dans une intervention à grande échelle pour empêcher que cela se produise. La même année, des membres influents du Congrès ont commencé à exprimer leur mécontentement face à l'approche commerciale du renminbi adoptée par la Chine. Le sénateur démocrate Chuck Schumer et le sénateur républicain Lindsey Graham ont présenté le premier d'une succession de projets de loi qui avaient pour but d'imposer des droits de douane substantiels aux exportations chinoises si la Chine ne réévaluait pas le renminbi [17]. Leurs efforts ont atteint leur paroxysme au premier semestre 2005, quand il est devenu évident qu'ils disposaient d'assez de voix au Sénat pour faire adopter une loi.

Après 2000, les relations commerciales entre les États-Unis et la Chine sont devenues une question politique à Washington. Les efforts législatifs de Schumer et Graham n'ont pas obtenu le soutien du gouvernement de George Bush Jr. L'affaire n'ayant pas de retombées dans le domaine de la sécurité, Bush ne pouvait pas exiger un changement de la part de la Chine comme ses trois prédécesseurs l'avaient fait du Japon. La Chine était entre-temps devenue le plus grand créancier des États-Unis. En effet, la détermination de Pékin à préserver la parité monétaire a incité sa banque centrale à acheter d'importants volumes de dette publique américaine dans le cadre d'une stratégie macroéconomique. Craignant que la législation Schumer-Graham puisse encore être adoptée, la Chine a révisé sa position en matière de taux de change en juillet 2005. En apparence, ces mesures ont mis fin à l'ancrage du renminbi au dollar et ont offert au renminbi une certaine latitude pour flotter. Mais, en pratique, la Chine n'a concédé qu'une réévaluation de 2 % par rapport au dollar. L'automne suivant, Hank Paulson, le secrétaire au Trésor de Bush, a persuadé la Chine d'accepter un cadre institutionnalisé pour discuter des questions de taux de change et de commerce. Son objectif déclaré était d'obtenir une réévaluation significative du renminbi [18]. Mais, là encore, seul un ajustement minime a été réalisé. En mai 2007, la Chine a accepté d'élargir la marge de fluctuation du renminbi. Par la suite, le renminbi s'est apprécié, mais les effets ont également été dilués par la dépréciation du dollar par rapport aux autres devises.

À première vue, l'impasse politique à Washington s'inscrivait dans la logique des pressions protectionnistes exercées par le Congrès sur l'exécutif, de Hoover à Reagan. Mais il y avait une différence substantielle, à savoir que certaines entreprises américaines ont profité de l'ampleur des chaînes de production et d'approvisionnement transnationales autour de la Chine. Les fabricants de technologies et d'électronique ont bénéficié massivement de l'assemblage de leurs produits en Chine, tout comme les grands détaillants tels que Walmart de la vente d'importations chinoises bon marché [19]. Autrefois, Apple, par exemple, fabriquait presque tous ses produits aux

États-Unis. De fait, Steve Jobs, le cofondateur de l'entreprise, clamait ainsi dans les années 1980 que l'ordinateur Apple « était une machine fabriquée en Amérique[20] ». Mais, à partir de 2004, presque tous les produits Apple ont été fabriqués à l'étranger, principalement en Chine. Ainsi que l'a dit un dirigeant d'Apple au New York Times : « Quelle usine américaine est capable de trouver 3 000 personnes du jour au lendemain et de les convaincre de vivre dans des dortoirs[21] ? » Ces avantages ont en partie atténué la rhétorique hostile à la Chine : peut-être la fabrication des iPod en Chine aggravait-elle le déficit commercial américain, mais la majeure partie de la valeur du produit était toujours captée aux États-Unis[22]. En revanche, ces avantages ont contribué à attiser le conflit de classes dans la politique américaine : c'étaient les actionnaires et les cadres supérieurs extrêmement bien payés qui y gagnaient ; les ouvriers d'usine, eux, en sortaient perdants[23].

***

Bien que le commerce soit devenu la face visible de la politique américaine, le choc chinois s'est étendu de manière spectaculaire au pétrole. La Chine a été autosuffisante en matière de production pétrolière jusqu'en 1993. Cette indépendance pétrolière distingue la trajectoire précoce du développement industriel de la Chine de celle d'autres États d'Asie de l'Est, notamment du Japon. Ce n'est qu'au milieu des années 2000 que l'augmentation de la consommation chinoise de pétrole a eu un impact sur le reste du monde. En 2008, la Chine utilisait l'équivalent de 70 % de la production saoudienne. Avec l'accélération de la demande des autres pays asiatiques, en particulier de l'Inde, la consommation mondiale de pétrole est passée de 68 millions de barils par jour en 1994 à 77 millions en 2000 et à 87 millions en 2008, malgré la chute de certaines économies européennes. (En revanche, au cours des deux décennies entre 1973 et 1993, elle n'a augmenté que de 57 à 67 millions[24].) En 2005, alors que le choc de la demande chinoise se faisait sentir, la production de pétrole a stagné – comme nous l'avons vu au chapitre 4 – jusqu'à ce que le boom du schiste démarre[25]. Par conséquent, après plus d'une décennie de prix bas, à partir du milieu des années 2000, l'économie mondiale a connu des tarifs sans précédent. En mai 2006, les prix du pétrole ont atteint 90 dollars le baril, soit environ 80 % de plus, corrigés de l'inflation, qu'en mars 1974, quand le premier choc pétrolier a pris fin. À leur apogée, en juin 2008, ils se situaient autour de 150 dollars, soit près d'un tiers de plus en termes réels que leur précédent sommet, atteint lors du deuxième choc pétrolier[26].

Ce choc des prix du pétrole était assez différent des deux chocs des années 1970, de celui provoqué par le dollar entre 1981 et 1985, ou de la petite flambée des prix résultant de l'invasion irakienne du Koweït. Aucun d'entre eux n'avait une composante significative dans le domaine de la demande. Ils ne présentaient pas non plus des causes structurelles comparables. L'embargo pétrolier arabe était temporaire. La production iranienne s'est redressée, au moins partiellement, après la révolution, tout comme celle de l'Irak jusqu'aux sanctions d'après 1990. Le dollar a chuté à partir de 1985, de même que les prix du pétrole, de façon spectaculaire, à partir de 1986. Mais, cette fois, la demande supplémentaire considérable de la Chine et de l'Inde est devenue une caractéristique permanente de l'économie mondiale. Seule une nouvelle offre, ou des niveaux de croissance économique nettement plus faibles, auraient pu empêcher que des prix beaucoup plus élevés ne deviennent la norme. Paradoxalement, tout au long de la crise de 2007-2008, les conditions ont en réalité été favorables à un surcroît de production, afin de répondre à l'accélération de la consommation, même si – comme nous le verrons plus loin dans ce chapitre – le problème même causé par les prix du pétrole a joué son rôle dans ce krach.

Les opérations bancaires en eurodollars

L'histoire des opérations bancaires en eurodollars remonte aux années 1970. Les marchés de l'eurodollar, qui avaient joué un rôle dans la fin de Bretton Woods, ont été fortement stimulés par les deux chocs pétroliers. Alimentées par les dollars gagnés par les producteurs de pétrole du Moyen-Orient, les banques américaines et européennes disposaient d'énormes dépôts en dollars à prêter. La nécessité pour les États importateurs de pétrole, y compris ceux des pays en développement, de financer d'importants déficits commerciaux a rendu les marchés de l'eurodollar extrêmement utiles, d'autant plus que le Fonds monétaire international était mal équipé pour faire face à des déficits structurels d'une telle envergure. Les banques sont devenues le mécanisme permettant de fournir des dollars à ceux qui en avaient besoin par le biais de prêts en eurodollars [27]. C'est en partie pour cette raison que la finance, et en particulier le secteur bancaire internationalisé, a joué un rôle beaucoup plus important dans les économies américaines et ouest-européennes qu'au cours des trois décennies qui avaient suivi la Seconde Guerre mondiale [28]. Mais l'ampleur des opérations en eurodollars des banques européennes a remis sur le tapis la vieille question de savoir qui réglementait cette activité et qui servirait de prêteur de dernier recours sur ces marchés, de façon encore plus pressante que dans les années 1960 [29]. Dans la pratique, la seule réponse à la seconde question ne pouvait être que la Fed. Mais c'était aller trop loin que d'énoncer cette réalité. En 1974, quand les gouverneurs des banques centrales du Groupe des dix (G10) ont discuté du problème, ils n'ont pu qu'exprimer leur confiance dans le fait qu'au moment de la crise, on parviendrait à une solution [30].

Cette crise définitive est survenue en août 2007. Dans l'intervalle, les marchés de l'eurodollar s'étaient développés au point d'être méconnaissables. À mesure qu'ils s'étendaient, les moyens par lesquels les banques finançaient leurs opérations sur ces marchés ont de plus en plus dépendu des accords de mise en pension : une forme d'emprunt garanti à court terme – souvent au jour le jour – où une partie vend des titres en échange d'espèces et s'engage à les racheter à l'avenir à un prix légèrement supérieur. Dans les années 1990, l'exaspération de la Bundesbank, qui estimait que la capacité des banques à créer des dollars pour les prêter sur les marchés de l'eurodollar sapait les taux d'intérêt nationaux, a fini par être partagée par la Fed. Dans un discours prononcé en 1996, Alan Greenspan, alors président de la Fed, a constaté que « malheureusement, les tendances de la masse monétaire se sont écartées il y a plusieurs années de leur chemin en tant que résumé utile de l'économie globale » et a ajouté : « À l'avenir, il ne faut pas espérer que nous puissions nous fier solidement à la masse monétaire pour élaborer la politique monétaire [31]. » Dans ce monde, a poursuivi Greenspan, la politique monétaire devrait être menée en évaluant les bilans des banques et les prix des actifs [32].

C'était toutefois nettement plus facile à dire qu'à faire. Comme il l'a déclaré dans le même discours, il y avait une « exubérance irrationnelle » qui faisait « grimper indûment la valeur des actifs [33] ». Il était même difficile de réglementer les bilans des banques. Dans le cadre des accords de Bâle, adoptés par les pays du G10 en 1988, la réglementation bancaire se concentrait sur l'actif des bilans des banques. Pourtant, à la fin des années 1990, les banques, ainsi que d'autres sociétés financières, avaient compris comment utiliser les produits dérivés pour masquer la taille de leurs bilans. De plus, les banques européennes étaient des acteurs importants sur les marchés de l'eurodollar, et la Fed n'était pas en mesure de réglementer les bilans des banques étrangères.

Greenspan ne souhaitait pas non plus modifier les taux d'intérêt en fonction de l'évolution des prix des actifs. Depuis le milieu des années 1980, les fluctuations des prix des actifs n'ont cessé de s'accentuer [34], surtout dans les pays en développement et sur les marchés émergents, ce qui a culminé avec la crise financière asiatique de 1997-1998. Mais elles ont également été manifestes dans les économies occidentales, notamment lors du krach boursier de 1987. Au moment du discours de Greenspan sur « l'exubérance irrationnelle », les marchés boursiers américains connaissaient déjà une bulle grandissante, alimentée par le boom des « point-com », quand les investisseurs s'étaient rués sur les jeunes pousses d'Internet. Mais, même après l'éclatement de cette bulle en mars 2000, Greenspan continuait de proclamer que les bulles ne pouvaient être ni identifiées à l'avance, ni contenues une fois qu'elles apparaissaient [35].

Quant aux banques elles-mêmes, leurs opérations internationalisées ont franchi un nouveau palier à partir de la fin des années 1990. Là encore, cette internationalisation croissante a été le fait des banques européennes, et en premier lieu des banques allemandes [36]. Ces bilans bancaires de plus en plus importants et de plus en plus internationalisés ont contribué de manière tout à fait sensible à une augmentation massive des flux de capitaux internationaux à partir du tournant du siècle [37]. Une bonne partie de ces flux a été produite par la zone euro. Une fois que l'union monétaire a créé des conditions de crédit apparemment unifiées dans la majeure partie de l'UE, les banques d'Europe du Nord ont prêté d'importants volumes d'argent aux entreprises et aux gouvernements de la zone euro du Sud et d'Irlande.

Ces mêmes banques d'Europe du Nord ont par ailleurs augmenté considérablement les actifs internationaux de leurs bilans en prêtant aux États-Unis, à la fois par le biais de prêts et d'achats d'obligations et de titres. Ces prêts ont été alimentés par des financements à court terme en dollars sur les marchés monétaires, y compris les marchés des pensions et de l'eurodollar, laissant ces banques avec d'importants engagements en devises étrangères et un décalage entre leurs actifs américains à plus long terme et leurs emprunts à court terme en dollars [38]. Cette même dynamique ayant eu des conséquences désastreuses lors de la crise financière asiatique, les banques centrales d'Asie de l'Est, notamment celle de la Chine, ont réagi en accumulant d'importantes réserves en dollars tout au long des années 2000. Mais la Banque centrale européenne et la Banque d'Angleterre se sont comportées comme si les énormes désalignements monétaires avec lesquels leurs secteurs bancaires opéraient ne pourraient jamais les obliger à fournir un soutien en devises, se fiant apparemment à l'hypothèse de 1974 selon laquelle la Fed apporterait une solution en cas de crise.

La Grande Modération, pour un temps

Au cours de la décennie précédant le krach de 2007-2008, les conséquences combinées de la croissance économique rapide de la Chine et de l'internationalisation croissante du secteur bancaire ont semblé renforcer l'environnement monétaire et de crédit favorable qui avait émergé pour la première fois aux États-Unis au milieu des années 1980, à la suite de la baisse des taux d'intérêt et des prix du pétrole. Dans un discours prononcé en 2004, Ben Bernanke, le futur président de la Fed, a décrit ce qu'il a appelé la grande modération comme étant « une baisse substantielle de la volatilité macroéconomique », qui s'est traduite par une inflation beaucoup plus faible que dans les années 1970 et au début des années 1980 [39]. Les causes de ce changement ont été l'objet de débats. Certains, dont Bernanke, pensaient que la prise de décision en matière de politique économique, en particulier sur les questions monétaires, s'était considérablement améliorée [40]. D'autres soulignaient la chance que représentaient la chute des prix du pétrole, ou les changements économiques structurels, notamment l'innovation financière et l'importance réduite des secteurs manufacturiers [41]. Mais, quel qu'ait été leur influence causale relative, après 2001, en réduisant les coûts des vêtements et d'autres biens de consommation, les exportations de la Chine ont constitué une force anti-inflationniste cruciale, d'autant plus que la demande croissante de pétrole de Pékin engendrait en même temps des conditions inflationnistes par le biais des prix de l'énergie [42].

Au moins à partir des années 1990, la grande modération a également entraîné une baisse des taux d'intérêt dans le monde entier qui ne pouvait pas s'expliquer simplement par des changements dans les anticipations inflationnistes [43], ce qui semblait être une anomalie historique. Au XXe siècle, il y avait déjà eu des périodes de faibles taux d'intérêt réels, mais pas dans des conditions où l'inflation était faible et où les banques étaient peu réglementées [44]. Là encore, les causes de cet assouplissement monétaire apparemment structurel des conditions de crédit ont été contestées [45]. Certains, dont Greenspan et Bernanke, étaient convaincus que les politiques monétaires et de taux de change de la Chine étaient déterminantes. Selon Bernanke en 2005, la Chine était en grande partie responsable d'une « surabondance d'épargne mondiale » qui faisait baisser les taux d'intérêt [46]. Il est certain que la Chine et d'autres pays d'Asie de l'Est ont fourni un flux massif de capitaux aux États-Unis à des taux d'intérêt peu élevés. La Chine a acquis un énorme portefeuille d'obligations du Trésor américain, puis d'obligations et de titres émis par les deux sociétés de crédit hypothécaire créées par le Congrès, Fannie Mae et Freddie Mac. Ces achats ont permis à la Fed de laisser le taux effectif des fonds fédéraux passer en dessous de 2 % en 2001 et de s'y maintenir jusqu'au second semestre 2004. Cet environnement de crédit facile a favorisé le financement d'une augmentation rapide du déficit budgétaire américain durant le premier mandat de George Bush Jr, tout en rendant le pays plus dépendant fiscalement d'un seul État qu'il ne l'avait jamais été auparavant [47]. Il a également créé les conditions dans lesquelles les entreprises technologiques comme

Amazon, Google et eBay, qui avaient survécu à l'éclatement de la bulle Internet, ont pu se développer sans modèles économiques générateurs de profits.

D'aucuns ont voulu croire que les gains monétaires des États-Unis et les avantages commerciaux acquis par la Chine dans l'économie mondiale du début du XXIe siècle établissaient *de facto* un nouvel ordre monétaire international capable de maintenir les taux d'intérêt à un niveau bas dans un avenir prévisible. Certains ont dépeint cet ordre comme une résurrection partielle de Bretton Woods [48]. Les historiens de l'économie Niall Ferguson et Moritz Schularick ont qualifié ce monde économique de « Chimerica [49] ». Si Lawrence Summers, ancien secrétaire au Trésor du président Clinton, y a plutôt vu un « équilibre de la terreur financière » motivé par la peur de la catastrophe que chacun subirait si le dollar venait à s'effondrer, il a tout de même jugé qu'il y avait « une fonctionnalité et un confort énormes à court terme » dans la relation économique sino-américaine [50].

En réalité, il existait une instabilité considérable à court terme qui allait se répercuter sur l'ensemble de l'économie mondiale. Par-dessus tout, à cause du pétrole, la croissance économique de la Chine n'a pas créé, loin s'en faut, un environnement de crédit bénin. En effet, à partir du milieu des années 2000, la demande chinoise de pétrole, alliée aux contraintes croissantes de l'offre, a eu des répercussions monétaires à partir de juin 2004, quand la Fed a resserré sa politique monétaire en réponse à ce qu'elle craignait être les effets inflationnistes de la hausse des prix du pétrole [51]. Pour les gouverneurs des principales banques centrales, le retour des prix élevés du pétrole a été un tournant décisif. Alan Greenspan estimait que la volonté de les éviter avait justifié la guerre en Irak [52]. Dans un entretien accordé au *Washington Post*, il a déclaré qu'il était « essentiel » d'éliminer Hussein afin que les marchés pétroliers puissent fonctionner [53]. De manière plus pessimiste, dans un discours prononcé en 2005, Mervyn King, alors gouverneur de la Banque d'Angleterre, a affirmé que la hausse des prix du pétrole avait mis fin à ce qu'il a appelé la NICE, une période de croissance non inflationniste et constamment expansionniste qui avait débuté en 1992. Selon King, dans ce nouvel environnement, l'inflation et la croissance seraient plus volatiles qu'elles ne l'avaient été dans un passé récent. Après la fin de la NICE, a poursuivi King, il était illusoire de penser que les banques centrales pourraient utiliser la politique monétaire pour parvenir à la stabilité [54]. Trois ans plus tard, Jean-Claude Trichet, le président de la Banque centrale européenne, est allé plus loin en assurant qu'un « transfert de revenus des pays importateurs de matières premières vers les pays exportateurs de matières premières » était en train de se produire, et que ce changement devait être « accepté » par les gouvernements occidentaux et leurs populations [55].

Cependant, l'internationalisation des opérations bancaires en dollars a compliqué ce tableau. Selon King et Trichet, le monde économique revenait en partie aux années 1970, bien qu'avec des rendements du capital plus élevés au niveau mondial et des rendements du travail plus faibles en Amérique du Nord et en Europe occidentale. Mais les banques centrales ne pouvaient déjà plus atteindre les objectifs monétaires qu'elles s'étaient fixés. Comme l'a déclaré Greenspan devant une commission sénatoriale en février 2005, on était face à une « énigme » : le resserrement de la politique monétaire de la Fed à partir de juin 2004 n'avait eu aucun impact sur les taux à long terme [56]. En effet, les obligations à dix ans émises par le Trésor américain rapportaient, au moment où il s'exprimait, moins qu'avant que la Fed n'augmente le taux des fonds fédéraux. On peut se demander si ce phénomène est aussi inhabituel que le prétend Greenspan ou s'il peut s'expliquer par les achats d'obligations de la Chine et d'autres pays asiatiques. Mais ses remarques sur le fait que les conditions de crédit n'étaient pas celles que l'on aurait pu attendre de la politique monétaire de la Fed sont révélatrices d'un aspect important de cette période de resserrement monétaire provoqué par le pétrole : bien que les taux d'intérêt plus élevés aient eu un impact considérable sur l'économie non financière, en particulier sur le logement, ils n'ont eu que peu d'effet sur les conditions de crédit dans le secteur financier. Les swaps sur risque de crédit et autres dérivés ont en partie servi de tampon entre les changements de politique monétaire et la disponibilité du crédit, en fournissant une assurance *de facto* aux acteurs des marchés financiers contre leur prise de risque. Mais, et c'est au moins aussi important, quel que soit l'effet du resserrement de la politique monétaire de la Fed sur les crédits en dollars des banques américaines opérant aux États-Unis, il n'a eu que peu d'influence sur les crédits en eurodollars, et ces crédits en dollars ont facilement retrouvé leur place dans le système bancaire américain [57]. N'ayant pas trouvé de solution au problème de l'alignement de la politique monétaire sur les marchés internationaux du crédit en dollars, Greenspan a transmis le problème début 2006 à son successeur, Ben Bernanke.

Les krachs multiples

Le krach de 2007-2008 a été le point culminant de l'interaction complexe entre l'essor économique de la Chine, ses effets sur les prix du pétrole en raison de la stagnation de la production, les marchés de l'eurodollar et les retombées de chacun sur les conditions de crédit. Le cadrage immédiat de la crise financière de 2007-2008 autour des emprunts à risque américains, de la déréglementation du secteur financier après les années 1980 et des banques centrales d'Asie de l'Est a toujours été trompeur. En Europe, cette distorsion était également intéressée, masquant ce qui était le rôle central des banques d'Europe du Nord à travers les marchés de l'eurodollar, comme cela a été démontré depuis [58]. Ce que Bernanke a présenté comme une crise financière de « surabondance d'épargne » en Chine était plutôt une crise de « surabondance bancaire » en Europe, où il n'y a que peu de distinction entre les banques allemandes, françaises et britanniques [59]. Mais le krach de 2007-2008 n'est pas non plus réductible causalement à ce schéma binaire. En effet, le krach de 2007-2008 n'a pas été un krach, mais plusieurs.

Le premier a été le krach du marché immobilier américain. Les prix, dans le cadre d'un boom qui avait commencé en 1997, ont atteint leur maximum début 2006 et sont restés sur une trajectoire descendante pendant les six années suivantes, avec des chutes particulièrement marquées en 2007, 2008 et début 2009 [60]. Ce boom immobilier a été à l'origine d'une part considérable de la croissance de l'économie américaine au cours de la première moitié des années 2000, alors même que l'emploi dans le secteur manufacturier se contractait [61]. Les prêts à risque, qui ont permis à des personnes auparavant jugées non solvables de contracter des hypothèques, ont été une cause importante, mais loin d'être exclusive, de ce boom. Avec le resserrement des taux de la Fed de juin 2004 à 2006 en réponse aux prix du pétrole, davantage d'emprunteurs à risque ont éprouvé des difficultés à payer leurs taux d'intérêt. Les prêts hypothécaires reposaient sur l'idée que, tant que les prix continueraient à augmenter, les emprunteurs pourraient se refinancer à tout moment. Mais, dès que les prix ont commencé à baisser, cette garantie a disparu. De plus en plus d'emprunteurs de prêts hypothécaires se sont retrouvés en défaut de paiement, et les banques ont saisi leurs maisons, ce qui a eu pour effet de faire chuter encore plus les prix et de submerger un nombre toujours plus important de détenteurs de prêts hypothécaires. Fin 2007, une crise nationale des saisies immobilières avait commencé [62].

Durant les premières phases du krach immobilier, la Fed n'a pas réagi. Alors que les saisies immobilières s'intensifiaient, la Fed était toujours préoccupée par les prix du pétrole, même si elle savait que le resserrement de la politique monétaire avait un impact négatif sur le marché du logement et que les prix du pétrole créaient eux-mêmes des conditions de récession, aggravant les pressions sur les prêts hypothécaires. Quand elle a commencé à baisser les taux d'intérêt en septembre 2007, c'était juste au moment où le choc pétrolier s'accélérait. Or, en abaissant les taux d'intérêt cet automne-là, elle a bien montré qu'elle ignorait le risque inflationniste lié au pétrole, lequel avait en grande partie déclenché la crise du crédit hypothécaire. En 2007, la Fed n'était tout simplement pas en mesure de mettre en place une politique monétaire pour répondre à deux problèmes opposés[63].

Le deuxième krach a pris la forme d'une récession. Elle a commencé aux États-Unis au dernier trimestre 2007 et dans la zone euro et en Grande-Bretagne au deuxième trimestre 2008. Ces récessions ont eu pour origine le choc pétrolier et les réponses politiques des banques centrales à ce choc. La hausse des taux d'intérêt a ralenti la croissance. Puis, quand les prix du pétrole ont augmenté au cours du second semestre 2007 et du premier semestre 2008, la confiance et les dépenses des consommateurs ont chuté[64]. Ces récessions ont pris les responsables politiques par surprise, en particulier en Europe. En effet, quand la BCE a relevé les taux d'intérêt en juillet 2008 pour tenter de faire face à ce qu'elle considérait comme le potentiel inflationniste du pétrole, l'économie de la zone euro était en réalité déjà en récession.

Cet été-là, le verdict de King sur la fin de la NICE s'est confirmé. Le spectre qui hantait les décideurs des banques centrales l'été précédant la faillite de Lehman Brothers, qui a eu des ondes de choc encore plus dramatiques dans l'économie mondiale, était celui de la stagflation : une hausse simultanée de l'inflation et du chômage. Pour la zone euro, c'était une perturbation politique autant qu'économique. Si l'on se réfère aux années 1970, cela ne pouvait qu'entraîner un litige intra-européen sur la question de savoir s'il fallait accorder la priorité aux risques immédiats pour l'inflation ou pour la croissance. Bien entendu, l'existence même de la zone euro était censée régler le conflit en faveur de la stabilité des prix. Avant même le resserrement de juillet 2008, alors que la Fed, puis la Banque d'Angleterre, avaient assoupli leur politique en 2007, la BCE n'avait pas suivi. Persuadé que la politique devait être adaptée à la hausse des prix du pétrole, Trichet s'en est tenu au mandat anti-inflationniste de la Banque centrale, inscrit dans le traité de Maastricht [65]. Mais, en insistant sur le fait que la stabilité des prix devait prévaloir, il s'est heurté à de fortes objections de la part des gouvernements espagnol et français [66]. Après l'effondrement des prix du pétrole en juillet 2008, cette profonde rupture de la zone euro au sujet de la politique monétaire s'est temporairement estompée. Mais la faille monétaire structurelle que le pétrole avait provoquée au sein de la zone euro était désormais à nouveau dangereusement exposée – comme nous allons le voir dans le chapitre suivant.

Le troisième krach a été le krach bancaire. Il a commencé le 9 août 2007 par une ruée sur les marchés des pensions. Les banques, à commencer par la banque française BNP Paribas, n'ont pas pu utiliser des titres adossés à des créances hypothécaires comme garantie de financement, et le coût de l'emprunt pour toutes les banques sur les marchés interbancaires a grimpé en flèche. Le fait que les titres adossés à des créances hypothécaires aient précipité cette crise du financement bancaire a semblé lier le krach bancaire de 2007-2008 et le krach immobilier américain, plus qu'ils ne l'étaient en réalité. Comme Bernanke l'a déclaré en 2010 à la commission d'enquête sur la crise financière aux États-Unis, « par rapport à la taille des marchés financiers mondiaux, les pertes potentielles liées aux prêts hypothécaires n'étaient clairement pas assez importantes pour expliquer l'ampleur de la crise ». Au contraire, « les vulnérabilités du système » étaient, selon ses termes, largement ouvertes à « un changement radical des conditions du marché monétaire[67] ». Les banques européennes étaient confrontées à une difficulté singulière : elles avaient besoin d'un financement en devises étrangères, et les marchés du crédit en eurodollars sur lesquels elles s'appuyaient avaient cessé de fonctionner et ne pouvaient pas être réparés. Au lendemain du 9 août, le taux d'intérêt de référence en eurodollar LIBOR a cessé de se caler sur le taux des fonds fédéraux, si bien que les mesures monétaires prises par la Fed en réponse aux pressions de financement des banques n'ont pas allégé les conditions sur les marchés du crédit en dollars extraterritoriaux[68].

Le fait que la Fed n'ait pas pu redresser les marchés du crédit en eurodollars par le biais de la politique monétaire a poussé le système des eurodollars vers la crise envisagée trente ans plus tôt par les banquiers centraux du G10. Tout au long du reste de l'année 2007, les décideurs de la Fed se sont préoccupés de l'écart important entre le LIBOR et le taux des fonds fédéraux. En décembre 2007, ils ont effectivement reconnu que leurs outils politiques existants étaient inefficaces. Ils ont alors décidé de fournir des swaps en dollars à la BCE, à la Banque d'Angleterre et à la Banque nationale suisse pour qu'elles les transmettent aux banques européennes engagées sur les marchés du crédit en eurodollars. Cette fourniture de liquidités en dollars a amorcé le renflouement par la Fed des principales banques européennes et a apporté la réponse, en pratique la seule possible, à la question de 1974, qui était de savoir si la Fed était bien le prêteur de dernier recours des marchés de l'eurodollar.

Toutefois, les swaps en dollars n'ont pas pu empêcher la crise financière de se propager. La ligne de financement de l'Asie de l'Est vers les marchés hypothécaires américains, *via* Fannie Mae et Freddie Mac, a conjugué le krach immobilier américain, la crise du financement bancaire et les récessions provoquées par le pétrole. À la recherche d'un rendement plus élevé sur les investissements en dollars, la Chine d'est dotée d'un fonds souverain au début de l'année 2007. Au cours du second semestre de cette année-là, ce fonds a réalisé des investissements qui ont permis de recapitaliser un certain nombre de banques américaines, dont Bear Stearns, une des cinq grandes banques d'investissement américaines. Mais quand la crise du financement de Bear Stearns s'est aggravée au début de l'année 2008, le fonds s'est retiré de toute discussion sur de nouvelles injections de capitaux, ce qui a précipité la vente forcée de Bear Stearns à JP Morgan. La chute de Bear Stearns a ensuite entraîné une détérioration rapide des conditions sur les marchés des pensions. Les banques centrales chinoise et japonaise ont réagi à cette augmentation des risques de liquidité en vendant des obligations Fannie Mae et Freddie Mac, poussant les deux sociétés de crédit hypothécaire vers l'insolvabilité. En septembre 2008, le Trésor américain et la Réserve fédérale ont placé Fannie Mae et Freddie Mac sous tutelle fédérale, garantissant explicitement l'intégralité de leur dette.

Ce sauvetage a permis d'éviter à l'économie mondiale une explosion monumentale de « Chimerica », et ce qui aurait autrement été une crise du dollar à grande échelle. Mais, compte tenu de la taille du portefeuille de titres adossés à des créances hypothécaires de Fannie et Freddie, il a également engendré de nouvelles turbulences dans le financement bancaire et sur les marchés de l'eurodollar. Ces nouvelles turbulences ont aggravé la crise croissante de Lehman Brothers, la banque d'investissement américaine qui était le principal canal de recyclage des eurodollars sur les marchés du crédit américains[69]. Ayant assumé quelques jours auparavant de nouveaux engagements massifs, le gouvernement américain n'aurait guère pu considérer le renflouement de Lehman autrement que comme un énorme risque politique. Mais, quand il a permis à cette banque d'investissement vieille de 158 ans de faire faillite, les marchés de financement bancaire se sont complètement figés. Dans la panique qui a suivi, le gouvernement Bush et les gouvernements européens ont été contraints de sauver non seulement les banques, mais aussi d'autres sociétés financières, dont le conglomérat d'assurance américain AIG.

Pour faire face à la reprise de la crise sur les marchés de financement des banques en dollars, la Fed a doublé la taille des swaps mis à la disposition des banques centrales européennes. Un mois plus tard, elle a déclaré que ses accords de swap avec la BCE, la Banque d'Angleterre et la Banque de Suisse seraient augmentés pour répondre, selon ses propres termes, à « tout volume de financement en dollars américains nécessaire [70] ». Alors que la Fed tentait de stabiliser ces marchés, le krach bancaire est entré en collision avec les récessions provoquées par le pétrole. En Amérique du Nord, en Europe et dans certaines économies asiatiques, la production et l'emploi ont encore reculé. La faiblesse de la demande étant désormais généralisée, le commerce international s'est rapidement contracté, mettant à mal le secteur des exportations chinois. Craignant pour la croissance et la stabilité politique du pays, le gouvernement chinois s'est lancé en novembre 2008 dans un plan de relance de près de 600 milliards de dollars, financé par la dette et axé sur la demande intérieure de produits manufacturés et de matières premières, avec de nombreux projets de centrales au charbon.

Une crise sans fin

La croissance est bien repartie après les multiples krachs de 2007-2008. D'ailleurs, en 2019, la reprise économique américaine qui a suivi la récession de 2007-2009 est la plus longue jamais enregistrée depuis les années 1850. Toutefois, les reprises ont été hésitantes, dans certains cas lentes, et bizarres. Au cours de cette décennie de reprise, l'économie américaine n'a pas connu une seule année de croissance à 3 %, malgré l'important coup de pouce donné par le boom du schiste. (À titre de comparaison, après la récession de 1991, l'économie américaine avait connu plusieurs années de croissance supérieure à 4 %, et elle avait enregistré une croissance de près de 4 % en 2004 avant que l'impact de la hausse des taux d'intérêt et des prix du pétrole ne se fasse sentir.) Le taux de participation au marché du travail – qui mesure la population active, y compris les personnes à la recherche d'un emploi – a continué à baisser jusqu'à la fin de 2015, et, au moment où la crise du Covid-19 a éclaté, il était encore inférieur de plusieurs points de pourcentage à son niveau de 2007 [71]. De manière plus frappante, l'Italie a connu deux autres récessions, et sa reprise après la récession de 2018 s'est enlisée quelque temps avant le début de l'arrêt de l'activité économique en 2020. Avant la pandémie, le PIB italien par habitant était encore nettement inférieur au niveau qu'il avait atteint en 2007.

Pourtant, tout au long de la décennie, la politique monétaire a été extraordinairement accommodante, d'abord aux États-Unis et en Grande-Bretagne, puis, après 2011, également dans la zone euro. Quelles que soient les raisons pour lesquelles cet environnement monétaire facile n'a pas entraîné une croissance plus élevée, en permettant aux entreprises américaines d'extraire de l'huile de schiste, il a atténué la crise énergétique. La politique monétaire a ainsi été reconnectée au pétrole au moment même où les décisions monétaires de la Fed devenaient une contrainte financière pour la Chine, inversant la dynamique qui prévalait avant le krach, quand la Fed avait relevé ses taux de 2004 à 2006 pour réagir aux conséquences de l'augmentation de la demande chinoise de pétrole.

Cette interaction a entraîné une nouvelle série de conséquences perturbatrices. Dans un discours prononcé en 2019, Mark Carney, le gouverneur sortant de la Banque d'Angleterre, a souligné que l'ensemble de l'économie mondiale en était au point où elle peinait dès que la Fed augmentait les taux d'intérêt, même de façon marginale [72]. D'après les recherches de la Banque, a-t-il poursuivi, les effets d'entraînement continus du resserrement de la Fed étaient désormais deux fois plus importants que leur moyenne entre 1990 et 2004, en dépit du fait que le produit intérieur brut américain, en tant que part du produit intérieur brut mondial, avait considérablement diminué [73]. Il a affirmé que, du fait de la primauté à long terme du dollar, « il était de plus en plus difficile pour les responsables de la politique monétaire d'accomplir leurs mandats nationaux de stabilisation de l'inflation et de maintien du potentiel de la production [74] ».

Structurellement, ce scepticisme à l'égard de ce que la politique monétaire pouvait réaliser rappelle le jugement émis par son prédécesseur Mervyn King quatorze ans plus tôt, quand il avait annoncé la fin de la NICE. Pour King, c'était le pétrole le problème, et non le dollar. Il avait à la fois tort et raison. Il n'avait pas compris que la politique monétaire pouvait servir à augmenter l'offre de pétrole. Comme ce pétrole provenait des États-Unis, l'hypothèse parallèle de Trichet, selon laquelle le pétrole entraînait un transfert de pouvoir au détriment des pays occidentaux, était également erronée : le pouvoir énergétique et financier des États-Unis s'est accru après 2008. Le problème – comme le montrera le chapitre suivant – était que le pétrole et le dollar allaient engendrer de nouveaux problèmes économiques en plus de leurs ravages géopolitiques, en particulier pour les instruments de politique monétaire sur lesquels les décideurs américains avaient tout misé à la fin de 2008.

6

Nous ne sommes plus au Kansas *

Au cours du week-end des 7 et 8 mars 2020, Mohammed ben Salman a pris la décision fatidique d'inonder les marchés pétroliers au moment même où la demande chutait rapidement. Le lundi matin, la chute des prix du pétrole a entraîné celle des prix des actions et des obligations, et les banques et les entreprises en dehors des États-Unis qui dépendent des marchés du crédit en dollars se sont précipitées pour trouver des financements. Au regard de l'histoire, le krach financier qui s'est ensuivi a été spectaculaire. Seul le krach boursier d'octobre 1987 a été plus important que la chute en pourcentage de l'indice Dow Jones du 16 mars, et celle du 12 mars a de même été beaucoup plus forte que toutes celles observées en 2008. Deux semaines après le krach, l'indice boursier S & P 500 avait perdu près de 30 % par rapport au sommet historique atteint un mois plus tôt [1]. Entre le 9 et le 18 mars, les rendements des obligations à long terme du Trésor américain ont augmenté de plus de 250 % [2]. En cas de crise, ces obligations sont censées servir d'actifs sûrs. Au lieu de cela, elles ont elles aussi contribué à la panique.

Confrontée à un nouveau krach financier, la Fed est revenue au schéma qu'elle avait établi en 2007-2008. Dans la soirée du dimanche 15 mars, elle a tenté de calmer les nerfs des investisseurs avant la réouverture des marchés en ramenant les

---

* Allusion au *Magicien d'Oz*.

taux d'intérêt à zéro, en lançant un cinquième programme d'assouplissement quantitatif et en réactivant les lignes de swap pour les banques centrales avec lesquelles elle avait conclu des accords de swap permanents. Ces mesures sont restées sans effet : les investisseurs ont continué à vendre à peu près tout ce qu'ils pouvaient, même l'or. Les liquidités en dollars leur suffiraient.

Au cours de la première semaine de la crise, l'Europe a également eu comme un sentiment de déjà-vu. Le 12 mars, Christine Lagarde, la présidente de la Banque centrale européenne qui avait pris ses fonctions seulement cinq mois plus tôt, a fait remarquer lors d'une conférence de presse que « nous ne sommes pas là pour combler les écarts[3] », reniant ainsi la rhétorique du « quoi qu'il en coûte » de son prédécesseur Mario Draghi, lequel, à l'été 2012, avait commencé à convaincre les investisseurs que la zone euro était irréversible. Les rendements obligataires italiens ont grimpé en flèche, tout comme la colère des Italiens. Mais les propos désastreux de Lagarde n'ont pas suffi à effacer la BCE telle que l'avait conçue Draghi. Moins d'une semaine plus tard, la BCE a annoncé son propre programme d'assouplissement quantitatif de 750 milliards d'euros – le programme d'achat d'urgence face à la pandémie (PEPP).

Alors que les banques centrales du monde entier étaient en plein désarroi, le dollar a grimpé par rapport à la presque totalité des autres devises. La crise financière chinoise de 2015-2016 avait dévoilé la vulnérabilité des pays émergents face à la fuite des capitaux vers le dollar. Or, les économies avancées n'étaient plus censées connaître de telles contraintes de taux de change. Pourtant, au cours de la deuxième semaine de la crise financière pandémique, l'euro, la livre sterling et le dollar canadien semblaient à peine différents des monnaies des pays en développement en état de siège. Le jour même de l'intervention de la BCE, la livre sterling a chuté si brutalement que les marchés obligataires britanniques ont sombré dans le chaos. La Fed a proposé des swaps à d'autres banques centrales. Mais les marchés du crédit en dollars ont continué à se détériorer, et les turbulences sur les marchés des changes n'ont pas diminué.

Apparemment vaincue, la Fed s'est alors tournée vers des outils politiques encore plus radicaux. Le 23 mars, elle a annoncé l'assouplissement quantitatif baptisé « Infinity » : un programme d'achat de bilan couvrant pratiquement tous les actifs des investisseurs, y compris la dette des entreprises. Cela a calmé les marchés financiers américains et les taux de change des États ayant accès aux dollars de la Fed. Mais les mesures prises par la Fed laissaient encore une grande question sans réponse : si nécessaire, la Fed pourrait-elle étendre une ligne de swap en dollars à Pékin ? La réponse, floue, a eu des conséquences : la Chine n'a obtenu aucun swap, mais, le 31 mars, la Fed a annoncé que les États ne disposant pas de lignes de swap pourraient emprunter sur leurs avoirs en titres du Trésor américain, dont la Chine détient un énorme portefeuille [4].

Le krach financier de mars 2020 a en partie rassemblé en quelques jours le krach financier de 2007-2008, la crise de la zone euro de 2009-2012 et la crise financière chinoise de 2015-2016. Il a en outre amplifié les réactions des différentes banques centrales. La Fed s'est mise à acheter tous les actifs des investisseurs. La BCE s'est d'abord souciée de son mandat avant de recourir à l'assouplissement quantitatif trois jours seulement après la Fed et un jour plus tôt que la Banque d'Angleterre. La banque centrale chinoise a utilisé ses réserves en dollars pour protéger le renminbi et a dû recourir ouvertement à l'aide de la Fed.

Mais ce kaléidoscope de faits ne raconte que partiellement quels étaient les enjeux de mars 2020 et ne dit presque rien des changements économiques et géopolitiques survenus au cours des douze années précédentes. La relation de la Chine et de l'Europe avec les opérations bancaires internationales s'était en partie inversée. En effet, les banques chinoises avaient pris une telle importance qu'elles ont éclipsé leurs homologues européennes. En 2007, neuf des dix plus grandes banques du monde, classées en fonction de la taille de leurs actifs, étaient européennes ; aucune n'était chinoise [5]. En mars 2020, les quatre plus grandes banques, classées en fonction de la taille de leurs actifs, étaient chinoises. Parmi les dix premières banques classées en fonction de leur capitalisation boursière, cinq étaient chinoises, et il n'y avait qu'une seule banque européenne, HSBC, très présente à Hong Kong [6]. À cause de cette croissance du secteur bancaire chinois, au moment même où les relations économiques sino-américaines se durcissaient sur le plan géopolitique, la Chine s'est davantage intégrée dans le monde financier international, où la Fed joue le rôle de prêteur de dernier recours.

Dans les semaines qui ont suivi le krach financier de mars 2020, une crise politique à Hong Kong a failli faire disparaître la distinction entre l'intégration financière de la Chine dans l'économie mondiale et la guerre commerciale et technologique sino-américaine. Hong Kong était le centre financier international qui reliait la Chine au reste du monde. Au cours du second semestre de 2019, la ville a été le théâtre de manifestations, parfois violentes, en faveur de la démocratie. À l'époque, Donald Trump s'en était lavé les mains, déclarant que Hong Kong était l'affaire de la Chine [7]. Mais en mai 2020, quand les manifestants hongkongais sont redescendus dans la rue, Hong Kong est devenu un élément de la discorde générale qui régnait dans les relations entre Washington et Pékin. En imposant une législation sur la sécurité nationale à Hong Kong, la Chine a effectivement mis fin aux accords de gouvernance de la ville conclus avec la Grande-Bretagne en 1984. En réponse, le gouvernement Trump a déclaré qu'il révoquerait le statut commercial de Hong Kong, ce qui signifiait que les États-Unis traiteraient désormais Hong Kong comme faisant partie de la Chine sur le plan économique.

Du pétrole aux swaps de dollars en passant par le statut de Hong Kong en tant que centre financier international, l'économie mondiale était géopolitiquement à un point de rupture avant que la pandémie ne frappe. C'est dans ce contexte que le monde monétaire de l'après-2008 a été confronté à un moment fatidique en mars 2020. Mais la capacité des banques centrales de ce même monde à soutenir la dette a également permis aux gouvernements, précisément à cet instant, de mettre sur pause une grande partie de l'économie mondiale, et ce pendant plusieurs mois. Pour comprendre les flux perturbateurs issus du monde économique de l'après-2008 et leurs retombées positives pendant la pandémie, il faut remonter à la réaction de la Fed au krach financier de 2007-2008 : sans elle, le monde économique et énergétique actuel n'existerait pas [8].

Le monde qu'a fait la Fed

Le krach de 2007-2008 n'a rien eu d'une crise banale. Dans un environnement de crédit fonctionnel, la Fed aurait été en mesure de revigorer les marchés du crédit en assouplissant considérablement sa politique monétaire, ce qui aurait permis de retrouver le chemin de la croissance dans l'économie réelle. Mais les marchés de l'eurodollar ont fondamentalement compliqué le fonctionnement du système financier. Le fait que la réduction des taux d'intérêt ait été loin de suffire pour stabiliser les marchés de financement bancaire a contraint la Fed à devenir le prêteur de dernier recours des marchés de l'eurodollar. Les actions de la Fed ont permis d'éviter l'effondrement des principales banques européennes. Mais elles ont également créé une hiérarchie financière et monétaire à forte connotation géopolitique. Dans le monde monétaire de l'après-2008, la Fed a choisi les banques des pays dont elle soutiendrait les emprunts en dollars [9]. En Asie, elle a notamment soutenu les banques centrales de Singapour et de Corée du Sud, mais pas celles de l'Inde et de la Chine [10].

En sauvant les marchés de l'eurodollar, la Fed ne les a pas ramenés à leur fonctionnalité d'avant août 2007 [11]. Au niveau global, l'environnement international du crédit s'est rétréci. En proportion du PIB mondial, les flux de capitaux internationaux en 2019 ont été nettement inférieurs à ce qu'ils étaient en 2007. Mais cette césure était principalement d'origine européenne, liée en particulier aux banques britanniques. Sur les marchés émergents, notamment la Chine, les flux de crédit transnationaux ont augmenté [12]. Par conséquent, après 2008, l'économie chinoise est devenue plus sensible à l'environnement de crédit en dollars, même si la Chine a été laissée en dehors de la structure de soutien de la Fed pour la dette étrangère en dollars.

Les trois programmes d'assouplissement quantitatif de la Fed et sa politique de taux d'intérêt zéro sur sept ans ont coupé encore plus nettement le monde monétaire et financier de celui qui l'avait précédé [13]. L'assouplissement quantitatif QE1 a été motivé par la crise du crédit hypothécaire américain. En novembre 2008, la Fed a commencé à acheter de la dette et des titres hypothécaires émis par Fannie Mae et Freddie Mac [14]. Au cours des six années suivantes, la Fed a acheté pour 2 300 milliards de dollars de titres hypothécaires [15]. Ces achats ont conduit les taux nominaux à long terme des prêts hypothécaires liés à ces sociétés à un niveau historiquement bas. Mais l'assouplissement quantitatif n'a pas pu mettre fin à la crise des saisies immobilières. En effet, le soutien apporté par l'assouplissement quantitatif à Fannie Mae et Freddie Mac a été la cause d'une nette séparation entre les détenteurs américains de prêts hypothécaires. Ceux dont les prêts étaient déjà garantis par les deux sociétés hypothécaires agréées par le Congrès, ou ceux qui pouvaient prétendre à l'une d'entre elles, avaient accès à un mécanisme de refinancement *via* des taux d'intérêt plus bas, ce qui n'était pas le cas des autres emprunteurs, qui avaient contracté des prêts à haut risque. Comme nous le verrons au chapitre 9, cela a eu de graves conséquences sur la politique américaine.

L'assouplissement quantitatif est rapidement devenu un moyen de soutenir les emprunts du gouvernement fédéral. La Fed a ajouté des achats d'obligations du Trésor au premier programme d'assouplissement quantitatif en mars 2009. Dans le deuxième programme d'assouplissement quantitatif, qui a débuté en novembre 2010 et s'est poursuivi jusqu'en juin 2012, et dans le troisième, qui a commencé en septembre 2012 et s'est achevé en octobre 2014, les obligations du Trésor ont occupé le devant de la scène. Ces achats ont permis au gouvernement américain d'afficher un déficit beaucoup plus important qu'avant 2008.

Quelle que soit son utilité macroéconomique, l'assouplissement quantitatif a eu des conséquences systémiques perturbatrices. Certaines découlaient de l'inflation du prix des actifs. En faisant baisser les rendements obligataires, la Fed a nécessairement poussé les prix des actifs à la hausse. Cela a amélioré les bilans des banques, fourni une source facile de liquidités et maintenu les taux d'intérêt pour leurs emprunts à un niveau proche de zéro. Mais, en soutenant simultanément les prix des actifs et le crédit bon marché, elle a fortement incité les entreprises à emprunter pour racheter leurs propres actions plutôt que d'investir dans la capacité de production. Comme l'a souligné le Fonds monétaire international dans son rapport de 2019 sur la stabilité financière dans le monde, la forte augmentation des rachats d'actions a également entraîné une augmentation de la prise de risques financiers par de nombreuses grandes entreprises américaines. Quand la pandémie a frappé, leurs réserves de liquidités étaient par conséquent faibles [16]. Plus généralement, la hausse des prix des actifs a évidemment profité à ceux qui en possédaient déjà [17]. Étant donné que les personnes plus âgées sont plus susceptibles de posséder des actifs, l'assouplissement quantitatif a accru l'inégalité des richesses entre les générations [18]. Ces deux phénomènes se sont rapidement répercutés sur les marchés de l'immobilier. Dans certains pays, les prix de l'immobilier dans les grandes villes ont augmenté de façon spectaculaire, l'immobilier devenant de plus en plus un actif d'investissement international. La hausse des prix et le fait que les prêteurs hypothécaires exigeaient souvent des dépôts beaucoup plus élevés qu'avant 2007-2008 ont fait chuter le taux d'accession à la propriété chez les jeunes [19]. Avec un plus grand nombre de personnes bloquées sur les marchés locatifs, les loyers sont eux aussi montés en flèche dans les villes où une inflation rapide des prix de l'immobilier s'est produite.

L'assouplissement quantitatif a en outre influencé les flux de capitaux d'investissement. Le rendement extrêmement faible des obligations du Trésor américain a entraîné une recherche de rendement ailleurs. Dans les années qui ont suivi 2008, c'est ce qui a attiré de grandes quantités d'argent vers les marchés émergents [20]. Cela a également mis le feu au marché des obligations pourries des entreprises, où, pour compenser le risque accru de défaillance, les taux d'intérêt sont plus élevés [21]. Dans l'économie productive, les principaux bénéficiaires de cette recherche de rendement ont été les entreprises du secteur du schiste, qui ont acquis une réserve de liquidités faciles [22]. C'est ce crédit qui a rendu la production de l'huile de schiste financièrement viable alors que, même avec les prix élevés qui avaient prévalu entre 2011 et fin 2014, il n'y avait aucune perspective de profit pour ces entreprises. À l'époque de la première guerre du Golfe, James Schlesinger – secrétaire à la Défense de Nixon et Ford et secrétaire à l'Énergie de Carter – avait déclaré à propos du schiste : « Nous n'avons pas trouvé de mécanisme pour surmonter les obstacles liés aux coûts de ces nouvelles technologies et, en tant que nation, nous ne sommes pas prêts à payer des prix plus élevés pour l'énergie afin de disposer d'un approvisionnement national plus important[23]. » La politique monétaire accommodante de la Fed après le krach, à un moment où la demande chinoise garantissait une reprise rapide des prix du pétrole, a été le remède involontaire à la stagnation de la production conventionnelle de pétrole produit par les méthodes de forage traditionnelles.

Si l'assouplissement quantitatif était à l'origine prévu pour être temporaire, le retour à une certaine normalité monétaire s'est révélé impossible dans la pratique. En mai 2013, Ben Bernanke, le président de la Fed, a déclaré devant une commission du Congrès que, si l'économie continuait à croître, la Fed pourrait, au cours de ses réunions des mois suivants, décider de réduire ses achats d'obligations. Paniqués, les investisseurs financiers ont réagi en vendant des obligations, ce qui a entraîné une hausse des taux d'intérêt sur les bons du Trésor. Cette « taper tantrum * », comme on a surnommé la réaction extrême des marchés, a encouragé la Fed, lors de sa réunion des 17 et 18 septembre, à choisir de ne pas réduire ses achats. Trois mois plus tard, elle a commencé à le faire. Mais la prudence l'emportait désormais : l'assouplissement quantitatif s'est poursuivi jusqu'en octobre 2014.

Presque aussitôt, les prix du pétrole ont engendré une nouvelle contrainte sur la politique monétaire. Le krach pétrolier de la fin 2014, provoqué par le schiste – ainsi que nous l'avons vu dans les chapitres 2 et 3 –, a accéléré une tendance de l'inflation déjà à la baisse. À la mi-2015, le FMI mettait en garde contre une spirale de déflation de la dette, tandis que la Fed, qui cherchait désespérément à normaliser sa politique, s'efforçait d'augmenter les taux d'intérêt[24]. Lorsque la Fed a finalement agi en décembre 2015, l'inflation américaine n'était que de 0,1 %, et une nouvelle récession était clairement une possibilité à court terme.

---

* Littéralement, « crise de nerfs de la réduction ».

Ce retrait tardif de l'assouplissement quantitatif et des taux d'intérêt nuls a également constitué un choc géopolitique et économique pour le reste de l'économie mondiale. Dans certains États n'ayant pas accès en urgence à des swaps de dollars, la tentative de la Fed de faire marche arrière a été un désastre, car elle offrait aux investisseurs la perspective d'un rendement plus élevé sur les bons du Trésor américain. Les difficultés de certains de ces États ont eu des répercussions géopolitiques considérables. Cela vaut particulièrement pour l'Ukraine. Dès que Bernanke a évoqué la possibilité d'une réduction, les investisseurs ont vendu les obligations ukrainiennes. Le gouvernement de Viktor Ianoukovitch s'est ainsi trouvé dans l'impossibilité de refinancer sa dette sur les marchés obligataires, ce qui l'a poussé à se tourner vers Moscou en quête d'aide financière et de gaz moins cher, un impératif alimenté par le faible soutien offert par le FMI et l'UE [25]. Dans d'autres pays, et notamment la Chine, le problème était l'instabilité financière et le ralentissement de la croissance. À l'été 2015, la préparation de la Fed à sa première hausse des taux d'intérêt après le krach a plongé la Chine dans une crise financière. Pékin ayant réagi à la fuite massive des capitaux en vendant ses réserves en dollars, l'instabilité financière de la Chine a compliqué la poursuite de la hausse des taux par la Fed. En dévaluant le renminbi, le pays a également attisé la colère protectionniste du Congrès américain, au moment précis où commençaient les primaires pour l'élection présidentielle de 2016.

L'Europe qu'a faite la zone euro

Si la Fed a modifié le monde économique par ses actions monétaires et financières en 2007-2008, la BCE a modifié l'UE d'abord par ce qu'elle n'a pas fait et, en partie du moins, n'a pas pu faire [26]. Bien que cela n'ait pas été parfaitement compris à l'époque, la crise de la zone euro a commencé par la crise bancaire européenne en août 2007 et la nécessité pour la Fed de fournir un soutien financier à grande échelle à diverses banques du nord de l'Europe [27]. Quand la gravité des problèmes budgétaires de la Grèce est devenue manifeste à partir de la fin 2009, une double crise de la zone euro a vu le jour. D'une part, la contagion des marchés obligataires a entraîné une hausse considérable des coûts d'emprunt pour les États d'Europe du Sud et l'Irlande. D'autre part, les banques qui avaient acquis de vastes actifs en dollars et dépendaient de financements à court terme en dollars étaient désormais exposées en raison de leurs prêts à grande échelle à l'Europe du Sud et à l'Irlande. Le risque de défaillance sur ces actifs est devenu une raison pour laquelle les investisseurs et les autres banques n'ont pas voulu prêter aux banques d'Europe du Nord. Par conséquent, entre la mi-2010 et l'été 2012, chaque fois que les gouvernements et les entreprises d'Europe du Sud n'ont pas été en mesure de renouveler leur dette sur les marchés obligataires, les banques d'Europe du Nord ont été confrontées à un problème parallèle sur les marchés de financement en dollars [28].

La crise a disloqué la zone euro en tant que bloc monétaire. Les investisseurs ont cessé de considérer qu'il revenait au même de prêter à l'Allemagne ou à n'importe quel autre membre de la zone euro. Par conséquent, chaque gouvernement devait maintenir aussi bas que possible ce qui était désormais l'« écart » entre le taux auquel il pouvait emprunter et le taux auquel l'Allemagne pouvait emprunter. À un moment donné, le Premier ministre français François Fillon a déclaré que « la première chose » qu'il consultait « tous les matins, c'était le différentiel de taux entre la France et l'Allemagne [29] ».

D'un point de vue structurel, le différentiel de taux a réintroduit l'asymétrie du mécanisme de change (MCE) sous une nouvelle forme. Cette asymétrie a été renforcée par ce qui était devenu une autre divergence entre l'économie allemande – encore une fois, comme pour le MCE avec les Néerlandais –

et le reste de la zone euro autour de l'excédent commercial de l'Allemagne. En 2004, l'excédent de la balance courante allemande a dépassé son précédent record de 1989. Il s'est ensuite gonflé jusqu'à devenir, en termes absolus, le plus important du monde. Ce résultat n'est pas le fruit du hasard. Il est plutôt la conséquence des réformes du marché du travail entreprises par le gouvernement de coalition social-démocrate-vert de 1998-2005 à Berlin, qui ont culminé en 2005 avec la fin de l'ancien État-providence allemand, lequel protégeait largement les revenus des citoyens contre le chômage. Le corollaire de cet excédent commercial structurellement élevé de l'Allemagne a été un déficit commercial dans de nombreux autres États de la zone euro [30].

Pour les États les plus faibles de la zone euro, la dynamique qui s'en est suivie a été pire que celle du MCE. Afin de faire face à l'écart, les gouvernements ont dû défendre leur crédibilité sur les marchés financiers. Mais ils ne disposaient plus de banques centrales nationales capables de prendre des décisions monétaires à même de réduire la pression sur les marchés obligataires. De plus, le traité de Maastricht interdisant à la BCE d'acheter directement la dette émise par les États membres, la BCE ne pouvait pas non plus se porter garante des obligations souveraines. Sans capacité de prêteur de dernier recours au niveau national ou européen, il n'était pas possible de mettre fin aux différences de coûts d'emprunt [31]. Il a alors fallu renflouer les pays exclus des marchés de capitaux – comme la Grèce, l'Irlande et le Portugal à divers moments en 2010-2011 –, même si le traité de Maastricht l'interdisait également.

En 2010 et 2011, la Grèce, l'Irlande et le Portugal sont convenus de programmes de crédit avec la Commission européenne représentant l'Eurogroupe (les ministres des Finances des États de la zone euro), la BCE et le FMI. Ces trois créanciers ont été collectivement rebaptisés la « troïka ». Les prêts accordés par la troïka étaient assortis de conditions imposées par l'Allemagne, qui ont contraint ces gouvernements à réduire leurs dépenses publiques, à augmenter les impôts et à réformer les systèmes d'emploi et de protection sociale, dans le but de reproduire l'excédent commercial allemand. Sachant que le résultat escompté était en fait inatteignable sans que l'Allemagne mène des politiques visant à réduire son propre excédent commercial, cette dynamique ne pouvait en pratique que renforcer le problème de la propagation qui menaçait l'existence de la zone euro [32].

Pour que la zone euro survive, il fallait que la BCE change. Aussitôt après l'accord sur le premier plan de sauvetage de la Grèce en mai 2010, elle a commencé à le faire en mettant en place un programme de marché des titres (SMP) pour acheter des obligations souveraines indirectement sur les marchés secondaires. Mais, en se réformant, la BCE s'est immédiatement heurtée à des difficultés politiques : personne ne pouvait sérieusement croire que ce programme d'achat était compatible avec l'intention qui sous-tendait le traité de Maastricht [33]. Si cette question pouvait être ignorée dans certains pays de la zone euro, ce n'était pas le cas en Allemagne. La Bundesbank a voté contre le SMP. Plus tard, le président de la Bundesbank et le représentant allemand au directoire de la BCE ont démissionné à cause de cette question. Plus grave encore, la mise en place improvisée de réformes dans la zone euro sans modifier sa structure juridique ne pouvait que raviver les tensions politiques jusque-là latentes, créées par la décision de 1993 de la Cour constitutionnelle fédérale allemande, selon laquelle l'extension de l'autorité de l'UE devait être compatible avec la loi fondamentale allemande. La politique allemande a alors misé sur la prudence, si bien que la BCE, après avoir lancé un programme d'achat, s'est très vite montrée extrêmement timide dans son application. Entre autres, la BCE a cessé d'acheter de la dette grecque quelques semaines après avoir commencé [34].

En 2011, avant que Mario Draghi ne trouve une issue à cette impasse, l'escalade des prix du pétrole a aggravé la crise de la zone euro et accentué le désaccord monétaire qui l'avait durablement précédée. Sous l'effet d'une demande chinoise toujours croissante et de l'absence de production d'huile de schiste à grande échelle, les prix sont repassés au-dessus de 100 dollars le baril début 2011, et ils s'y sont maintenus jusqu'à la mi-2014. Même avec la perspective d'une inflation plus élevée, la Fed a décidé de ne pas augmenter les taux d'intérêt. En revanche, la BCE a accordé la priorité à son mandat légal, à savoir la garantie de la stabilité des prix. De fait, pour justifier deux hausses de taux d'intérêt en 2011, Jean-Claude Trichet a déployé à peu près les mêmes arguments sur les dangers inflationnistes du pétrole qu'en juillet 2008. Cette fois, il ne faisait aucun doute que plusieurs économies de la zone euro étaient en grande difficulté : quand la BCE a pris sa première mesure, la Grèce, l'Espagne et le Portugal étaient en récession, et, au moment de la deuxième, l'Italie, la Slovénie et Chypre les avaient rejoints [35]. Les mesures prises par la BCE ont rendu la croissance encore plus difficile. À la fin de l'année, l'économie agrégée de la zone euro était en récession. Elle le resterait jusqu'au début de 2013.

Si la BCE ne pouvait pas soutenir de manière décisive la dette publique et restait liée à un mandat de stabilité des prix, alors le corollaire devait être une zone euro avec de fortes contraintes conventionnelles sur les emprunts souverains, et dont les gouvernements devaient se soumettre à une discipline anti-inflationniste. Ce qui n'était pas le cas. Le pacte de stabilité et de croissance avait établi des règles budgétaires pour la zone euro. Mais sa crédibilité avait été fatalement mise à mal en 2003 quand les gouvernements français et allemand l'avaient enfreint sans être sanctionnés [36]. En outre, la dernière chose que les gouvernements présidant des économies en récession étaient prêts à envisager, c'étaient des changements de politique susceptibles d'entraver la croissance à court terme.

À l'été 2011, l'Italie et l'Espagne semblaient sur le point de rejoindre la Grèce, l'Irlande et le Portugal. Il fallait que quelque chose change [37]. Le cadre de sauvetage mis en place pour la Grèce était incapable de soutenir ces économies plus importantes, et l'ampleur de l'exposition des banques françaises et allemandes à l'Italie et à l'Espagne a ravivé leurs problèmes de financement en dollars. Au mois d'août, la BCE a adopté une nouvelle tactique. En écrivant au Premier ministre italien Silvio Berlusconi pour exiger des changements de politique, Trichet et le nouveau président de la BCE Draghi ont déclenché la série d'événements – décrits au début du chapitre 4 – qui ont abouti à la nomination par le président italien du cabinet de technocrates de Mario Monti.

La logique brutale de la zone euro, responsable de la destitution de Berlusconi, a été expliquée plus tard par le secrétaire au Trésor d'Obama, après que Merkel et Sarkozy lui avaient demandé de l'aide pour traiter avec Berlusconi. « Le public allemand, a-t-il écrit dans une note personnelle, ne soutiendrait pas, par exemple, un pare-feu financier plus important, plus d'argent pour l'Europe, si Berlusconi présidait ce pays [38]. » Autrement dit, si la BCE devait agir en tant que prêteur de dernier recours pour sauver la zone euro, elle avait besoin du consentement de l'Allemagne, ce qui signifiait que cette dernière aurait un droit de veto implicite sur l'émetteur de la dette et sur l'objectif à atteindre.

De manière moins spectaculaire qu'en Italie, les actions de la BCE au cours de l'été 2011 ont également empêché la politique économique d'être contestée dans le cadre de la vie politique espagnole. Le jour même où Trichet et Draghi ont envoyé leur lettre à Berlusconi, Trichet et le gouverneur de la Banque d'Espagne ont écrit au Premier ministre socialiste espagnol José Luis Rodríguez Zapatero. Ils lui ont demandé que diverses mesures politiques, notamment sur les marchés du travail, soient prises d'ici la fin du mois d'août. Ayant déjà annoncé la tenue d'élections législatives anticipées en novembre, que le Parti populaire de l'opposition semblait en passe de remporter, Zapatero présidait un gouvernement de canards boiteux[39]. À l'approche de la date limite fixée par la BCE, il était clair qu'il était loin de disposer des votes parlementaires nécessaires pour apporter les changements réclamés par la BCE en matière de marché du travail. En quête d'une issue, il s'est entendu avec le chef du Parti populaire Mariano Rajoy pour appliquer une procédure législative d'urgence afin de fixer un plafond constitutionnel aux futurs déficits budgétaires. Après la victoire du Parti populaire aux élections, Mariano Rajoy s'est retrouvé confronté au problème du marché du travail et, comme Zapatero, n'ayant pas les voix nécessaires pour légiférer, il a eu recours à un décret pour faire ce que la BCE lui demandait[40].

Ces interventions avérées dans des démocraties nationales équivalaient à une politique « d'urgence[41] ». La zone euro ne pouvait tout simplement pas fonctionner en 2011 comme elle était censée le faire constitutionnellement, en vertu du traité de Maastricht. Une zone euro où la BCE définissait la politique monétaire et les gouvernements élus des États membres décidaient du reste de la politique économique était une zone euro qui courait à sa perte. Néanmoins, si la BCE continuait à intervenir dans les politiques nationales pour mettre en œuvre les politiques économiques qu'elle jugeait nécessaires, la zone euro serait en proie à des problèmes politiques permanents, une réalité dont la BCE était parfaitement consciente. Ce qui manquait à la BCE, pour reprendre les termes de Trichet, c'était « un ancrage démocratique solide » afin de pouvoir imposer ses exigences aux États membres[42]. Mais, dans le même temps, la Cour constitutionnelle allemande pouvait décider à tout moment que ses actions visant à acheter la dette des États membres étaient anticonstitutionnelles selon la loi fondamentale allemande, ou illégales au regard de la législation européenne. Par conséquent, le consentement de l'Allemagne était à double tranchant. Si l'on voulait que la BCE soit autorisée à acheter de la dette pour soutenir l'Italie, Angela Merkel estimait que Berlusconi devait partir. Mais, en poussant le président italien à destituer Berlusconi, la BCE risquait de pousser davantage de requérants à l'accuser d'abus de pouvoir devant la Cour constitutionnelle allemande.

La seule façon pour la zone euro de résoudre son décalage monétaire-économique était de modifier les traités de l'UE. Sauf qu'une telle ambition se heurterait à des réalités politiques contraires. Un nouveau traité nécessiterait d'impliquer les non membres de l'euro dans la discussion sur des changements dont seuls les membres de la zone euro avaient besoin. Toute révision du traité qui modifierait le mandat légal de la BCE serait également intenable sur le plan politique en Allemagne. Du point de vue de Merkel, le seul moyen d'avancer était un traité qui forcerait les États membres à assumer la responsabilité de leur probité budgétaire en vertu de leurs propres lois et constitutions. Fin 2011 et début 2012, elle a persuadé tous les gouvernements, à l'exception des Britanniques et des Tchèques, d'accepter un tel traité dans ce qui est devenu le « pacte budgétaire ». Mais ce traité n'était pas en adéquation avec le droit européen : en l'absence de deux États membres, il s'agissait d'un traité intergouvernemental et non d'un traité de l'UE en tant qu'entité juridique. Plus problématique encore, la consécration de l'équilibre budgétaire au niveau national supposait un consensus politique à l'échelle de la zone euro sur la politique économique, consensus qui n'existait tout simplement pas, en particulier en France. Cette situation était potentiellement explosive. À contrecœur, le président français Nicolas Sarkozy a apporté son soutien au pacte budgétaire, mais son adversaire socialiste à l'élection présidentielle française de 2012 y était fermement opposé. Lors de cette élection, François Hollande a fait campagne en promettant de renégocier le pacte – comme nous le verrons au chapitre 9 –, et il a gagné. Bien qu'il ait finalement présidé à sa ratification, une fois président, il n'a pas montré d'empressement à s'y conformer.

Mario Draghi et Angela Merkel ont fini par mettre un terme à la crise existentielle de la zone euro au cours de l'été 2012. À eux deux, ils ont convaincu les investisseurs de s'attendre à ce qu'une zone euro élargie perdure. À ce sujet, Draghi n'a plus évoqué le « quoi qu'il en coûte ». « Nous pensons que l'euro est irréversible », disait-il désormais, et « [l'irréversible] n'est pas un vain mot maintenant [43] ». Ce qui a ensuite conféré du poids à ces mots, ce n'est pas tant le fait que Draghi ait développé un nouveau programme d'achat d'obligations – les opérations monétaires sur titres (OMT) – que l'acceptation publique des OMT par Merkel et son ministre des Finances Wolfgang Schäuble. Un diplomate polonais avait expliqué le problème avant le discours de Draghi : « L'Allemagne craint que l'on jette le bébé avec l'eau du bain et que l'on détruise l'euro. Les marchés ont encore besoin d'un signal clair indiquant que l'Allemagne fera ce qu'il faut pour sauver l'euro [44]. » En acceptant les OMT, Merkel et Schäuble ont donné ce signal.

Mais pour le gouvernement grec, une BCE réformée *de facto*, soutenue par la chancelière et le ministre des Finances allemands, était loin d'être suffisante pour sortir l'économie hellène de la catastrophe qui l'avait engloutie, ou pour combler les doutes sur l'avenir de la Grèce au sein de l'euro. À l'été 2011, la BCE n'achetait plus guère d'obligations grecques, et Athènes avait besoin d'un nouveau renflouement [45]. En novembre 2011, le Premier ministre grec Georges Papandréou a annoncé la tenue d'un référendum sur les conditions proposées pour un second renflouement de la Grèce. Merkel et Sarkozy lui ont rapidement fait savoir qu'il ne serait pas question de renflouement si un tel référendum avait lieu. Ils lui ont plutôt conseillé d'organiser un référendum sur l'adhésion de la Grèce à l'euro et à l'UE. En coulisses, les fonctionnaires de la Commission européenne ont travaillé avec le chef de la formation d'opposition Nouvelle Démocratie pour constituer un gouvernement d'unité nationale dirigé par un ancien vice-président de la BCE, Lucas Papadémos [46]. Après l'entrée en fonction de Papadémos, la BCE a mis en place un groupe de travail sur le Grexit sans représentants du gouvernement grec ou de la banque centrale [47]. L'année suivante, quelques jours avant que les électeurs grecs ne se rendent aux urnes, Angela Merkel aurait dit au président grec qu'Athènes devrait organiser un référendum sur le maintien de l'adhésion à l'euro en même temps que les élections législatives [48]. Ce référendum n'a pas eu lieu. Toujours insatisfaite, Merkel a passé les mois d'été à consulter au sujet de l'expulsion de la Grèce. Elle n'y a renoncé qu'après avoir constaté qu'il y avait trop d'inconnues en jeu [49]. Mais, sans le soutien de la BCE, la Grèce continuait à flotter en s'éloignant de la zone euro [50]. Lorsque Draghi a signalé que la Grèce ne serait pas éligible pour les OMT, il aurait difficilement pu être plus clair que le « quoi qu'il en coûte » ne s'appliquait pas à la Grèce [51].

À l'été 2015, la résolution politique de la crise grecque s'est déroulée tandis que Draghi passait à l'assouplissement quantitatif dans la zone euro. En juin 2014, à peu près au moment où la Fed envisageait la fin du QE3, la BCE a annoncé qu'elle intensifiait ses préparatifs en vue d'un programme d'achat d'actifs. Six mois plus tard, le gouvernement grec est tombé et de nouvelles élections ont été convoquées pour le 25 janvier 2015. Une victoire du parti de la gauche radicale Syriza aurait risqué d'entraîner un retour du risque de contagion à l'Italie et à l'Espagne [52]. L'assouplissement quantitatif devait désormais servir à stimuler la croissance et à empêcher que la Grèce ne contamine le reste de l'Europe du Sud. Le 22 janvier, la BCE a annoncé qu'elle lancerait un programme d'assouplissement quantitatif en mars 2015. Trois jours plus tard, Syriza est devenu le plus grand parti du Parlement grec. La BCE a immédiatement indiqué que la Grèce, ainsi que Chypre, ne seraient pas éligibles à l'assouplissement quantitatif [53]. Elle a également restreint l'accès des banques grecques à l'aide d'urgence en cas de problèmes de liquidité.

La difficulté pour le gouvernement dirigé par Syriza était de savoir comment rester dans l'euro maintenant que ceux qui, en Allemagne, voulaient expulser la Grèce de la zone euro avaient une nouvelle occasion d'agir. Il ne s'agissait pas, comme le pensait Yanis Varoufakis, le premier ministre des Finances de Syriza, de savoir comment tirer parti de la menace d'un défaut de paiement de la Grèce pour obtenir une restructuration de la dette grecque ou une réforme de la zone euro. C'était une question de survie pour la Grèce, une réalité devenue palpable après que les électeurs grecs avaient rejeté les conditions d'un troisième plan de sauvetage lors d'un référendum en juin 2015. Plutôt que de formuler des concessions, Wolfgang Schäuble a incité ses collègues ministres des Finances à proposer des mesures supplémentaires sévères en guise de condition pour les prêts, en partant du principe que le Premier ministre grec Alexis Tsipras ne pourrait pas les accepter et qu'il entreprendrait de retirer la Grèce de l'euro. Les choix de la Grèce se sont toutefois révélés plus ardus que ne le pensait Schäuble. Même avec l'offre tacite de prêts supplémentaires ou la perspective d'une restructuration de la dette pour faciliter une sortie, il n'existait pas de moyen ordonné de sortir de la zone euro : la Grèce se serait retrouvée avec d'énormes dettes libellées dans une monnaie étrangère et de grandes questions quant à son avenir au sein de l'UE. Face à un tel gouffre, et aidé par de modestes concessions de Merkel, Tsipras a accepté ce que Schäuble avait jugé impossible, sans toucher à l'appartenance de la Grèce à la zone euro [54].

L'expérience grecque a directement révélé la ligne de faille inhérente dès le départ à une grande union monétaire. Selon Schäuble, la Grèce n'aurait jamais dû être autorisée à rejoindre l'euro, car ce que l'adhésion exigeait était largement incompatible avec la démocratie grecque. La Grèce a survécu à la crise de l'expulsion parce que les impératifs symboliques autour de l'unité européenne qui avaient conduit l'Italie à l'euro avaient encore un impact. Quoi qu'il en soit, Athènes est restée prisonnière de l'union monétaire pré-OMT. Quand la Grèce est sortie de son programme de sauvetage à l'été 2018, Draghi a clairement indiqué qu'elle ne serait toujours pas éligible à l'assouplissement quantitatif[55]. Un an plus tard, quand la BCE a réactivé l'assouplissement quantitatif, elle a de nouveau laissé la Grèce en dehors du programme.

Pourtant, un paradoxe subsistait, qui allait au-delà des lignes de fracture propres à l'UE et à la zone euro. En dépit de l'absence de soutien direct de la BCE, la Grèce est sortie de son troisième programme de sauvetage dans les délais prévus en août 2018, et, en mars 2019, elle a de nouveau vendu des obligations à dix ans sur les marchés financiers internationaux. L'engagement de la BCE en faveur de l'irréversibilité de l'euro ne s'est pas appliqué à la Grèce. Mais l'environnement international du crédit créé par la Fed garantissait que tout taux de rendement positif attirerait les investisseurs, ce qui a permis à la Grèce d'emprunter à des taux qui, avant 2008, auraient semblé absurdes pour un État dont la dette s'élevait à près de 180 % du PIB. Rapidement, cette situation a aussi eu des conséquences sur la position officielle de la Grèce au sein de la zone euro : quand la BCE a dévoilé son programme d'achat d'urgence face à la pandémie, la Grèce y a été intégrée, mettant fin à l'exclusion du pays, qui durait depuis près d'une décennie, de la structure de soutien de la dette par l'achat d'obligations de la BCE.

***

De manière fort différente, la crise de la zone euro a ouvert la voie qui a conduit la Grande-Bretagne à quitter l'UE. Certes, ce n'est pas la crise qui a causé le Brexit. Mais elle a eu un effet destructeur sur les lignes de fracture qui existaient autour de l'appartenance de la Grande-Bretagne à l'UE. Et elle a surtout joué sur le lien entre l'exclusion de la Grande-Bretagne de l'union monétaire, son inclusion dans le marché unique et la position de Londres en tant que centre financier de la zone euro. Souhaitant disposer d'une plus grande discrétion réglementaire sur les transactions en euros, la BCE espérait mettre fin à la prédominance de la chambre de compensation de Londres en tant qu'intermédiaire dans l'achat et la vente d'instruments financiers libellés en euros, en particulier les produits dérivés. Pour le gouvernement britannique, les propositions de la BCE en 2011 en faveur de nouvelles règles de compensation en euros violaient la loi sur le marché unique en établissant une discrimination entre les membres de la zone euro et les non membres. Il a saisi la Cour de justice de l'Union européenne et a finalement obtenu gain de cause. Mais, en rendant son jugement, la Cour ne s'est pas prononcée sur le principe de non-discrimination sur lequel reposait l'hypothèse britannique de longue date selon laquelle le marché unique et l'union monétaire pouvaient être compartimentés [56].

Alors que le marché unique et la zone euro interagissaient pour produire des résultats différents dans des conditions de crise, la monnaie politique dominante pour exercer une influence au sein de l'UE a également changé, au détriment de la Grande-Bretagne. Par le biais des renflouements et de la tolérance à l'égard des objectifs budgétaires non atteints, l'Allemagne a acquis une nouvelle gamme de paiements indirects *de facto* à distribuer. En revanche, le gouvernement britannique a eu du mal à trouver des alliés sur les questions économiques, même parmi les États non membres de l'euro, car il était le seul à avoir un problème lié à Londres, et la Suède et le Danemark – les deux autres pays d'Europe du Nord qui n'étaient pas membres de l'euro – ont pour l'essentiel aligné leur politique monétaire sur celle de la BCE après le krach.

L'affaiblissement de l'influence politique britannique dans le sillage de la crise de la zone euro s'est manifesté de manière flagrante lors du sommet européen de décembre 2011. C'est là que les États de l'UE, sauf la Grande-Bretagne, se sont mis d'accord sur le contenu de ce qui est devenu le pacte budgétaire [57]. David Cameron a vu dans le souhait de Merkel d'un nouveau traité européen l'occasion d'obtenir de nouvelles garanties pour les services financiers britanniques au sein du marché unique contre les décisions réglementaires dictées par la zone euro. Mais, pour Merkel, la participation britannique à un nouveau traité européen était justement le défaut d'un tel traité, puisque, en vertu de la loi sur l'UE de 2011 adoptée par le Parlement britannique, le transfert de pouvoirs à l'UE nécessiterait un référendum britannique [58]. Incapable de faire valoir ses exigences pour protéger la position de Londres, Cameron a opposé son veto à la proposition de traité au niveau de l'Union. Ne voulant pas que la zone euro soit l'otage des enjeux la politique intérieure britannique, Angela Merkel a opté pour un traité intergouvernemental qui ne nécessitait pas le consentement des Britanniques [59].

C'est l'échec de Cameron en décembre 2011 qui a préparé le terrain à sa décision, en janvier 2013, d'engager un futur gouvernement à majorité conservatrice à renégocier les termes de l'adhésion de la Grande-Bretagne, puis à organiser un référendum sur le maintien de la Grande-Bretagne dans l'UE. Mais, lorsque les conservateurs ont remporté les élections générales de 2015 et ont pu honorer la promesse de M. Cameron, les problèmes engendrés par la crise de la zone euro pour la Grande-Bretagne allaient au-delà de l'exposition à une réglementation financière dictée par la zone euro.

La crise de la zone euro a ravivé les différences macroéconomiques entre la Grande-Bretagne et les membres de la zone euro. Dans les mois qui ont suivi l'effondrement financier de l'automne 2008, la Banque d'Angleterre a agi bien plus comme la Fed que comme la BCE. Elle a lancé un programme d'assouplissement quantitatif en mars 2009. Elle n'a pas non plus relevé ses taux d'intérêt en 2011 en réponse à la hausse des prix du pétrole, alors que l'inflation britannique était supérieure de plusieurs points de pourcentage à celle de la zone euro. Ces décisions ont fait apparaître une nette divergence entre l'économie britannique et celle de la zone euro. La reprise en Grande-Bretagne après 2012 et les conditions de récession dans la zone euro ont vu un nombre important de personnes d'Europe du Sud venir travailler en Grande-Bretagne. La différence monétaire de longue date entre la Banque d'Angleterre et la BCE se répercutant désormais sur l'emploi du marché unique, la Grande-Bretagne est effectivement devenue, avec l'Allemagne, un employeur de dernier recours pour la zone euro. Cette situation a réduit à néant toute possibilité, pour le gouvernement de coalition conservateur-libéral-démocrate, d'atteindre les objectifs qu'il s'était fixés conformément à la promesse faite par les conservateurs dans leur manifeste de 2010 de réduire l'immigration vers la Grande-Bretagne. Dans ce contexte, à partir de 2012, le Parti pour l'indépendance du Royaume-Uni (UKIP) a commencé à grimper dans les sondages, poussant les parlementaires conservateurs à faire pression sur Cameron pour toutes les questions relatives à l'UE. Quand Cameron a entamé ses négociations avec les autres États de l'UE au lendemain des législatives de 2015, c'était dans l'espoir d'obtenir des concessions importantes sur la liberté de circulation, ainsi que sur la réglementation des services financiers, même si ce qu'il souhaitait dans ce domaine était incompatible avec le droit de l'UE et que Merkel avait déjà indiqué que ce n'était pas envisageable[60].

La situation était désormais dans une impasse. La politique britannique ne pouvait pas faire abstraction de la liberté de circulation, car il n'y avait pas assez de soutien politique en faveur du droit à l'immigration garanti par les constitutions dans les pays de l'UE. Seule une récession économique britannique pourrait atténuer la pression politique, et seulement si la zone euro se rétablissait. De même, aucun gouvernement britannique n'était susceptible de permettre au marché unique de servir de passerelle vers des accords de gouvernance conclus entre les États de la zone euro. Le fait de stabiliser le statut de membre de la Grande-Bretagne aurait compromis le marché unique et exigé des États de la zone euro qu'ils acceptent de ne jamais voter des réglementations financières discriminatoires à l'égard de Londres. Par conséquent, Cameron pouvait seulement demander aux électeurs britanniques s'ils considéraient qu'un départ de l'UE serait pire que les problèmes du *statu quo*, ses propres renégociations ayant montré que le gouvernement britannique n'avait pas les moyens politiques de les résoudre au sein de l'UE [61].

*
* *

En fin de compte, la crise de la zone euro de 2009-2015 a remodelé l'UE sans la stabiliser politiquement. Et elle a mis clairement l'accent sur la question de savoir qui faisait ou non partie de l'UE et de l'union monétaire.

Parmi les pays qui ont adhéré à l'UE en 2004 ou après, Chypre, Malte, la Slovénie et la Slovaquie avaient rejoint l'euro avant le début de la crise. L'Estonie, la Lettonie et la Lituanie sont entrées dans la zone euro entre 2011 et 2015, en appliquant une politique de rigueur budgétaire féroce. Parmi les États d'Europe de l'Est, la République tchèque, la Hongrie et la Pologne sont restées en dehors de l'union monétaire. Tous étaient légalement censés mettre fin à leur monnaie nationale. Dans le cas de la République tchèque, il était évident, bien avant la crise, qu'il était peu probable que cela se produise rapidement. En revanche, pour la Pologne et la Hongrie, il existait une voie plausible menant à une adhésion relativement imminente à l'euro, que la crise a nettement compliquée en termes politiques. Au moment du référendum britannique, ni le gouvernement de Viktor Orban à Budapest, ni le gouvernement du parti Droit et justice à Varsovie ne souhaitaient rejoindre la zone euro. Pourtant, la Grande-Bretagne étant le non-membre de l'euro le plus gênant politiquement, le Brexit offrait la possibilité d'arracher de force une résolution du conflit entre une UE formellement engagée dans une union toujours plus étroite et son existence pratique en tant qu'union multidevises.

Selon le président de la Commission Jean-Claude Juncker, c'était une chance à saisir. Dans son discours de 2017 sur l'état de l'Union, il a déclaré que « l'euro était destiné à être la monnaie unique de toute l'Union européenne », et qu'il était temps d'agir pour qu'il en soit ainsi [62]. Son appel au ralliement a inévitablement soulevé des questions sur la structure de l'union monétaire à laquelle les pays extérieurs pourraient être invités à adhérer. L'Italie et la Grèce avaient déjà montré que, sur la question des achats d'actifs, il fallait se demander « quel » État et « quel » gouvernement. Tout élargissement de la zone euro à la Pologne et à la Hongrie ne pourrait qu'accorder encore plus d'importance à ces questions et accroître les risques de dissension en Allemagne, alors que l'assouplissement quantitatif n'avait toujours pas été légitimé constitutionnellement par la Cour constitutionnelle allemande. En outre, certains gouvernements tenaient à ce que la zone euro supporte directement la dette. Quelques semaines après l'intervention de Juncker, Emmanuel Macron a exposé sa vision de la réforme de l'union monétaire pour y inclure un budget commun, un ministre des Finances, un parlement et une assurance commune des dépôts bancaires [63]. Contrairement au président de la Commission, Macron supposait qu'une zone euro qui supporterait la dette impliquerait des niveaux hiérarchiques d'adhésion à l'UE structurés selon que les États sont dans ou hors de l'euro [64].

Ni l'un ni l'autre n'ont prévalu. Aucune mesure n'a été prise pour forcer les pays non membres à adhérer à l'union monétaire. Entre-temps, les asymétries politiques de la crise de la zone euro, l'élargissement de cette dernière et la sortie imminente de la Grande-Bretagne ont en grande partie condamné le projet de réforme de ce dernier. En réponse aux propositions présentées par ce dernier en septembre 2017, un nouveau bloc d'États de l'UE s'est formé, baptisé la « Nouvelle ligue hanséatique ». Il se composait de plusieurs membres originels de la zone euro – les Pays-Bas, la Finlande et l'Irlande –, de nouveaux venus – l'Estonie, la Lettonie et la Lituanie – et des deux membres de longue date qui n'appartenaient pas à la zone euro – le Danemark et la Suède –, privés de leur allié britannique de toujours[65]. Ces États ont affirmé que la zone euro devait préserver la distinction monétaire-économique de Maastricht. Ils ont également insisté sur le fait que l'extension de l'autorité supranationale sur la dette n'obtiendrait pas le soutien politique de leurs pays. Bien que les gouvernements de la zone euro se soient mis d'accord sur de modestes réformes en octobre 2019, la Nouvelle ligue hanséatique a vidé de sa substance le programme radical de Macron sans que le gouvernement allemand soit mis à l'épreuve de manière décisive quant à sa propre position.

Dix ans après la crise de la zone euro, l'UE restait ce qu'elle était avant la crise : une union multidevises dont les institutions étaient plus fortes au niveau de l'UE qu'au niveau de la zone euro. Ce résultat s'explique par le fait qu'il n'y avait pas de solution politique accessible : la seule solution pour tenter de s'en sortir était d'avoir recours au système D, ce qui était nettement plus simple que de chercher des remèdes.

*
* *

Néanmoins, en 2020, quand l'Italie est devenue le premier pays européen à être confronté à la crise du Covid-19, il s'est avéré que l'inaction avait un coût. Même après le lancement par la BCE de l'assouplissement quantitatif pandémique, la dette existante de l'Italie limitait le montant de la nouvelle dette qu'il était envisageable d'émettre. En revanche, au début du mois de mars 2020, le gouvernement allemand a renoncé au frein constitutionnel sur son déficit budgétaire et est convenu d'une relance budgétaire nationale importante. Pour Macron, la crise est apparue comme une occasion de rouvrir la question de la dette commune de la zone euro. Fin mars 2020, il a mobilisé huit autres gouvernements de la zone euro, dont le gouvernement italien, pour écrire au président du Conseil européen afin de réclamer la création d'une institution européenne ayant le pouvoir d'émettre un instrument de dette commune appelé « coronabonds ». Se joignant ouvertement à plusieurs États de la Nouvelle ligue hanséatique, le gouvernement allemand a rejeté l'idée, jugée impensable[66]. Mais la position allemande n'était tenable que tant qu'il n'était pas question que la BCE renforce son soutien à la dette italienne. Moins de deux mois après l'annonce par la BCE de son programme d'achat pour cause de pandémie, cette certitude a pris fin quand la Cour constitutionnelle allemande a rendu un verdict définitif sur le premier assouplissement quantitatif. Dans une déclaration surprenante, elle a estimé qu'en acceptant l'action de la BCE, le gouvernement allemand et le Bundestag avaient agi de façon anticonstitutionnelle. De plus, pour la première fois, elle a déclaré qu'un arrêt de la Cour de justice de l'Union européenne n'avait pas d'autorité juridique en Allemagne. Dans l'ensemble de l'affaire, son raisonnement prouvait bien qu'en cas de contestation juridique en Allemagne, l'assouplissement quantitatif pandémique ne trouverait pas non plus grâce à ses yeux.

Après avoir appliqué une tactique consistant à jouer sur le hiatus entre l'union monétaire légalement établie par le traité de Maastricht et les impératifs pratiques créés par le maintien de la cohésion de la zone euro, le gouvernement était apparemment à court de solutions. Si elle avait adressé une fin de non-recevoir à Macron au début du printemps, la chancelière allemande a alors changé de cap. Quelques semaines seulement après la décision de la Cour, Merkel a proposé au président français, dans une mise en scène spectaculaire, de créer une nouvelle capacité d'emprunt collective de l'UE [67]. Contrainte d'accepter ou non ouvertement les restrictions constitutionnelles allemandes sur la prise de décision dans la zone euro et ce que cela impliquerait pour la dette de certains autres États de la zone euro, elle a préféré, comme elle l'a dit, « faire avancer l'intégration [68] ». Certains États de la Nouvelle ligue hanséatique ont tenté de résister. Mais, en juillet 2020, Merkel et Macron ont réussi à obtenir un accord de l'ensemble de l'UE pour établir un Fonds de relance de l'UE, par lequel la Commission pourrait emprunter au nom de l'UE afin de fournir aux États membres de l'argent destiné à financer des projets de relance nationaux.

Le Fonds de relance de l'UE constituait une percée, certains y voyant même un « moment hamiltonien » semblable au celui où, en 1790, la république fédérale américaine était devenue une Union de partage de la dette [69]. Sans mouvement parallèle sur les impôts, cette interprétation a été exagérée – comme nous le verrons au chapitre 8. Ce dernier revirement de l'Allemagne par rapport aux engagements constitutionnalisés de Maastricht était une manœuvre confuse de plus. L'insistance de Merkel pour qu'un fonds de relance conçu avant tout pour soutenir les membres de la zone euro passe par le budget de l'UE ne pouvait qu'accentuer la ligne de faille qui faisait de l'UE une union multidevises. En évitant de créer de nouvelles institutions de la zone euro, Merkel offrait aux pays non membres de la zone un droit de veto formel sur la dette émise afin de faciliter la relance des États de la zone euroaccablés par la dette passée. Ce qui a permis aux gouvernements hongrois et polonais de négocier sans merci sur des questions ne relevant pas de la zone euro en échange de leur acceptation. Par conséquent, il a fallu des mois pour finaliser les conditions de fonctionnement du Fonds, si bien qu'aucune somme n'a été mise à la disposition des États membres avant le lancement prévu en janvier 2021.

L'urgence pandémique a également démontré que la tension résiduelle entre la dynamique de la zone euro et celle qu'engendrait le marché unique n'avait pas pris fin avec le départ de la Grande-Bretagne. Pour faire face à la crise économique de 2020, la Commission a suspendu certaines règles du marché unique, notamment celles qui portaient sur les aides d'État. Or les pays beaucoup moins endettés, comme l'Allemagne, étaient en bien meilleure position pour bénéficier de la suspension de ces règles que ceux qui, comme l'Italie, dépendaient du soutien de la BCE pour emprunter à bon marché [70].

Cette nouvelle perturbation, qui s'est étendue structurellement de la crise de la zone euro de 2020 à l'UE dans son ensemble, rappelle ce qui s'était passé quand la première crise de la zone euro avait vraiment commencé en 2010. Le pouvoir allemand s'était alors accru au sein de l'UE, et c'est la peur inspirée par la Cour constitutionnelle allemande qui est devenue l'arbitre de ce que pouvait entreprendre la BCE. Par le biais du marché unique, cela a entraîné une série de problèmes spécifiques pour la politique britannique. Ni le gouvernement britannique ni les États de la zone euro ne pouvaient faire quoi que ce soit pour en réduire l'impact, et l'immobilisme a révélé au grand jour la faiblesse politique du gouvernement britannique au sein de l'UE. Dix ans plus tard, la question la plus pressante était celle de la relation entre la Pologne et la Hongrie et les États de la zone euro. Cette fois, le processus décisionnel allemand a permis d'écarter le spectre d'une sécession en renforçant le droit de veto des États qui n'appartiennent pas à la zone euro plutôt qu'en l'affaiblissant, comme dans le cas de la Grande-Bretagne. Mais cette décision a créé un sentiment de frustration ailleurs dans la zone euro face à la lenteur des réformes [71]. Plus inquiétant encore, elle a relié les lignes de fracture au sein de l'UE entre les membres de la zone euro et les non membres à certaines lignes de fracture au sein de l'OTAN.

Fait et défait en Chine

Entre le début de la crise de la zone euro en 2009 et son retour en mars 2020, la cohésion de l'UE et sa capacité à éviter des choix épineux ont été sérieusement compromises par les virages stratégiques de la Chine après 2008. Dans les années qui ont suivi, Pékin a tenté d'acquérir une monnaie internationale, de restructurer son économie vers une production à plus forte valeur ajoutée, d'augmenter la consommation intérieure et de réorienter géographiquement son économie vers l'Eurasie. Chacune de ces initiatives a été conçue en grande partie pour consolider le développement économique de la Chine et renforcer sa puissance. Néanmoins, il serait simpliste de présenter l'histoire de la Chine après 2008 comme une montée en puissance inexorable qui a donné lieu à une tentative de réinitialisation des relations sous l'égide des États-Unis pour des raisons géopolitiques. En partie, mais en partie seulement, cette version de la montée en puissance de Pékin a déstabilisé l'économie mondiale, parce que la Chine s'est retrouvée financièrement exposée dans le monde créé par la Fed. Après 2008, l'économie mondiale a absorbé la faiblesse monétaire de la Chine, ainsi que sa puissance manufacturière et ses ambitions énergétiques. Au cours de la décennie, ces dynamiques concurrentes ont été confrontées à une crise croissante à Hong Kong. Leur interaction a eu des répercussions perturbatrices, en particulier en Europe.

Après le krach, les dirigeants de Pékin ont conclu que le pays était prisonnier d'un « piège à dollars », où la Chine détenait d'importantes réserves en dollars et réalisait ses échanges commerciaux presque entièrement en dollars, tandis que Washington pouvait laisser le dollar se déprécier[72]. En mars 2009, le gouverneur de la banque centrale chinoise de l'époque a demandé que le dollar soit remplacé par une « monnaie de réserve super-souveraine ». Dans un essai provocateur, Zhou Xiaochuan s'est plaint des problèmes causés par les « monnaies nationales » utilisées comme monnaie de réserve internationale et a déclaré que le monde avait besoin d'une monnaie à « valeur stable [73] ». Mais Pékin ne pouvait pas changer la position du dollar [74]. Elle ne pouvait qu'espérer atténuer le piège du dollar en facilitant l'utilisation du renminbi en dehors de la Chine, en lui permettant de réaliser une plus grande partie de ses échanges commerciaux, y compris les importations de pétrole et de gaz, dans sa propre monnaie [75]. Pour y parvenir, elle devait ouvrir ses marchés obligataires afin de permettre aux étrangers d'acheter des titres de la dette publique chinoise et autoriser les transactions offshore en renminbi [76].

La Chine a connu un succès partiel : les paiements en renminbi pour le commerce extérieur sont passés de zéro à 30 % en 2016 [77]. En mars 2018, Pékin a émis des contrats à terme sur le pétrole libellés en renminbi à la Bourse internationale de l'énergie de Shanghai, pour tenter d'établir une référence asiatique des prix du pétrole indépendante des références américaines et européennes, grâce à laquelle les négociants chinois pourraient effectuer des transactions sur des contrats à terme sur le pétrole brut en renminbi.

Mais ces tentatives d'internationalisation du renminbi ont eu un prix. L'autorisation d'effectuer des transactions offshore en renminbi a augmenté la prime économique de Hong Kong. La ville a longtemps servi de portail financier pour l'entrée des capitaux d'investissement étrangers en Chine et pour la levée de fonds par les entreprises chinoises [78]. Son grand avantage par rapport à Shanghai et Shenzhen était la « common law ». Comme l'a bien résumé le juriste David Donal, Hong Kong fonctionnait comme un « centre financier offshore étranger exploitant un système juridique d'origine britannique au sein de l'État chinois [79] ». Mais, au moment précis où la Chine a cherché à faire de Hong Kong un centre d'échange de renminbi, la ville a été le théâtre d'une contestation politique telle qu'elle n'en avait jamais connu depuis le retour du territoire à la Chine en 1997, dans le cadre du principe d'un pays, deux systèmes. En 2014, le gouvernement chinois a annoncé qu'il limiterait le nombre de candidats à l'élection du chef de l'exécutif local en 2017, ce qui a eu pour effet de déclencher le mouvement de protestation des Parapluies, conduit par de jeunes Hongkongais. Cette situation politique a alors menacé de compromettre la position de Hong Kong en tant que centre financier international de la Chine, les manifestations ayant provoqué une panique temporaire sur les marchés financiers de la ville.

Plus généralement, loin d'échapper au « piège du dollar », la Chine s'y est un peu plus enferrée [80]. Ainsi que l'a expliqué Mark Carney, alors gouverneur sortant de la Banque d'Angleterre, dans son discours de 2019, le monde monétaire de l'après-2008 créé par la Fed a resserré les contraintes liées au dollar autour de toutes les économies, y compris celle de la Chine [81]. Ce système bancaire et les entreprises chinoises étaient maintenant beaucoup plus intégrés dans l'environnement international du crédit en dollars qu'ils ne l'étaient auparavant. En 2014, la dette extérieure brute de la Chine – selon des chiffres officiels qui pourraient bien être sous-estimés – était supérieure de plus de 450 % à ce qu'elle était en 2008 [82]. Une grande majorité de cette dette était libellée en dollars. À l'été 2015, la fuite massive des capitaux hors de Chine provoquée par la perspective d'une hausse des taux d'intérêt de la Fed a obligé Pékin à choisir entre l'instabilité financière intérieure et la protection de la réputation du renminbi en tant que monnaie internationale. Les dirigeants chinois ont décidé d'accorder la priorité à la première et ont renforcé le contrôle des capitaux. Par conséquent, après 2015, les paiements commerciaux en renminbi et les émissions de dette en renminbi sur le marché offshore ont fortement diminué [83].

Ces risques financiers cumulés sont devenus une contrainte importante pour la croissance de la Chine. Celle-ci s'est d'abord ralentie en 2011, quand les risques persistants liés aux problèmes de pénurie de dollars sur les marchés de l'eurodollar sont devenus manifestes pour les banques européennes. Elle s'est ensuite ralentie à partir du second semestre 2015 jusqu'en 2016, puis à nouveau à partir du second semestre 2018. Craignant que la vulnérabilité de la dette chinoise en dollars n'ait enfermé le pays dans un paradigme de croissance plus faible qui menaçait le développement économique et la stabilité politique futurs du pays, un auteur anonyme, qui serait peut-être le principal conseiller économique de Xi Jinping, a publié en mai 2016 un article dans *Le Quotidien du peuple*, l'organe du Parti communiste, avertissant que « les arbres ne peuvent pas pousser jusqu'au ciel [84] ».

Depuis au moins 2015, et sans doute plus tôt, le rythme de croissance de l'économie mondiale semblait vulnérable à ces conditions financières en Chine. Quand l'économie chinoise s'est redressée en 2017 et au premier semestre 2018 grâce à une nouvelle relance du crédit, le FMI a commencé à évoquer une « croissance mondiale synchronisée » et a déclaré que les perspectives de croissance n'avaient jamais été aussi bonnes depuis 2010 [85]. Quand la croissance chinoise a chuté à la fin de 2018 et en 2019 à son niveau le plus bas depuis trente ans, le FMI a jugé que « l'économie mondiale [connaissait] un ralentissement synchronisé », malgré l'assouplissement de la politique monétaire de la Fed [86].

En 2019, Hong Kong a également sombré dans la crise. En juin, de nouvelles manifestations de plus grande ampleur ont eu lieu en réaction à une proposition de loi autorisant l'extradition vers la Chine continentale. Elles se sont poursuivies pendant le reste de l'année, même après le retrait du projet de loi sur l'extradition. Dans le même temps, le gouvernement Trump a menacé de retirer les entreprises technologiques chinoises de la Bourse de New York. En novembre 2019,

Alibaba, société chinoise de commerce électronique et d'intelligence artificielle, a procédé à une cotation secondaire à Hong Kong sans avoir manifestement besoin de plus de liquidités. Pour le gouvernement chinois, il s'agissait d'une profession de foi en faveur de Hong Kong en tant que centre financier de la Chine, preuve qu'il espérait que la dépendance des entreprises chinoises à l'égard de New York pourrait se réduire [87]. Mais, à la fin de l'année, Hong Kong était entré en récession, la confiance des entreprises s'étant effondrée. En mai 2020, les manifestants sont redescendus dans la rue. Le même mois, le Sénat américain a adopté à l'unanimité un projet de loi visant à radier les entreprises chinoises des Bourses américaines et à les empêcher de lever des capitaux aux États-Unis. Deux jours après le vote du Sénat, le gouvernement chinois a imposé une législation sur la sécurité nationale à Hong Kong.

En revanche, alors que la crise financière de 2015-2016 et Hong Kong avaient poussé la Chine à se replier sur elle-même et à ralentir sa croissance, l'ascension de Xi Jinping a galvanisé les ambitions économiques et, en particulier, énergétiques de Pékin. En mai 2015, les dirigeants chinois ont défini la stratégie « Made in China 25 », un plan de développement dirigé par l'État visant à transformer la Chine en une puissance manufacturière de haute technologie. En décidant de faire de la Chine un leader mondial dans dix secteurs, dont la robotique, l'énergie verte et les véhicules électriques, Made in China 25 a modifié l'orientation industrielle du pays vis-à-vis du reste du monde. Cette version de la Chine industrielle serait nettement plus protectionniste que celle d'avant le krach et tenterait d'insérer la fabrication chinoise de haute technologie dans les chaînes d'approvisionnement mondiales [88]. Pour l'Allemagne et les États-Unis, cela a constitué un choc industriel. Pour l'économie allemande, cela signifiait une concurrence directe avec les producteurs industriels chinois dans des secteurs où les entreprises manufacturières allemandes les plus prestigieuses étaient fortement présentes. Pour les États-Unis, les ambitions de la Chine en matière de chaîne d'approvisionnement dans des secteurs proches de leur industrie de défense sont devenues une question de sécurité nationale. Par conséquent, avant même que Trump n'entame sa campagne présidentielle, Made in China 25 a donné un sens géopolitique à la relation commerciale sino-américaine. Le projet laissant entrevoir un avenir où Pékin concurrencerait Washington dans le domaine de la fabrication de haute technologie, les responsables américains de la défense et les agences de renseignement se sont montrés beaucoup plus critiques à l'égard d'un engagement économique en profondeur avec Pékin. Pendant sa campagne, Donald Trump est souvent revenu sur les pertes d'emplois dans l'industrie manufacturière américaine au cours des années 2000. Mais le nouveau consensus qu'il a établi après avoir remporté l'élection de 2016 découlait des implications de Made in China 25 pour le pouvoir géopolitique américain à l'ère de la concurrence économique dans le domaine de la haute technologie.

Xi Jinping a également cherché à rééquilibrer l'économie chinoise sur le plan géopolitique. Il a accentué la réorientation de la Chine vers l'Eurasie, en s'éloignant des marchés d'exportation américains. Ce virage géographique a commencé par une augmentation des échanges commerciaux et des investissements avec l'Europe. Avant 2009, il n'y avait pratiquement pas d'investissements chinois directs dans les pays européens ; par la suite, ils ont augmenté rapidement jusqu'en 2016, dépassant considérablement ceux destinés aux États-Unis [89]. En 2013, Xi a annoncé – comme indiqué au chapitre 3 – le projet des nouvelles routes de la soie. Dans ce cadre, la Chine se concentrerait principalement sur le développement et la protection des routes énergétiques en provenance du Moyen-Orient et de l'Asie centrale. Mais les nouvelles routes de la soie comportaient également une importante composante européenne. Pour acheminer ses exportations vers l'Europe, la

Chine a voulu créer de nouvelles liaisons ferroviaires et de nouveaux ports. Elle a également encouragé les États européens à adhérer à la nouvelle Banque asiatique d'investissement dans les infrastructures, lancée en 2013 pour financer les projets d'infrastructure des nouvelles routes de la soie.

Le virage eurasien de la Chine a divisé l'Europe. C'était entre autres une question institutionnelle : en 2012, la Chine avait proposé un nouveau forum eurasien, la Coopération entre la Chine et les pays d'Europe centrale et orientale (également connu sous le nom de 17 plus 1 jusqu'au retrait de la Lituanie en 2021), constitué du côté européen d'un sous-ensemble de membres de l'UE et d'États qui n'en étaient pas membres. Mais c'était aussi une question liée à la portée de l'engagement économique de la Chine. Depuis 2016, les contrôles des capitaux chinois, imposés en réponse à la crise financière de 2015-2016 provoquée par la Fed, avaient causé une forte baisse des investissements chinois en Europe, mais d'une façon qui était loin d'être uniforme [90]. Dans les Balkans occidentaux, en Grèce et en Italie, ils ont augmenté. Certains des États d'Europe du Sud qui bénéficiaient encore des investissements chinois ont rejoint les nouvelles routes de la soie. Par conséquent, l'UE a semblé être de plus en plus divisée par la Chine sur le plan économique. C'était une chose que la Serbie, qui n'appartenait pas à l'UE, fasse de la Chine une structure alternative de soutien économique externe [91], mais c'en était une autre que l'Italie rejoigne les nouvelles routes de la soie en mars 2019, et les gouvernements allemand et français ont vivement critiqué Rome à ce sujet.

Pourtant, cette opposition franco-allemande a également valu à Paris et Berlin d'être accusés d'hypocrisie, des accusations qui touchaient au cœur même de la fragmentation économique de l'UE. Si l'Allemagne n'était pas un membre officiel des nouvelles routes de la soie, elle faisait en pratique partie intégrante des routes commerciales eurasiennes de la Chine : la ville allemande de Duisbourg était devenue la plaque tournante des ports ferroviaires et fluviaux pour les exportations chinoises à destination de l'Europe ; le port allemand de Mukran, utilisé par les Russes pour construire Nord Stream, était le point d'arrivée d'une nouvelle route ferroviaire partant du centre de la Chine. De fait, l'ampleur de l'augmentation des échanges et des chaînes d'approvisionnement avec la Chine modifiait l'importance relative du marché unique européen pour l'Allemagne. Depuis les années 1980, l'Allemagne jouissait d'une relation économique singulière avec la Chine. Contrairement à d'autres pays européens, ses exportations vers la Chine avaient augmenté avant 2008. Les constructeurs automobiles allemands étaient devenus dépendants du vaste marché chinois, avec des chaînes de production impliquant à la fois la Chine et les États-Unis. Si, en tant que région, l'Europe dominait toujours le commerce allemand, un changement important s'est produit au cours des années 2010, la Chine devenant le premier partenaire commercial de l'Allemagne dans le monde. Quand la crise de la zone euro a débuté en 2009, le commerce allemand au sein de la zone euro valait beaucoup plus que le commerce avec les pays non membres de l'UE. En 2012, les échanges avec les pays non membres de l'UE l'ont dépassé, une position qui s'est maintenue jusqu'en 2017 [92].

Au milieu de la décennie, cette singularité allemande a rendu la zone euro vulnérable aux chocs asymétriques. À partir de 2015, l'Allemagne a été touchée de façon disproportionnée par les retombées sur la croissance de la crise financière chinoise de 2015-2016, de la guerre commerciale entre les États-Unis et la Chine – qui a soumis à des droits de douane chinois les constructeurs automobiles allemands qui exportaient vers la Chine à partir de leurs usines américaines – et de Made in China 25. En 2018 et 2019, ces chocs ont laissée l'économie allemande aux portes de la récession, alors que la plupart des autres économies de la zone euro connaissaient une croissance plus élevée [93].

Plutôt que de se retirer de la Chine, le gouvernement allemand a réagi en y doublant sa présence commerciale. Le mois même où l'Italie rejoignait les nouvelles routes de la soie, Merkel a décidé, avec Macron, que l'UE devait conclure les négociations sur un traité d'investissement européen avec Pékin, qui étaient au point mort au bout de six ans de discussions. Ils espéraient qu'un tel accord ouvrirait la Chine aux investissements des entreprises européennes, afin de contrebalancer les capitaux qui continuaient à se diriger vers l'Europe du Sud et de l'Est. Les bénéficiaires devraient en être les entreprises allemandes et françaises plutôt que celles des pays de l'Union européenne membres de 17 plus 1. Sachant que Merkel semblait particulièrement intéressée par la promotion de relations commerciales étroites entre la plus grande entreprise de télécommunications d'Europe, Deutsche Telecom, et l'entreprise Huawei, alors que Trump faisait pression sur toutes les capitales européennes pour que cette dernière soit bannie des réseaux 5G en 2019, cette décision a ouvert la perspective que les conflits internes de l'OTAN s'immiscent dans les relations entre l'UE et la Chine [94].

Les ramifications géopolitiques de cette décision allemande de protéger la relation Allemagne-Chine après 2015-2016 ont été amplifiées par les aléas de la relation économique entre la Grande-Bretagne et la Chine à partir de 2016. Entre 2010 et 2018, la Grande-Bretagne avait absorbé la plus grande part des investissements étrangers chinois entrant dans l'UE [95]. Plus important encore, le gouvernement de David Cameron avait misé sur la possibilité de faire de Londres le centre international du commerce du renminbi, en grande partie en profitant des réseaux financiers entre la City et Hong Kong [96]. Vantant les mérites des relations sino-britanniques, David Cameron avait proclamé qu'« il n'y [avait] pas dans le monde occidental de pays plus ouvert aux investissements chinois, plus à même de répondre aux exigences des consommateurs chinois [97] ». Lors de la visite d'État de Xi Jinping en 2015, alors qu'il parcourait le Mall dans le carrosse royal, le chancelier britannique et les responsables chinois ont évoqué un « âge d'or » des relations sino-britanniques [98].

Dès le départ, la cour assidue de Cameron à la Chine a représenté un risque géopolitique. Début 2015, quand la Grande-Bretagne a rejoint la Banque asiatique d'investissement pour les infrastructures avant tout autre État européen, le gouvernement Obama en a été consterné. La guerre commerciale et technologique de Trump contre la Chine a ensuite fait monter les enjeux d'un cran, à l'heure où les gouvernements de Theresa May et Boris Johnson espéraient un accord commercial post-Brexit avec Washington. L'intensification de la crise de Hong Kong, qui a débuté en juin 2019, a encore mis en évidence la grande vulnérabilité de la Grande-Bretagne face aux événements survenus dans son ancienne colonie. Quand les manifestations ont éclaté dans la ville, le gouvernement britannique s'est montré beaucoup plus critique que les autres États de l'UE, ce qui a incité Pékin à dénoncer l'ingérence de la Grande-Bretagne en termes véhéments. À l'automne, le gouvernement de Johnson a été confronté aux appels de certains défenseurs de la démocratie, qui réclamaient que les détenteurs de passeports britanniques d'outre-mer jouissent de la citoyenneté à part entière.

Au cours des premiers mois de la crise du Covid-19, ce changement s'est concrétisé d'une manière qui a cristallisé les choix britanniques. En janvier 2020, Johnson a entrepris une ultime tentative pour sauver autant que possible les relations économiques sino-britanniques en autorisant Huawei à participer au développement du réseau 5G britannique. En mai 2020, face aux actions de la Chine et à la réaction de Trump, le gouvernement Johnson est revenu sur sa décision antérieure au sujet de Huawei et a offert à 3 millions de citoyens de Hong Kong détenteurs d'un passeport britannique d'outre-mer un accès à la citoyenneté [99].

La fin de la politique chinoise de la Grande-Bretagne d'avant 2016 a provoqué un nouveau schisme lié à la Chine en Europe. L'UE n'a adopté que de modestes sanctions en réponse à la suppression de l'autonomie hongkongaise par la Chine. Merkel a été vivement critiquée au niveau national pour sa position, car elle estimait que Hong Kong ne justifiait pas un refroidissement des relations avec le plus grand partenaire commercial de l'Allemagne. Mais, une fois encore, elle a réagi à une crise potentielle dans les relations entre l'Allemagne et la Chine en les inscrivant dans un cadre collectif européen [100]. En décembre 2020, à la veille de l'arrivée au pouvoir à Washington du gouvernement Biden, au cours des dernières semaines de 2020, elle a œuvré avec Macron pour conclure un accord global UE-Chine sur l'investissement. À ses yeux, c'était une question de realpolitik commerciale : cela donnerait aux entreprises technologiques allemandes la possibilité d'établir une présence sur le marché chinois, tandis que les grandes entreprises des secteurs traditionnels qui disposaient d'une capacité de production et d'une part de marché dans ce pays étaient à la peine. Du point de vue de Macron, l'accord d'investissement servait, au moins autant, à affirmer l'autonomie stratégique de l'Europe par rapport aux États-Unis à l'heure de la concurrence technologique. Mais après l'annonce de l'accord, plusieurs gouvernements de l'UE ont immédiatement fait part de leur malaise, y compris certains membres des nouvelles routes de la soie qui étaient désormais conscients de la tension évidente entre les avantages des capitaux chinois déversés dans leurs infrastructures et une rupture avec Washington. Certains ont également accusé Merkel et Macron d'avoir agi unilatéralement pour conclure les négociations et se livrer à une déclaration symbolique sur la future relation de l'UE avec la Chine [101], ce qui était le cas sous bien des aspects. Sachant que le gouvernement britannique n'aurait pas pu envisager un tel accord après les décisions de Pékin à

Hong Kong sept mois plus tôt, c'était en outre la proclamation d'une UE qui n'incluait plus la Grande-Bretagne.

Dans l'ensemble, le sort des relations économiques entre la Chine et l'Europe après 2008 est indissociable de plusieurs autres grandes perturbations économiques et géopolitiques. Le tournant eurasien de la Chine et le repli derrière des contrôles de capitaux plus stricts après 2016 ont profondément divisé l'Europe sur le plan économique. Chacun de ces bouleversements a renforcé la singularité de la position économique de l'Allemagne au sein de l'UE et de la zone euro. Dans le même temps, alors que « Chimerica » se muait en une rivalité stratégique entre Washington et Pékin, et que le rôle de Hong Kong en tant que portail se délitait, ce factionnalisme économique a pris une tournure géopolitique marquée : la Chine avait rejoint la Russie en tant que source de divisions à propos de l'OTAN au sein de l'UE, et elle donnait une raison géopolitique incontestable à la divergence de la Grande-Bretagne vis-à-vis à l'UE.

Nous ne pouvons plus rentrer chez nous *

Au début de cette décennie, la pandémie, notamment à cause de ses origines chinoises, a mis en lumière toutes les perturbations de la décennie précédente. Au printemps 2020, la Fed a sauvé le monde monétaire et financier qu'elle avait construit après le krach de 2007-2008, en grande partie en agissant, une fois de plus, comme un prêteur de dernier recours. Contrairement à 2008, elle a cherché indirectement à inclure la Chine dans son orbite, alors même que les relations sino-américaines continuaient à sombrer. Ce changement est la conséquence logique du fonctionnement des marchés de l'eurodollar. Au niveau systémique, quand tous les acteurs des marchés du crédit en dollars offshore se ruent sur

* Autre allusion au *Magicien d'Oz*.

les dollars au moment de la crise, il faut un prêteur de dernier recours et, indépendamment de la géopolitique, la Chine était devenue un acteur trop vulnérable pour être laissée sans aucune protection.

À d'autres égards, ce que la Fed a fait a recréé les conditions perturbatrices engendrées par ses politiques monétaires d'après 2009. Avec l'assouplissement quantitatif « Infinity », la Fed a effectivement pris le contrôle des marchés du crédit. Un commentateur a ironisé sur le fait qu'elle était désormais « le prêteur de tous les recours [102] ». Compte tenu de ses actions passées, la Fed n'avait pas vraiment le choix. Les entreprises fortement endettées et dépourvues de réserves de liquidités, confrontées à l'effondrement de leurs revenus, ne pouvaient pas survivre sans un accès facile à davantage de crédit. Mais la dynamique même qui avait encouragé les entreprises à émettre de la dette par le biais d'obligations d'entreprise, notamment pour financer des programmes de rachat d'actions, se trouvait désormais nettement renforcée quand la Fed était elle-même acheteuse d'obligations d'entreprise. Comme on pouvait s'y attendre, dans les premiers mois qui ont suivi le 23 mars, les émissions d'obligations d'entreprise ont considérablement augmenté [103].

Par conséquent, les répercussions de 2008 se sont en grande partie répétées pendant la pandémie. Assurés que la Fed n'achèterait pratiquement rien, les marchés boursiers se sont rapidement détachés de tout risque économique et politique non monétaire, au-delà des déclarations de la Fed sur l'action monétaire future. Le chômage américain a grimpé à près de 15 % en avril 2020, mais les données sur l'emploi, mois après mois, ont eu peu d'effet sur les marchés boursiers. Les activités de « prêteur de dernier recours » de la Fed ont également accentué les hiérarchies entre les grandes entreprises capables d'émettre de la dette bon marché par le biais d'obligations et les petites entreprises qui ne le pouvaient pas.

Parmi les entreprises qui avaient désespérément besoin d'un accès à davantage de crédit au printemps 2020 se trouvaient les sociétés productrices de pétrole de schiste. La Fed ayant inclus les obligations pourries des entreprises dans ses programmes d'achat, elle les a en principe renflouées. Mais l'avenir de la production pétrolière n'aurait plus rien à voir avec le monde qui s'était dessiné dans les premières années qui avaient suivi le krach de 2007-2008. À l'époque, le secteur du pétrole et du gaz, et plus particulièrement le secteur du schiste, avait absorbé une quantité disproportionnée de capitaux d'investissement. Combiné aux prix élevés qui ont prévalu entre 2011 et 2014, l'assouplissement quantitatif avait facilité le boom du schiste. En revanche, avant le choc du Covid-19, les prix étaient à peine supérieurs au niveau permettant de financer la dette de la plupart des producteurs d'huile de schiste, et les compagnies pétrolières avaient été partiellement exclues des marchés de capitaux par des investisseurs privilégiant les énergies vertes. Malgré les efforts du gouvernement Trump afin de faire remonter les prix et les nouveaux programmes d'achat de la Fed, trois des grandes entreprises du secteur du schiste ont tout de même fait faillite au milieu de l'année 2020.

Si le pétrole était en voie de disparition rapide en tant que source d'énergie, ce coup porté au secteur américain du schiste aurait moins de conséquences structurelles. Mais ce n'est pas le cas. À cause de la faible croissance de l'économie mondiale en 2019, notamment en Chine, la chute de la production de pétrole a eu relativement peu de répercussions cette année-là. Mais à l'arrivée de l'hiver, fin 2020 et début 2021, les prix ont regrimpé jusqu'à leur pic de 2019, bien qu'une grande partie de l'Europe ait vécu sous une forme ou une autre de confinement et que des restrictions aient toujours été en vigueur dans une grande partie du reste du monde. Cette fois, le secteur américain du schiste est beaucoup moins bien placé pour sauver l'économie mondiale d'une hausse permanente des prix du pétrole à un niveau de croissance raisonnable. Après l'effondrement dû à la pandémie, l'économie mondiale pourrait bien ressembler à celle d'avant la mi-2008, où les banquiers centraux s'inquiètent de l'effet délétère simultané de la hausse des prix de l'énergie, du gaz et de l'électricité ainsi que du pétrole, sur l'inflation et la demande des consommateurs.

Une inflation modérée soulagerait temporairement les banquiers centraux qui, depuis 2014, cherchent désespérément à réduire la valeur réelle de la dette. Mais, en créant des pressions en faveur de taux d'intérêt plus élevés, l'accélération de l'inflation due à l'énergie laisserait également de nombreux débiteurs en difficulté pour assurer le service de leur dette. Pour ce qui est de la dette publique, la seule option restante serait que les banques centrales fournissent aux gouvernements un financement direct sans intérêt.

La question de savoir si le secteur du schiste sera temporairement ressuscité va devenir une question aussi politique et géopolitique qu'économique. L'avenir du pétrole s'inscrit désormais dans un monde énergétique complexe et agité, où l'ancienne géopolitique et la concurrence commerciale autour du pétrole et du gaz coexistent avec l'intense rivalité commerciale et géopolitique autour de la production manufacturière dans les secteurs des énergies renouvelables et des véhicules électriques. Cette concurrence s'explique entre autres par un bras de fer permanent pour les capitaux d'investissement privés qui, il y a dix ans, avait été aisément remporté par les entreprises énergétiques du secteur du schiste.

*
* *

Alors que la géopolitique imprègne désormais l'ensemble de l'économie mondiale, l'UE est confrontée à la question fondamentale de savoir si les gains d'échelle découlant d'une approche régionale de cette concurrence compensent les inconvénients d'un compromis collectif pour les économies nationales individuelles [104], et ce dans des circonstances où une divergence marquée s'est déjà produite entre la plus grande économie de l'Union et le reste de l'UE autour de la Chine.

Structurellement, l'UE est confrontée à ces problèmes géopolitiques à la fois parce qu'elle est bâtie autour d'États-nations démocratiques et parce qu'elle suscite des aspirations à les remplacer, tout en offrant aux États membres les plus puissants la possibilité de façonner leur environnement extérieur immédiat. La création de la zone euro a aggravé cette difficulté. Ses engagements institutionnalisés rendent plus difficile l'adaptation des démocraties européennes aux changements économiques et limitent la concurrence acceptable entre les partis en matière de stratégie économique. Son caractère incomplet au sein de l'UE déstabilise les relations entre les membres et les non membres de l'euro. Quand la crise de la zone euro a déstabilisé la position de la Grande-Bretagne, ce qui avait commencé dans la sphère économique s'est rapidement transformé en un problème politique ingérable pour l'État-nation démocratique britannique. En effet, le marché unique européen fonctionne en protégeant certaines questions de politique économique des interventions politiques nationales par le biais du droit constitutionnel. En en contestant les retombées, la Grande-Bretagne a alors dû se poser la question de sa participation même à cet ordre constitutionnel, puisque le consentement démocratique à cet ordre est censé provenir de l'intérieur de l'État-nation.

Le Brexit a ainsi été révélateur d'une histoire beaucoup plus vaste sur les démocraties. Elles sont déstabilisées par les changements géopolitiques et économiques, et risquent leur avenir en tant que démocraties si elles ne parviennent pas à s'y adapter. Dans le même temps, elles doivent réconcilier les perdants de l'évolution de l'équilibre des pouvoirs en leur sein avec l'acceptation de l'autorité de l'État démocratique en matière de prise de décision. Il y a des raisons à cette difficulté, et leur analyse marque le début de la dernière partie du livre, qui traite du fonctionnement des démocraties à travers le temps et de leur relation complexe avec la nation.

Troisième partie

Politique et démocratie

7

Une ère démocratique

Au cours des premiers mois de la pandémie, Michael Gove, ministre britannique et vétéran de la campagne du Brexit, a donné une conférence sur le service public. Commençant par la fin de l'ère de la « mondialisation économique » et du « libéralisme aristocratique » dans les années 1930, il a repris à son compte la conviction de Franklin Roosevelt, qui pensait que l'avenir appartiendrait aux « États-nations démocratiques dotés de systèmes de protection sociale ». « Ouvert à l'expérimentation », le président américain avait, selon Gove, « réussi à sauver le capitalisme [et] à restaurer la foi dans la démocratie ». Pour lui, le gouvernement conservateur post-Brexit avait lui aussi brandi l'étendard du renouveau démocratique à la Roosevelt, une majorité d'électeurs britanniques ayant exprimé, quatre ans plus tôt, leur désaccord avec « presque tous les départements du gouvernement et ceux qui les contrôlaient [1] ».

L'argument de Gove sur le Brexit est trop simple. Après tout, il était membre du gouvernement britannique quand il a fait campagne en faveur d'un retrait de l'UE, et plus d'un tiers du parti conservateur parlementaire était de son côté. Mais le Brexit a bel et bien représenté une rébellion démocratique, en partie contre les contraintes de la politique démocratique représentative. Les électeurs britanniques ont eu l'occasion, lors d'un référendum, de décider à la majorité d'une question qui modifierait à la fois l'ordre constitutionnel, l'orientation géopolitique et les relations économiques du

Royaume-Uni avec le reste du monde. Le résultat, qui a vu 52 % des électeurs britanniques choisir de quitter l'Union alors que plus de 70 % des membres du Parlement soutenaient le maintien, a révélé l'existence d'un fossé important entre assez de citoyens et un nombre suffisant de leurs représentants pour constituer une crise démocratique.

Il n'est pas vraiment étonnant qu'au lendemain d'une telle crise, Gove se soit tourné vers Franklin Roosevelt pour s'en inspirer, mobilisant le plus ancien président américain du côté de l'« État-nation démocratique » contre le « libéralisme aristocratique » et la « mondialisation économique [2] ». Le New Deal de Roosevelt est l'archétype politique du renouveau démocratique, car les démocraties se sont le plus souvent montrées difficiles à réformer de façon substantielle. Il a fallu que Roosevelt abandonne l'étalon-or pour ouvrir la voie à l'avenir après la guerre, un avenir fait d'« États-nations démocratiques dotés de systèmes de protection sociale ». Mais l'histoire de Roosevelt et de l'État-nation démocratique américain est aussi beaucoup plus compliquée que la vision qu'en a Gove. En effet, la république américaine est toujours marquée par le fait que Roosevelt, pour renouveler la démocratie américaine, s'est engagé sur une voie qui a conduit à une nation économique restrictive sur le plan racial, tout comme elle l'est par le fait que les Afro-Américains ont été depuis plus longtemps encore exclus des avantages matériels et politiques de la citoyenneté américaine, avantages sur lesquels était fondée l'approche de Roosevelt.

Les démocraties existent dans des lieux et à des moments particuliers. Puisqu'elles fonctionnent dans des conditions géopolitiques et économiques changeantes, le temps est pour elles une source d'instabilité, comme pour toute autre forme de gouvernement. Ces conditions changeantes sont souvent à l'origine de l'impulsion de réforme, parfois, comme dans le cas de Roosevelt, pour tenter de rétablir l'équilibre entre les intérêts matériels des différents citoyens qui, au fil du temps, a été compromis. Mais les démocraties qui ont préservé une forme constitutionnelle tout en devenant plus démocratiques grâce à un élargissement du droit de vote – comme l'a fait la république américaine – sont également confrontées à un problème quand elles entreprennent ce type de renouveau démocratique : les exigences visant à rétablir un équilibre politique perdu entre les citoyens en revenant aux origines d'une démocratie ne peuvent que se heurter à la réalité, à savoir que les citoyens qui constituent cette démocratie auront eux aussi radicalement changé au fil du temps.

Le temps compromet donc la stabilité de la politique démocratique, ce qui n'aurait surpris aucun observateur politique pendant la majeure partie du XXe siècle. Ce n'est qu'à partir des années 1990 que la démocratie libérale a été traitée comme un idéal universel et intemporel [3]. Ce discours a faussé l'analyse politique, y compris l'étude des perturbations politiques actuelles, en faisant de la nation une menace uniforme pour les normes démocratiques et en brossant un tableau de la démocratie comme étant un progrès universel détaché de la complexité historique des démocraties individuelles. Pour comprendre l'instabilité des démocraties occidentales actuelles, nous devons commencer par examiner la relation historique entre la démocratie et la nation, ainsi que le problème du temps politique.

La nation

L'historien Benedict Anderson a décrit la nation comme « une communauté imaginée » formée par la notion d'un passé commun avec un point de départ distinct [4]. Dans certains cas, les revendications imaginaires de la nation racontent une histoire collective basée sur l'ethnicité. Mais rien n'explique pourquoi les nations ont besoin de se comprendre elles-mêmes en ces termes. De fait, la langue, accompagnée d'une culture littéraire, a souvent été l'affirmation la plus forte de la communauté en Europe, car c'est par le biais d'une langue commune que les récits sur l'expérience historique partagée se sont transmis [5]. Les communautés imaginaires attachées au mot « nation » existaient bien avant l'émergence de la démocratie représentative, y compris là où le terme a été utilisé pour constituer une identité politique. Mais, avec la Révolution française, un nouveau langage politique sur la nation s'est imposé. Par la suite, les États européens ont généralement justifié leur autorité et leur pouvoir à l'intérieur de leurs frontières au nom d'une nation et ont prétendu représenter son unité. Ceux qui voulaient se libérer des empires, qu'ils soient soumis à la domination britannique, française, russe ou ottomane, ont presque tous réclamé un statut d'État au nom de la nation. Bien que, depuis le XIXe siècle, la nation en tant qu'idée de légitimation de l'autorité politique ait aussi été régulièrement attaquée, en dehors du monde islamique, aucune autre base n'a encore émergé pour la remplacer. Ainsi que l'a fait remarquer l'historien Michael Howard, nulle part une révolution communiste n'a détruit un État-nation existant [6]. La guerre froide s'est terminée par une affirmation catégorique des nations contre l'Empire soviétique. Quand, après la chute du mur de Berlin, le chancelier ouest-allemand Helmut Kohl a publié son plan pour l'unité allemande, il a directement invoqué le langage de la nation, déclarant que la République fédérale allemande avait dû « maintenir en vie et aiguiser la conscience de l'unité de la nation » et que son gouvernement travaillait pour que « le peuple allemand puisse retrouver son unité dans la libre autodétermination [7] ». Si l'UE constitue indubitablement une tentative de construire une autorité politique considérable dépassant le cadre de l'État-nation au nom d'un continent multinational, ceux qui sont directement élus au pouvoir exécutif au sein de l'UE sont néanmoins toujours choisis par des électorats de citoyens nationaux.

Les démocraties représentatives n'ont pas existé historiquement sans les ressources politiques fournies par la nation [8].

Sur le plan conceptuel, la nation sert de « peuple » dans toute démocratie représentative. Tout comme les démocraties anciennes nécessitaient un peuple capable de se gouverner lui-même, les démocraties représentatives ont besoin d'un peuple qui puisse collectivement choisir des représentants et, le cas échéant, autoriser une Constitution. La réponse historique à la question de savoir qui étaient ces peuples est devenue la nation. En fait, pendant un certain temps, les mots « nation » et « peuple » ont été interchangeables [9]. La nation politique démocratique ne devait pas nécessairement correspondre aux revendications culturelles d'appartenance à une nation. Certaines démocraties, comme la Suisse, ont historiquement fonctionné sans l'idée d'une nation culturelle partagée ou d'une langue commune. Mais, pour que la nation tienne lieu de peuple dans une démocratie représentative, elle doit être définie par des critères d'inclusion et d'exclusion. Dans la pratique, cela s'est traduit par une citoyenneté nationale [10].

L'idée qui en découle, celle d'un peuple démocratique partageant la citoyenneté, empêche que les contestations inhérentes à la démocratie représentative démantèlent l'autorité de l'État. Les démocraties représentatives ont besoin d'un moyen politique d'obtenir le consentement des perdants. En tant que forme de gouvernement, elles demandent à tous les citoyens adultes de décider qui doit gouverner et ne donnent ensuite qu'à un sous-ensemble de ces citoyens les représentants qu'ils ont choisis. Par conséquent, les échanges de pouvoir par le biais d'élections requièrent des justifications tacites pour ceux qui perdent les élections, qui leur permettent d'accepter le résultat sans recourir à la violence ou à la sécession. La nation a apporté la réponse historique à ce problème politique crucial.

Pour schématiser, c'est l'absence d'une croyance utilisable en la nation américaine qui a précipité la guerre de Sécession. Bien que la Constitution commence par les mots « Nous, le peuple des États-Unis d'Amérique », elle a créé une république fédérale avec de profonds conflits d'intérêts économiques entre les États qui la composent, une fracture raciale entre les citoyens et les esclaves, et l'esclavage constituait en outre un gouffre moral. Alors que, dans la République romaine, la langue du peuple et la pratique de l'esclavage avaient facilement coexisté, il était impossible que ce soit durablement le cas dans la république américaine, alors que nombre de ses citoyens étaient de fervents chrétiens protestants et qu'elle s'appuyait sur un récit fondateur imaginaire qui proclamait l'égalité des êtres humains conférée par Dieu [11]. Laissant en suspens la question de savoir si l'union établie en 1788 était censée être permanente, la Constitution ne représentait pas un accord définitif entre les citoyens de la république pour former un peuple soumis à la même autorité politique, quelle que soit leur influence politique en son sein. Au fil du temps, le pouvoir politique des États esclavagistes s'est détérioré, et le fait que la plupart des Blancs du Sud se considéraient comme des sudistes avant d'être des Américains a fini par poser un énorme problème politique. Chaque nouvel État qui entrait dans l'Union faisait l'objet d'un conflit pour savoir si ce seraient les États esclavagistes ou non esclavagistes qui y gagneraient en influence électorale. Après les élections de 1860, les onze États du Sud ont fait sécession pour protéger l'esclavage d'une défaite électorale.

Si l'appartenance à une nation a une utilité politique substantielle pour les démocraties représentatives, les deux constituent aussi un tandem historique. Ce langage de la nation a alimenté les premiers mouvements en faveur de la démocratie représentative. Quand une monarchie coexistait avec un corps législatif jouissant d'une certaine autorité indépendante, comme en Angleterre, les réformateurs ont exigé que les droits politiques soient étendus à un plus grand nombre de classes au nom de la nation [12]. En 1789, en France, la nation a été mobilisée pour revendiquer la souveraineté contre la monarchie. La Déclaration française des droits de l'homme et du citoyen proclame que « le principe de toute souveraineté réside essentiellement dans la nation ». Aspirant à une révolution cosmopolite, les Jacobins ont commencé par être antinationalistes, mais ils sont rapidement devenus nationalistes, voyant dans la nation la voie vers une armée française citoyenne qui serait beaucoup plus puissante que ses homologues européens [13].

En liant la nation à la conscription, les Jacobins ont entamé une relation politique aux conséquences durables [14]. En utilisant la nation pour mobiliser des armées de citoyens en 1914, les gouvernements européens ont garanti qu'à la fin de la guerre, les démocraties ne pourraient qu'être reconstituées. De même que la nécessité pour Athènes de disposer d'une marine citoyenne avait été à l'origine de la démocratie athénienne, les citoyens à qui l'on demandait de mourir et de tuer pour leur État ne pouvaient plus être exclus des élections [15]. Contrairement aux pays non belligérants comme l'Espagne et le Portugal, pratiquement tous les États belligérants ont légiféré pendant ou après la guerre en faveur d'un droit de vote masculin total. Là où les femmes jouaient un rôle essentiel dans l'effort de guerre économique, elles ont également obtenu le droit de vote [16]. En France, le service militaire a permis aux migrants musulmans nord-africains d'accéder à la citoyenneté française et au droit de vote [17].

*
* *

Mais, si le concept de nation s'est nécessairement imbriqué dans les démocraties représentatives, il s'est aussi révélé dangereux pour elles. En un sens, la nation fonctionne de la même manière que les récits mytho-historiques plus anciens racontés sur les entités territoriales pour justifier l'autorité politique. Contrairement à l'hypothèse de Thomas Hobbes selon laquelle le pouvoir d'un État peut tout à fait être justifié par la peur de la mort dans le présent, la nation relie l'autorité démocratique au passé, et à un passé qui a un début [18].

Dans la Rome antique, un effort d'imagination considérable a également été entrepris pour situer l'autorité de la république, puis de la monarchie impériale, dans les origines mythologiques du peuple romain, présenté comme ayant fui Troie, et dans la fondation de la ville par Romulus et Remus [19]. Mais, historiquement, les récits sur la nation se sont révélés beaucoup plus littéraux que ceux sur les origines mythiques de Rome et, par conséquent, beaucoup plus périlleux. L'Europe n'étant pas divisée territorialement en groupes cohérents de personnes partageant une langue, une mémoire historique ou un mythe, les nations ont dû être créées politiquement par les actions des États et les histoires autres que mythiques qui pouvaient être racontées à leur sujet.

À l'occasion, « l'esprit patriotique », ainsi que le définissait Alexis de Tocqueville, pouvait être cultivé d'une façon relativement bienveillante pour la plupart des citoyens de ces États, mais certainement pas pour ceux qui étaient soumis aux empires européens [20]. À la fin du XIXe siècle, dans l'État allemand unifié depuis peu, Bismarck a utilisé le pouvoir de l'État pour fournir une certaine protection économique aux citoyens nationaux par l'intermédiaire d'un État-providence. Plutôt que d'avoir besoin d'origines fondatrices dans le passé, cela a fait de la nation une communauté présente au destin matériel partagé.

Mais, dans la pratique, l'impératif de la nation a souvent conduit les États à utiliser leur capacité de coercition contre leurs propres citoyens. Quand la nation culturelle existante était faible, la création d'une nation politique exigeait de l'État qu'il tente d'homogénéiser les populations et de façonner une vision collective du passé [21]. Les gouvernements étaient en quête de citoyens parlant la même langue, ayant reçu une éducation commune, y compris en matière d'histoire nationale, partageant des croyances et des pratiques religieuses et, à partir des années 1890, désavouant les engagements politiques transnationaux tels que le socialisme international[22]. Cela impliquait d'avoir recours à la loi pour imposer l'uniformité linguistique et religieuse et éliminer la subversion politique. Les gouvernements français ont forcé les Basques et les Bretons à parler français et ont interdit la littérature non française. Aux États-Unis, les personnes d'origine anglaise et écossaise, dont les ancêtres étaient censés avoir apporté une passion pour les libertés héritée de la Magna Carta, se sont considérées comme les héritiers ethniques, et pas seulement politiques, de la fondation de la république[23]. Après la guerre américano-mexicaine, l'anglais est rapidement devenu une langue nationale imposée[24]. Parfois, dans un certain nombre de pays, cette coercition a entraîné des violences contre les minorités ethniques et nationales, des émigrations forcées, des transferts massifs de population et, à l'occasion, des génocides[25].

La coercition et les récits construits sur le passé ne sont pas des aspects contradictoires de l'appartenance à une nation. Abraham Lincoln a réunifié la république américaine en mobilisant le pouvoir coercitif du gouvernement fédéral pour vaincre militairement la Confédération sudiste, supprimer l'esclavage et imposer des conditions constitutionnelles pour le retour dans l'Union. Mais il a également cherché, dans son discours de Gettysburg, à s'inspirer du sang versé pendant la guerre pour refondre de façon imaginative l'histoire de la fondation de la république américaine afin d'en faire une nation démocratique partagée. Dans cette nouvelle histoire, il y avait toujours eu une « nation » américaine, fondée par les ancêtres des générations actuelles, « fidèle à l'idée que tous les hommes sont créés égaux » ; par conséquent, il incombait à la génération actuelle de veiller à ce que son héritage, le « gouvernement du peuple, par le peuple, pour le peuple » ne « disparaisse pas de la surface de la Terre[26] ».

Les tentatives visant à renforcer la nation là où elle était faible, ou à la créer là où elle était absente, pouvaient entraîner plus de coercition qu'un État démocratique n'était à même de le supporter. Sans perspective sérieuse d'absorption des catholiques irlandais dans une idée de nation britannique, l'État démocratique britannique n'a finalement pas pu intégrer l'Irlande dans son ordre constitutionnel. Dans les décennies qui ont précédé la Première Guerre mondiale, la question irlandaise a dominé la politique à Westminster, provoquant une grave crise constitutionnelle entre 1910 et 1914. En adoptant en 1918 une loi qui introduisait la conscription en Irlande, et en tentant de contraindre les citoyens qui ne reconnaissaient pas la légitimité nationale de l'État britannique à s'enrôler dans l'armée, le gouvernement britannique a largement contribué à rendre inévitable un État irlandais indépendant sous une forme ou sous une autre.

La simple difficulté qu'il y avait à concrétiser la nation sous une forme politique qui nécessitait un concept de peuple a fait peser des contraintes profondes et permanentes sur les démocraties. Le terme de « peuple » en tant que « nation » est devenu indispensable, trop aisément disponible et fugace[27]. Alors que la nation en tant que peuple était censée être une source d'unité permettant le consentement des perdants, en tant qu'élément de rhétorique, elle pouvait tout aussi bien être utilisée pour nier que toutes les personnes soumises à l'autorité d'un État démocratique avaient les mêmes droits politiques. Ceux qui ne s'identifiaient pas à la nation ou qui étaient soupçonnés d'autres loyautés, quel que soit leur comportement, pouvaient être exclus[28]. D'ailleurs, lors des élections, il était possible d'engranger des voix en redéfinissant la nation comme ceux qui partageaient autre chose que la citoyenneté politique nationale.

Cette dynamique a encouragé une nouvelle forme d'antisémitisme qui considérait les Juifs comme suspects sur le plan racial et déficient sur le plan de la loyauté nationale. L'antisémitisme est devenu une arme électorale dans la politique démocratique, en particulier quand il pouvait être lié de manière hypocrite à des griefs de classe contre ceux qui exerçaient habituellement le pouvoir et prospéraient. Ce phénomène politique ne s'est jamais manifesté aussi clairement que dans la Vienne du début du siècle. Le parti social-chrétien, dirigé par le charismatique Karl Lueger, y a remporté les élections en 1895 et 1896, mettant fin à trente ans de domination du parti libéral dans la capitale impériale, en combinant le socialisme municipal, le catholicisme, la loyauté envers les Habsbourg et l'antisémitisme. Bien que, en tant que maire de Vienne, Lueger n'ait rien entrepris pour priver les Juifs de leurs droits, sa rhétorique imaginait un peuple autrichien chrétien qui excluait les Juifs, et il promettait aux électeurs sociaux-chrétiens de distribuer le butin municipal, y compris les emplois, à ceux qui constituaient le peuple autrichien [29].

En 1914, la nation était clairement devenue le langage de la politique démocratique naissante. Et si elle permettait de faire des élections des compétitions pacifiques pour le pouvoir, elle causait aussi des divisions qui affaiblissaient le consentement des citoyens à l'autorité de l'État. Les démocraties étaient à la fois inexorablement liées à la nation et menacées par elle.

Le temps et les excès

Si l'on fait abstraction de cette tension structurelle au sein de la nation démocratique, le passage du temps déstabilise nécessairement toutes les prétentions à la nation. Même quand une croyance relativement forte en la citoyenneté nationale émerge dans une démocratie donnée, l'alignement entre l'État et une population désireuse et capable de s'identifier politiquement à la communauté imaginée que l'État prétend représenter ne restera pas une constante. Au fil du temps, des changements significatifs dans les conditions géopolitiques et économiques conduisent souvent des groupes et des individus à migrer d'un État à l'autre. Quand les États démocratiques s'efforcent de restreindre ces mouvements, ils sapent les langages de la nation utilisés pour inclure les anciens migrants dans l'idée de citoyenneté nationale.

L'idée que le temps, pour reprendre les termes de l'historien John Pocock, est « la dimension de l'instabilité » en politique était autrefois un lieu commun de la pensée politique [30]. En Europe, la conceptualisation des formes de gouvernement à travers le prisme de la décadence temporelle a commencé avec Polybe et a atteint son apogée intellectuel sous Machiavel. Polybe était un historien grec qui écrivait au IIe siècle avant notre ère sur la montée en puissance de la République romaine. « Tout périt, tout est sujet au changement : il n'est pas besoin de le prouver ; l'enchaînement nécessaire des causes naturelles en est une preuve incontestable [31] », disait-il. Au début, il y a toujours le chaos, provoqué par un cataclysme. Une fois établie, « toute espèce de gouvernement périt de deux manières, dont l'une vient du dehors, l'autre du dedans ». À l'extérieur, il n'y a pas de modèle discernable pour ce déclin. Mais, à l'intérieur, le déclin suit, selon lui, une séquence « certaine et déterminée » : après le chaos viennent la monarchie, la royauté, la tyrannie, l'aristocratie, l'oligarchie, la démocratie et le règne de la foule de l'ochlocratie, avant que, du chaos, un démagogue ne s'empare du pouvoir et ne recommence le cycle [32].

Pour Polybe, chaque forme de gouvernement est détruite par ses propres excès [33]. Le seul moyen d'enrayer le cycle et de permettre une longue période intermédiaire – ce qu'il appelle « l'équilibre » – est d'équilibrer les trois formes positives de gouvernement – la royauté, l'aristocratie et la démocratie – et de faire en sorte qu'elles se contrecarrent mutuellement [34]. L'accroissement de la puissance extérieure et l'augmentation de la prospérité matérielle, poursuit-il, menacent tout particulièrement tout équilibre constitutionnel. Pour Rome, il prévoit que le passage de l'aristocratie à l'oligarchie puis à la démocratie se produira sur fond de succès extérieur, alors que

« rien ne lui [sera] disputé [35] ». Sous le poids de la compétition personnelle pour la richesse et les fonctions, de « l'arrogance et [du] luxe », il prévoyait la « ruine de la république » provoquée par le peuple « lorsque l'avarice des uns se trouvera contraire à ses intérêts, et que l'ambition des autres lui aura donné une trop haute idée de son pouvoir [36] ».

Si Polybe s'est montré prophétique à propos de Rome, le temps politique n'a certainement pas toujours suivi le modèle qu'il avait identifié. Mais les formes de gouvernement, quel que soit le lieu, finissent par s'éteindre et, comme l'Ancien Régime * français l'a démontré de manière éclatante, leur propre excès sous la pression des changements géopolitiques et économiques en est en partie la cause. Il n'est pas nécessaire de suivre le schéma cyclique de Polybe pour comprendre que la notion d'accumulation d'excès aristocratiques ou démocratiques peut nous aider à comprendre comment les formes de gouvernement deviennent instables au fil du temps.

La question de savoir où se situe le risque d'excès dans les démocraties représentatives soulève une question fondamentale à leur sujet : s'agit-il avant tout d'une forme de gouvernement démocratique ou aristocratique ? Quand les démocraties représentatives sont apparues dans l'histoire, elles étaient bien sûr pour l'essentiel aristocratiques, selon les termes de Polybe. En Europe, le gouvernement parlementaire s'est greffé sur les monarchies et le droit de vote a été limité, tout comme la possibilité de se présenter aux élections, par des critères de propriété. Dans certains cas, comme en Allemagne, le monarque a conservé le pouvoir *de facto* et *de jure* de nommer et de révoquer les gouvernements. Pendant ce temps, la république fédérale américaine coexistait avec l'esclavage, et sa Constitution dressait des barrières entre le peuple et ses représentants, puisque les assemblées législatives des États choisissaient les sénateurs et que le collège électoral décidait du choix du président.

---

* En français dans le texte.

Les démocraties représentatives semblent ainsi s'être démocratisées au fil du temps. La monarchie a disparu en France, en Allemagne et en Autriche. Les États-Unis ont mis fin à l'esclavage et anéanti la richesse de la classe des propriétaires de plantations d'esclaves. Partout, le droit de vote est devenu universel, et les assemblées législatives ont commencé à autoriser l'imposition des revenus et des richesses des individus, afin de faire payer davantage d'impôts aux riches et de redistribuer les revenus aux pauvres.

Cependant, une histoire temporelle dans laquelle les démocraties représentatives ont évolué vers une refondation en tant que démocraties « à part entière » est trompeuse, du moins en partie. La démocratie représentative étant une forme de gouvernement de l'État moderne – bien que compliquée dans le cas américain par le fédéralisme –, les démocraties représentatives avaient dès le départ la capacité coercitive de taxer les riches, que ceux qui les gouvernaient aient décidé d'utiliser ce pouvoir ou non [37]. En outre, les mesures politiques qui semblaient rendre les politiques constitutionnelles plus démocratiques ne l'ont pas toujours fait dans la pratique. La loi de réforme de 1832 en Grande-Bretagne, qui a étendu le droit de vote, a en fait réduit certaines des composantes les plus démocratiques de la politique constitutionnelle britannique en retirant le droit de vote aux hommes de la classe ouvrière dans certaines circonscriptions qui existaient de longue date en Angleterre, ainsi qu'aux femmes propriétaires qui en bénéficiaient, tout en rendant le Parlement moins réceptif aux pétitions de ceux qui n'avaient pas le droit de vote [38]. Aux États-Unis, les Afro-Américains ont obtenu le droit de vote grâce aux amendements constitutionnels adoptés après la guerre de Sécession, et des milliers d'entre eux ont été élus dans tout le Sud, mais les États du Sud, soutenus par la Cour suprême, leur ont systématiquement retiré le droit de vote. En conséquence, la république fédérale américaine a fonctionné jusque dans les années 1960 avec une séparation entre des citoyens jouissant de droits politiques et des citoyens qui ne l'étaient que de nom.

Sur le plan économique, l'extension du droit de vote n'a pas nécessairement conduit à des réformes économiques profitant aux classes les plus pauvres. Dans la Rome antique, les Gracques, des frères réformateurs, ont tenté de mettre fin à l'excès aristocratique de la république en rétablissant les lois agraires antérieures qui limitaient la quantité de terres publiques que la classe sénatoriale pouvait posséder et en distribuant les terres récupérées aux soldats sans terre. Mais, en Grande-Bretagne, l'élargissement de l'électorat par le biais des quatre lois de réforme du vote entre 1832 et 1918 n'a pas permis de restaurer les terres communales perdues au cours des trois siècles précédents au profit des enclosures[39]. Aux États-Unis, la guerre de Sécession et la poursuite de l'appropriation des terres de l'Ouest en spoliant les Amérindiens ont donné lieu à des réformes qui ont permis de distribuer des terres à environ 1,5 million de citoyens américains. Mais la réforme foncière dans le Sud après la guerre de Sécession n'a guère modifié le vaste déséquilibre racial en matière de propriété foncière[40].

Loin de pratiquer la redistribution économique, les démocraties représentatives ont longtemps coexisté avec des formes d'organisation économique qui engendraient fréquemment des niveaux élevés d'inégalité matérielle. En effet, l'équilibre des pouvoirs au sein des démocraties a parfois créé les conditions politiques nécessaires au maintien de cette inégalité[41]. Les premières réformes visant à réduire le pouvoir politique des riches ont souvent échoué. En 1894, le Congrès américain a voté un impôt sur le revenu pour la première fois en temps de paix[42], qui ne devait être prélevé que sur les riches. Un an plus tard, la Cour suprême a annulé la loi. En 1913, la ratification du seizième amendement a permis l'introduction d'un impôt sur le revenu. Pendant la Première Guerre mondiale, le

Congrès a utilisé ce pouvoir pour prélever des impôts importants sur les revenus des riches, ainsi que sur les bénéfices de guerre et les héritages. Mais, à la suite des manœuvres politiques des Américains les plus riches, après la guerre, l'impôt sur le revenu est devenu un fardeau moins lourd [43]. Historiquement, c'est la guerre, et non le suffrage universel, qui s'est révélée être la condition nécessaire à des systèmes fiscaux qui imposent fortement les riches tout en augmentant la part des revenus destinés au travail [44].

Bien que les tendances aristocratiques de la démocratie représentative soient souvent déguisées sur le plan rhétorique, elles dominent en général. Les démocraties représentatives font la distinction entre le grand nombre de représentés et le nombre beaucoup plus restreint de représentants ; elles concentrent le pouvoir décisionnel entre les mains d'une poignée d'individus au sein de l'exécutif, dont certains, dans un système présidentiel, seront nommés et non élus. Les décisions politiques que les représentants élus de la majorité peuvent alors prendre sont souvent limitées par les Constitutions. Dans les démocraties dotées d'une certaine forme de contrôle judiciaire, une Cour constitutionnelle peut annuler les lois adoptées par les assemblées législatives élues. Cette pratique constitutionnelle protège les minorités, et les minorités protégées comprennent, par le biais des droits de propriété, les riches [45].

À première vue, la démocratie représentative semble donc surtout sujette à un excès aristocratique croissant au fil du temps. Cela peut se développer de différentes façons. Les dirigeants peuvent usurper le pouvoir qui appartenait auparavant au corps législatif ou qui était limité par lui. L'exécutif aussi bien que le législatif peut tomber sous la coupe d'une classe économique dominante. Les Cours constitutionnelles peuvent affirmer leur autorité judiciaire sur des questions qui étaient auparavant contestées dans le cadre de la politique démocratique. Les élections peuvent devenir le moyen par lequel les représentants sont achetés par ceux qui financent leurs campagnes. Ceux qui décident, influencent et conseillent peuvent s'enrichir en échange de l'accès au pouvoir.

Néanmoins, les démocraties représentatives ne sont pas totalement dépourvues de caractéristiques démocratiques, à commencer par l'égalité du droit de vote. Par conséquent, l'excès de démocratie peut aussi les déstabiliser avec le temps, en créant des demandes de rééquilibrage dans le sens inverse. Les législatures peuvent empêcher l'exécutif de gouverner, et les représentants des majorités électorales peuvent nommer des juges qui interprètent la loi à des fins partisanes. Les gouvernements peuvent s'approprier des biens, ne pas rembourser la dette et suspendre les protections constitutionnelles pour les minorités. Dans leur quête de votes, les partis peuvent faire des promesses matérielles qu'ils ne pourront jamais tenir et attiser des passions vengeresses. Au début du XXe siècle, l'économiste politique et sociologue allemand Max Weber pensait que la démocratie représentative garantissait une démagogie permanente. Selon Weber, chaque démocratie, une fois qu'elle s'est dotée d'un large droit de vote, est susceptible de dégénérer en monarchie césarienne à cause de la nécessité pour les électeurs de choisir leurs dirigeants dans l'isoloir [46].

Historiquement, la dette a été perçue comme la cause première de l'excès démocratique conduisant à terme à la dissolution de la démocratie. Ce jugement s'explique en partie par le fait que la dette elle-même est une question temporelle : l'intérêt est ce que l'on paie pour avoir un accès anticipé à des revenus futurs. Mais, en consommant une proportion toujours plus grande du revenu présent, le fardeau de la dette excessive s'alourdit également avec le temps. C'est pour cette raison que certaines sociétés antiques prescrivaient des remises de dettes à intervalles réguliers, afin d'éviter que la dette ne soit transmise de génération en génération et que la terre ne soit concentrée dans un trop petit nombre de mains [47]. Dans l'Athènes antique, l'annulation forcée de la dette était considérée comme un élément inévitable de la démocratie. Au XIXe siècle, c'est précisément parce que les révolutions française et américaine ont engendré des défauts de paiement et des monnaies de papier que les détracteurs de la démocratie l'ont assimilée à la démagogie [48]. En Grande-Bretagne, l'extension du droit de vote en 1832 et 1867 a rompu la relation auparavant étroite entre le Parlement et les créanciers, en vertu de laquelle on pouvait faire confiance à ces derniers pour voter les impôts nécessaires au service de la dette de l'État [49]. Conscients du problème que cette rupture représentait pour une démocratie naissante, les gouvernements du milieu du XIXe siècle se sont efforcés de répartir la dette nationale entre le plus grand nombre d'électeurs possibles par le biais de comptes d'épargne et d'émissions d'obligations citoyennes [50]. Comme l'a dit Abraham Lincoln, « les hommes sont prompts à comprendre qu'ils ne sauraient être trop opprimés par une dette qu'ils se doivent à eux-mêmes [51] ». Le citoyen créancier était loin d'être le seul créancier utilisé par les gouvernements représentatifs dans la seconde moitié du XIXe siècle et au début du XXe siècle ; ceux-ci empruntaient également sur les marchés internationaux des capitaux. Mais le citoyen créancier a mis en place des garde-fous pour éviter que la dette ne déstabilise les démocraties représentatives.

Les tendances conflictuelles à la décadence temporelle indissociables de la dette font qu'il est très difficile de réparer et réformer les démocraties. Machiavel, qui a réfléchi en termes historiques et systématiques au problème général du temps politique, est parti du principe que les États, dont les républiques, devaient changer pour se maintenir face au temps. Très souvent, selon lui, des événements extérieurs leur imposaient ce changement, interrompant le cycle temporel interne. Mais le changement pouvait également être provoqué par le « renouveau », quand les lois ramenaient les États « à leurs origines » ou qu'un individu vertueux s'imposait [52]. Le

« renouveau » était toujours difficile, mais, pour Machiavel, les tentatives de réforme d'une république accablée par l'excès aristocratique étaient particulièrement ardues, comme l'a prouvé le destin de la République romaine. À la fin du IIe siècle avant notre ère, les frères Gracques étaient tribuns de la plèbe – les citoyens non patriciens – dans un contexte de grave conflit de classes où les soldats plébéiens endettés perdaient leurs terres au profit des patriciens du Sénat qui restaient chez eux et ne se battaient pas pour étendre l'empire. Les Gracques ont tenté de rétablir les anciennes lois agraires de la République, qui limitaient la superficie des terres que chaque citoyen pouvait posséder. Selon Machiavel, ces réformes étaient nécessaires. Mais, toujours d'après lui, l'opposition des sénateurs à la réforme agraire, à chaque fois que la question se posait, a eu pour effet que « toute la ville a été mise sens dessus dessous » par les actions des Gracques, provoquant « des conflits armés et des effusions de sang [53] ». Au lieu de stabiliser Rome, les Gracques réformateurs ont accéléré, estime Machiavel, la chute de la République vers la dictature militaire et finalement vers le césarisme [54].

Les excès de la république américaine

Le destin de la République romaine, qu'il soit compris dans les termes de Machiavel ou autrement, a jeté une ombre pesante sur les premières démocraties représentatives, en particulier aux États-Unis. Comme Rome, la première république américaine s'est engagée dans une expansion territoriale, a abrité dès le début en son sein une population d'esclaves et s'est débattue avec la politique de classe de la dette. Cette histoire est en soi révélatrice des conflits qu'engendre la politique dans une démocratie, de sa relation avec la nation et des luttes en faveur de réformes qui visent à remédier à des problèmes compris en termes d'excès aristocratiques et démocratiques. Mais elle est également importante pour la crise démocratique actuelle de la république américaine, car certains des conflits inhérents à cette crise résultent de la Constitution des origines.

En termes politiques bruts liés aux intérêts, le bras de fer pour l'établissement de la Constitution américaine a été une lutte politique autour de la dette et de l'expansion territoriale. Les États-Unis avaient obtenu leur indépendance de la Grande-Bretagne sous la forme d'une confédération de sécurité. En 1787, cette confédération, créée en vertu des Articles de la Confédération, n'était pas en mesure d'assurer le service de sa dette. N'étant plus solvable, elle n'était pas capable de financer une armée, y compris une armée à même de vaincre la résistance des Amérindiens à l'expansion vers l'ouest au-delà des Appalaches, que de nombreux Américains considéraient comme la principale récompense de l'indépendance [55]. Tant le Congrès de la Confédération, qui était le lieu de l'autorité centrale telle qu'elle existait avant la Constitution fédérale, que les États individuels avaient emprunté massivement auprès de créanciers nationaux et étrangers pour financer la guerre contre l'Angleterre. En vertu des Articles de la Confédération, les treize États avaient chacun la capacité de lever des impôts et pouvaient donc, en principe, assurer le service de leur dette, bien que certaines législatures d'État, confrontées à la rébellion de débiteurs et de contribuables, aient choisi de ne pas le faire. En revanche, le Congrès de la Confédération n'avait ni le pouvoir de lever directement des impôts, ni celui de contraindre les États à lui fournir les recettes qu'il leur demandait. Les rédacteurs de la Constitution fédérale américaine de 1787 voulaient rétablir la solvabilité des États-Unis en supprimant ce qu'ils considéraient comme un excès de démocratie dans les États. Ils ont donc conçu une Constitution qui retirait aux États la plupart de leurs pouvoirs d'imposition, dotait le gouvernement fédéral d'un pouvoir d'imposition prioritaire afin d'assurer le service de la dette, et protégeait le Sénat et la présidence contre le suffrage direct.

Dans la bataille pour la ratification de la Constitution, les fédéralistes se sont tournés vers l'histoire pour exprimer leur crainte d'un excès démocratique. D'après James Madison, le Sénat américain serait une protection contre le type de « liberté populaire » qui faisait que l'on « reprochait de façon indélébile » à Athènes d'avoir « ordonné aux mêmes citoyens la ciguë un jour, et les statues le lendemain [56] ». Pour Alexander Hamilton, l'histoire enseignait « que, parmi les hommes qui ont renversé les libertés des républiques, le plus grand nombre a débuté sa carrière en rendant une cour obséquieuse au peuple, commençant en démagogues et finissant en tyrans [57] ». En revanche, les principaux opposants à la Constitution voyaient la république fédérale comme une construction aristocratique qui deviendrait encore plus aristocratique avec le temps. Prenant le pseudonyme romain de Brutus, un anti-fédéraliste influent affirmait que la Constitution ne pouvait conduire qu'au règne des riches, et que les riches gouverneraient pour eux-mêmes. La rhétorique autour de la Constitution aurait beau saluer la vertu, disait-il, « ce [serait] littéralement un gouvernement entre les mains de quelques-uns pour piller le plus grand nombre [58] ».

Pour ceux qui redoutaient les excès aristocratiques, la république américaine s'est très vite transformée en un phénomène bien connu de l'histoire romaine. L'endettement de l'Amérique en était une fois de plus la cause. En 1790, Hamilton, le premier secrétaire au Trésor américain, publia un rapport sur le crédit public. Il proposait que le gouvernement fédéral prenne en charge les dettes des États, paie des intérêts sur toutes les dettes à leur valeur nominale et établisse un fonds d'amortissement pour rembourser la dette au fil du temps. Madison et son ami Thomas Jefferson ont immédiatement dénoncé le plan de Hamilton comme étant anticonstitutionnel. Selon eux, ce plan garantirait une corruption oligarchique, d'autant plus que Hamilton avait, selon eux, encouragé les financiers du Nord à acheter des titres nationaux et étatiques à des fins spéculatives à des prix très bas avant la publication du rapport[59]. Hamilton, lui, n'a vu dans cette accusation que les agissements de démagogues qui risquaient d'aboutir à la fin de la république.

La politique de la république américaine s'est en partie résumée à des bras de fer répétés autour de cette dynamique de l'endettement et de sa relation avec les conflits de classes et les conceptions concurrentes de la nation américaine. À partir de la guerre de Sécession, l'industrialisation et l'essor des chemins de fer et de la Standard Oil, inexorablement liés aux banques new-yorkaises en raison de leurs exigences en matière de crédit, ont créé de nouvelles concentrations économiques du pouvoir aristocratique. Au cours des décennies suivantes, cette nouvelle aristocratie économique a dominé la politique de la république grâce à sa capacité à acheter de l'influence politique et à protéger son pouvoir de monopole sectoriel. Cet excès aristocratique manifeste a alors suscité une forte réaction démocratique qui a invoqué la fondation de la république.

Pendant la dépression économique des années 1890, l'American People's Party a mobilisé une coalition d'agriculteurs et de débiteurs, pour dénoncer la corruption et exiger une réforme monétaire et un meilleur accès au crédit. Son « programme d'Omaha » de 1892, symboliquement dévoilé le 4 juillet, proclamait que la république était tombée et que les citoyens américains « se [rencontraient] au milieu d'une nation amenée au bord de la ruine morale, politique et matérielle » par le crédit. En réclamant l'accès au crédit – ainsi qu'un Sénat élu au suffrage universel direct, des mandats présidentiels limités, une monnaie d'argent illimitée, un impôt sur le revenu et une réduction du temps de travail –, ils estimaient qu'ils rétablissaient la Constitution d'origine et « [replaçaient] le gouvernement de la République entre les mains des “gens ordinaires” qui en étaient à l'origine[60] ».

Au cours des années qui ont suivi, les tentatives de réforme démocratique des populistes américains ont révélé plusieurs tendances déstabilisantes qui se manifestent dans les projets de ce type, en particulier dans une république constitutionnelle de longue date[61]. Les populistes ont notamment mis l'accent sur l'unité nationale et ont fait dépendre le salut de la république de cette unité. Dans le programme d'Omaha, ils déclaraient que « cette république ne peut perdurer en tant que gouvernement libre que si elle repose sur l'amour du peuple tout entier, les uns pour les autres et pour la nation ». Mais leur rhétorique trahissait les dissensions qui se font jour quand on use de l'idée de nation pour gagner les votes d'un groupe spécifique de citoyens. Les populistes imaginaient la république américaine en termes de classes, opposant une classe démocratique, « américaine » et productrice, de fermiers et d'ouvriers d'usine à une classe créancière non productive, aristocratique, internationaliste et parasitaire[62]. Ce langage pouvait facilement basculer dans l'antisémitisme. Quand le populiste William Jennings Bryan a obtenu l'investiture démocrate pour l'élection présidentielle de 1896, il a associé l'aristocratie économique à un cosmopolitisme déloyal et hostile à la nation américaine. L'or, selon Bryan, appartenait aux financiers anglophiles et juifs de New York, ville tournée vers l'Atlantique, qui laissaient « les potentats et les puissances étrangères » détruire la souveraineté américaine[63]. En acceptant l'investiture démocrate, Bryan a comparé le fardeau de l'or pour les agriculteurs américains à une « couronne d'épines » et à la « crucifixion de l'humanité[64] ». L'argent, en revanche, était « de l'argent américain pour les Américains », le terme « Américains » désignant là la classe des producteurs[65]. La notion même de rétablissement de l'équilibre des classes de la république originelle bannissait aussi implicitement ceux dont les ancêtres esclaves avaient été exclus de tout équilibre politique, même si certains des premiers populistes sudistes ont construit une alliance de classes interraciale et se sont battus pour le droit de vote des Afro-Américains.

Cette idée restrictive de la nation, qui remonte à la fondation de la république, est loin d'être l'apanage des populistes. En s'appuyant sur l'idée d'une réconciliation entre l'ancienne Confédération, marquée par la ségrégation raciale, et le Nord, le langage de la nation américaine de l'après-guerre civile utilisé par les politiciens démocrates comportait une forte composante raciale, aggravée par le principe, établi dans la loi sur la naturalisation de 1790 et réaffirmé dans la loi sur l'exclusion des Chinois de 1882, selon lequel les immigrants asiatiques ne pouvaient pas devenir citoyens [66]. Ce qui distinguait les populistes, c'était qu'ils liaient le discours nativiste sur la nation à une rhétorique de classe sur la dette et la république constitutionnelle. On retrouvera plus tard cette forme d'expression des griefs dans la vie politique démocratique, et pas seulement aux États-Unis.

L'ère politique qui a suivi la rébellion populiste a été en partie une époque de réforme démocratique contre les excès aristocratiques. Sur le plan économique, les progressistes s'en sont pris au pouvoir monopolistique des propriétaires de chemins de fer et de la Standard Oil, et ont obtenu un amendement constitutionnel qui autorisait l'instauration d'un impôt fédéral sur le revenu. Ils ont également fait pression pour que les élections soient exemptes de corruption et de pots-de-vin. Ils ont introduit des primaires et, dans certains États, des référendums et le droit de pétition pour les organiser, et ont obtenu des amendements à la Constitution qui prévoyaient le suffrage direct au Sénat et, à terme, le vote des femmes [67]. Quand l'ancien président Theodore Roosevelt a scindé le parti républicain pour former le parti progressiste, il a fait de ce qu'il appelait le « nouveau nationalisme » – où le « gouvernement national » œuvrait à assurer le bien-être économique commun contre l'influence des entreprises – la pièce maîtresse de la rhétorique de sa campagne présidentielle de 1912. Mais, en se tournant vers la nation économique, la version plus ancienne de la politique progressiste de Roosevelt a de nouveau eu recours à un discours explicitement racial qui excluait les Afro-Américains et les Asiatiques [68].

Les progressistes ont également démontré que les démocraties représentatives pouvaient donner naissance à une autre version de l'aristocratie, à savoir la technocratie, où ce sont les experts qui bénéficient de privilèges politiques. Bien qu'ils aient considéré la concentration ploutocratique des richesses et la corruption comme des menaces pour la république, certains progressistes pensaient également qu'il existait un État administratif en expansion qui devait donner naissance à sa propre aristocratie, constituée par ceux qui détenaient des connaissances scientifiques et techniques, et que cette élite ne serait pas sujette à la corruption au fil du temps [69].

Au début du XXe siècle, les conflits financiers et l'endettement de l'Amérique ont été résolus d'une façon qui a associé l'ancienne concentration aristocratique du pouvoir autour de la finance new-yorkaise et les nouvelles revendications d'expertise technique en tant que source d'autorité politique. Au début de la république américaine, on a tenté à plusieurs reprises de répondre à la question de savoir s'il devait y avoir une banque centrale, et chaque réponse a ensuite été rejetée, car la banque centrale qui avait été créée a fini par céder aux excès de l'aristocratie. En 1791, Hamilton a créé la première Banque des États-Unis en dépit d'une opposition farouche. En 1811, alors que la charte de la banque était sur le point d'expirer, le Sénat a décidé de ne pas la renouveler sur la base de la voix prépondérante du vice-président. Après la guerre de 1812 contre la Grande-Bretagne, le gouvernement fédéral s'étant lourdement endetté, le Congrès a légiféré en 1818 en faveur de la Second Bank of the United States (deuxième banque des États-Unis) avec une charte de vingt ans. Cette charte n'a pas été renouvelée en 1836, après que le président Andrew Jackson eut déclaré que la banque était devenue « un gouvernement » qui exerçait son pouvoir sur le peuple[70]. Ce n'est que plus de soixante-dix ans plus tard, en 1913, que la loi sur la Réserve fédérale a créé le système de la Réserve fédérale.

Les partisans de la Fed voyaient dans une banque centrale américaine une réforme progressiste nécessaire pour prévenir de futures paniques bancaires, comme celle de 1907, et permettre au dollar de devenir une monnaie internationale[71]. Sur une île privée au large de la côte de Géorgie, un groupe de banquiers de Wall Street a élaboré les propositions initiales. Quant au principal défenseur du projet de loi, Nelson Aldrich, il avait acquis une grande fortune grâce, soupçonnait-on, à la vente d'influence politique[72].

La structure interne de la Réserve fédérale était le reflet des contradictions entre la nécessité politique de se prémunir à la fois contre les excès aristocratiques – pour lesquels le président nommait un Conseil des gouverneurs – et contre les excès démocratiques – de sorte que les douze banques régionales étaient détenues par des banques privées. Officiellement, le Conseil des gouverneurs décidait de la politique monétaire, mais, dans la pratique, cette tâche était dévolue à la Banque fédérale de réserve de New York, dominée par la Maison Morgan. La Première Guerre mondiale a aussitôt accentué cette ligne de fracture. Sachant que – comme nous l'avons vu au premier chapitre – JP Morgan était le créancier de la Grande-Bretagne et de la France, et que l'élection présidentielle de 1916 s'était transformée en une compétition entre un candidat pro-guerre soutenu par Morgan et le président Wilson, alors opposé à la guerre, le conflit de classes qui existait depuis longtemps dans la république américaine autour de la dette a été exacerbé dès 1914 par un conflit portant sur l'influence géopolitique des États-Unis en Eurasie.

Entre les guerres

L'entre-deux-guerres a démontré de manière flagrante les faiblesses des démocraties représentatives, avant même que l'Allemagne nazie n'envahisse et ne mette fin à plusieurs démocraties européennes. En insistant sur le fait que l'Europe devait être constituée par des démocraties selon le principe de l'autodétermination nationale, Wilson exprimait l'idée, commune, que la fin des empires européens internes était synonyme de l'avènement d'une ère d'États-nations démocratiques. Mais, une fois de plus, le concept de nation est à double tranchant : sa quête était souvent profondément déstabilisante, en particulier quand des groupes minoritaires de citoyens faisaient l'objet de coercition.

À la fin de la Première Guerre mondiale, l'Europe comptait déjà plus d'identités nationales que ses démocraties ne pouvaient en supporter. La disparition des empires multinationaux austro-hongrois et ottomans et les pertes territoriales de l'Allemagne n'auraient jamais pu donner naissance à des États successeurs correspondant aux revendications nationales existantes. Au contraire, dans les États successeurs, une communauté nationale prédominante a dû coexister politiquement avec des minorités dont la nation avait déjà été articulée contre les anciens empires ou qui s'identifiaient comme Allemands hors de l'Allemagne.

Dans un certain nombre de démocraties, les gouvernements ont cherché à revenir à la conception de Bismarck, selon laquelle la nation pouvait, au moins en partie, être construite en offrant une protection matérielle aux citoyens par le biais d'un État-providence. Mais ces tentatives se sont heurtées aux contraintes des marchés obligataires, aux exigences des créanciers bancaires et à la nécessité de maintenir la position d'une monnaie sur l'étalon-or. En période de crise financière, les gouvernements ont dû choisir entre un nationalisme économique plus marqué, qui menaçait le commerce international, et la réduction des dépenses de l'État-providence.

Si la mise en place d'un nationalisme économique était difficile, les appels à un nationalisme restrictif restaient un outil aisément accessible pour les politiciens, en particulier quand ces appels pouvaient prendre la forme d'un antibolchevisme. En Europe, certains gouvernements ont privé les minorités de la citoyenneté. Aux États-Unis, dans le contexte de la dépression économique du début des années 1920, le Congrès a adopté des lois visant à réduire l'immigration en provenance d'Europe du Sud et de l'Est, y compris des pays d'où étaient originaires la grande majorité des Juifs américains, et a interdit l'immigration en provenance du Japon [73].

Mais la vie politique démocratique a besoin de la nation, ce qui a aussi été le cas pendant l'entre-deux-guerres, notamment là où la nation était presque totalement absente. Dans la première république autrichienne, deux partis équilibrés, les sociaux-chrétiens (les Noirs) et les sociaux-démocrates (les Rouges) – les Noirs dominant la campagne et Vienne étant tenue par les Rouges – se sont engagés dans ce que l'on appellerait aujourd'hui une guerre culturelle centrée sur le catholicisme et l'anticléricalisme. Chaque parti a prétendu remodeler la république autrichienne en fonction de l'identité culturelle et religieuse qu'il cultivait, et chacun a eu recours à des paramilitaires. En 1933, le chancelier social-chrétien Engelbert Dollfuss a instauré une dictature qui a interdit tous les partis d'opposition au nom d'une unité autrichienne strictement chrétienne et catholique. Un an plus tard, l'Autriche a sombré dans la guerre civile. Quand les catastrophes qui ont suivi ont pris fin, les vétérans des deux camps de la guerre culturelle autrichienne ont considéré que la démocratie autrichienne de l'après-guerre ne pouvait avoir comme base que l'idée, comme l'a formulé un socialiste, que « nous sommes autrichiens [...] et nous voulons rester un peuple indépendant [74] ».

Entre-temps, les questions de savoir qui devait payer les impôts quand tous les citoyens pouvaient voter et de comment financer les dettes de guerre et les États-providence dans le cadre d'un système monétaire international ont provoqué d'intenses oppositions démocratiques. La démocratie au suffrage universel suscitait l'inquiétude des riches vis-à-vis des impôts. Partant du principe, comme Aristote l'avait supposé, que le gouvernement du plus grand nombre signifiait le gouvernement des pauvres, les riches ont souvent vu dans la démocratie une voie conduisant à la confiscation de leurs revenus et de leurs richesses. Les paradis fiscaux – juridictions où les non-résidents et les sociétés qui exercent la majeure partie de leurs activités ailleurs peuvent être imposés à un taux beaucoup plus bas – sont apparus à la fin du XIXe siècle. États neutres pendant la guerre, la Suisse et les Pays-Bas sont devenus après le conflit des havres où de riches Européens ont transféré des sommes d'argent considérables afin d'éviter les impôts votés par des assemblées législatives démocratiques. Il en est allé de même pour les dépendances de la Couronne britannique [75].

De manière très concrète, ces craintes ont érodé la capacité de l'État démocratique français à prélever des impôts au milieu des années 1920 quand, n'ayant pu raccrocher le franc à l'étalon-or, le gouvernement français a peiné à emprunter sur les marchés financiers. Ce qui ressemblait à un chaos démocratique en France au gré des changements de gouvernement a poussé les riches à vendre leurs actifs financiers à court terme et à transférer leurs capitaux à l'étranger. Le franc continuant ainsi à perdre de sa valeur extérieure, la fuite des capitaux est devenue un phénomène qui s'est auto-alimenté [76].

Les paradis fiscaux et la peur de la fuite des capitaux signifiaient que les systèmes fiscaux qui ont émergé dans le cadre de démocraties au suffrage universel ont fini par engendrer autant de risques d'excès aristocratiques que d'excès démocratiques. Au milieu des années 1920, les gouvernements prenaient des décisions fiscales en partant du principe que les riches avaient les moyens pratiques de protéger des impôts leur patrimoine et leurs revenus. L'évasion fiscale des Américains les plus riches était si efficace que le Congrès a voté des baisses d'impôts dans l'espoir de limiter l'évasion, diluant ainsi nettement l'intention du seizième amendement, qui consistait en ce que les riches devaient payer une part plus importante de l'impôt [77]. En 1928, le gouvernement français a également introduit une baisse importante de l'impôt sur le revenu, après un rapport remis au Premier ministre français ayant conclu que, pour les gros contribuables, l'impôt sur le revenu « tendait de plus en plus à prendre la forme d'une contribution volontaire [78] ».

Quoi qu'il en soit, la vieille idée qui voulait que la démocratie soit synonyme de dette insoutenable s'est trouvée confortée pendant l'entre-deux-guerres. Le cas le plus tristement célèbre est celui des débuts de la république de Weimar, jugée irresponsable et désastreuse pour avoir imprimé de l'argent afin de faire face aux problèmes d'endettement de l'Allemagne. Du point de vue de l'histoire de la démocratie allemande, ce récit est trop simpliste [79]. L'Allemagne de Weimar a commencé avec des niveaux de dette extrêmement élevés dus à la guerre et aux réparations. De plus, la banque centrale allemande, la Reichsbank, qui était légalement indépendante des gouvernements de Weimar, a joué son propre rôle dans l'hyperinflation [80]. Mais un problème, déjà connu depuis longtemps, a refait surface en Allemagne sous une forme encore plus aiguë – la capacité des États à emprunter de l'argent dépendait de la confiance des créanciers dans le fait que les assemblées législatives voteraient des impôts pour assurer le service de la dette. Sans la certitude que le Reichstag autoriserait de nouveaux impôts pour assurer le service de la dette allemande, les créanciers n'étaient pas enclins à prêter de l'argent frais ou à reconduire la dette existante, ce qui obligeait la banque centrale à imprimer de la monnaie pour couvrir les dépenses de l'État [81].

Comme ce serait le cas dans les années 1970, l'inflation en temps de paix a attisé les craintes d'excès aristocratiques et démocratiques et a suscité de nouveaux appels à une nation restrictive. En Allemagne, le choc matériel que l'hyperinflation a fait subir aux épargnants a suscité une telle angoisse matérielle au cours des dernières années de crise, chez beaucoup de ceux dont on aurait pu raisonnablement s'attendre à ce qu'ils soutiennent la république de Weimar en raison de leur position de classe antérieure, qu'ils ont fini par pencher en faveur des forces anti-démocratiques [82]. Pour ceux qui souhaitaient mettre fin à Weimar, l'inflation est devenue un autre prétexte pour le nativisme, et en particulier l'antisémitisme. Pendant l'hyperinflation allemande, Hitler n'a cessé de s'en prendre à la « judéisation de l'économie », accusant les Juifs d'être deux fois coupables en les dépeignant à la fois comme des marxistes et des profiteurs [83].

Avant sa disparition, l'étalon-or de l'entre-deux-guerres a également déstabilisé les démocraties. En promettant la stabilité monétaire, l'étalon-or pouvait être perçu comme un frein aux craintes d'excès démocratiques. Mais, en exigeant des gouvernements qu'ils privilégient la stabilité financière au détriment de l'État-providence, il a provoqué une rébellion démocratique contre son postulat de base, à savoir que la politique monétaire n'avait pas sa place dans la politique démocratique. La dépression d'après 1929 a fortement politisé les banques centrales en Europe, d'une façon qui était familière à l'ancienne république américaine. Là où, comme en Grande-Bretagne et en Suède, les gouvernements ont pris le contrôle de la politique monétaire et où, comme aux États-Unis, un président a affronté les banques, l'étalon-or a été abandonné au nom d'une autonomie économique nationale que la démocratie elle-même exigeait. Quand Franklin Roosevelt a détaché le dollar de l'or en 1933, un banquier a qualifié cette décision de « règne de la populace » et a déclaré : « Je crois que nous allons nous apercevoir que nous vivons une révolution plus radicale que la Révolution française [84]. »

Le New Deal

C'était une hyperbole partisane. Mais la décision de Roosevelt est à l'origine d'une façon qualitativement différente de concevoir la réforme démocratique autour de la nation économique, que ses fonctionnaires du Trésor ont cherchée plus tard, avec Keynes, à intégrer dans le système monétaire international de l'après-guerre. Pour Roosevelt, la capacité des banques et des riches à utiliser une économie internationale où les capitaux circulaient librement pour défendre leurs intérêts matériels, notamment en matière de fiscalité, était un pouvoir aristocratique qui, dans une démocratie, devait être limité.

Avec son projet visant à rétablir l'équilibre perdu entre les classes et les valeurs fondamentales de la république, Roosevelt était l'héritier des populistes américains [85]. Sa coalition politique associait les agriculteurs et les ouvriers d'usine aux classes moyennes en plein désespoir économique. Dans son premier discours d'investiture, il a affirmé que « les agents de change ont fui leurs trônes dans le temple de notre civilisation ». Une fois parti, le temple pouvait être « restauré conformément aux antiques vérités ». Cela signifiait, a-t-il poursuivi, qu'il fallait s'attaquer au « déséquilibre des populations dans nos centres industriels au détriment des campagnes ». Le commerce international, a-t-il ajouté, était « nécessairement secondaire par rapport à l'établissement d'une économie nationale saine ». La première phrase de ce discours inaugural comportait les mots « notre nation [86] ». La législation qui conférait aux travailleurs le droit fédéral de former des syndicats était le National Labour Act, la loi nationale sur le travail. Ensemble, les syndicats et le patronat devenaient la nation économique. Leur relation de dépendance mutuelle a été institutionnalisée par le National Industrial Recovery Act, loi sur la reprise industrielle nationale. En acceptant l'investiture démocrate de 1936 à Philadelphie – la même ville où « la tyrannie politique [avait] été balayée » en 1776 – Roosevelt a déclaré que l'élection de

1932 avait été « le mandat du peuple » pour mettre fin au « despotisme » des « royalistes économiques », et que « pour un trop grand nombre d'entre nous, l'égalité politique que nous avions autrefois gagnée n'avait plus de sens face à l'inégalité économique [87] ».

Dans la pratique, les réformes du New Deal ont été financées par de nouveaux impôts sur les Américains les plus riches. La plupart d'entre elles nécessitaient la mise en place de sites fédéraux d'autorité et de pouvoir. Ceux-ci réglementaient les banques, réduisaient les coûts d'emprunt pour les propriétaires et les agriculteurs, augmentaient les prix agricoles et fournissaient de l'électricité aux régions agricoles que les grandes compagnies énergétiques avaient ignorées. Pour exercer ces nouveaux pouvoirs fédéraux, Roosevelt a réclamé des pouvoirs d'urgence pour l'exécutif, comme si le pays était en guerre. La Cour suprême ayant invalidé plus de la moitié des lois du New Deal adoptées par le Congrès, il a tenté, jusqu'à ce que le Sénat l'en empêche, d'ajouter six nouveaux juges à la Cour.

Mais le New Deal a également mis en évidence la contradiction entre l'idée de nation en tant que destin économique démocratique partagé et les discours d'exclusion de la nation. En promettant un rajeunissement de l'économie nationale, Roosevelt a inclus dans la coalition politique démocrate des immigrants catholiques et juifs d'Europe du Sud et de l'Est qui avaient été exclus de la nation américaine par les lois restrictives sur l'immigration adoptées dans les années 1920. Mais il a également accepté ce qui était devenu la rhétorique politique dominante de la nation américaine définie en termes de personnes ethniquement blanches et d'origine européenne. En particulier, ses gouvernements ont utilisé l'ensemble des pouvoirs fédéraux en matière de logement et de financement hypothécaire établis par la législation du New Deal pour soutenir l'accession à la propriété exclusivement pour les Américains blancs ; par conséquent, le New Deal a intensifié la ségrégation raciale en matière de logement [88]. Politiquement, il n'avait guère d'alternative s'il voulait poursuivre ses réformes : sans le soutien des démocrates du Sud au Congrès, il n'y aurait pas eu de New Deal [89]. Pourtant – comme nous le montrerons au chapitre 9 –, les conséquences à long terme sur la répartition des richesses dans la république américaine pèsent encore sur elle aujourd'hui.

La politique du New Deal était également liée à la relation historique de la république américaine avec la race par le biais du pétrole. Un effondrement des prix du pétrole pour les producteurs nationaux américains ayant été au cœur de la dépression américaine, le pétrole était un élément fondamental du New Deal, Roosevelt légiférant pour garantir des limites de production strictes et allouant des quotas de production pour faire remonter les prix à des niveaux rentables. Cela a eu des conséquences sur l'équilibre territorial des pouvoirs au sein de la république américaine. Les producteurs indépendants que Roosevelt voulait aider opéraient principalement au Texas. En 1935, six États producteurs de pétrole, sous la férule du Texas, ont formé l'Interstate Oil Compact. Au nom de l'ancienne cause sudiste des droits des États – invoquée en son temps pour défendre l'esclavage –, ces États ont torpillé les espoirs initiaux des partisans du New Deal, qui rêvaient de voir naître une industrie pétrolière réglementée au niveau national [90]. Ayant remporté cette bataille politique, le Texas a pu utiliser son agence de réglementation pétrolière, la Texas Railroad Commission, la Commission des chemins de fer du Texas, pour fixer les prix mondiaux du pétrole pendant les quarante années suivantes [91]. Ce pouvoir économique a conféré à la délégation texane au Congrès une influence politique inégalée, illustrée par les postes de direction occupés par une succession de Texans, de Sam Rayburn à Lyndon Johnson. En ravivant de vieux conflits entre l'autorité fédérale et l'autorité étatique dans une partie de l'Union où les arguments relatifs aux droits des États avaient une résonance historique et étaient encore utilisés pour restreindre le droit de vote, la politique de la production pétrolière a pesé directement sur les lignes de faille profondes de la république américaine.

En ce sens, comme sous d'autres aspects, l'entre-deux-guerres n'a pas eu le même impact dans la démocratie américaine que dans les pays européens où la démocratie avait survécu. À partir de 1933, la république américaine a été réformée sur le plan économique pour rééquilibrer la répartition de l'influence des classes, mais elle n'est pas devenue une démocratie au suffrage universel, et, dans un pays producteur d'énergie doté d'une Constitution fédérale, les États ont acquis un certain pouvoir structurel qui a nuancé l'idée d'une nation économique. Si le New Deal est devenu la base économique et électorale de la politique américaine pendant la majeure partie des trente années qui ont suivi, la république du New Deal pouvait encore être remise en question au nom de la démocratie, et ce serait finalement le cas au moment où la puissance énergétique américaine commencerait à décliner. En revanche, en Allemagne, en Italie et en France, les désastres de l'entre-deux-guerres et de la guerre ont permis de fonder de nouvelles démocraties, dans le cas de l'Allemagne, sous la forme d'un État territorial tronqué, sans aucun de ces fardeaux historiques particuliers liés au droit de vote. Le New Deal a certes été le signe avant-coureur d'un monde d'États-nations démocratiques et d'économies moins internationalisées et moins financiarisées. Mais c'est en Europe que cet avenir allait se matérialiser le plus clairement.

8

L'ascension et le déclin de l'État fiscal démocratique

Rares étaient les sujets susceptibles de fédérer Donald Trump et la Commission européenne. Le mastodonte de la vente au détail numérique Amazon faisait exception à la règle. Tout au long de l'année 2018, Donald Trump s'en est pris à l'entreprise sur Twitter, déclarant entre autres que le fait qu'Amazon ne paye pas d'impôts était « très préjudiciable pour les détaillants qui paient des impôts [1] ». En octobre 2017, la Commission européenne a ordonné à Amazon de rembourser 250 millions d'euros au titre de ce qu'elle considérait comme une aide d'État illégale du Luxembourg, obtenue sous forme d'avantages fiscaux dans le cadre d'un accord permettant à Amazon de structurer ses activités de manière à payer peu d'impôts sur ses opérations ailleurs en Europe. « Payer des impôts, a rappelé la Commission, fait partie de l'activité commerciale en Europe. »

Mais c'est une notion que l'UE a bien du mal à mettre en oeuvre. En mai 2020, quand Angela Merkel et Emmanuel Macron ont dévoilé leur proposition de Fonds de relance de l'UE basé sur des fonds que la Commission européenne emprunterait au nom de l'UE, ils n'ont pas proposé de taxes européennes pour servir la nouvelle dette de l'UE, se contentant de dire que « l'amélioration du cadre pour une fiscalité équitable dans l'UE » resterait « une priorité » et que, « dans l'idéal », cela impliquerait d'établir une base pour une fiscalité commune sur les entreprises. La proposition formelle qui a suivi envisageait un impôt européen sur les sociétés lié à l'accès au marché unique et une taxe numérique européenne sur les géants de la technologie. Mais l'accord sur le Fonds de relance, conclu lors du sommet européen de juillet 2020, ne prévoyait pas d'impôt européen sur les sociétés ni d'engagement à harmoniser les taux nationaux de l'impôt sur les sociétés. Au lieu de cela, l'UE acquerrait le pouvoir de taxer les déchets plastiques non recyclables et s'engageait à discuter à l'avenir des taxes sur le carbone et sur le numérique, ainsi que d'une taxe sur les transactions financières, dont elle débattait déjà depuis une décennie.

L'incapacité de l'UE à s'entendre sur une approche commune de l'impôt sur les sociétés n'est que le début des difficultés politiques auxquelles l'UE est confrontée en matière de fiscalité. Lors du débat sur le Fonds de relance, personne n'a suggéré que les citoyens de l'UE soient taxés en tant que citoyens pour soutenir la nouvelle autorité de la dette. En fait, Thierry Breton, le commissaire européen français, s'est vanté sur Twitter après le sommet que c'était précisément ce qui n'aurait pas lieu : « Pour la première fois, l'Europe emprunte de l'argent pour l'Europe et les Européens. Et pour financer cet emprunt historique, pas d'impôts pour nos concitoyens européens. C'est seulement à la frontière de notre marché intérieur que nous imposerons des taxes [2]. »

En ce qui concerne la relation historique entre l'impôt, la dette et la démocratie, l'UE brille par son absence. Ce qui subsiste de l'État fiscal démocratique ne se trouve qu'au niveau national. Pour l'UE en tant qu'ordre juridique, être citoyen a pris une signification totalement indépendante de la dette ou des impôts. Pour comprendre comment cette déconnexion s'est opérée et ses implications plus larges pour la politique dans les démocraties au-delà de l'UE, il nous faut revenir aux démocraties représentatives de l'après-guerre en Europe occidentale et aux États-Unis, et à la façon dont certaines de leurs caractéristiques les plus démocratiques en matière de politique économique, y compris en ce qui concerne la fiscalité, ont commencé à s'éroder dans les années 1970.

La nation économique

Là où la démocratie a été refondée après la Seconde Guerre mondiale, les perceptions des risques temporels décisifs n'étaient pas les mêmes, avec des conséquences qui influencent encore la manière dont l'UE aborde la question de la dette. En France et en Italie, où des partis communistes puissants ont émergé de la guerre, l'impulsion démocratique a été forte. Après un référendum, la Première République italienne a été instaurée sans monarchie. La Constitution de la Quatrième République française a été approuvée par une assemblée constituante, légitimée par un référendum et dotée d'un robuste pouvoir législatif. En revanche, la Constitution de l'Allemagne de l'Ouest, imposée au pays par les Alliés, contenait de solides garanties contre les excès démocratiques [3]. Elle n'autorisait les référendums que sur une nouvelle Constitution ou sur la redéfinition des États régionaux constitutifs de la République fédérale de l'Allemagne de l'Ouest (les Länder). Elle protégeait fortement les droits individuels et mettait en place une puissante Cour constitutionnelle. Aucune démocratie européenne n'a jamais donné au pouvoir judiciaire l'autorité que détient la Cour constitutionnelle fédérale allemande. Elle est seule habilitée à déclarer les partis inconstitutionnels, et, dans les années 1950, elle a interdit à la fois le parti néonazi et le parti communiste. Une décision de la Cour datant de 1958 a eu pour effet que toute décision juridique ou politique pouvait faire l'objet d'un contrôle judiciaire, et les juges de la *Bundesverfassungsgericht* (la Cour constitutionnelle) ont par la suite statué sur de nombreuses questions politiques importantes depuis leur siège de Karlsruhe, y compris sur la dette publique et les traités de l'UE [4].

Au-delà de ces questions constitutionnelles, le monde géopolitique et économique de l'après-Seconde Guerre mondiale était beaucoup plus propice à l'avenir des démocraties que l'environnement de l'après-Première Guerre mondiale. Structurellement, le système de Bretton Woods a soutenu les démocraties d'Europe occidentale de l'après-guerre en facilitant l'idée d'une nation économique. On peut certes surestimer l'importance historique de Bretton Woods en tant que garantie politique pour les démocraties d'Europe occidentale. Le moteur de l'ordre monétaire international de l'après-guerre est né – comme nous l'avons vu au chapitre 2 – du désir de Harry Dexter White de créer un ordre financier et commercial fondé sur le dollar, où les États-Unis pourraient jouir d'une autonomie économique à l'abri des risques de dévaluations concurrentielles et de mouvements transfrontaliers de l'or. Ses collègues du Trésor et lui s'intéressaient surtout à la puissance monétaire et à la stabilité financière des États-Unis, et, dans le cas de Dexter White, à l'aide à l'Union soviétique [5]. Le système de Bretton Woods a ensuite été considérablement compromis par la réticence du gouvernement Truman à mettre un terme à la fuite illégale des capitaux et par sa volonté d'utiliser le plan Marshall pour circonscrire la politique démocratique italienne en écartant les communistes du pouvoir. Au moment où les monnaies européennes étaient effectivement convertibles à des fins commerciales, les marchés de l'eurodollar avaient vu le jour, et l'effondrement de Bretton Woods – tel qu'il est décrit au chapitre 5 – était désormais inévitable.

Néanmoins, la volonté du gouvernement Roosevelt d'accepter des contrôles nationaux des capitaux et l'engagement américain de fournir un accès externe au crédit à court terme ont eu des répercussions essentielles sur les démocraties européennes. Le nationalisme financier a permis aux gouvernements démocratiques de bénéficier d'une autonomie politique en matière de politique monétaire. En réduisant les possibilités de fuite des capitaux, il a permis de contester politiquement l'imposition de la richesse et des revenus. Si les gouvernements de l'après-guerre souhaitaient, comme ils l'ont fait, présenter les économies nationales comme des communautés partagées de destin économique sensibles à la vie politique démocratique, alors, quelles qu'aient été ses limites, Bretton Woods était une condition nécessaire, bien que loin d'être suffisante, de leurs efforts.

Au nom de la nation, l'État a assumé la responsabilité finale de garantir l'emploi, contrôler l'inflation, soutenir l'agriculture nationale et assurer la sécurité économique contre le malheur. Les hommes politiques de l'Europe de l'Ouest de l'après-guerre s'adressaient aux électeurs en tant que citoyens d'une nation qui leur conférait des droits économiques formels et informels, et ils s'affrontaient en grande partie sur la manière dont ces droits pouvaient être concrétisés au mieux dans la pratique. En conséquence, les gouvernements et les fonctionnaires ont conçu les économies en termes nationaux, avec des comptes nationaux et une croissance mesurée au niveau national[6]. Bien entendu, cela ne signifiait pas que les avantages de la nation économique étaient répartis équitablement, ou que toutes les classes partageaient la même influence politique. En Italie, la classe ouvrière industrielle était au moins partiellement exclue de la nation économique. Mais l'action économique de l'État a permis aux hommes politiques des pays d'Europe occidentale, comme cela avait été le cas avant la guerre aux États-Unis, de parler comme si la nation, en tant que communauté politique, partageait un destin matériel commun.

En France, sous Charles de Gaulle, cette idée a pris une envergure particulière. Pour lui, la nation économique signifiait nécessairement l'absence de dépendance à l'égard de l'étranger. Si les États-nations étaient définis comme des entités politiques indépendantes des empires – et les États-Unis étaient, dans l'esprit de De Gaulle, un empire militaire et financier –, la France devait être libérée du capital américain et des armes nucléaires américaines. Mais de Gaulle n'a jamais pensé qu'une nation économique pouvait suffire. Pour lui, la nation devait s'élever, ce qui signifiait que l'économie nationale devait servir une idée globalement plus humaine de la nation française.

En Allemagne, la nation économique a pris une forme moins expansive, et, paradoxalement, elle a revêtu une plus grande importance politique. Le succès retentissant de l'économie ouest-allemande par rapport à presque tous les autres pays du monde de l'après-guerre a permis de développer un récit national qui a effectivement légitimé la Constitution démocratique de l'après-guerre et les institutions qu'elle a mises en place, y compris une banque centrale, la Bundesbank, indépendante du contrôle politique démocratique [7]. À la fin des années 1980, l'historien Charles Maier a estimé que « pendant près de quarante ans, la République fédérale a vécu, pour ainsi dire, uniquement de pain [8] ».

En Grande-Bretagne, un discours fort de nation économique s'est substitué à la fois aux politiques commerciales et monétaires impériales pratiquées dans les années 1930 et à la foi dans le libre-échange qui avait prévalu auparavant. En particulier, la Grande-Bretagne ayant failli mourir de faim pendant les deux guerres mondiales en raison de sa dépendance vis-à-vis des importations alimentaires étrangères, les gouvernements britanniques ont poussé à l'autosuffisance nationale en matière de production alimentaire, revenant ainsi sur la décision d'abroger les Corn Laws (lois sur le blé), votées en 1846 [9].

En Italie, l'établissement d'une nation économique relativement unificatrice s'est révélé plus ardu. Malgré une tentative de reconstruction économique de l'Italie du Sud sous l'égide de l'État, l'Italie du Nord a connu une croissance beaucoup plus rapide, et la division régionale entre l'industrie et l'agriculture a persisté. La faible croissance dans le Sud a entraîné une forte migration vers le Nord et vers d'autres États de la

Communauté économique européenne. L'anticommunisme était omniprésent dans le récit de la nation italienne, ce qui s'est répercuté sur l'économie : il était difficile d'inclure les syndicats dans le type d'accords corporatistes coopératifs qui prévalaient en Allemagne de l'Ouest où, jusqu'en 1962, même la gauche non communiste était exclue de toute possibilité d'entrer au gouvernement [10].

En revanche, aux États-Unis, la nation économique s'est affaiblie à plusieurs égards par rapport à l'époque du New Deal, et les restrictions raciales sont restées en place. Les négociations salariales nationales se sont diluées [11], ce qui a séparé les travailleurs entre ceux qui étaient liés aux programmes du New Deal, ceux qui, par le biais d'accords entre les syndicats et les entreprises sur les avantages sociaux autres que les salaires, se sont retrouvés liés à ce que l'historien Meg Jacobs a appelé un « État-providence privé », et ceux qui étaient exclus, notamment pour des raisons raciales, de l'un ou l'autre de ces programmes [12]. Dans le même temps, le Sud s'est engagé dans une autre voie divergente. L'expansion considérable de l'industrie de la défense et les faibles impôts des États ont entraîné un mouvement de personnes et de capitaux vers le Sud [13]. Cette nouvelle économie du Sud a été de moins en moins syndiquée par rapport aux autres régions du pays. Cette singularité des marchés du travail a renforcé l'impact de l'industrie pétrolière texane. Pendant la Seconde Guerre mondiale, la Texas Railroad Commission avait perdu de son influence, le gouvernement fédéral ayant pris en charge une grande partie du secteur pétrolier. Mais, après la fin de la guerre, il a rétabli son emprise sur les prix et l'offre [14].

Néanmoins, les pressions économiques qui avaient rapidement engendré des conditions d'excès aristocratiques, puis une réaction politique à ces excès, après la Première Guerre mondiale, ont pour l'essentiel disparu. Pendant près de trente ans, il n'y a pas eu de dépressions économiques, et les quelques récessions qui se sont produites ont duré moins d'un an, de sorte que les hausses du chômage ont toujours été modestes et de courte durée. Au lendemain des années de l'immédiat après-guerre, l'inflation était pratiquement inexistante. Estimant que l'inflation compromettait la stabilité démocratique, les gouvernements, aidés par des prix du pétrole bas et stables, ont mis en place avec succès un contrôle des prix. Il n'y a pas eu de crise bancaire et, après une série de dévaluations européennes en 1949, peu de crises monétaires en dehors de la Grande-Bretagne, où les gouvernements ont cherché à conserver des privilèges pour la livre sterling, y compris pour régler les achats de pétrole. Les crises financières qui ont effectivement changé le cours de la politique démocratique dans certains pays sont survenues quand, comme dans le cas de Suez, un président américain a utilisé l'accès au dollar pour annuler les décisions des gouvernements d'Europe de l'Ouest.

Les démocraties ont également entamé les années d'après-guerre avec une faible pression baissière sur les salaires. L'économie de guerre protégeait davantage les salaires inférieurs que les salaires supérieurs [15]. En Allemagne, la fin de la guerre et l'immédiat après-guerre ont connu une baisse de l'inégalité des revenus [16]. En Grande-Bretagne et aux États-Unis, la guerre a entraîné un nouvel essor de la syndicalisation [17]. Dans plusieurs pays d'Europe occidentale, les accords corporatistes ont permis aux syndicats non seulement de protéger les acquis salariaux, mais aussi d'exercer une certaine influence politique sans recourir à la confrontation par le biais de grèves.

Fait essentiel, les démocraties européennes ont été moins sujettes aux crises budgétaires dans l'après-guerre qu'elles ne l'avaient été dans les années 1920. Les gouvernements de l'après-1945 ont été largement en mesure de transformer les régimes fiscaux élevés de l'époque de la guerre, y compris les impôts substantiels sur les riches, en États-providence du temps de paix qui ont duré plusieurs décennies, et non quelques années [18]. Les gouvernements ont été aidés en cela par les contrôles de capitaux qui ont compliqué les évasions et les fraudes fiscales, du moins en partie. Ils n'ont pas eu non plus à se battre pour payer les intérêts de la dette passée. C'était entre autres une question de politique américaine. L'injection de capitaux publics américains dans le cadre du plan Marshall s'est rapidement accompagnée d'une réduction de la dette, en particulier pour l'Allemagne de l'Ouest. La conférence de Londres sur la dette de 1953 a réduit de moitié la dette cumulée de l'Allemagne de l'Ouest depuis la république de Weimar, les premières années d'après-guerre et le plan Marshall, a prolongé le délai de remboursement et limité les obligations de la dette du pays en fonction du volume de son excédent commercial. Par conséquent, la démocratie ouest-allemande de l'après-Seconde Guerre mondiale a été protégée des exigences de la dette extérieure et des conflits de classes sur la façon de gérer la dette. Mais, et c'est tout aussi important, cette absence de politique d'endettement est également due au fait que, pour l'essentiel, les démocraties occidentales n'ont pas contracté de nouvelles dettes. Jusqu'à ce que les Américains se tournent vers l'emprunt pour financer la guerre du Vietnam, les gouvernements d'après-guerre ont largement maintenu des budgets équilibrés, en veillant à ce que les dépenses des démocraties soient financées par des impôts prélevés sur leurs propres citoyens et sur les entreprises nationales.

Les fardeaux de l'histoire

Pourtant, l'idée d'une économie nationale liée au citoyen-contribuable n'a pas suffi à mettre un terme au problème politique de la nation. Certes, les dangers liés à la nation étaient moins déstabilisants que pendant l'entre-deux-guerres. En effet, les catastrophes mêmes qu'ils avaient provoquées contribuaient à les atténuer : l'Holocauste a causé la destruction tragique de la population juive en Europe, et les vagues de nettoyage ethnique sans merci qui ont eu lieu pendant la Seconde Guerre mondiale et au lendemain du conflit ont fait qu'il y avait moins de minorités nationales [19]. Par ailleurs, le désastre de l'Anschluss a sapé le pangermanisme en Autriche en tant que force politique [20].

Mais les tensions inhérentes à l'élaboration d'un récit historique national susceptible d'unir une population changeante de citoyens n'avaient pas disparu, surtout quand, durant les premières décennies de l'après-guerre, plusieurs États d'Europe occidentale ont encouragé les migrations en provenance de leurs anciennes colonies ou, dans le cas de l'Allemagne, les « travailleurs invités » en provenance de Turquie. Dans la Quatrième République française, les divisions passées sur la nation française n'ont pas trouvé de solution dans le présent. Les gouvernements de la Quatrième République insistaient sur une version du passé récent selon laquelle la résistance française pendant la guerre avait été le fait de la nation française [21], alors que la résistance menée par la gauche en France n'avait été qu'une expérience parmi d'autres pour les Français pendant la guerre. Accroissant encore les tensions, la Quatrième République conservait une vision impériale de la nation française et constituait une union politique singulière qui incluait les départements et territoires français d'outre-mer – en particulier l'Algérie –, offrant des droits de citoyenneté à part entière dans toutes ses composantes, malgré une résistance nationaliste croissante à la domination française. C'est l'absence de consentement impérial sur l'Algérie qui a détruit la Quatrième République [22].

La Cinquième République a été fondée sur la version de la nation française de De Gaulle. Bien que ce dernier n'ait pas renoncé à l'idée que la nation française était incarnée par l'idéal républicain révolutionnaire, il a assimilé une histoire plus longue de continuité historique constitutive de la nation française [23]. Après l'indépendance de l'Algérie, la Cinquième République est devenue beaucoup plus stable politiquement que celle qui l'avait précédée. Mais elle était toujours confrontée à l'héritage de l'empire. De la fin des années 1950 à la fin des années 1960, l'immigration nord-africaine vers la France a considérablement augmenté. La Troisième République avait déjà ouvert la citoyenneté aux migrants musulmans. Mais le discours post-impérial de la nation française a été plus difficile à adapter à une migration économique à grande échelle de la part de gens qui ne s'intéressaient que peu à l'histoire révolutionnaire française. Alors que certains migrants plus anciens étaient devenus citoyens français grâce à leur service militaire pendant la Première Guerre mondiale, la Cinquième République est née d'une guerre menée pour protéger un empire. Les niveaux élevés d'immigration ont également réactivé des divisions plus anciennes sur la question de la nation française, qui remontaient à la Révolution, en même temps qu'ils en ont engendré de nouvelles. De plus en plus, une partie de la droite a insisté sur le fait qu'il ne pouvait y avoir d'idée de nation française sans christianisme, une partie de la gauche sur le fait que la nation laïque était le fondement de toute république française, et d'autres – de droite comme de gauche – sur le fait que la nation française devait désormais s'accommoder d'un multiculturalisme en partie religieux[24].

Pour la démocratie ouest-allemande de l'après-guerre, la nation économique, aussi réussie soit-elle, ne pouvait en fin de compte suffire à définir un peuple allemand. Konrad Adenauer, le premier chancelier de la République fédérale d'Allemagne, a toujours insisté sur le fait que la République fédérale était la seule représentante d'une nation historique allemande durable qui incluait les Allemands de l'Est. Mais cette notion soulevait des questions gênantes sur la période nazie. Dans les années 1980, les historiens allemands se sont livrés à un débat acharné sur la signification de l'Holocauste pour l'identité nationale allemande. Ce conflit de spécialistes a montré à quel point il était difficile pour les Allemands de se mettre d'accord sur ce dont ils se souvenaient. Or il a aussi démontré, de part et d'autre, qu'il n'était ni possible ni souhaitable d'ignorer collectivement le passé d'avant la guerre. Soit les Allemands pouvaient encore se remémorer ce qu'ils étaient en tant que peuple avant l'Holocauste et reconnaître leurs péchés comme s'intégrant à leur histoire en cours, soit ils constituaient un peuple parce qu'ils avaient l'obligation morale de considérer Auschwitz comme le point final d'une identité nationale et le début d'une autre, tout à fait différente [25]. Quelle qu'ait été leur position, les Allemands étaient un peuple en vertu de l'histoire allemande, ce qui compliquait clairement l'assimilation dans une histoire de la citoyenneté allemande des travailleurs invités turcs et nord-africains restés dans le pays.

Pour des raisons différentes, ce qui pouvait être retenu collectivement du passé compliquait également l'appartenance à la nation britannique. Grâce à la Seconde Guerre mondiale, le récit historique de la nation britannique est devenu plus facile à raconter qu'il ne l'avait jamais été. Pendant la guerre, l'État démocratique britannique a mobilisé ses citoyens pour qu'ils se battent en tant que citoyens-soldats, travaillent en tant que citoyens-producteurs et prêtent de l'argent en tant que citoyens-créanciers [26]. Cet appel aux sacrifices s'est accompagné d'une histoire nationale et démocratique narrée par Winston Churchill dans ses discours de guerre. Dans ce récit, le peuple britannique, sous sa direction et avec le soutien du parti travailliste, avait tourné le dos à une classe dirigeante prête à renoncer à l'indépendance nationale en 1940 et avait décidé de se battre [27]. Pourtant, ce récit de la nation britannique, qui, sous la forme que lui avait conférée Churchill, était en grande partie un récit de l'empire, a dû fonctionner dans la démocratie britannique de l'après-guerre, alors que l'empire touchait à sa fin. Du fait des migrations en provenance de pays encore ou anciennement soumis à la domination impériale britannique, l'histoire de la nation britannique racontée par Churchill s'est révélée restrictive, même si l'expérience de la guerre lui avait donné un sens aux yeux de beaucoup.

Au bout du compte, la fin de l'Empire britannique a également soulevé la question de savoir si l'identité politique britannique était suffisamment forte pour l'emporter sur les anciennes revendications des nations écossaise, galloise et anglaise. À la fin des années 1960, certains nationalistes écossais soutenaient que l'État britannique multinational reposait sur l'attrait historique du gain économique impérial et que, sans lui, l'union anglo-écossaise était superflue [28]. Au début des années 1970, il est devenu manifeste qu'une histoire de la nation britannique permettant aux citoyens de la démocratie britannique de se considérer comme un peuple collectif ne parvenait plus à convaincre. L'Irlande du Nord, où la minorité ne s'était jamais identifiée comme britannique, a sombré dans la violence, et l'armée britannique, envoyée pour rétablir l'ordre, n'a fait qu'alimenter les griefs des catholiques à l'égard d'un système de gouvernement qui assurait leur marginalisation. Pendant ce temps, la montée en puissance du Parti nationaliste écossais (SNP) et de Plaid Cymru (au Pays de Galles) a poussé tous les gouvernements britanniques, jusque dans les années 1970, à consacrer un important capital politique à la recherche d'un moyen d'accorder davantage d'autonomie à l'Écosse et au Pays de Galles, sans y parvenir.

Aux États-Unis, comme en Grande-Bretagne, l'État a mobilisé de nombreux citoyens en tant que soldats, producteurs et créanciers pendant la Seconde Guerre mondiale. Les Américains ont acheté ce qui équivalait pratiquement à une obligation pour chaque citoyen adulte, et toutes les couches de la société dans tout le pays ont participé [29]. Mais les États-Unis ont aussi fait la guerre avec une armée très nettement marquée par la ségrégation raciale. L'hypothèse de Weber selon laquelle les personnes ayant combattu dans les armées nationales conscrites ne pouvaient pas être privées du droit de vote par la suite s'est révélée erronée, et la privation du droit de vote pour des raisons raciales s'est poursuivie dans le Sud. Ce n'est que dans les années 1960 que le gouvernement fédéral est parvenu à imposer un changement politique démocratique aux États du Sud, établissant pour la première fois une démocratie américaine à part entière. Néanmoins, les problèmes posés à la nation américaine par la coexistence historique de l'esclavage et de la république, et par la persistance d'une hiérarchie raciale après l'abolition de l'esclavage ont perduré.

Dans sa croisade pour les droits civiques des Afro-Américains, Martin Luther King Jr est remonté jusqu'à la fondation de la république américaine. Pour lui, l'idéal d'une nation américaine incluant les Afro-Américains existait depuis le début de la république, et Lincoln avait réaffirmé cette conviction. Revenant sur les accomplissements des manifestants qui avaient lutté pour les droits civiques au début des années 1960, il a déclaré qu'ils « ramenaient toute la nation à ces grands puits de démocratie creusés par les Pères fondateurs dans la formulation de la Constitution et de la Déclaration d'indépendance [30] ». Pour King, cette nation américaine ne pouvait pas exister sans son passé. Mais d'autres membres du mouvement des droits civiques étaient plus sceptiques quant à la possibilité de racheter la nation américaine en restaurant des idéaux fondateurs qui n'avaient pas été appliqués dans leur entièreté. Leur insistance sur le fait que la république américaine avait été fondée en tant que république blanche et que le langage de la nation américaine était intrinsèquement lié à la hiérarchie raciale a donné naissance au nationalisme noir dans les années 1960, avec notamment l'espoir de créer un nouvel État sur le territoire de la république américaine existante [31].

Les migrations asiatiques et hispaniques de l'après-guerre ont un peu plus attisé le débat sur ce qui, dans l'histoire américaine, pouvait être compatible avec l'idée d'une nation pour tous les citoyens américains. Une loi de 1952 a mis fin à l'interdiction de l'immigration asiatique et aux restrictions à la naturalisation des Américains d'origine asiatique. Plus tard, la loi de 1965 sur l'immigration et la nationalité a mis fin au régime des quotas d'origine nationale en vigueur depuis les années 1920. Cette législation a entraîné une augmentation significative de l'immigration extra-européenne, ce qui, au fil du temps, a considérablement modifié la composition démographique du pays. Mais, en annulant le programme de travailleurs invités pour les Mexicains, qui avait facilité des mouvements saisonniers considérables à la frontière, la législation de 1965 a également entraîné une migration non autorisée vers le sud-ouest. Dans les années 1980, plusieurs millions de personnes vivaient aux États-Unis depuis des années sans en avoir le droit. En 1986, le Congrès a adopté une loi offrant une amnistie à de nombreux immigrés clandestins et imposant des contrôles frontaliers plus stricts. Mais l'immigration non réglementée en provenance du Mexique s'est poursuivie, en partie encouragée par les entreprises qui appréciaient la main-d'œuvre bon marché qu'elle offrait. Rapidement, l'hispanophonie s'est développée. Dans les années 1980, cette question linguistique, associée à un intérêt croissant pour le multiculturalisme en tant que moyen de comprendre l'expérience historique américaine, a pris un tour particulièrement conflictuel sur le plan politique. La démocratie américaine s'est trouvée confrontée au problème de la relation entre la langue et la nationalité, qui avait été essentielle, et politiquement déstabilisante, au fil de l'édification de la nation dans les États européens au XIXe siècle [32].

Cette évolution vers une démocratie plus diversifiée sur le plan ethnique, dans laquelle le droit de vote de tous les citoyens était protégé par le gouvernement fédéral, a eu lieu au moment même où une armée de conscrits se battait au Vietnam. Au lieu de servir de base à un renouveau politique de la nation, la conscription dans une armée désormais intégrée sur le plan racial a engendré des conflits raciaux et de classes. Les règles de la conscription permettaient à un grand nombre d'hommes blancs aisés d'utiliser l'éducation pour reporter leur service. En revanche, les Afro-Américains ont été largement surreprésentés dans les déploiements de troupes et les pertes, en particulier au début de la guerre.

La conscription n'a pas survécu à la guerre du Vietnam. De même que l'introduction de la conscription par les Jacobins avait représenté un tournant décisif vers la nation politique en légitimant l'autorité de l'État en Europe, sa fin effective aux États-Unis en 1973 a été symbolique pour la république américaine. Alors qu'aucune menace militaire ne pesait sur la patrie, le gouvernement fédéral américain avait fait appel à une armée de conscription pour mener une guerre en Eurasie d'une façon qui protégeait sélectivement certains citoyens de l'obligation de prendre les armes. Les retombées politiques ont mis au jour toutes les autres fragilités de l'idée de nation américaine. Mais, si la fin de la conscription était politiquement nécessaire, son absence ne laissait que peu d'options historiquement reconnaissables pour ressusciter la nation américaine : les conditions économiques qui en avaient sous-tendu la version du temps du New Deal étaient en train de s'effondrer [33].

Le tournant des années 1970

Au cours des années 1970, la république américaine et les démocraties d'Europe occidentale ont replongé dans l'instabilité. L'inflation s'est accélérée sans guerre préalable, ce qui était inédit. Presque partout, le sentiment que la politique ne pouvait être contenue dans les ordres constitutionnels existants était palpable. Les démocraties étaient devenues plus violentes et plus conflictuelles qu'elles ne l'étaient dix ans plus tôt. Des mouvements sécessionnistes ont vu le jour en Irlande du Nord et au Pays basque espagnol. En Allemagne de l'Ouest et en Italie, les révolutionnaires de gauche se sont engagés dans des campagnes meurtrières contre les hommes politiques et les milieux d'affaires. Certains visaient les Juifs. Leur violence a été égalée par celle des groupes paramilitaires néo-fascistes. Aux États-Unis, la violence avait commencé plus tôt dans les rues. Elle a débordé sur les élections de 1968 et s'est poursuivie par l'intermédiaire des groupes terroristes intérieurs jusque dans les années 1970.

Cette instabilité a conduit certains à affirmer que les démocraties étaient en proie à un excès démocratique qui les détruirait [34]. Peu avant sa démission, le chancelier ouest-allemand Willy Brandt a exprimé sa crainte que les démocraties occidentales soient par trop engagées sur la voie de la décadence temporelle pour qu'il ne leur reste que vingt ou trente ans avant de sombrer dans le chaos et la dictature [35]. On retrouve cette conviction que les États-nations démocratiques ne pouvaient tout simplement pas faire face parce qu'ils étaient devenus trop démocratiques et trop nationalistes dans le rapport sur la crise de la démocratie publié en 1975 par la Commission trilatérale, un forum influent créé deux ans plus tôt et réunissant des hommes politiques et des hommes d'affaires d'Amérique du Nord, d'Europe et du Japon afin de réfléchir à l'avenir. Dans son essai, le politologue américain Samuel Huntington a eu recours à l'expression « excès de démocratie » pour expliquer ce qu'il considérait comme la crise de gouvernabilité en train de se développer [36].

Pour tous les auteurs du rapport, la dégénérescence de la démocratie était inexorablement liée à l'inflation. En effet, Huntington a décrit l'inflation comme « la maladie économique des démocraties », car « il [devenait] difficile, voire impossible, pour les gouvernements démocratiques de réduire les dépenses, d'augmenter les impôts et de contrôler les prix et les salaires [37] ». Dans les années 1980 et 1990, cet argument a souvent été utilisé à propos de la politique monétaire. En fait, le fondement intellectuel de la zone euro, articulé autour de la distinction monétaire-économique établie par le traité de

Maastricht, reposait sur l'hypothèse que le contrôle démocratique de la politique monétaire conduisait à l'inflation.

Or il serait faux de croire que l'excès démocratique exprimé par l'inflation a façonné les années 1970 et entraîné une réaction nécessaire au cours des vingt années suivantes. D'un point de vue économique, un changement correspondant à la thèse de l'excès démocratique s'est produit dans les années 1970. La part des salaires dans le revenu national a alors augmenté, et les bénéfices des entreprises ont baissé[38]. Certains syndicats d'Europe occidentale ont rendu la tâche difficile à leurs gouvernements quand ces derniers ont voulu faire baisser l'inflation. Craignant de nouvelles grèves, les gouvernements britannique, français et italien ont tous, à des moments différents, accepté les revendications salariales des employés, quelles qu'en soient les conséquences. En Italie, le gouvernement a introduit un indice des salaires, la *Scala Mobile*, qui garantissait aux syndicats que les salaires augmenteraient avec l'inflation. Le parti communiste, politiquement le plus fort au sein de la classe ouvrière syndiquée de l'industrie du Nord, étant exclu du gouvernement italien, les gouvernements italiens n'ont pas été en mesure de réformer la *Scala Mobile* sans provoquer une confrontation industrielle et politique. Aux États-Unis, les camionneurs indépendants et non syndiqués se sont rebellés contre les pénuries d'essence en menant des grèves sauvages et en bloquant les autoroutes et les ponts inter-États, en utilisant leurs radios « Citizens Band » (CB) pour coordonner leur action. En 1974, leur mouvement est devenu violent, et les autoroutes se sont transformées, pour reprendre les termes de l'historienne Meg Jacobs, en « zones d'affrontements armés[39] ».

Toutefois, l'idée que c'est la dynamique majoritaire des démocraties qui a engendré ou maintenu l'inflation est problématique. Les contrôles des prix et des salaires utilisés par les gouvernements pour tenter de réduire l'inflation ont bénéficié d'un large soutien, en particulier au sein de la classe ouvrière et des classes moyennes inférieures. En effet, Richard Nixon n'a jamais été aussi populaire au cours de son premier mandat que quand il a instauré un gel des salaires et des prix en 1971 [40]. Ce sont les grandes entreprises, aux États-Unis en particulier, qui avaient intérêt à ce que les prix augmentent et qui ont plaidé en faveur d'une telle évolution [41]. Sous la direction de Margaret Thatcher, le parti conservateur britannique a aisément remporté les élections générales de 1979 en jouant sur la réaction des électeurs de la classe ouvrière à la série de grèves connue sous le nom d'« hiver du mécontentement ». L'avant-propos du manifeste conservateur de cette année-là exposait les objectifs du parti, dont la réduction de l'inflation arrivait en tête, en termes de « rétablissement de l'équilibre des pouvoirs en faveur du peuple [42] ».

Les gouvernements élus à la fin des années 1970 et au début des années 1980 qui se sont engagés à endiguer les syndicats au nom de la lutte contre l'inflation ont réussi. Ils ont certes profité des changements dans les conditions économiques extérieures, tout comme des conséquences immédiates de certaines de leurs propres politiques anti-inflationnistes. Un chômage beaucoup plus élevé, touchant principalement les secteurs industriels qui devaient déjà s'adapter à la concurrence de l'Asie de l'Est et à une certaine délocalisation de la production, a nettement grevé la capacité des syndicats à faire pression en faveur de hausses de salaires. Quand le secteur des services a fini par créer de nouveaux emplois, on recensait moins de travailleurs syndiqués. Même quand ils l'étaient, ils ne disposaient pas des moyens de perturbation de ceux qui étaient autrefois employés dans des industries indispensables telles que l'exploitation minière, la production d'acier et les docks. Néanmoins, loin de rendre les démocraties ingouvernables, ces gouvernements réformateurs, comme celui de Margaret Thatcher, sont restés au pouvoir. Dans la plupart des démocraties d'Europe occidentale, la législation limitant le droit de grève a été adoptée sans provoquer l'instabilité politique à laquelle on aurait pu s'attendre si, ainsi que le suggérait la Commission trilatérale, « les exigences à l'égard des gouvernements démocratiques » augmentaient « tandis que la capacité des gouvernements démocratiques [stagnait] [43] ». Du fait de ces politiques et dans ces conditions, le nombre de syndiqués a diminué, parfois considérablement, dans un certain nombre de démocraties européennes, mais assurément pas dans toutes. Même là où les effectifs syndicaux ont mieux résisté, comme en Allemagne et en Suède, les négociations salariales nationales ont perdu en force [44].

Le pétrole complique lui aussi tout récit où l'inflation est présentée comme une maladie démocratique vaincue par une politique favorable aux capitaux dans les années 1980 et 1990. Cela s'explique en partie par le fait que le pétrole a été une cause importante de l'inflation dans les années 1970 et que la chute des prix du pétrole après le début des années 1980, due à un renouvellement de l'offre, a joué un rôle clé dans la baisse de l'inflation – comme nous l'avons vu au chapitre 4. Mais c'est aussi parce que les sociétés pétrolières ont pris la tête des entreprises qui réclamaient une augmentation des prix.

Aux États-Unis, où l'industrie pétrolière nationale était établie de longue date et avait souvent été accusée d'excès aristocratiques, le pétrole a eu plus généralement des effets complexes sur la politique démocratique du pays. Pendant les quarante ans qui ont suivi le New Deal, il y a eu relativement peu de conflits ouverts dans la république américaine au sujet du pétrole, bien que les producteurs aient continué à exercer une influence politique conséquente, notamment en ce qui concernait la manière dont ils étaient taxés. Quand, après le pic de la production américaine en 1970, les prix ont commencé à augmenter et que les premières pénuries se sont fait jour, les conflits démocratiques autour du pétrole sont réapparus, d'une manière qui rappelle clairement les premiers populistes américains. Le sénateur démocrate Henry Jackson a mené la charge politique en faveur d'une plus grande réglementation afin de protéger ceux qu'il présentait comme le peuple. George McGovern, candidat démocrate à l'élection présidentielle de 1972, a parfois adopté une rhétorique comparable, déclarant par exemple que « l'industrie pétrolière l'a emporté sur le peuple [45] ». Certains membres du parti ont dépeint les pénuries de pétrole comme un complot. Lee Aspin, représentant démocrate du Wisconsin, a affirmé : « Il ne fait guère de doute que la prétendue pénurie d'essence dans le Midwest n'est qu'un vaste stratagème mal intentionné, imposé aux consommateurs [46]. » Mais ce qui a radicalement modifié la politique démocratique américaine dans les années 1970, c'est le fait que le pays est devenu dépendant du pétrole étranger et que la Texas Railroad Commission a perdu la capacité de fixer les prix.

En énonçant certaines vérités aux électeurs et aux producteurs américains sur la crise énergétique, entre autres que l'économie américaine avait besoin des importations de l'OPEP pour fonctionner, Jimmy Carter a probablement torpillé sa propre présidence. Quand il a tenté d'intégrer la préservation des stocks dans son projet de restauration de l'indépendance énergétique, ses détracteurs, a expliqué son secrétaire à l'Énergie, « ont rétorqué que l'Amérique ne préservait pas, elle produisait [47] ».

Cette approche a été adoptée par Ronald Reagan pour résoudre la crise énergétique. Dans un premier temps, il a permis la hausse des prix afin d'augmenter l'offre globale. Cette réponse à court terme était paradoxalement destinée à la fois à gagner des voix contre les appels aux sacrifices de Carter et à satisfaire les producteurs nationaux qui souhaitaient une inflation dans le secteur de l'énergie. À moyen terme, en intensifiant la dépendance énergétique vis-à-vis de l'étranger, elle a fait passer le pétrole de la sphère des conflits politiques à la sphère géopolitique, notamment dans le sens d'un plus grand engagement américain au Moyen-Orient. En particulier, quand le gouvernement Reagan a été pris en flagrant délit de vente illégale d'armes au gouvernement iranien et de détournement des bénéfices au profit des rebelles nicaraguayens des Contras, Reagan a repris à son compte l'argument géopolitique selon lequel, à cause du pétrole iranien et de la situation géographique de l'Iran dans le golfe Persique, il était dans « l'intérêt national » des États-Unis d'améliorer leurs relations avec Téhéran [48].

La perte d'une relative autosuffisance énergétique a également eu des implications pour la nation. Nixon et Carter souhaitaient faire de la question énergétique un projet national. Dans un discours télévisé prononcé en 1973, Nixon avait déclaré : « Nous, en tant que nation, devons maintenant nous engager dans une nouvelle voie [...] qui nous donnera la capacité de répondre à nos besoins sans dépendre d'aucune nation étrangère [49]. » Dans son discours sur le « malaise », Carter a martelé que la crise énergétique « [frappait] le cœur, l'âme et l'esprit même de notre volonté nationale. Nous pouvons voir cette crise dans le doute croissant quant au sens de nos propres vies et dans la disparition d'un objectif commun pour notre nation ». Il a insisté sur le fait que « la confiance qui nous a toujours animés en tant que peuple n'est pas qu'un rêve romantique ou un proverbe dans un livre poussiéreux que nous ne lisons que le 4 juillet ». Il s'agissait plutôt de « l'idée qui a fondé notre nation et a guidé notre développement en tant que peuple », et avec laquelle il fallait maintenant renouer par le biais de sacrifices partagés pour surmonter la crise énergétique et restaurer la nation américaine [50].

Or la crise énergétique ne pouvait pas unir les citoyens américains alors que le conflit entre les producteurs et les consommateurs dans les différentes régions de la république était désormais essentiellement à somme nulle. Le New Deal avait protégé les producteurs de pétrole sans imposer des prix qui auraient provoqué une réaction politique de la part des consommateurs. Dans les années 1950 et 1960, la Texas Railroad Commission avait empêché les prix de monter trop haut ou de descendre trop bas. Mais, quand l'offre américaine a atteint son maximum et que l'influence de l'OPEP sur les prix s'est accélérée, aucun équilibre politique n'a été possible. En essayant de gérer le conflit, le gouvernement fédéral s'est directement impliqué dans la répartition de l'énergie d'une manière qui a invariablement alimenté les griefs sectoriels. En vertu de la législation adoptée par le Congrès en décembre 1973, les agences fédérales contrôlaient ce qui était raffiné pour l'essence et le mazout, ainsi que les industries et les États auxquels les compagnies pétrolières distribuaient l'approvisionnement, et l'usage qu'ils en faisaient. Les États producteurs de pétrole voulaient produire davantage aux prix du marché. Les États non producteurs de pétrole, en particulier en Nouvelle-Angleterre où l'hiver est froid, réclamaient que les prix soient contrôlés et qu'une plus grande quantité de mazout soit allouée au chauffage. Le parti démocrate s'est divisé sur l'énergie en fonction de ces lignes régionales, puis au sujet de l'impact du pétrole sur l'environnement. Carter, qui voulait que des prix plus élevés à la fois réduisent la consommation et assurent l'indépendance énergétique, a finalement été lâché par les deux camps [51].

Bien que l'abolition par Reagan de tous les contrôles fédéraux de l'énergie en 1981 ait mis fin aux pressions que la répartition de l'énergie avait exercées sur l'Union, ces divisions causées par le pétrole ont eu de graves conséquences. Cette situation a été temporairement masquée par la victoire écrasante de Reagan en 1984, grâce à la reprise partielle de l'économie qui s'est produite après que les prix du pétrole ont finalement baissé. Mais quand, dans les années 2000, il est apparu évident que ni l'indépendance énergétique ni la politique étrangère au Moyen-Orient ne pouvaient résoudre le problème de l'énergie, ces lignes de fracture ont pris de nouvelles formes.

Le retour des excès aristocratiques

Si les excès démocratiques ont fait couler beaucoup d'encre dans les années 1970, ce sont les risques d'excès aristocratiques qui n'ont jamais disparu dans les démocraties. Les institutions internationales de l'après-guerre ont créé les conditions favorables à une classe politique internationale beaucoup plus nombreuse que les banquiers centraux et les financiers d'avant-guerre qui géraient l'étalon-or et la Banque des règlements internationaux. L'accord initial de Bretton Woods avait aussi été considérablement allégé, de manière à laisser davantage de place à la finance internationale que ne l'avaient envisagé Dexter White et Keynes. Les marchés de l'eurodollar ont facilité la croissance d'un système bancaire international basé sur le dollar et échappant à la supervision des gouvernements et des banques centrales. Ces marchés ont permis aux gouvernements démocratiques de financer des partis politiques et de mener une politique étrangère échappant au contrôle des assemblées législatives ou des électeurs, et, à l'occasion, aux hommes politiques de s'enrichir, eux et leurs associés, dans le cadre de réseaux de lobbying. La compagnie pétrolière française Elf, créée par de Gaulle à partir des agences pétrolières de l'État français, a utilisé les marchés de l'eurodollar pour gérer une gigantesque opération bancaire privée, grâce à laquelle elle a fourni des fonds aux principaux partis politiques français et corrompu des entreprises et des gouvernements étrangers [52]. En Allemagne, depuis au moins les années 1970, les partis chrétien-démocrate et social-démocrate ont utilisé les marchés offshore de l'eurodollar pour protéger leurs donateurs des impôts, distribuer des fonds occultes et se soustraire aux lois sur le financement des partis [53].

Du fait de la conjonction de la guerre froide et de la décolonisation, les relations entre les gouvernements élus d'une part, et les forces armées et les services de renseignement d'autre part ont fait peser des menaces sur les gouvernements démocratiques. En 1958, de Gaulle est arrivé au pouvoir à la suite d'un coup d'État déguisé, qui prouvait bien que le prochain gouvernement français devait être acceptable pour l'armée française. Après le référendum français sur l'indépendance de l'Algérie en 1961, de Gaulle aurait lui-même succombé à un coup d'État s'il n'avait pas été sauvé par le refus des soldats appelés d'obéir aux ordres. L'année suivante, il a survécu à un grave attentat orchestré par des militaires français renégats. En Italie, en décembre 1970, des militaires à la retraite et des membres de la mafia se sont alliés dans une tentative de coup d'État.

Aux États-Unis, la guerre froide a donné naissance à ce que le président Eisenhower a décrit dans son discours d'adieu comme le « complexe militaro-industriel » associant « un immense establishment militaire [à] une énorme industrie de l'armement », ce qui créait « la possibilité d'une ascension désastreuse d'un pouvoir injustifié ». Eisenhower a également averti, ce qui a fait l'objet de moins de commentaires, que la « révolution technologique » à l'origine du « complexe militaro-industriel » risquait de « soumettre la politique publique à une élite scientifique et technologique ». Ce qu'il fallait, a suggéré Eisenhower, c'était que les citoyens américains prennent conscience du problème du temps politique. La démocratie américaine, vieille de deux siècles, constituait « un héritage politique et spirituel » désormais menacé par « le pillage, pour notre propre confort, des précieuses ressources de demain [54] ». La guerre froide a également alimenté ce que l'on a fini par appeler une présidence impériale aux États-Unis. De Harry Truman à Richard Nixon, les présidents ont pris la décision d'utiliser la puissance militaire américaine avec une participation minimale, voire nulle, du Congrès, même si c'est le Congrès qui a le pouvoir constitutionnel de déclarer la guerre. Lyndon Johnson s'est appuyé sur une résolution législative adoptée après un incident douteux dans le golfe du Tonkin pour envoyer des troupes américaines au Vietnam. Nixon a mené une guerre au Cambodge et au Laos pendant deux ans sans même que le Congrès en soit informé. Entre-temps, les présidents successifs ont eu recours à la Central Intelligence Agency pour lancer des interventions, y compris des opérations paramilitaires, dans des États étrangers. En ce sens, une bonne partie de l'exercice du pouvoir géopolitique américain après 1945 a échappé à la fois aux citoyens au sein d'une armée véritablement nationale et aux représentants des citoyens [55].

En Europe, la CEE, créée en 1957, reposait sur des fondations démocratiques faibles. Il n'y a pas eu de légitimation démocratique autorisant à l'origine la création de la CEE, au-delà des votes parlementaires, même si la France et l'Italie avaient organisé des référendums sur leurs Constitutions d'après-guerre. Ceux qui se disaient fédéralistes européens et cultivaient un réseau politique transeuropéen pour pousser la CEE vers une union toujours plus étroite considéraient souvent l'autorité constitutionnelle et cosmopolite comme un moyen de contrer l'autorité démocratique et nationale [56]. L'influence durable de l'Empire des Habsbourg sur l'imaginaire politique de l'Europe centrale a laissé des traces [57]. À droite, certains qui, comme l'Autrichien Friedrich Hayek, soutenaient une Europe fédérale, le faisaient parce qu'ils pensaient qu'elle renforcerait le libéralisme international aux dépens de la démocratie. Pour Hayek, la négation de toute idée de peuple national au sein d'une union économique cosmopolite rendrait les grands États-providence politiquement impossibles, les politiques commerciales protectionnistes beaucoup plus difficiles et, dans l'ensemble, aboutirait à un État moins interventionniste [58]. En France, les partis politiques étaient relativement peu favorables à une autorité européenne supranationale, mais les bureaucrates français ont quand même défendu ce projet, non sans succès au bout du compte [59].

Dans la pratique non plus, la CEE ne s'est pas davantage démocratisée. Aucune des institutions de la CEE n'était directement élue. La Commission européenne, non élue, était seule habilitée à prendre l'initiative de la législation. Le plan Dehousse de 1960, qui prévoyait l'élection directe du Parlement européen, a été rejeté, de même que la contre-proposition de De Gaulle qui visait à ce que les États membres organisent simultanément des référendums nationaux pour légitimer le processus décisionnel de la CEE [60]. Dans deux décisions rendues en 1963 et 1964, la Cour européenne de justice a affirmé que la CEE constituait un ordre juridique qui imposait des obligations aux gouvernements nationaux et aux citoyens, et que le droit communautaire était supérieur au droit national en conséquence directe du traité instituant la Communauté. Par la suite, le marché commun a créé un ordre juridique qui a rendu illégale l'intervention des gouvernements dans nombre de secteurs économiques [61]. En effet, pour les gouvernements qui l'ont créée, son intérêt résidait en partie dans le fait qu'elle renforçait la capacité de l'État-nation à agir sur le plan économique, y compris dans le domaine de l'énergie [62]. Finalement, la CEE a montré qu'elle était une entité supranationale assez limitée. Elle n'en a pas moins dilué la démocratie dans ses États membres en coupant les exécutifs des demandes démocratiques exprimées dans les législatures nationales, sans fournir d'autre débouché supranational au mécontentement démocratique.

***

Dans ce contexte, il n'est pas surprenant qu'au milieu des années 1980, quand le pouvoir de négociation des salariés s'est trouvé affaibli de manière décisive, ce soit le risque d'un excès aristocratique et non démocratique qui ait menacé l'avenir des démocraties individuelles. D'un point de vue économique, il ne pouvait guère en être autrement. Jamais il n'a été possible qu'un retour à l'ouverture des flux de capitaux internationaux n'amplifie pas nettement les caractéristiques aristocratiques des démocraties.

Certes, le retour à l'emprunt sur les marchés internationaux des capitaux a eu des avantages quand il s'est agi de former des coalitions électorales majoritaires. Avec la hausse du chômage, les gouvernements ont pu maintenir l'État-providence sans augmenter fortement les impôts. Ils ont également pu recourir à l'endettement pour s'adapter à la hausse des prix du pétrole et enregistrer des déficits commerciaux qui permettaient à la demande intérieure des consommateurs d'augmenter [63]. Mais, ailleurs qu'aux États-Unis, protégés par la position du dollar en tant que principale monnaie mondiale, plus les déficits budgétaires et commerciaux augmentaient, plus les décisions macroéconomiques des gouvernements étaient à la merci des marchés des changes. Quand une monnaie subissait une forte pression à la baisse, un gouvernement ne pouvait la stabiliser qu'en prenant des mesures qui, soit réduisaient la croissance et souvent l'emploi, soit restreignaient les dépenses publiques. Cela n'a pas empêché certains gouvernements, en particulier le gouvernement italien, d'enregistrer des déficits budgétaires considérables pendant une longue période, et cela n'a pas conduit à un recul général des États-providence en Europe [64]. Mais, comme le président Mitterrand l'a découvert à ses dépens en mars 1983, les gouvernements européens du MCE avaient besoin de crédibilité en matière de lutte contre l'inflation. En effet – comme nous l'avons évoqué au chapitre 4 –, le maintien de la stabilité des taux de change et, partant, de taux d'intérêt permettant de gérer la dette et d'assurer la croissance, requérait le recours à autant d'instruments de politique économique que possible à des fins anti-inflationnistes. Entre-temps, à partir des années 1980, l'ouverture des flux de capitaux internationaux, y compris *via* les marchés de l'eurodollar toujours en expansion, a fini par compliquer l'imposition des riches et des entreprises internationalisées. À partir de l'équipe Reagan, de nombreux gouvernements des années 1980 ont modifié les taux d'imposition et les abattements. Cela n'a pas nécessairement conduit les États à percevoir moins d'impôts de la part de leurs citoyens et des sociétés nationales. Toutefois, la composition des impôts prélevés a été remaniée. En ce qui concerne l'impôt sur le revenu et l'impôt sur les sociétés, les taux ont baissé, et les abattements ont été limités. Certains de ces changements n'étaient pas particulièrement motivés par les conditions financières internationales : les promesses de réduction des taux les plus bas de l'impôt sur le revenu pouvaient aider à gagner des élections, et, une fois qu'ils avaient baissé, toute suggestion d'augmentation de ces taux constituait un grave handicap électoral. Mais, à partir des années 1980, les gouvernements sont entrés en compétition pour attirer les investissements des multinationales par le biais de régimes fiscaux favorables aux entreprises[65]. Si peu de grands États souhaitaient baisser l'impôt sur les sociétés à un niveau aussi bas que celui d'un pays comme le Luxembourg, ils ont néanmoins été poussés par les petits États à appliquer des taux d'imposition sur les sociétés inférieurs à ceux que la politique démocratique recommandait[66]. Cette concurrence internationale en matière d'impôt sur les sociétés a ensuite eu des répercussions sur le plan national. Des écarts importants se sont souvent creusés entre les taux supérieurs de l'impôt sur le revenu et de l'impôt sur les sociétés, ce qui a affecté la capacité des gouvernements à imposer les revenus de ceux qui pouvaient les percevoir sous forme de dividendes de sociétés[67].

Avec le temps, dans cet environnement financier international, il est devenu nettement plus facile d'imposer les citoyens aux revenus moyens et élevés, pour lesquels l'impôt était prélevé à la source, que les très riches et ceux qui avaient la possibilité d'organiser leurs revenus, y compris en ce qui concerne les plus-values, et de transférer de l'argent à l'étranger. Comme l'a écrit l'historien suisse Jacob Burkhardt à propos de la Rome impériale du IIIe siècle, une sorte d'« aristocratie de l'exemption fiscale » a vu le jour[68]. Ce changement dans l'équilibre de l'influence politique au sein des démocraties en matière de fiscalité s'est ancré structurellement. Les paradis fiscaux offshore ont prospéré [69]. Comme ils étaient souvent liés à des banques offshore opérant par le biais du système en eurodollars, les gouvernements qui s'y opposaient, même en coopérant, devaient prendre en compte le fait qu'ils risquaient de perturber gravement l'environnement international du crédit en dollars [70]. Par conséquent, l'acceptation de pertes fiscales, quel qu'en soit le coût démocratique, est devenue la solution de facilité, surtout quand le système bancaire offshore procurait des avantages politiques évidents à certaines personnes au pouvoir.

Au-delà des effets du système en eurodollars sur la politique fiscale, la croissance des secteurs financiers à partir des années 1970 a également accentué la spirale de l'excès aristocratique. Des économies davantage centrées sur la finance ont renforcé l'influence politique des détenteurs d'actifs financiers, alors même que le pouvoir de négociation salariale des syndicats diminuait. Outre qu'ils offraient des salaires très élevés avec des gains de revenus concentrés au sommet, les secteurs financiers ont créé de nouveaux actifs financiers à haut rendement [71], ce qui a eu un impact significatif sur l'inégalité des richesses et des revenus dans les pays dotés de centres financiers internationaux. Aux États-Unis en particulier, le 1 % supérieur a vu sa part de revenu augmenter de façon spectaculaire des années 1970 au milieu des années 2000 ; le 0,1 % supérieur a gagné encore plus [72]. Les détenteurs de ces actifs ont ensuite cherché à les protéger sur le plan politique. À partir des années 1970, les fonds provenant du secteur financier sont devenus indispensables aux hommes politiques américains qui cherchaient à lever de grosses sommes d'argent pour se présenter aux élections. Entre-temps, les grandes entreprises dirigées par des sociétés financières ont également renforcé leur lobbying permanent à Washington [73].

Pourtant, alors que tous ces changements renforçaient les dangers de l'excès aristocratique, la leçon que les hommes politiques européens des partis de centre gauche et de centre droit ont tirée des années 1970 et 1980 était que, du moins dans le domaine macroéconomique, c'était l'excès démocratique se manifestant par l'inflation qui constituait un danger permanent. De nombreux gouvernements en ont conclu qu'il fallait se prémunir contre ce risque en retirant la politique monétaire du jeu démocratique et en rendant les banques centrales indépendantes, comme c'était déjà le cas en Allemagne de l'Ouest et, de façon plus complexe, aux États-Unis. Dans l'UE, l'indépendance des banques centrales est devenue une condition nécessaire à la participation à l'union monétaire. Au lieu que l'inflation devienne un sujet de contestation démocratique à mesure que la dette augmentait et que des stratégies politiques étaient nécessaires pour gérer cette dette, son éradication est devenue un principe économique presque moral qui devait être constitutionnellement soustrait de la politique au nom de la prévention de l'excès démocratique.

L'effet cumulatif de l'internationalisation et de la financiarisation des économies à partir des années 1970 a mis fin à la nation économique. Avec l'évaporation de l'environnement externe qui l'avait soutenue, la notion de communauté politique nationale avec un destin économique commun dont l'État pouvait assumer la responsabilité avec succès s'est délitée. Les intérêts des citoyens sont devenus trop brutalement et manifestement divisés. L'inflation a exacerbé les conflits d'intérêts entre les consommateurs, les générations, les travailleurs non syndiqués et les travailleurs qui, dans un premier temps, ont pu protéger leurs salaires par des grèves et des accords sectoriels [74]. Le corporatisme national – qui, dans un certain nombre de pays européens, dont l'Allemagne de l'Ouest, avait donné lieu à des négociations salariales collectives nationales – s'est effondré, et, dans un contexte d'ouverture des flux de capitaux et d'internationalisation croissante de la production, il n'a pas pu être rétabli[75]. Le chômage élevé, le déclin de l'industrie manufacturière et la croissance des secteurs financiers ont alors fortement divisé sur une base régionale des économies jusqu'alors pour l'essentiel nationales. Aux États-Unis, l'inflation et les divisions régionales se sont conjuguées, l'économie manufacturière non syndiquée du Sud ayant mieux résisté aux retombées économiques du dollar fort et des politiques de taux d'intérêt élevés du début des années 1980 que la « Rust Belt » du Midwest.

Comme on pouvait s'y attendre, la dette a joué un rôle crucial dans l'effritement de la nation économique. Quand les gouvernements ont recommencé à emprunter sur les marchés financiers internationaux, la pratique consistant à utiliser les citoyens en tant qu'épargnants et contribuables pour financer l'État et contenir les risques que les conflits entre créanciers et débiteurs font peser sur la politique démocratique a pris fin[76]. Désormais, les coûts d'intérêt liés au financement des déficits budgétaires pesaient sur les citoyens par le biais de leurs impôts, sans que leur épargne leur rapporte quoi que ce soit, alors même que la dépendance des États démocratiques à l'égard des marchés financiers internationaux limitait le choix des citoyens qu'ils pouvaient taxer et le taux d'imposition[77].

Au-delà de la dette souveraine, la forte augmentation de la dette privée a également alimenté de nouveaux conflits entre créanciers et débiteurs, en particulier quand, après l'effondrement des prix du pétrole à partir du milieu des années 1980, il y a eu moins de pressions inflationnistes, sauf pendant un certain temps en Grande-Bretagne, pour réduire sa valeur réelle[78]. La stagnation des salaires a été masquée par cette dette croissante des ménages, dont une part importante a été acquise sur des cartes de crédit à taux d'intérêt élevé émises par des banques désormais soumises à moins de restrictions sur leurs pratiques de prêt[79].

Les pressions accumulées qui poussaient à l'excès aristocratique et à la chute de la nation économique étaient en grande partie les deux faces d'un même phénomène. On pouvait opposer à l'idée d'une économie nationale protégée par des contrôles de capitaux un argument démocratique. Si la stabilité à long terme des démocraties dépendait de niveaux relativement élevés de bien-être matériel, les économies à orientation nationale semblaient subordonner le gain global universel aux intérêts des producteurs minoritaires et permettaient à qui détenait le pouvoir d'allouer le capital à des fins partisanes. Mais cet argument traitait la nation économique comme une simple question économique, alors que, dans la mesure où elle a fonctionné, elle a servi de protection politique pour les démocraties contre les excès aristocratiques et, en principe, a fourni un moyen peu dangereux de définir la citoyenneté nationale. Si l'évolution des conditions économiques la rendait impossible à maintenir, il fallait alors la remplacer politiquement sans ouvrir la voie à des conceptions de la nation potentiellement plus déstabilisantes.

***

Pour certains, dans les années 1980, la Communauté européenne a constitué un remède partiel à ce problème. Si les démocraties européennes ne pouvaient être rééquilibrées au sein des États-nations, théoriquement, il était possible d'y répondre en refondant l'autorité politique démocratique au niveau européen.

Certes, l'élargissement de la CE en 1973 a renforcé les perspectives d'une plus grande légitimation démocratique au niveau national. Le gouvernement français a organisé un référendum sur la ratification du traité d'adhésion de la Grande-Bretagne, du Danemark, de l'Irlande et de la Norvège. Trois de ces quatre États ont ensuite organisé des référendums sur l'achèvement de l'adhésion. En rejetant l'adhésion, l'électorat norvégien a montré que le consentement démocratique à la

CE était loin d'être acquis. Dans les années 1980, les gouvernements danois et irlandais ont également adopté une approche plus prudente des changements constitutionnels que les six États initiaux, en organisant tous deux des référendums sur l'Acte unique européen. Le Groenland, qui avait adhéré à la CE en tant que partie du Danemark en 1973 et qui avait acquis son autonomie en 1979, s'est prononcé par référendum en faveur d'un départ de l'Union en 1982.

En revanche, l'adhésion de la Grande-Bretagne a révélé à quel point il pouvait être difficile de faire évoluer la CE vers une légitimation démocratique quand l'État membre restait le pilier de l'autorité démocratique. Les conservateurs d'Edward Heath s'étaient engagés à négocier l'adhésion dans leur manifeste de 1970. Comme les partis travailliste et libéral avaient également promis d'entamer des négociations, les opposants à l'adhésion ne disposaient d'aucun débouché électoral pour exprimer leur désaccord. Après avoir négocié un traité, Heath a fait adopter la législation d'adhésion par la Chambre des communes lors d'un vote très serré [80]. Lors des législatives de février 1974, l'engagement pris par les travaillistes d'organiser un référendum rétrospectif après avoir renégocié les conditions d'adhésion a alors mis en lumière les conflits que pouvait déclencher le fait de demander aux citoyens de se prononcer directement sur des questions communautaires dans un cadre politique démocratique national. Les partisans de l'adhésion ont objecté que les référendums étaient démagogiques et avaient constitué un outil pour des dictateurs tels que Louis-Napoléon Bonaparte. Et, dans le cas britannique, ils représentaient une anomalie constitutionnelle [81]. La première ligne d'argumentation ignorait ce qui s'était passé au Danemark, en Irlande et en Norvège. La deuxième ligne d'argumentation occultait le fait que les référendums étaient le moyen le plus cohérent pour le système constitutionnel britannique, qui permet largement au Parlement de légiférer comme il l'entend, de traiter la future loi primaire de la CE de façon démocratique[82]. Le fait qu'il y ait eu si peu d'accord sur la manière dont la question devait être réglée dans le cadre de la démocratie nationale – par le Parlement ou par un référendum – était un signe avant-coureur. Cela annonçait comment une CE qui, avec le temps, deviendrait plus supranationale poserait une nouvelle série de questions autour du consentement, y compris, en fin de compte, le consentement des perdants.

Au sein de la CE, l'engagement pris dans l'Acte unique européen de 1986 de parvenir au marché unique en 1992 a également réduit en pratique les chances de renouveler l'autorité politique démocratique au niveau européen. Le marché unique a effectivement mis fin aux marchés nationaux du travail et a un peu plus affaibli ce qui subsistait du corporatisme national sans créer de structure pour les négociations salariales au niveau européen[83]. Il a consolidé des droits économiques *de facto*, comme celui de vendre des biens et des services, de travailler et de déplacer des capitaux au sein de la CE, sans aucun droit politique démocratique concomitant pour les citoyens qui leur permettrait de choisir collectivement les représentants responsables de ce qui deviendrait un espace réglementaire unique et de toute obligation de payer des impôts. En effet, plutôt que d'assurer un équilibre contre les excès aristocratiques dans les démocraties nationales, le marché unique a créé un site transnational de lobbying presque entièrement sous la coupe des entreprises, où le discours politique dominant était technocratique[84]. Il a également posé les jalons de profonds clivages de classes entre les citoyens au sein des États membres. Ceux qui bénéficiaient le plus directement des droits économiques constitutionnalisés par le marché unique étaient généralement une minorité aisée, dont les intérêts seraient désormais, du moins en partie, mieux servis par la politique communautaire que par les luttes politiques au sein des États-nations démocratiques susceptibles de mettre en péril ces droits[85].

L'union monétaire n'a fait qu'accentuer les caractéristiques aristocratiques de la CE. Il était impossible que le gouvernement allemand accepte de subordonner la Banque centrale européenne (BCE) à une autorité politique démocratique qui risquait de contester politiquement les objectifs de la politique monétaire. L'union monétaire de la CE a donc supprimé ce qui restait de la composante démocratique de la position politique de la Bundesbank dans la version européenne de l'approche monétaire de l'Allemagne. Alors que la Bundesbank existait au moins en relation avec l'État allemand, l'autorité de la BCE était indépendante de tout État. Elle détenait plutôt un mandat constitutionnel, qui a été convenu sur une base confédérale et ensuite légitimé par une gamme divergente de méthodes démocratiques nationales. Une fois qu'un État démocratique avait ratifié le traité créant la BCE, ses représentants élus n'ont pas pu changer d'avis en réponse aux pressions démocratiques quant au pouvoir de la BCE de décider de la politique monétaire sans quitter l'union monétaire [86].

* * *

Alors que les nations économiques se vidaient de leur substance, il n'est resté aux démocraties que les notions particulières de « peuple » acquises au cours de leur expérience historique antérieure, avec toutes les complications liées aux migrations et, aux États-Unis, à l'héritage de l'esclavage. Le consentement des perdants a continué à prévaloir en grande partie, aidé par le fait que les résultats des élections étaient souvent décisifs, notamment aux États-Unis. Bien que les mouvements nationalistes se soient développés dans les trois États multinationaux d'Europe occidentale – le Royaume-Uni, l'Espagne et la Belgique –, ils n'ont jamais été à même de dissoudre les unions existantes dans les années 1980. À la fin de ces dernières, aussi irréversible qu'ait été la voie conduisant à l'excès aristocratique, le niveau de vie de la majorité des citoyens continuait d'augmenter, et les entreprises qui, quelques décennies plus tard, s'infiltreraient dans la vie quotidienne tout en payant un minimum d'impôts n'existaient pas.

La nation n'avait cependant pas disparu de la politique démocratique, que ce soit en tant que présence ou en tant que danger. Ce qui restait, c'était en grande partie l'histoire imaginaire d'un passé commun. Presque partout, en particulier aux États-Unis, ces récits historiques ont trouvé un écho auprès de nombreux citoyens, tandis qu'ils étaient contestés par beaucoup d'autres, qui les jugeaient trop archaïques et trop marqués par l'impérialisme et le racisme pour rassembler. Dans la CE, certains citoyens des démocraties nationales voulaient remplacer une identification politique autour des États-nations par une identification autour d'une communauté politique européenne. Mais la CE ne pouvait pas agir comme ses États membres, notamment parce qu'elle n'avait pas la capacité de taxer et d'emprunter, et qu'une légitimation démocratique de l'autorité dont elle disposait risquait de susciter de vives contestations au sein de ses États membres. Ces conflits ont confronté les démocraties à de graves problèmes à long terme. Les démocraties occidentales, parasites de ce qui restait de la nation, allaient traverser des moments difficiles, car, au XXIe siècle, le conflit sur la légitimité de la nation s'est répercuté directement sur la sphère économique, entre autres par le biais d'une hausse des migrations.

9

Où vont les réformes

En 2015, s'interrogeant sur l'état de la politique américaine, l'ancien président Jimmy Carter a déclaré que l'Amérique avait été « un grand pays » grâce à son système politique, mais que « maintenant, ce [n'était] plus qu'une oligarchie » qui fonctionnait avec « une corruption politique illimitée [1] ». L'élection présidentielle de l'année suivante s'est en partie jouée autour de la question de savoir si la république américaine était en effet devenue une oligarchie. Avec les premiers candidats à l'investiture, on a pu croire à une lutte dynastique entre Hillary Clinton et Jeb Bush. Des deux, seule Clinton s'est montrée capable de vaincre un adversaire inattendu et insurrectionnel. Du côté démocrate, Bernie Sanders a fait du rétablissement de la démocratie américaine le message clé de sa campagne. Dans un discours prononcé en 2014, Sanders a affirmé que « le grand combat politique auquel nous sommes confrontés aujourd'hui est de savoir si les États-Unis conserveront leur héritage démocratique ou si nous nous dirigeons vers une forme de société oligarchique où le véritable pouvoir politique appartiendra à une poignée de milliardaires, et non aux Américains ordinaires [2] ». Quand il a annoncé sa candidature, il a déclaré qu'en interdisant les restrictions sur les dépenses des sociétés et d'autres associations en matière de communication électorale, la Cour suprême avait « totalement corrompu » le « système politique américain » et transformé la démocratie du pays en « oligarchie [3] ». Dans sa campagne pour être nominé, Sanders a évité tous les moyens habituels par lesquels les entreprises versent de l'argent aux candidats, et s'est appuyé sur les dons modestes de citoyens individuels. Du côté républicain, Trump s'est présenté comme le pourfendeur d'une classe oligarchique à laquelle, en tant que grand bailleur de fonds, il appartenait lui-même. Au cours d'un débat, il s'est emporté :

« Avant ça, avant il y a deux mois, j'étais un homme d'affaires. Je donne à tout le monde. Quand ils appellent, je donne. Et vous savez quoi ? Quand j'ai besoin de quelque chose, deux ans ou trois ans plus tard, je les appelle. Ils sont là pour moi [4]. »

De façon tout aussi brutale, l'élection de 2016 a mis en scène les conflits de longue date autour de la nation et de la citoyenneté américaines. Sanders a fait de l'immigration clandestine et du soutien des entreprises à celle-ci une question de classe : « Ce que les gens de droite aimeraient, dans ce pays, c'est une politique d'ouverture des frontières. Faire venir toutes sortes de gens, qui travailleraient pour 2 ou 3 dollars de l'heure, ce serait formidable pour eux. Je suis contre. Je pense qu'il faut augmenter les salaires dans ce pays [5]. » Une fois de plus, Trump s'est faussement présenté comme celui qui disait la vérité, affirmant lors d'un débat républicain : « Je connais très bien le H1B [un visa pour les travailleurs étrangers temporaires]. C'est quelque chose que j'utilise carrément, et que je ne devrais pas être autorisé à utiliser. Nous ne devrions pas avoir ça. Très, très mauvais pour les travailleurs [6]. » Cependant, contrairement à Sanders, les emportements de Trump sur l'immigration allaient bien au-delà de la question de classe : ses saillies systématiques contre l'immigration clandestine se sont doublées d'attaques nativistes contre toute notion d'identité américaine multiculturelle ou multiethnique. En promettant de construire un mur pour fermer la frontière mexicaine, il a également dressé un mur sans merci au sein de la nation américaine, qui privait des millions de citoyens américains de leurs propres droits et identité.

Les gens qui, en quête d'une nouvelle vie, traversaient les frontières des États ont joué un rôle tout aussi crucial dans les bouleversements électoraux européens des années 2010 [7]. En Allemagne, c'est la réponse d'Angela Merkel à la crise des réfugiés et des migrants de 2015 qui a transformé l'Alternative für Deutschland (AfD), un parti à l'origine anti-euro, en une force électorale qui allait compliquer la formation de coalitions de gouvernement par les partis politiques allemands. En Italie, la Lega de Matteo Salvini a exploité le coût des patrouilles aux frontières de l'UE pour mettre en avant une rhétorique prônant « l'Italie aux Italiens ». En Grande-Bretagne, la liberté de circulation garantie par la Constitution a permis aux partisans du Brexit de remporter le référendum de 2016 [8].

Mais le marché unique et les politiques frontalières communes de l'UE ont fait que le contexte politique sur lequel les migrations avaient un impact électoral en Europe était assez différent de celui des États-Unis. Dans le cas du Brexit, le gouvernement britannique n'ayant pas le pouvoir de freiner l'afflux de migrants en provenance d'autres États de l'UE, cela a entraîné une prise de conscience sur une question qui avait été refoulée depuis la mise en œuvre du traité de Maastricht : les électeurs britanniques étaient-ils satisfaits que la démocratie britannique ait sa place dans un ordre juridique et constitutionnel européen plus large où certains sujets, comme les migrations intra-européennes, échappaient à la politique démocratique nationale ? Le résultat de ce référendum a ensuite donné lieu à une autre réflexion découlant du même traité : depuis Maastricht, les citoyens des États membres de l'UE étaient également citoyens d'une Union qui leur offrait des droits économiques, mais cette Union ne pouvait à terme garantir ces droits sans le consentement des citoyens nationaux et de leurs représentants.

Quand la crise du Covid-19 a éclaté, la zone euro a été confrontée à une version différente du décalage entre souveraineté et démocratie au sein de l'UE. Pour les États qui font partie de la monnaie unique, il n'y a pas de souveraineté monétaire. Dans un monde où la politique monétaire assure la majeure partie de l'espace nécessaire à la prise de décisions budgétaires, ce serait à la BCE supranationale qu'il reviendrait de soutenir ou non les emprunts nationaux. Trois mois après le début de la crise du Covid-19, la Cour constitutionnelle allemande s'est prononcée sur le premier programme d'assouplissement quantitatif de la BCE. Ce qui était en jeu se trouvait au cœur des tensions politiques entre l'autorité européenne et la légitimation démocratique nationale. En déclarant que la BCE avait dépassé le cadre de ses compétences, la Cour constitutionnelle allemande a souligné que la souveraineté du peuple allemand ne pouvait pas être transférée à l'UE, et que toute décision qui « [déterminait] la charge financière globale imposée aux citoyens » en Allemagne devait être du ressort du Bundestag [9].

C'est en statuant sur le traité de Maastricht que la Cour allemande avait avancé pour la première fois sérieusement l'argument selon lequel la démocratie ne pouvait résider que dans l'État-nation. À l'époque, cela n'avait pas empêché l'union monétaire. En 2020, sa décision a eu des répercussions presque immédiates, obligeant les politiciens allemands à opérer des choix plus stratégiques sur l'avenir de l'euro qu'ils n'en avaient l'habitude. Comme nous l'avons vu au chapitre 6, la Commission européenne s'est vu confier de nouveaux pouvoirs d'emprunt pour l'UE en tant qu'entité politique, ce qui a accru la pression sur l'UE en tant qu'union multidevises.

Cette situation n'a rien à voir avec ce qui s'est passé aux États-Unis au printemps et à l'été 2020. Bien que les histoires de la république américaine et des démocraties ouest-européennes après 1945 aient suivi des voies essentiellement parallèles jusque dans les années 1980, elles ont divergé plus nettement au cours des années 1990. Cela s'explique en partie par la politique de la race et de la citoyenneté dans la république américaine. Mais aussi parce que, avec le traité de Maastricht, l'UE s'est trouvée face à un ensemble spécifique de difficultés démocratiques qui n'existent pas dans le contexte américain. Ces deux éléments ont été cruciaux au cours des dix dernières années de perturbations démocratiques, y compris en ce qui concerne le consentement des perdants. Mais ce qui s'est passé en Europe et aux États-Unis n'est pas la même histoire, et doit être raconté séparément.

Maastricht et l'union monétaire

C'est la voie tracée par le traité de Maastricht vers une monnaie qui n'est pas tout à fait commune qui est à l'origine de la plupart des événements survenus dans les démocraties européennes au cours des trente dernières années. Préfigurant les problèmes à long terme qu'il allait engendrer, le traité s'est révélé difficile à légitimer. La crise du mécanisme de change de 1992-1993 – évoquée dans le chapitre 4 – a eu pour effet que les référendums en Irlande, au Danemark et en France se sont déroulés dans un contexte de crise monétaire. Au Danemark, le référendum a échoué, et le gouvernement danois a négocié diverses clauses de non-participation, entre autres à l'union monétaire. En France, le référendum a été remporté avec une marge infime, qui a dépendu d'une large victoire du « oui » à Paris. En substance, le traité a marqué le début d'une histoire où l'union monétaire a vidé de leur substance les anciens systèmes de partis de plusieurs de ses participants, en particulier en France.

L'union monétaire a commencé comme un projet de réforme français et s'est transformée à Maastricht en un échec français. Elle reposait sur une séparation nette entre la politique économique, qui pouvait être contestée démocratiquement, et la politique monétaire, que le traité considérait comme apolitique. Une distinction que peu de politiciens français, voire aucun, ont accepté. Un des ministres de François Mitterrand, Jean-Pierre Chevènement, a fait campagne contre la ratification, estimant que l'union monétaire signifiait le « démantèlement de l'État républicain [10] ». Le principal parti de centre droit, alors appelé le Rassemblement pour la République, s'est divisé lors du référendum. Le futur président Jacques Chirac soutenait la ratification. Mais Philippe Séguin, l'autre ténor du parti, considérait l'union monétaire comme une trahison de la vision de l'État français de De Gaulle et a entraîné une majorité d'électeurs de centre droit vers le bloc du « non [11] ».

Malgré la ratification de Maastricht, le second tour de l'élection présidentielle de 1995 a opposé deux candidats – Chirac et le socialiste Lionel Jospin – qui entretenaient des doutes sérieux quant à l'adhésion de la France à la monnaie unique. Au cours des premiers mois de son mandat, Chirac a envisagé de changer de cap, avant d'être persuadé d'aller de l'avant en raison de la pression exercée sur le franc et du harcèlement considérable du chancelier ouest-allemand Helmut Kohl [12]. La tentative ultérieure de Chirac de forcer le déficit budgétaire français à passer sous la barre des 3 % pour permettre à la France d'adhérer à l'euro a provoqué une grève générale. En 1997, quand Chirac a convoqué des élections législatives anticipées dans l'espoir de mobiliser le soutien en faveur de la réforme des retraites, les socialistes et leurs alliés ont obtenu la majorité. Encore moins enthousiaste à l'égard de l'union monétaire qu'il ne l'avait été auparavant, Jospin a été nommé Premier ministre et a maintenu que la France ne pouvait pas accepter les règles fiscales énoncées dans le pacte de stabilité et de croissance. Mais, une fois de plus, la pression exercée sur le franc a poussé le Premier ministre et le président français à se plier aux préférences allemandes.

Aucun des deux grands partis français n'étant en mesure de donner suite aux réserves de leurs dirigeants à l'égard de l'union monétaire, le soutien dont chacun d'entre eux bénéficiait a commencé à s'éroder. À la fin des années 1990, le Front national, parti d'extrême droite, est devenu le seul porte-étendard de l'opposition à l'euro, même si l'inquiétude des électeurs et de la classe politique était loin de ne concerner que ses partisans [13]. Lors de l'élection présidentielle de 2002, pour la première fois, le candidat du parti socialiste – Jospin une fois encore – n'a pas atteint le second tour, contrairement au candidat du Front national, Jean-Marie Le Pen. Jospin a perdu en raison d'une prolifération de candidats sur sa gauche, y compris l'anti-euro Chevènement, qui a obtenu beaucoup plus de voix que l'écart entre Jospin et Le Pen [14].

Pour l'Allemagne, la légitimation du traité de Maastricht a posé un problème différent en termes qualitatifs. La ratification s'est muée en un bras de fer judiciaire plutôt que démocratique. La Cour constitutionnelle a confirmé la légalité du traité. Néanmoins, elle a insisté sur le fait que tout acte sortant du cadre du transfert de souveraineté prévu par ce traité ne serait pas valable en Allemagne et que toute nouvelle modification du traité concernant l'union monétaire devrait être compatible avec la loi fondamentale allemande. Pour la Cour, l'autorité de l'UE dans un domaine particulier n'avait « d'effets contraignants [que] dans la sphère de souveraineté allemande, en vertu de l'instruction allemande de faire appliquer son droit [15] ». La Cour a également défini certains paramètres démocratiques pour l'UE. En tenant compte de l'ordre juridique de l'UE, « les États [membres] ont besoin, a déclaré la Cour, de sphères d'activité propres suffisamment importantes où le peuple de chacun peut se développer et s'articuler dans un processus de formation de la volonté politique qu'il légitime et contrôle, afin de donner ainsi une expression juridique à ce qui lie le peuple (à un degré plus ou moins élevé d'homogénéité) sur le plan spirituel, social et politique ». Par conséquent, la Cour a insisté sur le fait qu'il y avait « des limites [...] fixées en vertu du principe démocratique à l'extension des fonctions et des pouvoirs des Communautés européennes [16] ». Ce n'était pas la première fois que la Cour allait jusqu'à suggérer que la constitutionnalité allemande devait être une composante durable de l'ordre juridique de l'UE. Mais cette décision avait une signification à beaucoup plus long terme, laissant entrevoir une UE où l'ordre constitutionnel allemand servirait de contrainte sérieuse à la fois sur le fond et sur la vitesse de la réforme.

En ratifiant le traité de Maastricht, le gouvernement allemand avait mis en place de formidables garde-fous pour éviter que l'adhésion de l'Italie à l'euro ne devienne une question brûlante. Mais, pour la démocratie italienne, les critères de qualification à l'euro ont généré une crise politique immédiate, dont la résolution a ouvert la voie à l'entrée du pays dans la zone euro. Quelques mois après l'adoption du traité de Maastricht, la Première République italienne s'est effondrée à la suite d'une gigantesque enquête judiciaire sur la corruption qui sévissait au sein des partis démocrate-chrétien et socialiste. La cause structurelle de la chute de la Première République était en partie la fin de la guerre froide, la disparition du parti communiste italien éliminant le prétexte qui justifiait la corruption [17], mais la perspective de l'exclusion de l'Italie de l'union monétaire a également joué un rôle crucial. Les réseaux de patronage au sein du système de partis étaient financés par des emprunts d'État, aussi la dynamique politique de la Première République était-elle totalement incompatible avec l'adhésion de l'Italie à l'euro. Rétrospectivement, Guido Carli, le ministre italien des Finances en poste lors des négociations de Maastricht, a rappelé : « La classe politique italienne n'a pas réalisé qu'en acceptant le traité, elle se mettait en position d'approuver un changement d'une ampleur telle qu'elle n'en sortirait pas indemne [18]. »

Les technocrates de l'équipe italienne de négociation de Maastricht n'étaient soumis qu'à une direction ministérielle de principe. En pratique, ce sont eux qui ont fait les choix qui ont privilégié l'adhésion à l'euro plutôt que le maintien de la Première République [19]. Le plus haut fonctionnaire était Mario Draghi, alors directeur général du Trésor italien, accompagné de Carlo Azeglio Ciampi, le gouverneur de la Banque d'Italie. Pour Draghi et Ciampi, la qualification à l'euro a été le moyen de remplacer la caste des politiciens de la Première République par des experts monétaires technocrates qui, liés par des exigences fiscales externes, étaient en mesure de réformer la démocratie italienne [20].

La Première république a pris symboliquement fin en avril 1993. Après le refus du président italien d'accepter un décret du Premier ministre socialiste légalisant *de facto* le financement illégal des partis, l'ancien régime démocrate-chrétien-socialiste est tombé. Le président a demandé à Ciampi de former un gouvernement technocratique. C'était le début d'une nouvelle tendance, qui verrait le président italien dissoudre des gouvernements, comme l'avait fait Giorgio Napolitano en démettant Silvio Berlusconi de ses fonctions en 2011. Le gouvernement Ciampi a ensuite été suivi par un deuxième gouvernement technocratique dirigé par un autre ancien fonctionnaire de la Banca d'Italia, Lamberto Dini. En 1996, la coalition de centre gauche de Romano Prodi, baptisée L'Olivier, est arrivée au pouvoir à l'issue des élections, mais Prodi a nommé Ciampi ministre des Finances. Puisque, sous la Deuxième République, le processus décisionnel de l'exécutif était relativement peu influencé par des considérations électorales, l'Italie a pu ramener son déficit budgétaire à un niveau proche des exigences de l'Union monétaire.

Au cours des années 1990, cette propension à la technocratie justifiée par l'euro n'a pas eu un effet particulièrement déstabilisant sur le plan politique. La plupart des électeurs souhaitaient que l'Italie rejoigne l'euro et étaient prêts à consentir à des sacrifices pour y parvenir. Le gouvernement de Prodi a pu qualifier d'« impôt pour l'Europe » une hausse limitée dans le temps de l'impôt sur le revenu des personnes physiques. Dans les faits, le parti pris technocratique qui a permis à l'Italie de se qualifier a désamorcé le défi sécessionniste de la Ligue du Nord – ancêtre de la Lega – qui, sous la direction d'Umberto Bossi, affirmait que, si l'Italie n'entrait pas dans l'euro, la « nation des producteurs » du Nord devrait faire sécession[21].

Les exigences politiques liées à l'adhésion à l'union monétaire ont cependant laissé des traces. L'énorme repli budgétaire a affaibli l'économie italienne. En 1997, le taux de chômage dépassait les 11 %, et la croissance était faible. La crise sécessionniste a été évitée, mais le mécontentement s'est manifesté ailleurs, le Sud souffrant d'un taux de chômage élevé et durable. En outre, soumis au pacte de stabilité et de croissance, les gouvernements italiens disposaient de moins d'instruments économiques pour mener des politiques interventionnistes dans la région[22]. Dans le cadre de l'euro, le service de la dette héritée de la Première République pouvait être assuré à un coût nettement inférieur. Mais cela a nécessairement limité l'espace de la politique démocratique italienne, en particulier pour le centre droit. Si, sous la direction de Berlusconi, le centre droit n'avait joué qu'un rôle limité dans le gouvernement exécutif au cours des années 1990 – Berlusconi a été Premier ministre pendant sept mois en 1994-1995 –, il était loin d'être à bout de forces sur le plan politique. L'engagement de Berlusconi en faveur de l'adhésion à l'euro a été au mieux changeant, et presque inexistant dans le cadre du pacte de stabilité et de croissance, d'autant plus que tout son fonctionnement personnel était lié aux réseaux de la Première République. Quand il est redevenu Premier ministre en 2001, au moment où les bénéfices de la croissance engendrés par l'adhésion à l'euro se dissipaient, il a commencé à s'en prendre à l'union monétaire, affirmant en 2005 que « l'euro de Prodi a floué tout le monde[23] ».

Le « non » français

D'un point de vue constitutionnel, l'UE élargie de l'après-guerre froide ne pouvait pas être la même que la CE de la guerre froide. Pour faciliter l'adhésion des dix nouveaux États en 2004, il a fallu revoir les règles de majorité lors des votes législatifs pour lesquels chaque État membre ne disposait pas d'un droit de veto. La première tentative afin de régler ces questions a été le traité de Nice de 2001. Ce nouveau traité a posé un problème de légitimation en Irlande, où une majorité s'est prononcée contre sa ratification par référendum. Et il a très vite été discrédité [24]. Bien que l'Allemagne ait eu une population nettement plus importante que celle de tout autre pays et que le nouveau système attribuât en principe des voix aux États en fonction de la taille de leur population, Chirac avait insisté avec succès pour que la parité franco-allemande soit maintenue. Le fait d'avoir accordé à l'Espagne et, au moment de l'adhésion, à la Pologne presque les mêmes droits de vote qu'à l'Allemagne, alors qu'elles étaient moitié moins peuplées, a compliqué la possibilité de constituer des majorités [25]. En quête d'une issue, l'UE a déclaré à Laeken qu'elle souhaitait désormais se doter d'une Constitution pour se rapprocher de ses « citoyens », moins d'un an après l'adoption du traité de Nice et avant qu'un second référendum n'ait eu lieu en Irlande [26].

Contrairement à Maastricht, il a été impossible de ratifier l'éventuel traité constitutionnel. Depuis lors, les retombées de cette crise de légitimation ont été une source de troubles au sein de l'UE [27]. En Grande-Bretagne, l'argument avancé en 1972 et 1975 selon lequel l'adhésion n'avait pas d'implications constitutionnelles a été contredit par un traité constitutionnel explicitement nommé. Pendant des mois, le Premier ministre britannique Tony Blair a résisté aux appels à un référendum, pour finalement céder en avril 2004. La décision de Blair a incité une succession d'autres gouvernements dans des

États qui n'avaient jamais organisé de référendum sur un traité, ainsi que certains des nouveaux États, à faire de même.

Pour le gouvernement français, la décision de Blair était particulièrement problématique. Le président Chirac avait toujours estimé qu'il était risqué de rejeter l'option du référendum. La position gaulliste de longue date considérait qu'un changement constitutionnel ne pouvait avoir lieu en France qu'à l'issue d'un référendum. Cette idée était au cœur même de la conception de la Cinquième République de De Gaulle, qui avait dû quitter le pouvoir après avoir perdu un référendum en 1969. Mais, jusqu'à ce que Blair fasse volte-face, Chirac, redoutant un « non » français fort probable, a tenu bon [28].

Quand on leur a demandé leur avis, les électeurs français ont effectivement refusé de ratifier le traité, comme l'ont fait les Néerlandais quelques jours plus tard. Dans les deux cas, l'élargissement de l'UE à l'est et la perspective de l'adhésion de la Turquie ont joué un rôle [29]. Mais les deux référendums ont également révélé que de plus en plus d'électeurs pensaient que l'UE fermait la porte à la contestation politique démocratique sur la politique économique. De même que les gaullistes s'étaient divisés sur le référendum de Maastricht, les socialistes français se sont déchirés au sujet du traité constitutionnel [30]. Lors de l'échéance, plus de la moitié des sympathisants du parti socialiste ont voté contre le traité, tout comme aux Pays-Bas plus de la moitié des électeurs du parti travailliste néerlandais. Et au sein des coalitions électorales de centre gauche, ces dissidents étaient en grande partie des électeurs de la classe ouvrière [31].

Le « non » français a condamné le traité constitutionnel. Mais la structure décisionnelle de l'UE ne pouvait être laissée en l'état sans conserver les règles de vote convenues à Nice. En réponse, les gouvernements de l'UE ont reformulé le traité constitutionnel sous le nom de traité de Lisbonne et se sont encouragés mutuellement à éviter les référendums. L'ancien président français Giscard d'Estaing, qui avait dirigé la convention ayant précédé le traité constitutionnel, a expliqué en privé cette stratégie en des termes crus quand il a déclaré que « l'opinion publique sera amenée – sans le savoir – à adopter les politiques que nous n'oserions jamais lui présenter directement. Toutes les propositions antérieures figureront dans le nouveau texte, mais seront cachées ou déguisées d'une manière ou d'une autre [32] ». Quand le gouvernement de Dublin, contraint par la Constitution irlandaise, a organisé un référendum et essuyé un nouveau rejet, les autres États ont offert quelques concessions avant que les électeurs irlandais ne soient invités à reconsidérer leur décision.

*
* *

C'est en Allemagne, en France et en Grande-Bretagne que les lignes de fracture à long terme au sujet de la légitimation démocratique du traité de Lisbonne se sont manifestées avec le plus d'insistance. En Allemagne, l'arrêt de la Cour constitutionnelle sur le traité de Maastricht a jeté une ombre durable. Le législatif ayant voté la ratification de Lisbonne en juin 2008, le président allemand, à la demande de la Cour, a refusé de signer la loi jusqu'à ce que la Cour ait statué sur une contestation de la constitutionnalité du traité introduite par un groupe de plaignants, dont des membres du parti de gauche Die Linke. Quand, un an plus tard, la Cour a rendu son arrêt, elle a placé la barre de la protection de la Constitution allemande encore plus haut qu'elle ne l'avait fait pour Maastricht. Pour ce qui était des questions juridiques immédiates, elle a déclaré que la façon dont le traité de Lisbonne avait été ratifié violait les droits du législatif allemand. Toute tentative de faire passer l'UE de son existence politique actuelle en tant qu'« union de règles fondée sur le droit international » à un État fédéral nécessiterait, insistait-elle, une nouvelle Constitution allemande [33]. Sans ce changement constitutionnel, poursuivait-elle, « le système de règles démocratiques en Allemagne » serait ébranlé. Par conséquent, les parlements nationaux devaient disposer d'un « espace » suffisant pour délibérer sur les « conditions de vie économiques, culturelles et sociales », notamment dans les « décisions politiques » qui « [dépendaient] en particulier de la compréhension préalable de la culture, de l'histoire et de la langue [34] ». Au sein de l'UE elle-même, il ne pouvait légalement y avoir de revendication de compétence politique risquant de violer l'« identité constitutionnelle » d'un État membre [35]. Pour le traité de Lisbonne, le Bundestag et le Bundesrat pouvaient satisfaire aux exigences de la Cour en organisant un nouveau vote. Mais, un mois après la ratification allemande, la crise grecque de l'euro a démarré, garantissant que le gouvernement allemand devrait bientôt décider tacitement si, pour sauver l'euro, la BCE devrait commencer à agir bien au-delà des pouvoirs qui lui étaient conférés.

Pour les gouvernements français et britannique, le traité de Lisbonne a posé un problème assez semblable, bien que les conséquences des décisions prises en matière de légitimation aient été très différentes. Pour les responsables politiques français, la question de savoir ce qu'il fallait faire après l'échec du référendum de 2005 était pressante. Avant que les discussions sur un traité de remplacement ne puissent débuter, la France a organisé une élection présidentielle en 2007, et les deux candidats du second tour ont dû prendre position sur la suite des événements. Le candidat de centre droit Nicolas Sarkozy a proposé un « mini- » traité basé sur ce qu'il prétendait être les parties non controversées du traité constitutionnel, et s'est opposé à un nouveau référendum ; la candidate socialiste Ségolène Royal préconisait un nouveau traité complet qui inclurait des changements à la BCE et l'organisation d'un autre référendum.

Sarkozy l'a emporté. Mais Lisbonne a ensuite accouché d'un traité étonnamment similaire à celui que les électeurs français avaient précédemment rejeté. Jugeant qu'un nouveau référendum donnerait lieu à un autre « non », Sarkozy a décidé de l'éviter, déclarant qu'« un référendum maintenant mettrait l'Europe en danger. Il n'y aura pas de traité si nous organisons un référendum en France, qui serait à nouveau suivi d'un référendum au Royaume-Uni [36] ». La ratification parlementaire a accentué la pression sur les socialistes français. Malgré les promesses électorales de Royal, la plupart des socialistes de l'Assemblée nationale ont voté en faveur du traité. Une fois de plus, un parti français s'est divisé sur la légitimation de l'UE. Cette fois, c'est Jean-Luc Mélenchon, ministre sous Jospin, qui a fondé un parti dissident, le Parti de gauche. Au premier tour des élections de 2017, Mélenchon, sous une autre bannière, a obtenu 13 % de voix de plus que le candidat du parti socialiste.

Les deux référendums que la France a organisés en 1992 et 2005 et celui qu'elle n'a pas organisé en 2008 ont causé de lourds dégâts cumulés aux principaux partis français. La classe politique française s'est donc montrée réticente à l'idée d'une nouvelle modification du traité. Dans son premier grand discours sur les questions européennes en tant que président, Emmanuel Macron a d'ailleurs expliqué cette dynamique : « On a forcé la main et on a dit "mais attention, on ne proposera plus et on ne viendra plus vous demander votre avis". Et nous sommes rentrés dans cette "glaciation" où la France, comme beaucoup d'autres, avait peur de proposer parce qu'elle avait peur d'un indicible, de quelque chose d'affreux : le changement de traité [37]. » Or, paradoxalement, la candidature de Macron à la présidence par le biais d'un mouvement personnel n'avait été possible que parce que les retombées de la réforme constitutionnelle de l'UE avaient gravement affaibli le système de partis français.

*
* *

Pour le Premier ministre britannique Gordon Brown, le traité de Lisbonne a également représenté un fardeau démocratique. S'il l'avait soumis à un référendum, le « non » l'aurait presque certainement emporté. Face à cette réalité, Brown a renié la promesse faite par le parti travailliste dans son manifeste de 2005 d'organiser un référendum sur le traité constitutionnel, toujours avec l'argument fallacieux que Lisbonne était qualitativement différent de son prédécesseur [38].

La différence entre la Grande-Bretagne et la France résidait dans la manière dont le parti d'opposition a abordé la question du consentement. Les conservateurs britanniques étaient opposés à la fois au traité lui-même et à la ratification parlementaire. Sous la direction de David Cameron, les conservateurs ont formulé une promesse « en acier », à savoir que, si la ratification n'avait pas eu lieu avant l'entrée en fonction d'un gouvernement conservateur, il y aurait un référendum, et ils ont ajouté que le parti ferait campagne contre le traité [39]. Par conséquent, comme l'a fait remarquer l'un des anciens conseillers européens de Sarkozy, le sort du traité de Lisbonne est devenu « une course entre le deuxième référendum irlandais et les derniers soubresauts du gouvernement de Gordon Brown [40] ».

Pourtant, la ratification parlementaire de Lisbonne n'a pas suffi à occulter la question du consentement dans la politique britannique. Les conservateurs avaient également promis que, si le traité était ratifié avant leur entrée en fonction, ils « ne laisseraient pas les choses en suspens », car « le traité manquerait de légitimité démocratique dans ce pays [41] ». Lors des législatives britanniques de 2010, les conservateurs se sont engagés dans leur manifeste à légiférer en faveur d'un référendum obligatoire sur les traités de l'UE et à négocier le rapatriement des pouvoirs à Westminster. Dans ce contexte, le Parlement britannique a adopté en 2011 une loi rendant obligatoire un référendum sur tout traité conférant de nouveaux pouvoirs à l'UE. Si, comme le dirait plus tard l'ancien président de la Commission Jean-Claude Juncker, « il ne [pouvait] y avoir de choix démocratique contre les traités européens », la réponse britannique a été que les nouveaux traités devaient être autorisés par autre chose que des majorités parlementaires éphémères [42].

Pourtant, la loi sur l'UE de 2011 n'a pas permis de rétablir le consentement démocratique en Grande-Bretagne. Le gouvernement de coalition de Cameron ne pouvait récupérer les pouvoirs de l'UE que dans le contexte d'un nouveau traité où le gouvernement britannique pourrait formuler des exigences comme prix de son soutien. Or, même en laissant de côté la réticence de la France à envisager une telle chose, le fait que la Grande-Bretagne doive désormais organiser un référendum sur un nouveau traité rendait les autres membres de l'UE moins enclins à s'embarquer dans un tel processus. Après son échec de décembre 2011 – évoqué dans le chapitre 6 –, Cameron a dû réclamer des négociations à part pour la Grande-Bretagne. En décidant de parier sur l'organisation d'un référendum ultérieur, il a soumis l'appartenance de la Grande-Bretagne à l'UE à une épreuve démocratique à laquelle cette appartenance ne survivrait pas. Le consentement démocratique à l'UE en Grande-Bretagne, a-t-il déclaré dans son discours de Bloomberg en 2013, était « très fragile ». Le résultat du référendum lui donnerait raison [43].

Si un référendum était censé régler la question de l'adhésion de la Grande-Bretagne à l'UE, cela posait des problèmes sérieux au sujet du consentement des perdants. Cela s'explique en partie par le fait que le référendum a accentué la pression sur le Royaume-Uni en tant qu'État multinational : dans deux provinces du Royaume-Uni – l'Écosse et l'Irlande du Nord –, la majorité a voté en faveur du maintien. Or le faible consentement des perdants après le référendum a montré à quel point l'adhésion à l'UE pouvait en elle-même déstabiliser la vie politique d'une démocratie. Certains partisans du maintien ont fait valoir qu'un référendum ne pouvait légitimement mettre fin aux droits légaux attachés à la citoyenneté européenne. Cette accusation a effectivement fait du référendum un excès démocratique, risquant par sa mise en œuvre d'imposer une dictature de l'exécutif[44]. En pratique, certains partisans du maintien qui souhaitaient contester la décision du gouvernement de quitter l'Union en invoquant l'article 50 du traité de Lisbonne sur la base du vote plébiscitaire ont fait appel aux tribunaux au nom des droits constitutionnels. Comme on pouvait s'y attendre, ces démarches ont suscité une contre-accusation d'excès aristocratique. De ce point de vue, ceux qui pouvaient saisir les tribunaux cherchaient à contrecarrer la volonté majoritaire légitimement exprimée lors d'une élection. À cet égard, le Brexit a montré que la citoyenneté européenne avait créé des droits économiques et résidentiels constitutionnels qui, étant soumis aux résultats contingents de la politique démocratique nationale, n'étaient en dernière instance pas protégés. Pour les non-ressortissants n'ayant pas voté lors d'un référendum où ces droits étaient en jeu, il était difficile d'accepter de les perdre. Pour ceux qui attachaient de l'importance à leurs droits au niveau de l'Union et qui ont pu participer au référendum, leur défaite électorale même a montré pourquoi ils étaient peut-être plus impliqués dans l'ordre européen lourdement constitutionnalisé que dans l'ordre national démocratique qui les a rejetés dans le camp des perdants.

Depuis Maastricht, l'UE a agi comme une force clivante sur la vie politique dans ses États membres. À cause d'elle, le consentement démocratique est devenu plus difficile à obtenir, et elle a divisé les citoyens sur la question de savoir où la politique démocratique devait avoir préséance et où les règles constitutionnelles devaient s'appliquer. De ce point de vue, la Cour constitutionnelle allemande avait à la fois raison et tort dans ses affirmations sur la démocratie. Au sein de l'UE, l'acte d'autorisation démocratique est resté l'apanage de l'État-nation. Mais pas parce qu'il y avait assez d'homogénéité au sein des États membres pour que l'on puisse parler de manière raisonnable d'un peuple suffisamment lié socialement, économiquement, culturellement ou spirituellement pour accepter de faire éternellement partie d'un espace politique démocratique partagé. À vrai dire, en proposant aux citoyens nationaux une conception alternative de la communauté politique européenne, l'UE elle-même a contribué à garantir qu'une telle unité soit de plus en plus inatteignable.

La politique créancier-débiteur de la zone euro

Pour les démocraties au sein de l'union monétaire, la crise de la zone euro a déclenché une série de dynamiques difficiles autour de la dette. Certes, les démocraties de la zone euro étaient loin d'être les seules à être visées par la colère des classes face aux réductions des dépenses publiques et aux augmentations d'impôts, rapidement qualifiées d'austérité, mises en place afin de réduire les déficits budgétaires si peu de temps après le renflouement des banques [45]. L'ire des débiteurs et des contribuables s'est manifestée dans le mouvement Occupy qui s'est propagé des États-Unis à l'Europe. Indépendamment de la crise de la zone euro, ces manifestations ont joué un rôle dans la montée des partis politiques insurrectionnels en Europe [46]. Mais, dans la zone euro, les conflits entre créanciers et débiteurs ont également impliqué des relations interétatiques. Les banques du Nord avaient prêté des sommes considérables aux gouvernements, aux entreprises et aux banques de l'Europe du Sud qui, depuis la fin 2009, ne pouvaient plus être refinancées à moindre coût. Quand les membres du sud de la zone euro ont été exclus des marchés financiers internationaux, les renflouements qui ont suivi ont principalement permis aux États débiteurs de payer leurs créanciers du Nord, qui n'ont alors plus eu besoin d'être renfloués au niveau national. Dans le même temps, les gouvernements de l'est de la zone euro ayant poursuivi la réduction de leur dette intérieure et leurs banques n'étant pas exposées, ils ont contribué aux renflouements des États débiteurs et des banques créancières dont ils n'ont tiré aucun bénéfice [47]. Sur le plan politique, la maîtrise de ces conflits est passée par un durcissement des relations entre les États membres de la zone euro, en supprimant les conflits démocratiques à l'intérieur des États les plus faibles [48].

Comme on pouvait s'y attendre, c'est en Europe du Sud que la politique de la dette a donné lieu aux appels les plus bruyants en faveur de réformes démocratiques et à l'expression la plus avérée de l'excès aristocratique. En 2011, près d'un sixième de la population espagnole a participé au mouvement 15-M, ou des Indignés. La colère des manifestants avait explicitement pour cible ce qu'ils considéraient comme une oligarchie corrompue et dynastique liée à la finance, qui avait perverti la démocratie espagnole. Ils se présentaient comme de simples citoyens qui, grâce aux réseaux sociaux, réclamaient le retour de la démocratie à ceux à qui elle appartenait [49]. Le mouvement s'est servi de la technologie numérique pour permettre à des milliers de citoyens de prendre part à ses décisions. Il prônait également une réforme de la dette qui favorisait les intérêts des débiteurs plutôt que ceux des créanciers et proposait ce qu'il appelait un revenu de base pour les citoyens [50].

Cette politique des créanciers et des débiteurs a fait irruption dans la politique territoriale de l'Espagne. C'était en partie une question de calendrier. Dans les premiers mois de la crise de la zone euro, la Cour constitutionnelle espagnole a annulé certaines parties du statut d'autonomie approuvé par les électeurs catalans lors d'un référendum en 2006, dont une disposition qui reconnaissait la nationalité catalane. Dans ce contexte politique déjà tendu, les gouvernements espagnol et catalan sont entrés en conflit sur les changements politiques susceptibles de maintenir les marchés de capitaux ouverts pour l'Espagne tout en respectant les règles budgétaires de la zone euro. Alors que le nationalisme catalan était historiquement de gauche, l'austérité imposée par Madrid, alliée au fait que les marchés financiers avaient interdit au gouvernement catalan d'emprunter en 2012, a suscité un sentiment séparatiste dans les rangs du centre droit. Lors des élections législatives catalanes de novembre 2012, le parti de centre droit a pour la première fois fait campagne en faveur de l'indépendance, et le parti sécessionniste de gauche a réalisé des gains importants [51]. La coalition sécessionniste qui a pris le pouvoir après les élections a organisé un référendum non contraignant sur l'indépendance en 2014, puis, après d'autres élections législatives en 2015, un autre référendum en octobre 2017. Après un « oui » à l'issue d'une faible participation, le Parlement catalan a officiellement proclamé l'indépendance. Cependant, le gouvernement espagnol a refusé de reconnaître le vote, entamant des poursuites judiciaires contre les membres du gouvernement catalan et imposant un régime direct qui a duré jusqu'en juin 2018.

Si l'Espagne a survécu à sa crise sécessionniste en 2017-2018 au moyen de la coercition, la montée du nationalisme catalan de centre droit en même temps que Podemos a néanmoins compliqué la formation de gouvernements durables pour les politiciens espagnols. Deux élections législatives ont eu lieu coup sur coup, en décembre 2015 et en juin 2016, avant qu'un gouvernement ne puisse être formé. Il y a eu deux autres élections de 2019, et, à la deuxième échéance, les socialistes ont remporté le plus grand nombre de sièges, tout en étant encore loin de la majorité législative. En janvier 2020, les socialistes ont finalement formé un gouvernement minoritaire en coalition avec Podemos, en exploitant les abstentions des partis nationalistes catalans pour parvenir à une majorité parlementaire.

*
* *

En Allemagne, les questions relatives aux créanciers et aux débiteurs ont été judiciarisées et ont causé la fragmentation du système des partis. Dès le début de la crise grecque, le gouvernement allemand avait cherché à éviter un effondrement bancaire. Pour Angela Merkel, il aurait été politiquement risqué de procéder à une nouvelle série de renflouements coûteux des banques allemandes après 2008. Pourtant, le financement d'un plan de sauvetage pour la Grèce, puis pour d'autres membres de la zone euro, a également eu un prix intérieur [52]. En présentant les plans de sauvetage comme nécessaires pour les États d'Europe du Sud tout en maintenant les banques allemandes, et leurs emprunts en dollars, hors du débat politique national, Angela Merkel a occulté la dynamique réelle créancier-débiteur qui était à l'œuvre. Pour que ces renflouements soient acceptables au niveau national, elle a également dû demander des concessions fiscales aux autres États membres, dont les nouvelles règles constitutionnelles sur l'emprunt du Pacte fiscal [53].

Dans les premiers mois de la crise de la zone euro, les juges de Karlsruhe ont semblé offrir au gouvernement allemand une marge de manœuvre suffisante pour que la BCE assume une plus grande part de la charge. Dans une affaire importante ne concernant pas l'euro, ils ont placé la barre beaucoup plus haut que pour Maastricht et Lisbonne quant à l'affirmation qu'une institution de l'UE avait outrepassé son autorité. Plus tard, quand ils ont provisoirement statué que les opérations monétaires directes de Draghi posaient des problèmes légaux et constitutionnels, ils ont évité une confrontation en demandant à la Cour européenne de justice d'émettre d'abord son verdict [54]. En examinant pour la première fois la question de l'assouplissement quantitatif, ils ont de nouveau paru réticents à provoquer une crise, même s'ils ont déclaré qu'il y avait de

« sérieuses raisons » de s'inquiéter, et ont une fois de plus renvoyé l'affaire devant la Cour de Luxembourg [55].

Néanmoins, le fait que la BCE ait acquis des pouvoirs dont personne ne pouvait raisonnablement prétendre qu'ils avaient été prévus par le traité de Maastricht a eu des répercussions significatives sur la politique démocratique allemande, en particulier quand on l'associe à la décision de Merkel d'européaniser les renflouements bancaires. L'opposition à ces renflouements a conduit un groupe d'économistes, d'avocats et d'hommes d'affaires à former l'AfD. Le manifeste électoral du parti de 2017 déclarait que « les principes du consentement allemand initial au traité de Maastricht, qui a abouti à l'introduction de l'euro, ont été ignorés [56] ». Bien que l'AfD n'ait pas obtenu assez de voix pour entrer au Bundestag lors des législatives de 2013, à l'automne de la même année, elle s'est assurée une représentation dans plusieurs parlements des Länder. Il ne fait aucun doute que la crainte de voir l'AfD émerger en tant que parti à la droite des chrétiens-démocrates a joué un rôle dans les efforts du ministre allemand des Finances Wolfgang Schäuble en 2015 afin d'expulser la Grèce de la zone euro et dans sa volonté de critiquer l'assouplissement quantitatif. De fait, à un moment donné en 2016, Schäuble s'en est pris à Draghi, qu'il jugeait responsable de la montée de l'AfD [57]. Ce sont également des membres de l'AfD, y compris l'un de ses fondateurs d'avant 2015, qui ont déposé une requête auprès de la Cour constitutionnelle allemande dans l'affaire de l'assouplissement quantitatif. Quand le Bundestag a voté en juillet 2020 pour légitimer rétrospectivement ce que la BCE avait fait, l'AfD a voté contre la motion [58].

On peut se demander dans quelle mesure l'AfD aurait eu une influence sur le Parlement allemand sans la crise des réfugiés de 2015. Il est certain que le parti a commencé à remporter davantage de voix dans le sillage de cette dernière, et, sous une direction différente, il a adopté une position anti-immigration et une rhétorique anti-islamique autour de l'identité nationale allemande. Mais l'AfD, tout comme Die Linke, a également permis d'exprimer le mécontentement au sujet de l'écart entre Maastricht et la réalité de l'union monétaire, un mécontentement qui n'était pas seulement partagé par ceux qui votaient pour l'un ou l'autre parti [59].

Le tribut que les partis insurrectionnels imposaient à la démocratie allemande a été évident lors des élections législatives de 2017 et de leurs suites. Le bloc chrétien-démocrate et chrétien-social (CDU/CSU) et les sociaux-démocrates (SPD) n'ont recueilli que 53 % des voix, contre 67 % lors des élections de 2013, au profit de l'AfD et de Die Linke, ainsi que des démocrates libéraux (FDP) et des Verts. Cette fragmentation du système de partis a rendu la formation de coalitions plus difficile que par le passé. Sachant que ni l'AfD ni Die Linke n'étaient des partenaires de coalition nationale acceptables pour les chrétiens-démocrates, et que les sociaux-démocrates n'accepteraient Die Linke que dans les gouvernements des Länder, il n'y avait guère d'autre option viable qu'une grande coalition entre le centre gauche et le centre droit sous une forme ou sous une autre.

Mais le maintien de ces grandes coalitions s'est lui aussi transformé en une source de perturbation démocratique. La coalition entre les chrétiens-démocrates et les sociaux-démocrates a finalement été adoptée près de six mois après les législatives de 2017, faisant officiellement de l'AfD une formation d'opposition. Par la suite, les deux partis de la coalition ont été confrontés à des difficultés considérables. En novembre 2019, la crainte de voir les Verts devenir le deuxième parti allemand a poussé les membres du parti social-démocrate à élire à leur tête deux candidats insurgés qui ont fait campagne contre l'accord de grande coalition en vigueur. Après la démission de Merkel de la direction du parti chrétien-démocrate, Annegret Kramp-Karrenbauer, la successeure qu'elle avait choisie, a été renversée par une crise régionale liée à la formation d'une coalition. Lors des élections régionales d'octobre 2019 en Thuringe, Die Linke et l'AfD ont recueilli plus de la moitié des voix. Pour éviter de nouvelles élections après que Merkel avait déclaré que la formation d'un gouvernement reposant sur les voix de l'AfD était moralement inacceptable, les chrétiens-démocrates de Thuringe ont dû voter pour un gouvernement minoritaire incluant Die Linke [60].

Lors des élections générales de 2021, la politique de grande coalition a semblé avoir atteint ses limites, les deux principaux partis étant passés sous la barre des 50 % des voix, même si les sociaux-démocrates ont obtenu nettement plus de sièges qu'en 2017. Contrairement à ce qui s'était passé en Thuringe avant la pandémie, ni l'AfD ni Die Linke n'en ont bénéficié. En effet, l'idée que Die Linke puisse entrer au gouvernement dans une coalition avec les sociaux-démocrates et les Verts a apparemment incité certains électeurs chrétiens-démocrates à rester fidèles au parti, malgré la grande impopularité d'Armin Laschet, son candidat à la chancellerie. Au lieu de cela, l'Allemagne s'est retrouvée à négocier la formation de son premier gouvernement tripartite. La question de savoir de quelle coalition tripartite il s'agirait, en excluant l'AfD et Die Linke, a fait l'objet de négociations entre deux partis – le FDP et les Verts –, qui avaient remporté à eux deux moins de 30 % des sièges et adoptaient des positions très polarisées sur le frein à l'endettement de l'Allemagne et sur la dette de la zone euro.

*
* *

Pour la Cinquième République française, la politique créancier-débiteur de la zone euro a en fin de compte ravivé des problèmes plus anciens concernant les traités de l'UE et le changement démocratique [61]. Quand il a remporté l'élection présidentielle de 2012, François Hollande s'en est ouvertement pris aux excès aristocratiques, déclarant à un moment donné que « mon véritable adversaire, c'est le monde de la finance », et promettant se soumettre ceux qui gagnaient plus d'un million d'euros à un taux d'imposition de 75 %[62]. Il a rejeté les nouvelles restrictions fiscales constitutionnelles imposées par l'union monétaire au moyen du Pacte fiscal, qui n'avait pas encore été ratifié. Il a également dénoncé le veto allemand *de facto* sur les instruments que la BCE pourrait utiliser afin de faire baisser les coûts d'emprunt, déclarant que « ce [n'était] pas l'Allemagne qui [décidait] pour l'ensemble de l'Europe[63] ». La volonté de Hollande de faire campagne contre un traité de l'UE – bien que celui-ci ait été fondé sur une base intergouvernementale et formellement hors de la législation de l'UE – a révélé une fois de plus au grand jour les tensions entre les changements démocratiques nationaux éventuels et l'ordre constitutionnel de l'UE reposant sur les traités. Face à la perspective d'une élection française qui ferait dérailler le traité, Angela Merkel est intervenue en déclarant son soutien à Nicolas Sarkozy lors d'une interview commune avec ce dernier sur les chaînes de télévision française et allemande[64].

L'attitude de défi de Hollande n'a pas duré longtemps face au poids des coûts d'emprunt français, de la fuite des capitaux et de l'augmentation du chômage. Comme Mitterrand, Chirac et Jospin avant lui, Hollande est revenu sur les engagements de son prédécesseur. Bien qu'il ait obtenu une large majorité parlementaire pour le Pacte fiscal, sa ratification a suscité une certaine consternation au sein du parti socialiste, ce qui a permis au Parti de gauche de s'emparer de la question. De même que ses prédécesseurs qui avaient battu en retraite, Hollande s'est ensuite aperçu qu'il était extrêmement difficile de mettre en œuvre les réformes intérieures associées. En particulier, Emmanuel Macron, son ministre de l'Économie, a eu recours à des réformes du marché du travail sur fond de manifestations violentes, sans organiser de vote parlementaire[65].

La présidence de Hollande a fini par provoquer une crise définitive du système des partis français. La dernière année de son mandat, l'impopularité de Hollande a atteint des sommets. Son échec a effectivement détruit le parti socialiste et, allié à des problèmes de corruption au sein du centre droit, a abouti en 2017 à une élection présidentielle sans candidat socialiste ou de centre droit au second tour. Sans la décision de Macron de lancer un mouvement personnel, En Marche, le système français des partis aurait peut-être survécu plus longtemps. Mais le déclin du duopole au centre du système était structurel plutôt qu'accidentel. Les deux partis ont été affaiblis par les défections des eurosceptiques. L'union monétaire était censée être une évolution vers une Europe plus française et moins allemande, mais, dans leur incapacité à tenir cette promesse, ils ont, comme on pouvait s'y attendre, perdu des voix au profit de partis ouvertement eurosceptiques, qu'il s'agisse du Front national – rebaptisé Rassemblement national à partir de 2018 – ou du parti La France insoumise, qui tenait plus d'un mouvement, que Mélenchon avait formé avant l'élection présidentielle de 2017.

Or aucun des deux principaux partis ne pouvait se transformer en parti eurosceptique car, compte tenu du volume de la dette française, la sortie de l'euro aurait été trop onéreuse et risquait de poser la question de savoir pourquoi les efforts visant à le réformer aux conditions françaises avaient été vains à ce point. À cet égard, la décision de Macron de se passer du système des partis pour remporter la présidence répondait à une logique qui dépassait son ambition personnelle : les grands partis ne pouvaient pas être les vecteurs de l'action politique nécessaire pour faire de la France un membre de l'euro respectueux des règles.

Mais la tentative de Macron de gouverner de manière individuelle et charismatique, par-delà les partis, dans l'espoir de réaliser la vieille ambition de concrétiser la nation française par le biais d'un leadership franco-allemand au sein de l'UE, n'a pas pu aboutir non plus. Sur le plan interne, il lui fallait encore réaliser des réformes économiques, là où ses prédécesseurs avaient échoué face à la contestation et aux grèves. S'il ne s'imposait pas, l'opposition continuerait presque inévitablement soit à dériver vers le Front national et La France insoumise sur le plan électoral, soit à s'intensifier dans la rue. Car, si En Marche a donné la parole aux citoyens qui souhaitaient un renouvellement démocratique du système des partis, les « Gilets Jaunes », eux, ont constitué une étape vers sa destruction effective, ce qui avait commencé sous la forme de manifestations contre les écotaxes se transformant en appels à des réformes démocratiques, y compris des référendums et des initiatives citoyennes. Sur le plan extérieur, Macron a dû partir du principe, en dépit de l'expérience du passé, que la politique allemande était ouverte à l'influence française [66]. Bien que, après l'élection de 2017, Macron ait été épargné par un gouvernement allemand comprenant les libéraux-démocrates opposés au partage de la dette, le nouveau ministre des Finances social-démocrate de la grande coalition n'a pas soutenu ses demandes portant sur la zone euro. Quand Macron a dû faire des concessions fiscales aux « Gilets Jaunes » à la fin de l'année 2018, les deux éléments de l'impasse française se sont conjugués. Toute possibilité de rendre la zone euro plus sensible au contrôle politique reposait sur le fait que Macron serait le président qui, en respectant les règles fiscales constitutionnalisées de la zone euro, pourrait finalement persuader un gouvernement allemand de les modifier. Au lieu de cela, Macron est devenu le président qui a suscité une contestation d'une durée exceptionnelle.

La présidence de Macron a ainsi été un autre exemple de la difficulté que peut représenter l'euro pour la vie politique démocratique quand la répartition de l'impôt est en même temps circonscrite par les marchés financiers internationaux et les banques offshore. L'adaptation de l'euro à l'évolution des conditions économiques est limitée par les politiques électorales et juridiques allemandes. Par conséquent, plus les gouvernements poursuivent des réformes nationales qui nuisent à ceux qui dépendent matériellement des dépenses de l'État et qui paient de nouveaux impôts, plus ils engendrent des griefs nationaux auxquels les principaux partis – qui doivent rester attachés à l'union monétaire – ne peuvent pas répondre. Face aux revendications des « Gilets Jaunes » en faveur de plus de démocratie et moins d'impôts, Macron a fini par chercher à les coopter en s'efforçant de gouverner la France sans partis. Début 2019, il a lancé un « grand débat national » de deux mois avec les citoyens de tout le pays. Mais ces délibérations locales devaient porter sur des questions définies par Macron, qui excluaient toute augmentation de l'impôt sur la fortune. À l'issue des débats, Macron a prononcé un discours national télévisé pour présenter la réponse du gouvernement. Il a promis des réductions de l'impôt sur le revenu pour la classe moyenne et davantage de dispositions relatives aux référendums. Mais il ne suffit pas de flirter avec une démocratie plus directe pour réparer la démocratie, quand une grande partie de la politique économique est soit constitutionnalisée au sein de la zone euro, soit limitée par la nécessité d'un soutien monétaire de la BCE pour emprunter à bas prix sur les marchés financiers internationaux. À cet égard, l'euro garantit que certaines formes d'excès aristocratiques, que ce soit en matière d'impôts ou de technocratie monétaire, sont politiquement très difficiles à modifier.

*
* *

Sans surprise, c'est en Italie que les conséquences de la crise de la zone euro sur la politique ont été les plus graves. Le fait qu'un président italien remplace Berlusconi par le gouvernement technocratique de Monti – comme nous l'avons vu dans les chapitres 4 et 5 – n'était pas une aberration, même si ni la BCE ni le chancelier allemand n'étaient intervenus dans la formation du gouvernement en Italie auparavant. Au fur et à mesure que le soutien extérieur offert par la BCE *via* un programme d'achat d'actifs s'intensifiait, l'espace laissé à la démocratie en matière de politique économique se rétrécissait davantage : comme condition d'accès, le nouveau gouvernement devait réaliser des réformes du marché du travail en plus d'appliquer une discipline fiscale [67].

Sans surprise, l'éviction de Berlusconi a perturbé le système italien des partis, donnant naissance à une nouvelle formation qui, comme Podemos en Espagne, rejetait les règles de la démocratie représentative. Le Movimento 5 Stello (Mouvement 5 Étoiles) a été fondé en 2009 par le comédien Beppe Grillo et un cyberentrepreneur. Il a commencé en dénonçant la corruption de la Deuxième République, rejetant sa classe politique dépeinte comme la « casta » et affirmant que l'Italie avait besoin d'une démocratie plus participative où les citoyens pourraient être entendus [68]. Lors des législatives de 2013, les premières auxquelles il a participé, 5 Étoiles a remporté le plus de voix pour un seul parti à la Chambre des députés, la chambre basse. Comme il excluait de gouverner avec d'autres partis, son succès a obligé les groupes de centre gauche et de centre droit, ainsi que le parti centriste de Monti, à constituer un gouvernement.

En remportant assez de voix pour compliquer l'option technocratique, le parti 5 Étoiles a abouti à une politique de grande coalition. À l'occasion des élections européennes de 2014, 5 Étoiles est également devenu un parti résolument eurosceptique, plaidant pour un référendum sur l'appartenance à l'euro et attaquant l'union monétaire comme étant « taillée sur mesure pour l'Allemagne et les oligarchies financières [69] ». Allié à la Ligue du Nord – désormais simplement baptisée Lega – en tant que parti eurosceptique pan-italien, 5 Étoiles a fait de l'euro le sujet d'un débat politique acharné dans la Deuxième République, même si rien ne prouve que le mouvement, ou la Lega, ait eu un plan de retrait cohérent.

Cette montée de l'euroscepticisme a encore aggravé les tensions entre la démocratie italienne et la zone euro. Après les élections de 2013, le gouvernement de grande coalition a cherché à naviguer entre le besoin externe de soutien de la BCE et le besoin politique interne d'opposer une certaine résistance à la surveillance fiscale par les institutions de la zone euro [70]. Cette dynamique a conduit Berlusconi à retirer les ministres de son parti de la coalition pour reformer son ancien parti, Forza Italia. Après de fortes turbulences internes chez les démocrates de centre gauche, Matteo Renzi, le jeune maire de Florence, a émergé en février 2014 à la tête d'un gouvernement de grande coalition plus étroite, qui n'incluait pas Forza Italia. Pris en tenaille, ce gouvernement a plongé dans la crise quand, à l'été 2014, l'économie italienne est retombée en récession, sans aucune marge de manœuvre budgétaire. À ce moment-là, la BCE n'avait rien à offrir à moins que l'Italie ne demande un renflouement, mais l'impopularité des conditions qui accompagnaient cette solution aurait torpillé tout gouvernement qui en aurait fait la demande. Pour que la BCE ait une chance de reprendre ses achats d'actifs, Renzi a dû promettre des réformes du marché du travail plus sévères que tout ce que Monti avait envisagé [71]. Quoi qu'il en soit, ce changement de politique italienne a été la condition politique nécessaire au passage de la BCE à l'assouplissement quantitatif en 2015 [72].

Bien entendu, en offrant au gouvernement italien un soutien sans précédent, la BCE a accentué les tensions structurelles. La législation de Renzi sur le marché du travail a été accueillie par de grandes manifestations et une grève générale. Alors que la coalition de Renzi dépendait de la BCE pour acheter la dette italienne, le parti de Berlusconi, 5 Étoiles et la Lega étant tous en dehors du gouvernement, il lui fallait encore s'attaquer aux règles fiscales. Lors d'une confrontation à l'automne 2016 sur le futur déficit budgétaire de l'Italie, Renzi s'est emporté : « Qu'est-ce que Bruxelles va refuser ? De l'argent pour Amatrice [une ville de la région du Latium frappée par un tremblement de terre en août 2016] ? De l'argent pour les écoles ? Deux milliards de plus pour la santé ? Qu'ils nous le disent[73]. » Après avoir sacrifié une grande partie de sa popularité aux réformes du marché du travail, en décembre 2016, Renzi a perdu un référendum constitutionnel sur la réforme du Parlement italien qu'il préconisait. Après son départ, il a été impossible de masquer les tensions sous-jacentes. Seul un gouvernement toléré par la BCE, et indirectement l'Allemagne, pourrait bénéficier de l'assouplissement quantitatif. Par conséquent, la BCE devait soutenir aussi longtemps que possible une quelconque grande coalition excluant 5 Étoiles et Lega. Dans les faits, tout espoir de voir l'assouplissement quantitatif prendre fin d'ici 2017, qui semblait tout à fait réaliste avant la défaite de Renzi lors du référendum, avait disparu[74].

En vertu de la Constitution, il devait quand même y avoir des élections. Quand elles ont eu lieu en avril 2018, le seul gouvernement plausible était celui constitué par les partis eurosceptiques 5 Étoiles et Lega. Mais, pour rendre ce gouvernement tolérable à l'extérieur, les dirigeants des partis ont accepté qu'aucun d'entre eux n'obtienne le poste de Premier ministre, qui a été attribué à un professeur de droit non élu, Giuseppe Conte, et qu'un technocrate soit nommé ministre des Finances. En décembre 2018, la fin de l'assouplissement quantitatif a desserré les contraintes sur la composition du gouvernement au risque d'une escalade des coûts d'emprunt, mais la détérioration de la situation économique en 2019 dans l'ensemble de la zone euro a remis le problème de départ sur le devant de la scène. En août 2019, Matteo Salvini, de la Lega, a mis fin à la coalition 5 Étoiles-Lega et a appelé à des élections. Il a échoué quand 5 Étoiles a fait défection et rejoint la grande coalition, accouchant d'un gouvernement démocrate-5 Étoiles toujours dirigé par un Premier ministre technocrate. Un mois plus tard, la BCE a annoncé qu'elle lancerait un nouveau programme d'assouplissement quantitatif en novembre. Le départ de Salvini a probablement rendu le retour de l'assouplissement quantitatif plus acceptable. Mais le retour de l'assouplissement quantitatif sans la Lega semblait également garantir que, si les prochaines élections italiennes plaçaient de nouveau le parti au gouvernement, la capacité de la république italienne à supporter la dette serait remise en question, notamment en raison de l'impact que Salvini, ou le parti d'extrême droite Fratelli d'Italia, en tant que partenaire de coalition possible pour la Lega, aurait sur la politique allemande.

*
* *

Réalisée à l'aide d'un traité qui ne pouvait pas être facilement réformé, l'union monétaire a mis à rude épreuve les démocraties de l'UE. Certaines des dynamiques déstabilisantes étaient en place dès le départ. Le consensus politique était radicalement insuffisant pour soutenir la constitutionnalisation des termes essentiellement allemands de l'union monétaire dans les États membres, entre autres en raison des problèmes généraux posés par la relation délicate entre les élections nationales et les traités de l'UE. Les élections, en particulier en France, ont entraîné des demandes de changement qui n'ont pas pu être satisfaites. En Italie, l'euro a servi de garde-fou contre une contestation démocratique de la dette qui, si elle avait obtenu gain de cause, aurait risqué de provoquer une crise financière. Or, si l'union monétaire a permis à l'Italie d'assurer le service de sa dette, elle a aussi imposé un carcan non démocratique à ceux qui pouvaient exercer le pouvoir et a réduit la concurrence entre les partis qui l'exerçaient. Les tenants et les aboutissants d'une union monétaire territorialement incomplète ont fait entrer le marché unique constitutionnalisé dans la politique britannique. Tout comme

Hollande avait fait campagne en 2012 contre un traité qu'il n'était pas en mesure de rejeter, en 2010, Cameron avait fait campagne pour un objectif qu'il ne pouvait atteindre dans le domaine de l'immigration.

En rouvrant la politique allemande aux questions relatives à l'euro, l'environnement monétaire de l'après-2008 et la nécessité de transformer la BCE sans possibilité de modifier le traité ont ajouté un risque de perturbation supplémentaire à ces dynamiques fondamentales. La crise frontalière de 2015 a encore compliqué la politique née de la position de l'Allemagne au sein de l'UE et de la zone euro. Elle a fait de l'AfD le parti qui rejetait les normes constitutionnelles et la nation allemande de l'après-guerre au sujet de l'immigration, tout en prétendant défendre à la lettre la Constitution à propos de l'euro.

En Grande-Bretagne, si le mécontentement exprimé démocratiquement s'est imposé dans les urnes, il n'a fait qu'engendrer davantage d'instabilité dans l'union multinationale du Royaume-Uni. Ailleurs, le mécontentement démocratique portant sur des aspects très différents de l'euro a dû être réprimé. En Allemagne, et surtout en Italie, cela a contribué au passage à la politique de grande coalition [75]. En France, cette solution n'était pas envisageable, parce que l'euro et les traités de l'UE avaient terriblement affaibli les principaux partis. La politique de contestation dans la rue s'est alors développée, suscitant une réponse parfois brutale et coercitive de la part de l'État français. En Espagne, la question catalane semblait empêcher toute grande coalition ; plus encore qu'en France, elle a été l'objet d'une coercition considérable.

Au sein de la zone euro elle-même, la pression structurelle s'est déplacée vers un éventuel bras de fer démocratique autour d'un nouveau traité qui pourrait prendre en compte la BCE de l'après-2010 et la perspective d'une dette permanente émise par l'UE. Cependant, les difficultés politiques que les traités causent dans les démocraties européennes, la gravité de la contestation qui s'ensuivrait et le fait que l'UE et la zone euro ne sont pas alignées garantissent qu'un tel traité sera source d'une nouvelle perturbation sérieuse pour l'Union.

L'Amérique prétend aller mieux

Les tensions au sein de la république américaine qui allaient se révéler au grand jour lors de l'élection présidentielle de 2016 étaient assez différentes. La contestation démocratique était moins circonscrite par l'ordre constitutionnel formel, de plus en plus contesté, que par l'influence oligarchique de l'argent sur les élections. La question cruciale ne serait plus de savoir ce qui devait rester inchangé indépendamment des élections, mais si les résultats des élections seraient acceptés comme légitimes, en particulier pour la présidence. Pour le comprendre, il faut analyser comment les difficultés liées à la nation américaine se sont intensifiées à partir des années 1990 et comment elles ont interagi avec les problèmes d'excès aristocratiques engendrés par l'économie mondiale après les années 1970.

À partir de la présidence de Bill Clinton, Washington a sérieusement tenté de réparer la nation américaine. Les gouvernements de Clinton et de George Bush Jr ont tous deux voulu remédier aux inégalités raciales dans le domaine de la propriété, qui s'étaient développées pendant le New Deal. En 1994, l'année où Clinton a annoncé un plan visant à augmenter le nombre de propriétaires parmi les groupes minoritaires, 70 % des Américains blancs étaient propriétaires de leur logement, contre seulement un peu plus de 40 % des Hispaniques et des Afro-Américains [76]. Dans l'ancien cadre du New Deal, une réforme aurait pu être lancée par une intervention fédérale directe. Au lieu de cela, Clinton a encouragé les créanciers hypothécaires privés à prêter aux ménages jusqu'alors exclus des prêts par une titrisation de la dette, et il a mandaté les deux sociétés hypothécaires, Fannie Mae et

Freddie Mac, créées par le Congrès mais détenues par le secteur privé, pour qu'elles achètent des titres adossés à des créances hypothécaires contenant ces prêts, ainsi que davantage de prêts hypothécaires accordés à des personnes à faibles revenus.

Cette approche du problème de l'accession à la propriété a notamment eu pour effet d'amplifier l'excès aristocratique croissant dans la république américaine. La titrisation des hypothèques a encouragé les sociétés financières à emprunter des sommes considérables pour acheter des titres adossés à des hypothèques, ce qui a renforcé leur dépendance à l'égard des marchés de financement à court terme, influençant ainsi le contexte des renflouements bancaires de 2008. Les objectifs ambitieux fixés à Fannie Mae et Freddie Mac ont encouragé une culture d'irrégularités comptables sources d'énormes récompenses personnelles pour les cadres supérieurs. Les deux sociétés ont ensuite défendu ces pratiques devant le Congrès, dont les campagnes électorales de nombreux membres ont été financées par des personnes travaillant pour Fannie Mae et Freddie Mac et leurs lobbyistes [77].

La volonté des gouvernements Clinton et Bush de sacrifier les emplois manufacturiers américains pour intégrer la Chine dans l'économie mondiale – comme nous l'avons vu au chapitre 5 – a renforcé les mêmes tendances ploutocratiques. En 1992, Bill Clinton avait fait campagne sur une position de « fermeté à l'égard de la Chine », promettant de s'opposer au renouvellement du statut commercial bilatéral de celle-ci, qui devait être autorisé sur une base annuelle. Sous la pression de puissants groupes commerciaux, souvent soutenus directement par le gouvernement chinois, il s'est orienté vers une politique totalement différente [78]. Après les élections de 1996, des preuves se sont accumulées montrant que des agents du gouvernement chinois avaient fait des dons à la campagne de réélection de Clinton et aux candidats démocrates aux élections législatives [79]. Sans surprise, à mesure que les emplois manufacturiers américains disparaissaient, la politique chinoise du gouvernement fédéral a été perçue par de nombreux électeurs de la classe ouvrière comme une politique qui sacrifiait leurs intérêts à la coopération géopolitique, aux profits des entreprises et au financement des campagnes [80].

Dans le même temps, le gouvernement Clinton a tenté, en vain, de désamorcer les conflits politiques liés à l'immigration et à la citoyenneté qui ont émergé après 1965. Les lois adoptées par le Congrès en 1994 et 1996 ont permis de renforcer considérablement les contrôles le long de la frontière mexicaine. Mais ces mesures n'ont réussi qu'à pousser les migrants à entrer dans le pays par les zones les plus dangereuses de la frontière. La population de résidents clandestins a continué de croître [81]. En 1990, les États-Unis comptaient 3,5 millions de migrants clandestins. En 2007, ils étaient 12,2 millions [82]. L'incapacité des gouvernements successifs à contrôler la frontière, malgré les promesses électorales, a suscité la colère des citoyens, surtout quand certaines grandes entreprises ont fait pression pour accroître l'immigration [83]. Mais, d'un autre côté, la pression démocratique s'est également accrue en faveur d'un alignement de la citoyenneté sur la population américaine existante. Ce qui a débouché sur une impasse politique, illustrée par l'échec des tentatives du Congrès pour réformer la loi sur l'immigration : l'extension de la citoyenneté ne bénéficiait pas d'un soutien suffisant, et la capacité pratique à fermer une frontière de plus de 3 000 kilomètres était insuffisante. Dans cet espace politique, des conflits entre l'État fédéral et les États se sont cristallisés sur la question de savoir à qui incombait la responsabilité de financer les droits accordés par le gouvernement fédéral aux immigrés clandestins [84].

Si la nation économique ne pouvait être ressuscitée pour inclure davantage de citoyens ou si la question de la citoyenneté ne pouvait être réglée, la nécessité du consentement des perdants a été amplifiée par la fin de la guerre froide et les changements démographiques. Les républicains étant privés de leur avantage du temps de la guerre froide sur les questions de politique étrangère, et en raison de la faiblesse persistante des démocrates dans leur ancien bastion du Sud après 1964, les deux partis peinaient à s'assurer des majorités électorales populaires. En 1992, Bill Clinton a remporté la présidence avec 43 % du vote populaire. En 2000, George Bush Jr a obtenu environ un demi-million de voix de moins que son adversaire vaincu, Al Gore. En 2004, Bush a tout juste atteint les 50 %, mais un petit changement dans les votes exprimés dans l'Ohio aurait pu faire basculer l'élection en faveur de John Kerry.

Les autres institutions fédérales de la république ont accentué la pression sur le consentement des perdants. Les âpres contestations des décisions de la Cour suprême depuis les années 1960 ont fait en partie de chaque élection présidentielle un bras de fer sur l'orientation politique future de la Cour, sapant ainsi l'idée que le rôle de cette dernière était de faire respecter une Constitution acceptée par tous. Le redécoupage de la Chambre des représentants – qui voit les circonscriptions du Congrès être remodelées tous les dix ans après chaque recensement – s'est retrouvé imbriqué dans la politique raciale [85]. Entre-temps, les différences de population entre les cinquante États se sont accrues, accentuant la structure anti-majoritaire du Sénat, où chaque État, quel que soit le nombre d'électeurs, a deux sénateurs. En 1995, Daniel Patrick Moynihan, le sénateur de longue date de New York, a déclaré qu'« un jour, au cours du siècle prochain, les États-Unis devront se pencher sur la question de la répartition des sièges au Sénat [86] ».

Cette dynamique a peu à peu exercé une pression sur la légitimité du collège électoral, où les principes démocratiques et fédéraux de la Constitution existent sous une forme hybride. L'élection présidentielle de 2000 a fini devant la Cour suprême. À cette occasion, le consentement des perdants a prévalu. Mais le fait que cinq juges nommés par des présidents républicains aient eu recours à un raisonnement constitutionnel biaisé pour empêcher le recomptage des voix en Floride et accorder la victoire à Bush ne pouvait qu'aggraver les conflits relatifs à l'orientation politique de la Cour et à sa légitimité sous-jacente. Ces élections disputées ont encore accentué les tensions engendrées par une classe laborieuse dont certains membres ne disposaient pas de droits politiques. Si l'immigration clandestine n'a pas directement divisé les partis, elle a brisé les coalitions de classe en leur sein, une réalité qui se reflète dans l'utilisation tant par Trump que par Sanders de la question en tant que candidats insurrectionnels contre leurs partis nominaux en 2016.

Les élections de 2008 ont donné l'impression d'un répit. La victoire d'un candidat mulâtre qui promettait des réformes démocratiques a semblé enterrer la version ethniquement restrictive de la nation américaine et a fait naître l'espoir que les élections pourraient apporter un changement significatif dans l'orientation de l'économie. L'importante victoire d'Obama au collège électoral, avec un pourcentage du vote populaire plus élevé que pour tout autre président depuis 1988, a également suggéré que l'élection présidentielle pouvait encore produire des résultats décisifs.

Mais ces espoirs étaient illusoires. Le résultat de 2008 reposait tout autant sur les taux de participation relatifs de coalitions démographiques antagonistes que ceux de 2000 et 2004 [87]. Obama a été davantage le symbole de l'aspiration au changement politique que l'agent de ce changement. Sa biographie pouvait certes être projetée sur une nation américaine repensée, et sa rhétorique cherchait à renouer avec les fondements de la république pour un peuple américain inclusif [88]. En déclarant sa candidature, il a fait du renouveau démocratique son cri de ralliement, faisant appel à ceux qui, comme lui, croyaient que « nous pouvons être un seul peuple » et professant leur foi dans la réparation démocratique rendue possible parce que « le génie de nos fondateurs [...] a conçu un système de gouvernement qui peut être modifié [89] ». Mais rien ou presque dans sa politique économique ne le distinguait de ses principaux adversaires démocrates. Sa présence à la Maison-Blanche a effectivement servi de symbole transcendant les divisions, mais il semble qu'elle ait aussi rendu certains électeurs blancs plus sensibles aux appels contradictoires à la race et à l'ethnicité [90]. Si, dans une démocratie, aucun dirigeant ne peut être personnellement un vecteur d'unité nationale sans délégitimer le conflit politique démocratique, les espoirs messianiques souvent projetés sur Obama ont aggravé ce problème en le niant tacitement.

Même sans les retombées du krach de 2008, les conditions d'une politique de classe motivée par la colère contre les excès aristocratiques se sont maintenues tout au long des deux présidences Obama. En 2008, Obama a levé des sommes colossales auprès de Wall Street [91]. En s'affranchissant du système de financement public qui limitait les dépenses électorales, il s'est engagé dans une course à l'armement pour lever des fonds. En 2010, la Cour suprême a ensuite accéléré cette compétition en insistant, dans l'affaire Citizens United, sur le fait que les entreprises avaient le droit constitutionnel de dépenser autant d'argent qu'elles le souhaitaient pendant les élections.

Durant la présidence Obama, les grandes entreprises ont continué à employer des personnes qui travaillaient auparavant dans l'exécutif. Les organisations à but non lucratif et les fondations créées par d'anciens hommes politiques comme Bill Clinton ont continué à financer des œuvres caritatives grâce aux dons des personnes mêmes qui finançaient amplement les candidats politiques, ainsi que des gouvernements étrangers. Les grandes entreprises qui opéraient grâce aux contrats du Pentagone et fournissaient régulièrement des bailleurs de fonds aux partis ne parvenaient toujours pas à livrer les moyens militaires pour lesquels elles avaient répondu aux appels d'offres [92]. Si le but des énormes dépenses militaires était de gagner des guerres, la réalité, en 2016, donnait plutôt l'impression d'être un approvisionnement continu en recettes fiscales pour un petit nombre d'entreprises pendant que les forces militaires américaines luttaient tant bien que mal pour se sortir de l'impasse, voire pour échapper au désastre au Moyen-Orient et en Afghanistan.

Le retour du pétrole

Après avoir disparu en tant que problème national important dans les années 1990, le pétrole a compliqué la façon dont la république américaine pouvait contenir ces forces destructrices. La réapparition avérée du pétrole remonte à la candidature de George Bush Jr à la présidence. Bush a levé d'importantes sommes d'argent auprès de l'industrie pétrolière et gazière, et a été attaqué à plusieurs reprises en tant que candidat du secteur de l'énergie[93]. Il a ensuite nommé Dick Cheney – PDG d'Haliburton, une grande société de services pétroliers – candidat à la vice-présidence, et la sensation que les intérêts énergétiques des entreprises dominaient le gouvernement s'est renforcée pendant la préparation de la guerre en Irak[94]. La guerre n'a pas réussi à réactiver la production irakienne, ce qui a de nouveau creusé de manière décisive le fossé des années 1970 entre les États producteurs d'énergie, les États consommateurs et les groupes de défense de l'environnement. À partir de 2005, le gouvernement a dû donner la priorité à ce qui avait toujours été le volet national de son programme énergétique, à savoir l'augmentation de la production nationale de pétrole. Dans son discours sur l'état de l'Union de 2007, Bush a littéralement répété les discours de Nixon et Carter : « Trop longtemps, notre pays a dépendu du pétrole étranger. Et cette dépendance nous rend plus vulnérables face à des régimes hostiles et à des terroristes qui pourraient provoquer d'énormes perturbations dans les livraisons de pétrole, faire monter le prix du pétrole et nuire gravement à notre économie[95]. » En 2005 et 2007, le Congrès a adopté deux textes législatifs – dont le second a été baptisé « loi sur l'indépendance et la sécurité énergétiques » – afin de supprimer certaines réglementations sur la production et d'accorder des subventions considérables aux entreprises pétrolières et gazières.

Avant l'effondrement des prix du pétrole et la faillite de Lehman Brothers, l'élection présidentielle de 2008 a été dominée par la question de l'énergie. Les prix du pétrole ayant atteint leur pic nominal de près de 150 dollars en juillet, Bush a levé l'interdiction exécutive sur les forages en mer. Si de nombreux démocrates du Congrès auraient préféré accorder la priorité à l'environnement, ils se sont ralliés aux républicains pour autoriser une exploration limitée[96]. Pour John McCain, le candidat républicain, l'opposition partielle des démocrates du Congrès à l'augmentation des forages et celle d'Obama à la suspension des taxes sur l'essence semblaient constituer un facteur de victoire électorale potentiel. Un sondage réalisé en juillet a montré que plus des trois quarts des électeurs convenaient que les prix de l'essence seraient extrêmement ou très importants dans leur décision. Un autre a révélé qu'une majorité non négligeable était en faveur de forages sur les terres protégées au niveau fédéral[97]. Lors de la convention nationale du parti républicain, le slogan « Drill baby drill * » est devenu le cri de ralliement républicain, même si McCain lui-même était opposé au forage dans les régions désertes de l'Arctique.

Après le krach, l'attrait de l'indépendance énergétique facilitée par le boom du schiste a recentré la politique américaine sur le pétrole. Conscient que de nombreux électeurs souhaitaient des prix plus bas, moins de profits pour les entreprises et plus d'actions pour lutter contre le changement climatique, Barack Obama a tenté d'être partout à la fois pendant son

* « Fore, bébé, fore. »

mandat. En mars 2010, son gouvernement a annoncé qu'il autoriserait de nouveaux forages en mer. Mais, après la marée noire provoquée par Deepwater Horizon dans le golfe du Mexique le mois suivant, il est revenu sur sa décision. Tiraillé entre les impératifs de tarifs et les impératifs environnementaux, Obama a retardé pendant six ans la prise de décision concernant la réalisation de la quatrième phase de l'oléoduc Keystone XL – commandé en 2010 pour acheminer le pétrole des sables bitumineux de l'Alberta, au Canada, vers le golfe du Mexique. Lors des élections de mi-mandat de 2014, les républicains ont joué sur cette question dans leur campagne pour reconquérir le Sénat. Mais, lors d'un vote organisé avant même que le nouveau Congrès ne siège, il a manqué une voix au chef de la majorité républicaine sur les soixante requises pour imposer l'approbation. En 2015, sans avoir à se soucier d'autres élections, Obama a finalement annoncé qu'il n'approuverait pas l'oléoduc. Dans sa déclaration de rejet, il a laissé entendre que le pétrole était devenu dans les deux camps une question symbolique dissociée de son contenu réel, où les discours soit dénonçaient la méchanceté des compagnies pétrolières, soit étaient animés d'une passion mal informée qui bloquait ce que la croissance économique et l'emploi rendaient nécessaire. Il a cependant aussi fait preuve de mauvaise foi en confondant les questions très différentes de l'énergie « propre » et de l'énergie « locale », pour lesquelles il espérait revendiquer un crédit politique [98].

Du côté républicain, le pétrole a joué un rôle important dans l'élection de 2016, comme il l'avait fait en 2000. Il a constitué l'axe moteur de la candidature à l'investiture de Jeb Bush, issu de l'establishment du parti. Empruntant la même voie que son frère, Bush s'est attaqué aux réglementations environnementales et à l'interdiction des exportations, affirmant qu'il renforcerait l'autorité des États sur celle du gouvernement fédéral en matière de forage et qu'il approuverait immédiatement le projet Keystone. L'industrie pétrolière et gazière a donné plus d'argent à la campagne de Bush qu'à celle de tous les autres candidats républicains réunis [99]. Cette énorme somme d'argent et son nom dynastique ont fait de Bush le porte-étendard de l'excès aristocratique en 2016, même si Bush s'est présenté comme le défenseur de l'intérêt de la majorité, décidé à protéger les consommateurs des prix élevés et des préoccupations environnementales excessives [100]. La candidature de Bush s'est achevée sans gloire. Mais des prix bon marché et une offre abondante étaient les piliers évidents de la cause démocratique, et Trump les exploiterait plus tard : même si un nombre croissant d'électeurs attachaient de l'importance au changement climatique, rien n'indiquait que la plupart des citoyens étaient prêts à payer davantage pour leur consommation d'énergie ou à la réduire.

La politique créancier-débiteur américaine

La nécessité pratique de la production d'huile de schiste paraissait évidente. Mais le secteur dépendait d'importants volumes de crédit, d'où le consensus politique relativement important aux États-Unis autour des taux d'intérêt nuls, ce qui n'était pas le cas dans la zone euro dominée par l'Allemagne. Néanmoins, après le krach, il y a eu un grave conflit politique sur la question de savoir quelle dette le gouvernement fédéral et les ressources de la banque centrale devaient soutenir.

Le sauvetage des sociétés financières par le gouvernement Bush, le Troubled Asset Relief Programme (TARP), a suscité un mécontentement immédiat. Dès le début, la Chambre des représentants a rejeté le TARP. À droite, cette colère a donné naissance à un mouvement anti-sauvetage et anti-emprunt, le Tea Party, qui a rapidement contesté la direction du parti républicain [101]. Les candidats insurrectionnels ont remporté certaines primaires républicaines lors des élections de mi-mandat de 2010 et ont joué un rôle important dans la reprise du contrôle de la Chambre des représentants par le parti. Les militants du Tea Party reprochaient aux dirigeants républicains de ne pas avoir réussi à protéger les citoyens en tant que contribuables contre les demandes de renflouement des banques et les emprunts du gouvernement fédéral, qu'ils accusaient d'avoir été utilisés pour aider des non-citoyens. Reprenant l'ancienne rhétorique populiste américaine, le Tea Party dépeignait souvent les immigrés clandestins comme étrangers à la citoyenneté productive et soupçonnait la gauche de vouloir étendre le droit de vote aux non-citoyens pour saper leurs votes conservateurs [102].

Tentant à la fois de changer l'orientation du parti républicain et de se présenter aux élections en tant que parti, le Tea Party a rapidement été pris au piège des caractéristiques aristocratiques du système américain. Les frères Koch, milliardaires et détenteurs d'intérêts familiaux dans le secteur du pétrole et des oléoducs, sont rapidement devenus d'importants bailleurs de fonds [103]. Certains candidats républicains au Congrès, comme Marco Rubio, candidat à l'élection présidentielle de 2016, ont mobilisé le soutien de militants pour se présenter sous l'étiquette du Tea Party avant de suivre, une fois à Washington, les prescriptions politiques de leurs entreprises donatrices, notamment en ce qui concernait l'immigration clandestine [104].

Le TARP avait suscité un tollé, et des appels à ce que le gouvernement fédéral emprunte moins. La crise des saisies hypothécaires, elle, a poussé les dépossédés à exiger que le gouvernement fédéral renfloue leur dette aussi généreusement qu'il l'avait fait pour celle des banques. Mais, contrairement à ce qui s'était passé dans les années 1930, aucun des deux partis politiques n'a proposé de programme de réforme destiné à protéger les débiteurs hypothécaires. Le mécontentement des débiteurs qui s'en est suivi s'est manifesté de la manière la plus évidente dans le mouvement Occupy en 2011, qui s'en est littéralement pris à l'excès aristocratique avec le slogan « Nous sommes les 99 % ». Ces manifestations ont contribué à l'émergence d'une jeune génération de militants au sein du parti démocrate, déterminés à faire évoluer le parti vers la gauche, en l'éloignant de sa trajectoire économique depuis le tournant de Bill Clinton en faveur d'une libéralisation du commerce avec la Chine.

À gauche comme à droite, la conviction commune que la république américaine n'était ni politiquement ni moralement équipée pour répondre aux doléances économiques était désormais palpable. Cela aurait déjà été en soi un lourd fardeau démocratique à gérer, même sans les retombées raciales de la crise des saisies immobilières. De façon disproportionnée, les débiteurs qui avaient perdu leur propriété, notamment en raison d'une fraude systématique, étaient des Afro-Américains et des Hispaniques [105]. Par conséquent, les inégalités raciales de longue date en matière de richesse se sont fortement accrues après 2007 [106]. Au cours des cinquante années écoulées depuis les réformes des droits civiques qui ont rendu la citoyenneté aux Afro-Américains dans le Sud, les hommes politiques américains se sont montrés incapables d'accorder aux Afro-Américains et aux Hispaniques les mêmes avantages économiques que leurs prédécesseurs avaient accordés aux citoyens blancs en matière d'aide fédérale à l'accession à la propriété. À vrai dire, en voulant remédier au problème en utilisant des banques internationalisées pour fournir l'argent, les politiciens américains n'ont fait qu'aggraver la situation.

Dans ce contexte, le droit de vote des Afro-Américains s'est aussi nettement politisé. Un certain nombre de législatures contrôlées par les républicains, y compris dans le Sud, ont poussé à des modifications de la loi électorale des États qui étaient interdites par la loi de 1965 sur le droit de vote. Mais, en 2013, la Cour suprême a jugé inconstitutionnelles deux dispositions de la loi sur le droit de vote qui limitaient la capacité de six États du Sud à modifier leur législation électorale sans l'approbation du gouvernement fédéral. Par la suite, certains congrès d'États républicains, et pas seulement dans le Sud, ont adopté de nouvelles règles électorales pour imposer leurs exigences en matière d'identification des électeurs, réduire le vote anticipé et fermer les bureaux de vote locaux, ce qui a souvent eu pour effet de réduire la participation des Afro-Américains et des Hispaniques [107].

Tandis que le débat sur quels citoyens pouvaient en pratique exercer leur droit de vote constitutionnel s'intensifiait au sein des États, au niveau fédéral, le débat se poursuivait sur la question de savoir si les millions de résidents illégaux devaient devenir des citoyens et sur ce qu'il fallait faire au sujet de la frontière mexicaine. Un autre projet de réforme prévoyant un accès à la citoyenneté pour les immigrés clandestins n'a pas été adopté par le Congrès en 2013. Quand les républicains ont pris le contrôle du Sénat et renforcé leur majorité à la Chambre des représentants lors des élections de mi-mandat de 2014 – entre autres en exploitant la question de la frontière –, Obama a émis des décrets pour accorder des sursis juridiques à des résidents de longue date et étendre les programmes de visas à un certain nombre de secteurs économiques. Cette mesure a eu pour effet d'étendre le conflit à la sphère judiciaire. Le gouvernement de l'État du Texas et vingt-quatre autres États ont intenté une action en justice contre les décrets d'Obama. Après qu'une juridiction fédérale inférieure a jugé les décrets inconstitutionnels, la Cour suprême, qui ne comptait plus que huit juges en raison du décès du juge Antonin Scalia, s'est prononcée à égalité, 4 contre 4, sur l'affaire en juin 2016, laissant la décision de la juridiction inférieure inchangée. Comme sur d'autres questions, la république américaine semblait prise au piège : elle ne pouvait ni résoudre la question de la citoyenneté ni contrôler la frontière, et toute tentative dans un sens ou dans l'autre ne faisait que rappeler à ses citoyens à quel point ils n'étaient pas d'accord sur ce que signifiait vivre ensemble dans une démocratie.

L'insurrection de Trump

Sans la force politique des questions de citoyenneté et de frontières, Donald Trump n'aurait probablement pas pu accéder à l'investiture républicaine pour l'élection présidentielle de 2016. En jouant sur ces questions, Trump a puisé dans les profondeurs de la nation américaine restrictive. Dans son discours, qu'il ait promis de construire un mur à la frontière mexicaine ou qu'il ait affirmé qu'un juge d'origine hispanique présidant un procès pour fraude contre l'université Trump ne pouvait pas être impartial, il faisait appel à la version ethnique de la citoyenneté américaine qui avait été approuvée par la justice jusqu'en 1952. Cette rhétorique a nécessairement délégitimé des millions de citoyens américains et en a atterré bien d'autres.

Mais le fait que Trump ait réussi à s'emparer de l'investiture républicaine au détriment de piliers du parti extrêmement bien financés et sa victoire contre Hillary Clinton ont également mis en évidence d'autres lignes de faille qui traversaient la république. Tout en se servant ouvertement du nativisme, Trump a mobilisé le mécontentement des classes contre les excès de l'aristocratie. Il a utilisé la politique commerciale avec la Chine, les renflouements bancaires, les programmes d'assouplissement quantitatif de la Fed, le lobbying des entreprises sur l'immigration clandestine et les guerres au Moyen-Orient pour présenter la république américaine comme une oligarchie dans sa forme et dans ses résultats. Le fait qu'il ait lui-même participé ouvertement à l'excès aristocratique était hors sujet, en termes politiques plutôt que moraux. De fait, cela le rapprochait des *Populares* de l'ancienne république romaine qui, tout en appartenant à la classe sénatoriale, exploitaient les griefs de classe de la plèbe afin de rivaliser avec les autres membres de leur caste pour le pouvoir.

Quelles qu'aient été les implications nationales de la réorientation géopolitique au détriment de la Chine, la présidence de

Trump n'a jamais eu pour objet de réparer la démocratie. Les caractéristiques oligarchiques de la république lui ont offert la possibilité d'utiliser la présidence pour promouvoir ses intérêts commerciaux et accorder son patronage à sa famille. Au cours de la campagne électorale, il a reçu des sommes considérables de la part de milliardaires et d'entreprises bailleurs de fonds du parti républicain, démontant ainsi immédiatement son argument de la saison des primaires selon lequel sa richesse signifiait qu'il ne pouvait pas être acheté politiquement. Pour constituer son gouvernement, il a confié ses premières nominations à des généraux de l'armée. Pour faire passer des lois, il avait besoin du soutien des membres républicains du Congrès, dont l'ordre du jour n'était pas les dépenses d'infrastructure à grande échelle sur lesquelles Trump avait fait campagne, mais le programme habituel du parti, à savoir des réductions d'impôts et l'autorisation de Keystone.

En fait, la relation de Trump avec la politique pétrolière résume la distance qui séparait la partie de sa rhétorique qui s'articulait sournoisement autour de la réforme démocratique et la réalité de la gouvernance dans la république américaine. Pendant les primaires, il s'était emporté contre son rival Ted Cruz, qu'il qualifiait de « totalement contrôlé par les compagnies pétrolières [108] ». Contrairement à d'autres républicains qui considéraient l'autorisation de Keystone comme un article de foi, il a déclaré qu'il l'autoriserait en échange « d'une grosse part des bénéfices pour le peuple américain [109] ». À une occasion au moins, il a suggéré que les communautés locales devraient avoir le droit de voter sur l'interdiction des forages de schiste [110]. Même pendant l'élection, Trump, contrairement à Clinton, a reçu très peu d'argent de l'industrie pétrolière et gazière [111]. Mais, une fois au pouvoir, son attitude a radicalement changé, comme on pouvait s'y attendre. Sur la suggestion de Condoleezza Rice, ancienne conseillère à la sécurité nationale de George W. Bush, Trump a fait de Rex Tillerson, le PDG d'ExxonMobil – une des plus grandes compagnies pétrolières au monde – son premier secrétaire d'État. Dès les premiers jours de son mandat, il a émis un décret pour lancer le processus d'approbation de Keystone, sans mentionner que le gouvernement fédéral acquerrait une part des bénéfices. C'en était aussi fini de son scepticisme à l'égard du schiste. En effet, comme Obama avant lui, il a voulu s'attribuer le mérite de ce qu'il a appelé la « domination énergétique » des États-Unis et un « âge d'or de l'énergie américaine [112] ».

Sur ce point, Trump n'était guère différent de n'importe quel autre politicien professionnel qui aurait pu occuper la Maison-Blanche durant l'ère du schiste. Avant le Covid, il était bien conscient que ses perspectives de réélection étaient à la merci des décisions prises à Riyad et à Moscou, puisque cette ère de prétendue « domination énergétique » ne signifiait pas que les entreprises américaines du schiste déterminaient les prix si les deux autres grands producteurs coopéraient. Personne d'autre n'aurait exigé des Saoudiens sur Twitter qu'ils augmentent leur production. Or, des prix du pétrole abordables, c'est ce que souhaite tout président américain en exercice confronté à une élection, comme l'a déjà démontré Joe Biden, même si les politiciens américains sont capables de préserver nombre d'autres domaines politiques des sentiments de la majorité.

Ce que la présidence de Trump a eu de singulier ne tient pas tant à ce qu'il a fait qu'à sa relation rhétorique vis-à-vis de la fonction et à son comportement : pour beaucoup de citoyens, sa présence même à la Maison-Blanche a toujours été démocratiquement illégitime, et il a tout fait pour conforter autant que possible cette perception. Trump n'avait pas remporté le vote populaire, et c'était la deuxième élection présidentielle en seize ans qui voyait les caractéristiques fédérales de la république l'emporter sur ses caractéristiques démocratiques, ce qui a aussitôt affaibli le consentement des perdants. Bien avant sa conduite incroyablement téméraire et honteuse après l'élection de 2020, ceux qui n'avaient jamais pu accepter la présidence de Trump ont considéré sa rhétorique nativiste incendiaire et son incompétence administrative comme autant de preuves que la démocratie sombre dans le chaos en l'absence de contraintes et de normes constitutionnelles appliquées [113]. Pour les défenseurs de Trump avant l'élection de 2020, le refus de certains de leurs concitoyens d'accepter la défaite en 2016 représentait une attaque contre la démocratie motivée par des intérêts de classe [114].

La faiblesse du consentement des perdants dissimule le problème de la nation américaine et de sa relation avec le fédéralisme. Les questions relatives à la mémoire historique américaine, et à la fondation de la république américaine en particulier, enflamment les passions politiques avec un impact désintégrateur. L'acceptation de l'histoire de la Confédération sudiste comme partie intégrante de l'expérience historique collective américaine a fait partie du compromis de l'après-guerre de Sécession. Mais, dans une Union où les anciens esclaves sont devenus des citoyens, cela a conféré au discours de la nation américaine un caractère dangereusement restrictif. La république n'a pas encore trouvé une histoire qui puisse fonder de manière imaginaire l'idée d'un peuple incluant tous les citoyens américains. Celle qui prévalait autrefois sur le plan politique – où les fondements de la république étaient défendus comme un idéal à atteindre avec le temps – semble aujourd'hui insuffisante. Cette notion a toujours été en contradiction avec les changements apparus avec le temps dans la démographie des personnes jouissant de la citoyenneté, ainsi qu'avec la difficulté même d'une réforme économique dans une république à ce point dominée par les intérêts financiers. Mais, pour beaucoup, toute idée selon laquelle le début de la république américaine comporterait un défaut de naissance irrémédiable et ne saurait donc inspirer une régénération démocratique est considérée comme une atteinte à leur conception de ce que signifie être un citoyen américain. Ces perceptions conflictuelles sont accentuées par le fait que les changements démographiques signifient que la structure anti-majoritaire du Sénat pèse de plus en plus lourd sur les résultats politiques. Dans ces conditions, non seulement les élections risquent de provoquer une crise démocratique, mais la Constitution elle-même, y compris les règles relatives à la création d'un État, est de plus en plus contestée sur le plan démocratique.

Démocraties pandémiques

Tout comme elle l'a fait sur le plan géopolitique et économique, la pandémie a jeté une lumière crue sur les lignes de faille à long terme qui traversent les démocraties. Une fois de plus, l'expérience américaine a été à part, et ce qui s'est passé dans les grandes démocraties européennes, en dehors de la Grande-Bretagne, a été inexorablement lié à l'UE et à la zone euro.

Les gouvernements ayant dû prendre des décisions extraordinaires dans l'urgence, les premières décisions politiques de la pandémie ont été liées à la question de savoir qui avait l'autorité de décider quoi. Ce sont les exécutifs, et non les pouvoirs législatifs ou judiciaires, qui ont joué un rôle central. Dans certaines démocraties, cela a trahi une érosion de la légitimité de l'autorité centrale. Alors qu'aux États-Unis, on aurait pu s'attendre à ce que le gouvernement fédéral use de ses pouvoirs pour déclencher une réaction d'urgence, Trump n'a pas voulu ou pu mobiliser l'État administratif pour en développer une [115]. Laissés en grande partie à eux-mêmes, les gouverneurs ont affirmé l'autonomie de leurs États. Au cours des premières semaines de la crise, le gouverneur de Californie Gavin Newson a ordonné un confinement au nom d'un « État-nation » californien et a acheté du matériel médical à la Chine, malgré les efforts de Trump pour accélérer le découplage avec Pékin [116]. Quand Trump a menacé d'utiliser les pouvoirs fédéraux d'urgence pour imposer une quarantaine à New York et dans le New Jersey, ce qui aurait interrompu le transit à l'entrée et à la sortie de ces États, le gouverneur de l'État de New York Andrew Cuomo a déclaré qu'une telle action serait « une déclaration de guerre fédérale », et Trump a fait marche arrière [117].

En mai 2020, la mort de l'Afro-Américain George Floyd des mains d'un policier blanc de Minneapolis a révélé tous les problèmes de la république américaine en termes de légitimité. C'était avant tout, bien sûr, un héritage de l'esclavage et de la hiérarchie raciale qui persiste longtemps après son abolition. Les manifestations, les brutalités policières et les émeutes qui ont suivi sont ensuite devenues indissociables de la légitimité contestée de la présidence de Trump et de la tendance de ce dernier à attiser les sentiments qu'il suscitait. Durant ces mois, pour beaucoup de citoyens américains, la question de savoir s'il existait un droit constitutionnel et moral de manifester en cas d'urgence sanitaire n'a dépendu ni de la législation de l'État ni des risques sanitaires, mais de la cause politique qu'ils défendaient. Le sentiment que les citoyens partageaient les mêmes droits constitutionnels n'avait rien d'évident. À vrai dire, ceux qui protestaient contre les confinements ou l'injustice raciale revendiquaient une légitimité pour leur propre cause et sa relation avec l'urgence qu'ils niaient souvent aux autres.

Dans cette atmosphère politique a eu lieu une élection présidentielle où il était clair, avant même qu'un seul vote n'ait été exprimé, que le président en exercice n'acceptait pas comme une vérité incontournable la nécessité démocratique de quitter son poste s'il était battu, et que sa réélection produirait une crise politique. Quand Trump a perdu, il s'est efforcé d'entraîner la plus haute juridiction de la république et son corps législatif dans sa tentative désastreuse de s'accrocher au pouvoir. Après que certains partisans de Trump ont attaqué le Capitole, Joe Biden a été investi président dans un centre-ville de Washington qui ressemblait davantage à une zone militaire occupée qu'au cœur de la république américaine.

En Europe, au printemps 2020, les gouvernements nationaux ont été en mesure de mettre en œuvre des confinements nationaux presque entièrement par consentement. Dans le cas de la République fédérale d'Allemagne, où les Länder avaient le pouvoir de décider des mesures, le gouvernement fédéral a tout de même coordonné ce confinement. Mais les fractures dans les États multinationaux sont également devenues criantes. En Grande-Bretagne, la priorité accordée dans l'urgence à l'exécutif par rapport au législatif a très tôt démontré la fragilité de l'ordre constitutionnel britannique : la décentralisation asymétrique avait donné des pouvoirs aux exécutifs d'Écosse, du Pays de Galles et d'Irlande du Nord, mais n'en avait pas laissé à l'Angleterre. Quand il a fallu prendre des décisions sur la levée des confinements, la volonté des gouvernements écossais, gallois et nord-irlandais d'utiliser leurs pouvoirs dévolus en matière de santé et d'éducation pour procéder différemment du gouvernement britannique a transformé ce dernier en un exécutif anglais *de facto*. Pourtant, ce résultat n'était pas fondé sur une autorité constitutionnelle, et, d'une certaine manière, il n'était pas non plus légitimé par la démocratie. Alors que se développait une réelle concurrence entre les exécutifs et que la frontière entre la gouvernance du Royaume-Uni et celle de l'Angleterre s'estompait, le soutien à l'indépendance de l'Écosse a atteint son plus haut niveau au début de l'année 2021.

Pour ce qui est de la reprise économique, le problème a été conceptuellement l'inverse pour les États les plus faibles de la zone euro : comme l'Angleterre, la zone euro n'a pas d'exécutif formel et souverain, mais, dans ce cas, il n'y a aucune possibilité d'en créer un sans un nouveau traité de l'UE ou un accord de la zone. Aux yeux de Macron, l'urgence est apparue comme une chance pour les réformes. En exigeant au printemps 2020 que le gouvernement allemand accepte un instrument de dette commun pour la zone euro, Macron a fait le pari, comme l'avait fait Hollande en 2012, de placer la France à la tête d'une alliance sud-européenne. Mais, quand il s'est fait rabrouer par Merkel, Macron s'est replié sur ses positions habituelles : il est retourné à Berlin pour voir quelles mesures moins ambitieuses pourraient être adoptées. Quelles que soient les fanfaronnades qui ont accueilli la proposition franco-allemande de Fonds de relance et la version de ce fonds que les États membres de l'UE ont accepté de mettre en œuvre en juillet 2020, l'UE n'a toujours pas pris la décision de taxer ses citoyens pour soutenir la dette.

Par conséquent, l'impasse politique dans de la zone euro demeure. Dans une démocratie, les impôts ont toujours nécessité un certain consentement sous-jacent. Historiquement, ce consentement s'est d'abord manifesté – comme nous l'avons vu au chapitre 7 – en liant le droit de vote au paiement des impôts et en encourageant tous les citoyens à être à la fois créanciers et contribuables. Dans les années 1920, les tentatives visant à faire payer plus d'impôts aux riches ont contribué à déstabiliser les démocraties européennes. La réapparition de la fuite des capitaux et des problèmes de financement de la dette dans des conditions d'ouverture des flux internationaux de capitaux a indirectement créé un contexte essentiel pour la création de l'euro. Mais, en l'absence d'une union politique, cette union monétaire transnationale n'a pas non plus un sens suffisant de communauté politique partagée pour soutenir des impôts communs [118]. Au lieu de cela, les politiciens de la zone euro sont en quête d'idées sur l'imposition des bénéfices des entreprises que les économies internationalisées et fortement financiarisées rendent très difficiles à mettre en œuvre.

À cet égard, les obstacles économiques généraux à la réparation de la démocratie, évidents avant la pandémie, prennent encore une forme particulièrement aiguë dans la zone euro. La politique y a été séparée de la prise de décision monétaire pendant un certain temps, et dans le cas de l'Allemagne encore plus longtemps. En fait, à la suite de la crise de la zone euro, la relation entre la sphère monétaire et l'autorité politique par le biais des élections est devenue directement opposée aux exigences habituelles de la politique démocratique : seuls les gouvernements tolérés par la BCE pouvaient gouverner de manière plausible. Après toutes les perturbations politiques qui en ont découlé, la distinction monétaire-économique ancrée dans le traité de Maastricht, où le domaine monétaire est supranational et technocratique et le reste de la politique économique est national et démocratique, s'est presque entièrement dissipée.

Le Fonds de relance de l'UE a agi comme un autre catalyseur de cette dynamique. En janvier 2021, la discrétion fiscale que les recettes promises conféraient à l'Italie a entraîné la chute de la grande coalition dirigée par Conte, des mains d'un parti qui n'existait même pas au moment des élections générales précédentes. Alarmé par les projets de Conte concernant l'utilisation du Fonds de relance, l'ancien Premier ministre Matteo Renzi a exigé que les autres ministres de la coalition gouvernementale aient davantage de contrôle sur ce fonds. Renzi semblait avoir compris que l'idée qu'avait l'Allemagne de l'utilisation de la structure de soutien budgétaire de l'UE pour l'Italie était cruciale pour sa survie, tout comme elle l'était pour toute chance que la dette partagée devienne permanente. Finalement, les mesures prises par Renzi ont accouché d'un autre gouvernement technocratique, avec Mario Draghi comme Premier ministre et des ministres non élus à tous les portefeuilles qui dépensent beaucoup. La nomination de Draghi a conduit la Deuxième République italienne à sa conclusion logique : si seuls les gouvernements dirigés par un Premier ministre ayant la confiance de la BCE peuvent gouverner, alors le meilleur candidat est un ancien président italien de la BCE.

Mais la logique politique de la grande coalition entre les partis pro-euro n'a pas disparu avec la nomination de Draghi. La majorité parlementaire qui soutenait le gouvernement Draghi, ainsi que certains de ses ministres, venait de l'élargissement de la grande coalition à la Lega. Ce qui a donné un gouvernement soutenu par des partis qui avaient obtenu 86 % des voix lors des élections de 2018, laissant l'opposition au parti le plus eurosceptique et le plus anti-migrants du Parlement italien, Fratelli d'Italia, qui n'avait atteint que 4 % lors de ces mêmes élections. Si, pour la Lega, il s'agissait d'un revirement significatif, la volonté de Salvini de rejoindre la grande coalition, du moins temporairement, a montré comment la structure de soutien de l'UE à l'Italie pouvait séduire aussi bien que circonscrire.

Là encore, la politique démocratique de l'Italie s'est révélée indissociable du changement dans l'UE. Il n'y a qu'en ouvrant l'UE à un affrontement politique démocratique sur un autre traité que l'on pourra se défaire d'une dynamique où ce qui, à court terme, stabilise la politique démocratique italienne risque de déstabiliser la politique allemande. Mais la révision constitutionnelle de l'ordre juridique autour de l'euro risque de montrer à quel point le soutien à une communauté politique européenne fondée sur une fiscalité commune est faible.

La propension de la Deuxième République italienne, qui dure maintenant depuis trente ans, à privilégier des Premiers ministres et des ministres des Finances technocrates ne représente sans doute pas l'avenir de l'ensemble de la démocratie. Quoi qu'il en soit, la situation de l'Italie est révélatrice des difficultés que rencontrent aujourd'hui les démocraties européennes pour structurer les conflits politiques autour de partis concurrents, à l'exception des ministères au sein des exécutifs [119]. En Italie, comme dans d'autres pays où l'on a assisté à une évolution vers des politiques de grande coalition, les citoyens en tant qu'électeurs ne peuvent pas choisir de manière fiable ceux qui prendront les décisions. Bien que les systèmes électoraux basés sur la représentation proportionnelle aient longtemps dilué cette propriété des démocraties, ce phénomène n'est plus rare. Dans le cas de la France, avec son système présidentiel, le même problème général se manifeste de manière assez différente en l'absence des deux partis conventionnels du centre droit et du centre gauche. Sous Macron du moins, la démocratie française ressemble davantage à ce que Charles de Gaulle décrivait comme une monarchie républicaine, où les conflits au sein du peuple représenté par l'État français ne sont pas politiquement articulés au sein des structures institutionnelles de la république. Ce problème est exacerbé par le fait que les conflits de répartition s'intensifient au lieu de diminuer – comme nous le verrons dans la conclusion. Libérée des exigences d'une union monétaire supranationale, la concurrence politique démocratique aux États-Unis et en Grande-Bretagne s'accommode de conflits encore plus aigus. Mais c'est en grande partie parce que la forme constitutionnelle que prennent ces démocraties est âprement contestée. Dans les deux cas, bien que sous des formes différentes, cela précarise le consentement des perdants et accroît les enjeux des élections au-delà de ce que les démocraties peuvent tolérer.

Conclusion

Plus ça change

Le caractère dramatique des événements politiques de 2016, du référendum sur le Brexit à l'élection de Donald Trump, a encouragé de nombreuses analyses politiques à courte vue. Chacune de ces conjonctures a marqué un tournant important, sans lequel le monde politique actuel, géopolitique, économique et démocratique serait clairement différent. Mais elles s'inscrivent dans des histoires qui durent depuis des décennies, et les lignes de fracture perturbatrices dont elles sont issues ont eu des effets manifestes dès le milieu des années 2000.

À plusieurs égards, c'est en 2005 que le monde dans lequel nous vivons aujourd'hui a commencé à prendre forme. Ni à Washington ni à Pékin, la relation économique entre les États-Unis et la Chine n'était vue que comme une simple donnée politique. En 2005, alors que, pour la dernière fois, les émissions de carbone américaines dépassaient celles de la Chine, les démocrates et les républicains accusaient déjà les pratiques commerciales et monétaires de Pékin de coûter des emplois à l'industrie manufacturière américaine. Les pressions protectionnistes du Congrès ont contraint la Chine à reconfigurer officiellement sa politique de change. Les dirigeants chinois considéraient peut-être encore les relations trans-pacifiques comme un avantage net, mais ils envisageaient déjà ce qui deviendrait plus tard les ambitions eurasiennes plus ostensibles de Xi Jinping. Si la sécurité énergétique dans un monde militairement dominé par la puissance navale américaine a été la logique première du projet des nouvelles routes de la soie de Xi, c'est la deuxième guerre d'Irak qui a pour la première fois attiré l'attention de Pékin sur la vulnérabilité de la Chine dans le détroit de Malacca. Ayant persuadé la Russie de construire un oléoduc asiatique le mois même où George Bush Jr proclamait prématurément la fin de la guerre d'Irak, deux ans plus tard, la Chine organisait ses premiers exercices militaires conjoints avec la Russie.

Au Moyen-Orient, la tentative américaine d'imposer un nouvel ordre était en plein désarroi, mais aucun président américain n'était en mesure de quitter la région. En 2005, l'insurrection sunnite en Irak s'est aggravée, mettant fin au plan de retrait de Bush du pays et faisant de l'élection présidentielle américaine de 2008 la première d'une série axée en grande partie sur les « guerres éternelles » des États-Unis. C'est entre autres à cause de l'échec américain en Irak que la production de pétrole brut a stagné en 2005, au moment même où la demande de pétrole de la Chine s'accélérait. Comme avait averti Mervyn King en déclarant cette année-là que l'ère des NICE était révolue, le choc pétrolier qui s'en est suivi a entraîné de graves problèmes économiques. Il a par ailleurs représenté une nouvelle aubaine géopolitique pour la Russie.

Pendant ce temps, en Europe, le monde créé par la fin de la guerre froide, la réunification allemande et la série de traités de l'UE depuis Maastricht a commencé à se disloquer. C'est en 2005 que les électeurs néerlandais et français ont voté contre la ratification du traité constitutionnel de l'UE. Le simple fait de se demander ce qui se serait passé si les électeurs français avaient voté « oui » de justesse en 2005 et si Tony Blair avait perdu le référendum qu'il avait promis d'organiser montre que de décision de David Cameron, loin d'être un début aberrant, était la fin de l'affaiblissement du consentement démocratique britannique à l'UE. L'histoire de Lisbonne se serait-elle répétée en France, avec toutes les conséquences que cela a eues sur le système de partis français ? L'UE serait-elle restée bloquée sur le traité de Nice, les gouvernements allemand et français ayant accepté que les questions de consentement puissent se poser différemment dans un État membre n'ayant pas de dette libellée en euros ? Ou, si la Grande-Bretagne avait voté « non » à ce référendum hypothétique en 2005, ce référendum perdu serait-il devenu un problème uniquement pour le gouvernement britannique – tout comme le deviendrait plus tard le fait d'agir en tant qu'employeur de dernier recours d'une union monétaire à laquelle il n'appartenait pas – et se serait-il traduit par un Brexit anticipé ?

En 2005, l'Allemagne avait atteint plusieurs tournants. Sur le plan économique, la réapparition d'une préférence à long terme pour une croissance tirée par les exportations et un important excédent commercial ont laissé la zone euro structurellement divisée, les États déficitaires étant privés de la garantie de dévaluation que le mécanisme de change leur avait autrefois offerte. Sur le plan démocratique, les élections allemandes de 2005 ont marqué le début de l'ère des grandes coalitions politiques : entre 1949 et 2004, l'Allemagne avait été gouvernée par une grande coalition pendant moins de trois ans ; depuis les législatives de 2005 jusqu'au début de l'année 2021, une grande coalition aura gouverné l'Allemagne tous les ans, sauf pendant quatre ans. Sur le plan géopolitique, l'Allemagne réunifiée commençait à remodeler la géographie énergétique de l'Europe. En 2005, le gouvernement de Gerhard Schrœder a signé avec la Russie l'accord sur la construction du premier gazoduc Nord Stream, menaçant l'avenir de l'Ukraine en tant qu'État de transit énergétique pour l'Europe et réduisant l'utilité de la Turquie en ce sens. La même année, Viktor Iouchtchenko a été élu président de l'Ukraine et s'est efforcé d'obtenir l'intégration de son pays dans l'UE et l'OTAN, tandis que la Turquie entamait des négociations d'adhésion à l'UE.

Alors que ces plaques tournaient, les marchés financiers semblaient hors de portée des risques géopolitiques et économiques émergents. Le resserrement monétaire avait pu mettre fin à la NICE, mais il n'aurait pratiquement aucun effet à court terme sur les conditions de crédit pour les sociétés financières. Les marchés de l'eurodollar étaient devenus leur propre monde, détachés non pas de la politique, puisqu'ils offraient diverses opportunités aux politiciens, mais de la capacité des banquiers centraux à gérer un cycle économique et à décourager la prise de risques excessifs. Ce n'est que le 9 août 2007 que les mécanismes de l'ensemble du système de financement complexe dont dépendaient les banques se sont effondrés. À partir de ce jour, le système monétaire et financier international a cessé de fonctionner sans le soutien systématique de la banque centrale américaine.

Le fait que tant de causes des perturbations des années 2010 aient été en place avant le krach de 2007-2008 prouve qu'un grand nombre de leurs origines profondes remonte aux années 1970. C'est à cette époque que l'autosuffisance pétrolière des États-Unis a pris fin, que les chocs pétroliers et l'ère de la monnaie fiduciaire ont commencé, qu'un régime révolutionnaire a pris le pouvoir sur la rive nord du golfe Persique et que l'Allemagne est devenue résolument dépendante de l'énergie soviétique. C'est durant cette décennie que Deng Xiaoping a orienté la Chine vers les marchés commerciaux internationaux. Aux États-Unis, c'est dans les années 1970 que la suppression de la conscription a marqué la fin symbolique d'une forme de nation américaine, tout en révélant à quel point il était politiquement difficile pour la puissance mondiale dominante de gagner des guerres terrestres en Eurasie. En Europe, c'est dans les années 1970 que la première tentative de coopération monétaire a été anéantie par la puissance économique allemande, que la Première République italienne a commencé à accumuler la dette qui pèse aujourd'hui sur la Deuxième République, et que les référendums nationaux sont devenus le principal moyen de légitimer l'UE en tant qu'ordre constitutionnalisé. C'est également dans les années 1970 que les marchés de l'eurodollar se sont mis à alimenter le crédit en dollars à grande échelle.

Le fait que la fin des années 1980 et les années 1990 aient constitué en grande partie des intermèdes par rapport à l'intensité de ces problèmes géopolitiques et économiques est en grande partie dû à un interlude énergétique. Le bas niveau des prix du pétrole, favorisé par les dernières années d'autosuffisance énergétique de la Chine, s'est traduit par une inflation modeste et une croissance raisonnablement élevée. La faiblesse de l'Union soviétique, puis de la Russie, ainsi que la capacité de Washington à utiliser d'abord l'Irak pour contenir l'Iran, puis la puissance aérienne pour contrôler l'Irak, ont permis aux États-Unis d'exercer leur pouvoir au Moyen-Orient tout en ne menant qu'une brève guerre terrestre pour libérer le Koweït. Par ailleurs, la faiblesse relative de l'économie allemande à la fin des années 1990 et au début des années 2000 a permis aux premières années de l'euro d'être relativement exemptes de conflits.

Bien entendu, ces conditions largement favorables n'ont pas éliminé la capacité de perturbation de certaines des forces qui avaient commencé à se manifester avant les années 1980. Les turbulences immédiates engendrées par le traité de Maastricht et les crises du MCE de 1992-1993 ont laissé derrière elles des problèmes systémiques : au tournant du millénaire, l'UE était une union multidevises qui contenait une zone euro plus vaste que l'Allemagne ne l'avait jamais envisagé, avec un centre financier offshore situé dans l'Union élargie. De toute évidence, l'UE était également confrontée à une situation difficile à long terme, centrée sur la relation entre les traités au niveau de l'Union et les élections nationales. Aux États-Unis, le fait que l'élection présidentielle de 1992 ait été remportée avec le plus faible pourcentage de voix populaires depuis 1912 et la tentative prolongée des républicains du Congrès de destituer Bill Clinton ont été les premiers signes de l'évolution de la république américaine vers une fragilisation du consentement des perdants.

En 2005, la parenthèse s'est refermée. Le krach de 2007-2008 et la guerre en Syrie sont venus s'ajouter à l'ensemble des fractures désormais évidentes. Le krach a été en partie un moment de révélation intérieure. Pour reprendre la vive description qu'en fait l'historien Adam Tooze, la crise a dévoilé « une vérité désagréable et explosive, sur laquelle se sont étranglées les politiques démocratiques des deux côtés de l'Atlantique [120] ». Elle a également marqué un nouveau tournant dans la pénétration émergente de l'économie mondiale par la géopolitique. L'économie mondiale de l'après-2008 dépendait davantage du crédit chinois, moteur de la croissance, et l'Europe du commerce et de l'investissement chinois. Si Xi y a vu une chance, l'économie chinoise s'est également trouvée beaucoup plus limitée par la Fed dans l'environnement monétaire. La place du charbon dans l'énorme réaction budgétaire de la Chine au krach a par ailleurs modifié de manière décisive la politique internationale du changement climatique, augmentant simultanément l'incitation à la coopération sino-américaine et entamant un tout nouveau cycle de compétition géopolitique sur l'énergie, la pollution intérieure poussant la Chine à tabler sur un développement plus vert.

En transformant l'environnement monétaire autour de la dette et des marchés financiers, la Fed a involontairement apporté un remède au problème du pétrole et a aggravé les perturbations économiques et géopolitiques qui en découlent. Dans un premier temps, de nombreux acteurs des marchés financiers ont pensé que l'assouplissement quantitatif entraînerait le retour d'un phénomène datant des années 1970, à savoir l'inflation. Mais, en dehors des prix des actifs, ce n'est pas ce qui s'est produit, et cela a fait échouer la tentative des banques centrales d'atténuer le fardeau de la dette par une inflation modeste.

L'absence d'inflation, en partie un autre sous-produit du boom du schiste, a plus que tout autre chose contribué à bouleverser la zone euro par rapport à sa conception initiale. Si les retombées à court terme du krach ont brisé la zone euro en tant que marché du crédit unifié, les inquiétudes inflationnistes ayant été inscrites dans le traité de Maastricht sur l'insistance de l'Allemagne, la réparation de l'union monétaire s'est muée en un exercice long, destructeur et incomplet. Cela a également eu pour conséquence que l'excédent commercial de l'Allemagne, déjà important, le devienne encore plus. Pour l'UE au sens large, la rigidité de la zone euro a orienté les perturbations vers la Grande-Bretagne, qui se trouvait à l'intérieur du marché unique et en dehors de l'euro tout en abritant le centre financier de la monnaie unique.

La tragédie humanitaire en Syrie, quant à elle, a eu des répercussions encore plus sensibles que la guerre d'Irak. Elle a donné naissance à un califat qui a entraîné les États-Unis et certains États européens membres de l'OTAN dans une nouvelle guerre au Moyen-Orient. Pour la première fois depuis les années 1970, elle a ramené militairement la Russie au Moyen-Orient. Elle a encouragé les ambitions néo-ottomanes d'Erdogan. Une fois qu'il est devenu clair qu'Assad survivrait, elle a poussé Ankara à trouver un arrangement avec la Russie et a opposé durement les États-Unis et la Turquie. La Turquie s'est retrouvée obligée d'accueillir plusieurs millions de réfugiés qu'Erdogan a transformés en arme contre l'UE. La déception provoquée par les reculs des États-Unis en 2013 et en 2019 ainsi que la fureur suscitée par l'intervention turque ont dressé la France contre l'OTAN. Ces événements ont donné naissance à une nouvelle rivalité franco-turque en Méditerranée orientale, qui scinde désormais l'UE, déjà en proie à des divisions géopolitiques autour de la Russie et de la Chine.

Ce qui s'est passé après le krach et en Syrie a grandement contribué, sur le plan géopolitique et économique, à rassembler les différentes sources de perturbation potentielles qui existaient déjà. En ce qui concerne l'énergie, c'était prévisible. Le boom de l'huile de schiste dépendait de l'environnement monétaire, a constitué un choc géopolitique et a réintroduit dans la politique américaine un conflit entre les producteurs d'énergie nationaux et ceux qui accordent la priorité aux impératifs environnementaux. En provoquant l'effondrement des prix du pétrole en 2014 et en poussant le dollar à la hausse, il a déclenché des problèmes monétaires pour les économies liées au dollar, y compris celle de la Chine, avant même que la Fed ne tente, en 2015, de rétablir un semblant de normalité monétaire.

L'huile de schiste a ainsi renforcé l'impact complexe de l'environnement du crédit en dollars de l'après-2007, où la vulnérabilité éventuelle de la Chine à une pénurie de dollars a terni les perspectives de croissance de l'économie mondiale. Cet accès au dollar pour les banques et les entreprises non américaines est aussi devenu plus nettement une question géopolitique. En faisant de la pénurie de dollars un problème qui ne pouvait être résolu efficacement que par des swaps en dollars, l'environnement monétaire de l'après-krach a laissé l'Ukraine et la Turquie – si étroitement liées aux difficultés géopolitiques de l'UE – en dehors de la structure de soutien de la Fed et très vulnérables à une crise financière.

Dans n'importe quelle condition, ces dynamiques interactives de l'énergie, du dollar et de la sécurité auraient été perturbatrices. Mais elles sont également liées à l'évolution des puissances américaine et chinoise. La puissance militaire américaine au Moyen-Orient s'est affaiblie ailleurs que dans le golfe Persique, tandis que sa puissance énergétique et financière s'est accrue. Le pouvoir de la Chine en tant que créancier a diminué, tandis que sa dépendance à l'égard du pétrole étranger et ses émissions de carbone ont remplacé celles des États-Unis en termes d'importance. La puissance américaine ayant évolué dans les deux sens, les présidents américains ne pouvaient plus se contenter de maintenir le *statu quo*, comme en témoigne la tentative de pivot vers l'Asie d'Obama et son retrait de Syrie. Les répercussions ont divisé la classe politique américaine quant aux priorités géopolitiques. En termes de partis, ces conflits se sont surtout structurés autour de l'Iran et du climat. Mais le virage de Xi en faveur de la compétition technologique et des énergies vertes à la mi-2015, juste au moment où les candidats à la présidence se déclaraient, a fait que la politique chinoise a figuré en bonne place dans l'élection pour le Bureau ovale l'année suivante. Même si Hillary Clinton avait battu Trump en 2016, une logique structurelle poussait Washington vers une politique chinoise plus conflictuelle et accentuait le profond désaccord entre démocrates et républicains au sujet de l'Accord de Paris.

En Europe, l'Allemagne a joué un rôle central dans les turbulences politiques des années 2010. Les lignes de fracture monétaires qui traversaient et entouraient l'Allemagne, évidentes dès 2005, ont servi de canaux pour propager les perturbations de la crise de 2007-2008 de la zone euro au reste de l'UE. Après le krach, le pouvoir allemand a été renforcé par l'excédent commercial structurel toujours croissant de l'économie et la domination des chaînes d'approvisionnement manufacturières au sein du marché unique, ainsi que par la capacité de Berlin à agir en tant que créancier et arbitre tacite de ce que la BCE pouvait faire. Cette augmentation de l'influence allemande au sein de l'UE a prouvé que le Brexit avait aussi des externes.

Berlin ayant réussi à imposer au reste de la zone euro sa propre approche quasi constitutionnelle de la dette, la puissance économique allemande en est venue à peser sur les politiques démocratiques des autres membres de la zone euro. Le système de partis français s'est désintégré entre autres parce que le mécontentement exprimé de façon démocratique à l'égard de la politique économique ne pouvait pas changer grand-chose. En se présentant comme quelqu'un qui dépassait les échecs des partis et en cherchant à légitimer une idée de l'UE que son héroïsme français restaurerait, Macron n'a pu que renforcer la dynamique qu'il prétendait fuir. Pendant ce temps, la réalité à long terme de soutien par l'euro de la dette de la Deuxième République italienne a commencé, avec les achats d'actifs de la BCE, à exiger un consentement allemand manifeste : d'où l'intervention de Merkel dans la politique italienne en 2011 et la convergence ultérieure de la politique technocratique et de la politique de grande coalition avec le mandat de Draghi.

Or la puissance monétaire allemande a également été amoindrie par la transformation de la BCE, le recentrage de l'environnement monétaire sur la dette et l'absence d'inflation générale avant 2021. Compte tenu de ce à quoi les citoyens allemands avaient renoncé en acceptant l'union monétaire, la perte de contrôle de Berlin sur la dette, contrôle qui semblait constitutionnellement garanti par le traité de Maastricht, s'est nécessairement répercutée sur la vie politique allemande. Les taux d'épargne étant plus élevés et l'endettement des ménages relativement faible par rapport aux autres démocraties, les épargnants nets en Allemagne étaient en position de force par rapport aux débiteurs nets. La Cour constitutionnelle allemande a permis à ces intérêts de s'exprimer de façon brutale.

Au sein de l'UE, l'Allemagne a par ailleurs subi de plein fouet les conséquences du boom américain du gaz de schiste et du tournant économique stratégique de Xi en 2015. Dans la relation désalignée entre l'UE et l'OTAN, l'Allemagne a considérablement attisé le ressentiment de Washington vis-à-vis du parasitisme européen, et c'est elle qui, de tous les États européens, a entretenu la relation énergétique structurelle la plus étroite avec la Russie. Avec une économie centrée sur l'exportation qui, en dépit de toute sa force sur le marché unique, était résolument orientée vers la Chine et les États-Unis, elle a été la plus durement touchée par la détérioration des relations commerciales sino-américaines, Made in China 25 et le ralentissement de la croissance chinoise.

Sur le plan géopolitique, la position allemande s'est retrouvée structurellement exposée. Elle n'a pas été en mesure d'empêcher la Chine de choisir des membres de l'UE afin d'établir des associations économiques plus étroites. Pourtant, sa propre relation avec Pékin dans les domaines du commerce et des investissements et la position de l'Allemagne sur les routes commerciales terrestres de la Chine vers l'Europe ont nettement contribué à faire de la Chine une source croissante de division au sein de l'UE. Dans ses relations avec la Russie, l'Allemagne est devenue dépendante d'une alliance de sécurité dont le versant européen n'était plus une priorité pour Washington, et que la prise de décision allemande en matière d'énergie mettait sous pression, notamment en ce qui concerne les États d'Europe de l'Est que l'OTAN est censée protéger. Sans capacité militaire significative, les liens terrestres et maritimes de l'Allemagne avec les marchés eurasiens doivent être sécurisés physiquement par les États-Unis ou la Chine, ou les deux.

L'Allemagne s'est également posée en arbitre de la politique de l'UE vis-à-vis d'Ankara à un moment où il s'est avéré que la Turquie répercutait les perturbations du Moyen-Orient vers l'Europe. Sans les événements liés à la crise des réfugiés de 2015, le problème de l'adhésion de la Grande-Bretagne à l'UE aurait pu être contenu plus longtemps, voire aboutir à une conclusion différente. À cause des conflits géopolitiques de l'après-2016 impliquant la Turquie en Afrique du Nord, au Moyen-Orient et en Méditerranée orientale – tous liés à la dépendance énergétique étrangère de la Turquie –, l'attitude de l'UE face à ce grand État situé à ses frontières a été la source de tensions de plus en plus vives, notamment entre Berlin et Paris.

L'urgence de la crise du Covid-19 a en grande partie accéléré les perturbations liées à toutes ces lignes de faille. Il a fallu beaucoup plus d'assouplissement quantitatif pour stabiliser les marchés financiers, compenser l'absence de réserves de liquidités des entreprises et soutenir une expansion massive de la dette publique. L'accord entre l'Arabie saoudite et la Russie, rivales dans le domaine du pétrole, mais qui s'étaient entendues pour résister à l'avènement du schiste, a d'abord implosé, puis, dans un monde où toutes les économies productrices de pétrole sont vulnérables à la baisse des prix, a dû être recomposé depuis Washington. L'exclusion de la Turquie de la liste des États supplémentaires que la Fed a pris sous son aile lors de la crise dramatique de la pénurie de dollars en mars 2020 l'a replongée dans une situation financière catastrophique. C'est dans ce contexte économique qu'Erdogan a pris sa décision historique au sujet de Sainte-Sophie à l'été 2020, ajoutant une dimension culturelle à la détérioration des relations franco-turques dans l'est de la Méditerranée.

Au-delà de la volonté de la Fed d'ouvrir une ligne directe de crédit en dollars, le peu de confiance qu'inspirait encore la relation sino-américaine s'est volatilisé, et le découplage entre la Grande-Bretagne et la Chine s'est accentué. Déjà fragmentées dans l'économie mondiale hyper-géopolitisée inaugurée par Made in China 25 et la réponse du gouvernement Trump, les chaînes d'approvisionnement manufacturières mondiales ont été submergées par la volonté désespérée des gouvernements d'obtenir une plus grande sécurité de production. Avec la pandémie, les politiciens des démocraties occidentales ont ajouté vaccins et équipements médicaux à leurs nouvelles stratégies industrielles axées sur l'énergie verte et la haute technologie. L'escalade de la rivalité sino-américaine a mis en évidence la capacité déclinante de l'Allemagne à influencer l'UE en fonction de ses intérêts économiques. Bien que, avec l'aide de la Commission, Merkel ait imposé l'accord d'investissement UE-Chine en décembre 2020, il n'a fallu que quelques mois pour que ses fragiles fondations s'écroulent.

Il est presque certain que la pandémie a joué un rôle décisif dans la fin de la présidence de Trump. Elle a également aggravé les tensions autour de la question de savoir si les États-Unis pouvaient organiser des élections sans violence. Après l'assaut sur le Congrès, l'investiture de Biden a semblé être à la fois un répit pour la république et, d'un point de vue militaire, une mise en accusation choquante de l'état de la politique américaine. Sur le plan intérieur, le gouvernement Biden a profité de l'espace monétaire créé par l'assouplissement quantitatif « Infinity » pour adopter des lois autorisant des dépenses fédérales massives.

Toutefois, au cours de la première année de la présidence de Biden, rien n'a prouvé que l'on allait assister à une réinitialisation géopolitique au sujet de la Chine. Le fait que l'UE ait réagi à l'arrivée imminente de Biden en signant un accord d'investissement avec Pékin suggère que Merkel, au moins, considérait le changement de pouvoir à Washington comme étant, en fin de compte, accessoire. Un jugement auquel on est également parvenu à Paris, le gouvernement Biden ayant réussi à exaspérer les Français au moins autant que n'importe quelle décision de son prédécesseur, avec le pacte de sécurité Australie-Royaume-Uni-États-Unis conclu en septembre 2021.

La question de savoir dans quelle mesure la puissance navale américaine dans le golfe Persique doit encore s'accompagner d'un déploiement minimal de forces terrestres et aériennes en Irak sera probablement aussi difficile à résoudre pour le gouvernement Biden que pour ses deux prédécesseurs, même si Biden a promis en juillet 2021 de mettre fin aux opérations de combat américaines d'ici la fin de l'année. Si l'Irak sombre ultérieurement un peu plus dans l'instabilité, Washington devra prendre des décisions sur l'utilisation des unités d'encadrement restantes et tendra les relations avec Paris, qui préconise toujours des opérations militaires contre Daech dans le pays. Cela se produira alors que la débâcle du retrait définitif des Américains d'Afghanistan a renforcé la perception dans certaines capitales européennes que les États-Unis se montrent extrêmement cavaliers vis-à-vis des Européens dans leur prise de décision.

En ce qui concerne le climat, Joe Biden a immédiatement fait part de son désir de changement en réintégrant les États-Unis dans l'Accord de Paris, en annulant le permis de construire de l'oléoduc Keystone et en plaçant les emplois dans le secteur des énergies vertes au cœur du vaste projet de loi sur les dépenses d'infrastructures qu'il a soumis au Congrès. Mais ce changement de politique énergétique découle également de la crainte géopolitique que, comme il l'a dit à un groupe de sénateurs, « si nous n'agissons pas, ils [les Chinois] vont manger notre déjeuner [121] ».

Sur l'autre rive de l'Atlantique, la mise en place du Fonds de relance et la décision de la Cour constitutionnelle allemande qui a poussé le gouvernement de Berlin à le proposer ont intensifié les pressions qui s'exercent au sein de l'UE et de la zone euro. Elles ont également consacré la fin du rôle des partis dans le règlement des conflits politiques démocratiques en Italie. À moins d'un véritable effondrement, les États de la zone euro sont allés trop loin sur le plan monétaire pour revenir à une dette libellée en monnaie nationale. Logiquement, cela devrait propulser la zone euro vers une union fiscale accompagnée d'institutions politiques démocratiques capables de prendre des décisions sur la dette et les impôts. Pourtant, les conflits autour du Fonds de relance laissent penser que la politique qui conduirait à un tel changement fait toujours défaut. Ce qui subsiste politiquement de la nation dans les démocraties européennes pourrait bien ne pas suffire à soutenir un État fiscal, et le créancier citoyen national ne pourra pas être ressuscité. Rien ne prouve cependant que l'on admette ou que l'on ait foi dans l'idée d'un peuple qui pourrait légitimer des impôts sur les citoyens au niveau de la zone euro sans aucune institution représentant un peuple démocratique qui pourrait les autoriser. Être citoyen de l'UE, c'est être libre de toute obligation fiscale ; cela ne peut changer sans que la zone euro soit davantage liée à l'UE au sens large, ou sans que l'ordre constitutionnel de l'UE soit radicalement réformé, et sans que l'on cherche à obtenir une légitimation démocratique nationale pour ce changement, ce qui n'est nulle part plus vrai qu'en Allemagne.

Survenue après le départ officiel de la Grande-Bretagne de l'UE, mais avant la fin de la période de transition qui a maintenu le pays dans le marché unique, la pandémie a brièvement semblé en mesure de provoquer une renégociation des termes du Brexit. Mais, guidée par une nouvelle hiérarchie, l'opposition travailliste a cessé de servir de point d'appui à ceux qui, au Parlement, souhaitaient que la Grande-Bretagne reste plus étroitement alignée sur l'UE. Ce consensus plus large sur le Brexit n'a pas stabilisé la politique britannique. La marge de manœuvre interne relativement libre dont disposait le gouvernement de Boris Johnson pour conclure un accord commercial minimaliste avec l'UE n'a fait qu'accentuer la pression sur l'Union au sujet de l'Irlande du Nord, au moment même où la pandémie révélait à quel point les difficultés constitutionnelles autour de l'Union étaient profondes et où, temporairement du moins, le soutien à l'indépendance de l'Écosse augmentait. Si le succès relatif du vaccin britannique au début de l'année 2021 complique la tâche de ceux qui veulent réaligner la Grande-Bretagne sur l'UE, les lignes de faille au sein de l'Union britannique et la future relation de la Grande-Bretagne avec l'UE sont indissociables, en particulier en ce qui concerne l'Irlande du Nord. En effet, sous la présidence Biden, la forme qu'a prise le Brexit fait de l'Irlande du Nord un fardeau géopolitique plus large pour la Grande-Bretagne dans un monde où presque tous les problèmes géopolitiques sont liés.

*
* *

La pandémie a été à la fois un catalyseur de changements substantiels et l'élément d'un continuum de perturbations plus anciennes. Cela vaut peut-être particulièrement dans le domaine de l'énergie, où plusieurs gouvernements occidentaux ont cherché en 2019 à accélérer le changement énergétique et où le gouvernement Biden, placé au pouvoir après la pandémie et les événements qui l'ont accompagnée, s'est joint à eux. Les ambitions vertes des pays occidentaux semblent simultanément dirigées contre la crise climatique, Made in China 25, la faible croissance et la stabilité démocratique.

Sur le plan géopolitique, un changement énergétique entraînera nécessairement des bouleversements. Si la Grande-Bretagne a été la puissance qui s'est hissée au sommet pendant l'ère du charbon, et les États-Unis celle qui a dominé pendant l'ère du pétrole et du charbon, le spectre qui hante Washington est que, sans un virage stratégique américain décisif vers les énergies renouvelables et l'électrification, la nouvelle ère énergétique qui dépend des métaux et des minerais appartiendra à la Chine. L'UE espère que les énergies vertes lui permettront d'échapper au monde du pétrole et du gaz qui, tout au long du XXe siècle, a tant contribué à affaiblir les puissances européennes.

D'un point de vue économique, les investissements verts à grande échelle justifient le recours à des mesures de relance budgétaire de grande ampleur, après une décennie au cours de laquelle le recours à la politique monétaire pour stimuler les marchés financiers, réduire les coûts d'emprunt de l'État et atténuer la crise pétrolière n'a pas permis de renouer avec une croissance plus forte. En recréant des emplois dans l'industrie manufacturière et en gonflant le secteur de la construction, la croissance verte offre, en principe, la perspective d'un meilleur rendement du travail. Même si un volume considérable d'investissements requis dans des technologies telles que la capture du carbone n'est pas commercialement viable, cela n'a pas d'importance si ces investissements sont en partie financés par l'État et si les emprunts publics nécessaires sont soutenus par les banques centrales.

D'un point de vue démocratique, les bénéfices politiques possibles incluent une nouvelle version de la nation économique. Joe Biden a entamé sa présidence en parlant de l'énergie verte comme d'un projet national, de la même manière que Nixon et Carter avaient présenté l'indépendance énergétique dans les années 1970. Le président qu'il souhaitait manifestement imiter était Franklin Roosevelt. En Grande-Bretagne, l'un des objectifs apparents de Boris Johnson, qui a souvent exprimé son ambition de faire de la Grande-Bretagne l'« Arabie saoudite » de l'énergie éolienne offshore, est de réintégrer la côte est de l'Écosse à la côte est de l'Angleterre : car c'est le pétrole de la mer du Nord qui a alimenté la montée du nationalisme écossais. Pour l'UE, l'Union énergétique en place depuis 2015 est censée servir de projet collectif de modernisation économique, en partant du principe que, pour l'énergie, il peut y avoir une économie européenne unique [122].

C'est l'environnement monétaire actuel qui a créé les conditions de la tentative de révolution énergétique. Par rapport aux lendemains du krach de 2007-2008 et de l'Accord de Paris sur le climat de 2015, les gouvernements occidentaux – surtout ceux de Washington et de Berlin – sont beaucoup plus confiants qu'ils ne l'étaient quant à la latitude des emprunts souverains, même si les politiciens des deux capitales opèrent sur des échelles budgétaires assez différentes. Le retour *de facto* de la Fed à l'assouplissement quantitatif en septembre 2019 a constitué un tournant décisif pour l'ensemble de l'économie mondiale ; ce renoncement à tout retour à la normalité monétaire a été renforcé six mois plus tard par l'assouplissement quantitatif « Infinity ». Entre-temps, la tentative de la Cour constitutionnelle allemande, en mai 2020, de limiter le retour de la BCE à l'assouplissement quantitatif a modifié le point de vue du gouvernement allemand, qui autorise l'UE, bien que modestement et sans base fiscale, à agir en tant que débiteur souverain. Il est frappant de constater que les conditions inscrites dans le Fonds de relance de l'UE ont lié un quart de l'ensemble de l'argent disponible pour les États membres à des projets de transition écologique.

Néanmoins, les problèmes qui ont façonné les deux premières décennies du XXIe siècle restent à tous égards d'actualité. La motivation géopolitique même de l'accélération des investissements dans les énergies vertes intensifiera la rivalité sino-américaine. De toute évidence, plus les États-Unis parviendront à rompre leur dépendance à l'égard des chaînes d'approvisionnement manufacturières chinoises, plus ils susciteront de réactions de la part de Pékin. La Chine élargissant ses marchés intérieurs pour compenser, il ne restera plus grand-chose de l'économie mondiale qui ne soit pas marqué par la rivalité géopolitique sino-américaine. Tous les États concernés devront considérer le transport maritime comme une question de sécurité économique. En Eurasie, cela politisera davantage les routes ferroviaires que la Chine a voulu développer dans le cadre de ses nouvelles routes de la soie transcontinentales. Pour ce qui est du climat, l'arme implicite de la Chine dans ce monde émergent sera sa capacité à brûler du charbon, en dépit des énormes avantages qu'elle a offerts au niveau national pour s'en éloigner dans le seul cadre de la lutte contre la pollution.

Les dynamiques géopolitiques nées de l'énergie verte coexisteront avec celles engendrées depuis longtemps par le pétrole et le gaz. Puisque la Chine continuera à dépendre du pétrole du Moyen-Orient et que la partie pakistanaise de la nouvelle route de la soie eurasienne ne peut constituer qu'une protection partielle contre la vulnérabilité de Pékin dans le détroit de Malacca, la Chine a toujours des raisons énergétiques de craindre la puissance militaire et financière des États-Unis. Sa dépendance vis-à-vis du Moyen-Orient compliquera également le retrait des États-Unis du golfe Persique. Les ramifications géopolitiques de cette ancienne réalité énergétique n'auraient pu être plus claires quand, en mars 2021, la Chine et l'Iran ont conclu un partenariat économique d'une durée de vingt-cinq ans, dans lequel la Chine s'engage à investir à grande échelle dans les secteurs pétrolier et gazier iraniens. Tout comme l'Iran a joué un rôle central dans la capacité de la Grande-Bretagne à remporter la ruée impériale européenne sur le Moyen-Orient, il continuera à revêtir une importance cruciale pour les gouvernements confrontés aux difficultés de la dépendance du pétrole et du gaz dont ils s'efforcent de se sevrer.

Pour l'UE, l'accélération de l'énergie verte n'aura sans doute pas d'influence unificatrice. Trente ans de conflits permanents sur l'approvisionnement et le transport du gaz l'ont montré, l'autorité de l'UE en matière de politique énergétique est faible, et il est peu probable que les États membres fassent preuve d'une réflexion commune sur la question des intérêts nationaux. De nouveau, la politique allemande, cette fois autour de l'énergie nucléaire, compromet une entente[123]. Compte tenu de sa position antinucléaire, l'Allemagne ne peut pas se défaire rapidement de sa dépendance gazière vis-à-vis de la Russie. La relation gazière russo-allemande garantit que les incohérences énergétiques de longue date autour de l'OTAN persisteront : elles le feront alors que la Russie poursuit ses efforts pour couper l'Ukraine de son système de transit gazier. En décidant soudainement, en mai 2021, d'annuler les sanctions contre Nord Stream 2, Joe Biden a décidé de fermer les yeux sur l'attitude de défi de l'Allemagne à l'égard du gaz russe comme moyen d'obtenir des concessions à propos de la Chine, non sans susciter la colère des membres de l'Alliance en Europe de l'Est. Mais les relations commerciales et d'investissement de l'Allemagne avec la Chine et sa participation *de facto* aux nouvelles routes de la soie sont désormais trop étroites pour être aisément inversées, même si un gouvernement allemand était disposé, contrairement à ses prédécesseurs, à ne plus faire passer les intérêts énergétiques et commerciaux allemands avant les alignements géopolitiques. Cet engagement allemand représente une contrainte importante pour la capacité de la France à jouer un rôle stratégique dans l'Indo-Pacifique, une réalité indirectement mise en évidence par son humiliation dans l'affaire de l'alliance de défense Australie-Royaume-Uni-États-Unis.

En ce qui concerne la Turquie, il n'existe pas de solution qui n'aggraverait pas au moins certains des multiples problèmes auxquels l'UE et l'OTAN sont confrontées. Le développement économique de la Turquie au cours des années 2010 était centré sur le charbon. Elle n'a pas ratifié l'Accord de Paris sur le climat et ne s'est pas jointe à la vague de gouvernements qui se sont engagés à atteindre la neutralité carbone en 2019 ou 2020. En réorientant la Turquie vers les fondements géopolitiques du pays dans le traité de Lausanne, Erdogan a de plus en plus eu recours à un langage revanchard extraordinairement agressif à propos du pétrole et du gaz [124].

La dynamique dysfonctionnelle engendrée par les conditions géographiques et financières de la production de pétrole ne peut être annulée. Dans le domaine de l'offre, l'huile de schiste n'a jamais été qu'un remède à moyen terme à la stagnation de la production conventionnelle. Si les investissements dans le secteur pétrolier à la recherche d'une offre plus coûteuse ne sont pas relancés, l'économie mondiale sera, dans les prochaines décennies, aussi dépendante du pétrole cher du Moyen-Orient et de la Russie qu'elle l'était dans les années 2000. Le retour de prix élevés incitera en principe à des investissements, mais seulement si les investisseurs adoptent une attitude moins critique à l'égard des combustibles fossiles. Entre-temps, la hausse des prix freinera sérieusement la croissance économique et compromettra à nouveau la demande, provoquant l'instabilité dans les pays producteurs de pétrole, notamment en Irak. La dépendance vis-à-vis de l'OPEP Plus ressuscitera d'anciens problèmes qui se manifesteront au moment même où les membres de l'organisation devront s'adapter aux énormes changements à moyen et long terme qu'entraînera pour le pétrole la concurrence de l'électricité dans le secteur des transports.

Sur le plan économique, les coûts globaux de l'énergie augmenteront et exerceront à nouveau une pression inflationniste. Les prix du gaz en Europe sont particulièrement vulnérables aux problèmes d'approvisionnement et de transit russes, qu'ils soient techniques ou dus à la volonté de Poutine d'utiliser le gaz comme un instrument stratégique brut. En l'absence de percées majeures dans le domaine du stockage par batterie, rien ne garantit que l'électricité produite à partir de sources d'énergie renouvelables puisse échapper à une dynamique inflationniste. Quels que soient les faibles coûts unitaires de production de l'électricité solaire ou éolienne, au niveau du système – surtout là où, comme en Allemagne, les énergies renouvelables représentent une part importante du secteur, mais où les conditions météorologiques ne sont pas favorables –, l'inefficacité des capacités renouvelables intermittentes ont jusqu'à présent souvent entraîné une hausse des prix de l'électricité pour les consommateurs.

Il est probable que cette inflation due à l'énergie finisse par déstabiliser les marchés obligataires et rende les emprunts plus coûteux pour les gouvernements. En février 2021 déjà, les investisseurs ont vendu des obligations du Trésor américain dans l'attente d'un pic d'inflation lors de la réouverture de l'économie américaine. Les doutes des investisseurs étaient loin de suffire à modifier l'environnement monétaire et financier extrêmement sain qui permet aux gouvernements d'emprunter massivement. Quoi qu'il en soit, le fait que le projet de loi sur les infrastructures du gouvernement Biden, d'un montant de 2 000 milliards de dollars, rendu public un mois plus tard, comprenait des augmentations d'impôts substantielles, suggère que, même à Washington, on pense que les emprunts souverains requièrent toujours une certaine forme d'assiette fiscale. Il reste à voir si le krach financier de

2020 prouvera que le monde des marchés obligataires soutenus par l'assouplissement quantitatif a encore des limites, ou s'il faut en déduire que les banques centrales disposent encore d'un arsenal politique considérable avant l'heure du bilan de la dette.

Sur le plan politique, la consommation d'énergie sera forcément à l'origine de nouveaux conflits féroces en matière de répartition, qui viendront s'ajouter aux anciens. En France, la réaction des « Gilets Jaunes » à la taxe sur le diesel a montré de façon spectaculaire que le problème du consentement des perdants ne se limite pas aux élections. Ce qui est aussi en jeu, c'est la forme substantielle de l'avenir énergétique. À mesure que l'électricité est décarbonée et que l'énergie aujourd'hui fournie directement par le pétrole et le gaz est remplacée par l'électricité, il n'y a aucune raison de penser *a priori* que l'énergie puisse être consommée au même rythme global. Comme l'a reconnu Angela Merkel dans un discours prononcé en janvier 2020, le changement énergétique « signifie que nous devons tourner le dos à toute notre façon de faire des affaires et à l'ensemble de notre mode de vie [125] ».

Le transport personnel, en particulier, deviendra un enjeu de conflit politique. Les véhicules électriques sont loin d'être l'équivalent du modèle T de Henry Ford. L'avenir pourrait bien être le théâtre d'un retour au monde d'avant Ford, où la possession d'une voiture était un luxe et une source de ressentiment de classe [126]. Viendra un temps où les difficultés liées au pétrole et celles liées à l'électrification du secteur des transports se rejoindront. Au fur et à mesure que les implications de la consommation d'énergie personnelle deviendront plus claires en termes de distribution, la manière de parvenir à la neutralité carbone – et notamment la quantité de carbone qui peut être compensée plutôt qu'éliminée – dépassera le stade de l'annonce d'objectifs par les gouvernements et entrera dans le domaine de la compétition électorale. Dans les démocraties de la zone euro qui peinent à structurer les conflits économiques dans les compétitions électorales entre les partis, des pressions s'exerceront dans la direction opposée à la nécessité de minimiser les dissensions macroéconomiques.

Il est alors fort possible que la géopolitique continue à alimenter les perturbations démocratiques. Puisque la victoire sur la Chine en matière de véhicules électriques est devenue une question de prouesse technologique, les gouvernements et les investisseurs semblent pousser le secteur sans tenir compte des risques politiques liés à la possession d'une voiture par une minorité. D'un point de vue économique, l'énergie verte et l'électrification ne sont pas non plus des panacées qui permettront d'enrayer les problèmes plus vastes des dernières décennies. Quand elles sont poursuivies en tant que stratégies de croissance dans des économies où l'industrie manufacturière a été particulièrement vidée de sa substance, comme en Grande-Bretagne, ou dans des démocraties, comme aux États-Unis, où les relations entre les hommes politiques, le lobbying des entreprises et les dons aux campagnes électorales ont donné lieu à des excès aristocratiques, elles risquent de renforcer d'anciens problèmes. Si les faiblesses économiques nationales passées font que les entreprises étrangères dominent les marchés, il est difficile de savoir combien d'emplois nationaux seront créés : en Écosse, où, grâce au volume du vent, la proportion d'électricité produite par les énergies renouvelables est extrêmement élevée, la transition a créé beaucoup moins d'emplois qu'on ne l'espérait [127]. Dans le même temps, les projets d'infrastructures à grande échelle sont des invitations ouvertes au favoritisme lors de l'attribution des contrats : le financement par le gouvernement Obama d'un gigantesque projet de construction visant à doter la Californie d'un train à grande vitesse n'a pas donné lieu à un nouveau système de transport public pour l'État, mais à une manne pour les sociétés de conseil [128].

En abordant la révolution énergétique, les hommes politiques des démocraties occidentales et les investisseurs qui ont commencé en 2019 à renoncer aux combustibles fossiles ont fait le pari qu'une technologie encore à inventer permettra de reproduire en grande partie les conditions matérielles actuelles avec des sources d'énergie différentes. Pour réussir, cette technologie devra, en laissant de côté l'énergie nucléaire, faciliter une révolution énergétique où l'énergie primaire à faible densité supplantera l'énergie à plus forte densité [129]. Jusqu'à présent, les énergies renouvelables ont augmenté la consommation globale d'énergie au lieu de remplacer la consommation d'énergie provenant des combustibles fossiles. En effet, depuis 1995, année du premier sommet des Nations unies sur le climat, la consommation primaire de charbon a augmenté de plus de deux tiers, celle de pétrole de plus d'un tiers et celle de gaz de plus de quatre cinquièmes [130]. Si la plupart des pays occidentaux ont vu leur consommation de pétrole et certains leur consommation de charbon diminuer, c'est au moins en partie la conséquence de la délocalisation d'une part importante de la production industrielle vers l'Asie. Pour l'instant en tout cas, la tentative de révolution énergétique est aussi totalement tributaire des sources d'énergie fossiles qu'elle cherche à remplacer, ainsi que de matériaux potentiellement difficiles à se procurer tels que les terres rares. Il est plus probable que la transition énergétique soit longue, plutôt que rapide. D'une certaine manière, cette perspective n'est peut-être pas nouvelle : l'incertitude, la foi en un avenir meilleur et l'investissement dans la capacité à faire les choses ont toujours été à la base des économies capitalistes. Mais l'énergie étant le fondement de toute activité économique, y compris la production de denrées alimentaires, et étant soumise aux lois de la physique, le besoin d'innovation technologique dans ce domaine est une exigence tout à fait différente. Depuis les années 2000, de nombreux gouvernements et entreprises ont dévoilé des projets d'énergie sans combustibles fossiles qui se sont révélés presque tous fantaisistes [131].

Pour atténuer la nature potentiellement destructrice des politiques à venir, il faut comprendre collectivement ce qu'implique la conjonction des réalités physiques de l'énergie et des réalités du changement climatique. Il est absolument vain d'osciller entre l'idée d'un salut technologique et celle d'un Crépuscule des dieux inéluctable. Pour répondre aux problèmes spécifiques que la révolution énergétique va à la fois engendrer et renforcer, les gouvernements devront décider des risques simultanés qu'il leur faudra prendre en fonction de différentes échelles de temps. Ces décisions susciteront des conflits géopolitiques, y compris sur le territoire où se trouvent les ressources critiques. Dans les démocraties occidentales, les hommes politiques devront faire accepter les sacrifices qu'ils seront sans doute contraints de demander à leurs citoyens, sans pour autant renforcer l'excès aristocratique. La biosphère et l'application de l'énergie imposent toutes deux des limites, même si les êtres humains doivent les dépasser. Sous une forme non physique, ces limites existent également pour les démocraties, comme pour tout autre ordre politique. Savoir comment, dans ces limites, les démocraties peuvent se maintenir tandis que les bras de fer probables sur le changement climatique et la consommation d'énergie les déstabiliseront sera la question politique au cœur de la décennie à venir.

Notes

Exergues

1. *Les Temps difficiles*, trad. William Hughes sous la direction de Pierre Lorrain, Bibliothèque électronique du Québec.
2. *Paris et Londres en 1793*, trad. Henriette Loreau, Hachette, Paris, 1881.
3. *Religio Medici*, *La Religion du médecin*, trad. Nicolas Lefèvre, 1668.

Introduction

1. Cité dans Joshua Posaner, « Merkel Blasts "Unforgivable" Thuringia Election », *Politico*, 6 février 2020, https://www.politico.eu/article/angela-merkel-blasts-unforgivable-thuringia-election-far-right-afd/
2. *The Economist*, « Transcript, Emmanuel Macron in His Own Words (English) », transcription, 7 novembre 2019, https://www.economist.com/europe/2019/11/07/emmanuel-macron-in-his-own-words-english
3. Cité dans Victor Mallet, Michael Peel et Tobias Buck, « Merkel Rejects Macron Warning Over NATO "Brain Death" », *Financial Times*, 7 novembre 2019, https://www.ft.com/content/2ee4c21a-015f-11ea-be59-e49b2a136b8d
4. Déclaration commune du président Macron, de la chancelière Merkel et du Premier ministre Johnson sur la situation en Irak, 6 janvier 2020, https://www.gov.uk/government/news/joint-statement-from-president-macron-chancellor-merkel-and-prime-minister-johnson-on-the-situation-in-iraq
5. Cité dans « Clinton Accuses Trump of Being Putin's "Puppet" », *Reuters*, 20 octobre 2016, https://www.reuters.com/article/us-usa-election-debate-russia-idUSKCN12K0E7

6. Pour des exemples d'arguments qui traitent le populisme comme un phénomène autoritariste ou anti-pluraliste, voir Yascha Mounk, *The People Versus Democracy : Why Our Freedom is in Danger and How to Save it* (Cambridge, MA : Harvard University Press, 2018) ; Jan-Werner Müller, *What is Populism ?* (Philadelphie : University of Pennsylvania Press, 2016) ; Pippa Norris et Ronald Inglehart, Cultural *Backlash : Trump, Brexit, and Authoritarian Populism* (Cambridge : Cambridge University Press, 2019). Pour des arguments qui présentent le populisme comme un élément plus structurel de la démocratie, voir Roger Eatwell et Matthew Goodwin, *National Populism : The Revolt Against Liberal Democracy* (Londres : Pelican, 2018) ; Barry Eichengreen, *The Populist Temptation : Economic Grievance and Political Reaction in the Modern Era* (New York : Oxford University Press, 2018). Pour l'argument qui veut que le populisme soit une facette d'un phénomène plus complexe mieux défini en tant que techno-populisme, voir Christopher J. Bickerton et Carlo Invernizzi Accetti, *Technopopulism : The New Logic of Democratic Politics* (Oxford : Oxford University Press, 2021). Pour en savoir plus sur le débat entre les facteurs économiques et culturels du populisme, voir Noam Gidron et Peter A. Hall, « The Politics of Social Status : Economic and Cultural Roots of the Populist Right », *British Journal of Sociology 68*, n° S1 (2017) : p. S57-S84 ; Ronald Inglehart et Pippa Norris, « Trump and the Xenophobic Populist Parties : The Silent Revolution in Reverse », *Perspectives on Politics 15*, n° 2 (2017) : p. 443-454 ; Mark Blyth, « After The Brits Have Gone and the Trumpets Have Sounded : Turning a Drama into a Crisis that Will Not Go To Waste », *Intereconomics 51*, n° 6 (2016) : p. 324-331 ; Jonathan Hopkin et Mark Blyth, « The Global Economics of European Populism : Growth Regimes and Party System Change in Europe » (The Government and Opposition/Leonard Schapiro Lecture 2017), *Government and Opposition 54*, n° 2 (2019) : p. 193-225 ; Jonathan Hopkin, *Anti-System Politics : The Crisis of Market Liberalism in Rich Democracies* (Oxford : Oxford University Press, 2020). Pour des arguments en faveur d'une crise de la démocratie, voir Steven Levitsky et Daniel Ziblatt, *How Democracies Die : What History Reveals About the Future* (Londres : Viking, 2018) ; David Runciman, *How Democracies End* (Londres : Profile, 2018). Pour l'argument en faveur d'un retour du nationalisme, voir John B. Judis, *The Nationalist Revival : Trade, Immigration and the Revolt Against Globalization* (New York : Columbia Global Report, 2018). Pour une défense récente du nationalisme et de l'identité nationale à partir de positions différentes, voir Yael Tamir, *Why Nationalism* (Princeton : Princeton

University Press, 2019) ; Francis Fukuyama, *Identity : The Demand for Dignity and the Politics of Resentment* (New York : Macmillan, 2018) ; Jill Lepore, « A New Americanism: Why a Nation Needs a National Story », *Foreign Affairs 98*, n° 2 (mars/avril 2019) : p. 10-19 ; Yoram Hazony, *The Virtue of Nationalism* (New York : Basic Books, 2018). Sur le deuil d'un ordre international libéral défunt, voir Bill Emmott, *The Fate of the West : The Battle to Save the World's Most Successful Political Idea* (Londres : Economist Books, 2017) ; Edward Luce, *The Retreat of Western Liberalism* (Londres : Little Brown, 2017) ; Thomas J. Wright, *All Measures Short of War : The Contest for the Twenty-First Century and the Future of American Power* (New Haven : Yale University Press, 2017). Pour une critique de ces regrets libéraux, voir John J. Mearsheimer, *The Great Delusion : Liberal Dreams and International Realities* (New Haven : Yale University Press, 2018) ; Stephen M. Walt, *The Hell of Good Intentions : America's Foreign Policy Elite and the Decline of U.S. Primacy* (New York : Farrar, Straus and Giroux, 2018).

7. Voir par exemple Max Weber, « Suffrage and Democracy in Germany » dans *Max Weber : Political Writings*, édité par Peter Lassman, traduit par Ronald Spiers (Cambridge : Cambridge University Press, 1994).

8. L'histoire du concept de géopolitique est aussi longue que complexe. Dans ce livre, je le considère comme une sphère où la géographie, la puissance des États et les objectifs transnationaux d'acteurs non étatiques structurent les choix économiques et politiques par leurs interactions. Pour un point de vue sur la géopolitique davantage centré sur les agents non étatiques quotidiens et multiples, voir Klaus Dodds, *Geopolitics : A Very Short Introduction*, troisième édition (Oxford : Oxford University Press, 2019).

9. Dans ce livre, j'utilise parfois le terme « occidental » comme un raccourci pour nord-américain et européen, mais je n'en attribue pas pour autant un sens plus profond à l'idée d'une cohésion occidentale.

10. Ce livre propose une histoire incomplète des changements géopolitiques. Il n'aborde que de façon périphérique les parallèles entre la dépendance européenne vis-à-vis de sources d'énergie étrangères et celle du Japon. Quand il évoque les basculements géopolitiques depuis les années 1990, il néglige ostensiblement le développement industriel de l'Inde et la compétition pour les ressources en Afrique. Quand il dépeint l'impact perturbateur des événements au Moyen-Orient, il ne traite pas de l'impact spécifique de l'Égypte sur l'instabilité interne de la région à partir de 2011, et survole l'influence de la Turquie au Moyen-Orient.

Dans sa partie consacrée à l'histoire économique, il ignore certains développements intrinsèquement essentiels comme les changements démographiques dans la population en âge de travailler, des sujets liés à l'innovation technologique dans l'économie de production et l'ascension du capitalisme de surveillance. Sur les premiers et les deuxièmes, voir Robert J. Gordon, *The Rise and Fall of American Growth : The US Standard of Living Since the Civil War* (Princeton : Princeton University Press, 2016). Sur la troisième, voir Shoshana Zuboff, *The Age of Surveillance Capitalism : The Fight for a Human Future at the New Frontier of Power* (Londres : Profile, 2019). Si le Japon a été la première grande économie à faire l'expérience de l'assouplissement quantitatif, son histoire monétaire n'est pas traitée.

11. Avec une grande érudition, John Gray raconte en partie l'histoire de la présence, encore aujourd'hui, de la religion dans la politique européenne et américaine, et ce dans deux livres, *Black Mass : Apocalyptic Religion and the Death of Utopia* (Londres : Penguin, 2007) et *Seven Types of Atheism* (Londres : Allen Lane, 2018). Sur l'impact à long terme du christianisme sur l'histoire occidentale, voir Tom Holland, *Dominion : The Making of the Western Mind* (Londres : Little Brown, 2019). Dans ce livre, une tension subsiste inévitablement entre les questions matérielles et religieuses. Cela est en particulier manifeste en ce qui concerne les relations de la Turquie avec l'UE : une des raisons pour lesquelles l'UE hésite depuis des décennies quant à la marche à suivre à propos de la Turquie découle d'un conflit entre la nécessite de traiter les relations de l'UE avec la Turquie comme une affaire de religion ou comme une affaire d'énergie et de sécurité militaire. Et il est parfois ardu de distinguer entre motivation, prétextes et rationalisation.

12. Geoffrey West, *Scale : The Universal Laws of Life and Death in Organisms, Cities, and Companies* (Londres : Weidenfeld and Nicolson, 2017), p. 233.

13. Sur l'importance cruciale de l'énergie pour la vie humaine et les limites fondamentales que les flux d'énergie imposent aux actions et possibilités matérielles de l'humanité, voir Vaclav Smil, *Energy and Civilization : A History* (Cambridge, MA : MIT Press, 2017). De nombreux économistes et spécialistes de la politique économique ignorent la question de l'énergie, en dépit du fait que, ainsi que Smil l'a souligné à juste titre, « toutes les activités économiques sont, en termes de physique fondamentale (thermodynamique), des conversions d'énergie simples ou séquentielles visant à produire des biens ou des services spécifiques ».

Vaclav Smil, *Growth : From Microorganisms to Megacities* (Cambridge, MA : MIT Press, 2020), p. 376.

14. Ce que montre clairement la hausse spectaculaire du PIB de la Chine au cours des vingt dernières années : de 2000, quand la croissance chinoise a commencé à s'accélérer, à 2019, la consommation d'énergie primaire de la Chine a augmenté de plus de 330 %. Our World in Data, Energy, China Country Profile, https://ourworldindata.org/energy/country/china?country=~CHN

15. Au sujet de l'optimisme quant à ce qui est réalisable, voir Namit Sharma, Bram Smeets et Christer Tryggestad, « The Decoupling of GDP and Energy Growth : A CEO Guide », *McKinsey Quarterly*, 24 avril 2019, https://www.mckinsey.com/industries/electric-power-and-natural-gas/our-insights/the-decoupling-of-gdp-and-energy-growth-a-ceo-guide

16. West, *Scale*, p. 234-238.

Première partie
Géopolitique

1. Le début de l'âge du Pétrole

1. Transcription complète du discours de Trump concernant l'accord sur le nucléaire avec l'Iran, 8 mai 2018, *New York Times*, https://www.nytimes.com/2018/05/08/us/politics/trump-speech-iran-deal.html

2. « Six Charts that Show How Hard US Sanctions have Hit Iran », *BBC News*, 9 décembre 2019, https://www.bbc.co.uk/news/world-middle-east-48119109

3. Reuters, « France : More Countries Back European-Led Naval Mission in Hormuz », *Reuters*, 20 janvier 2020, https://www.reuters.com/article/uk-mideast-iran-france/france-more-countries-back-european-led-naval-mission-in-hormuz-idUKKBN1ZJ1AI?edition-redirect=uk

4. Kenneth Pomeranz, *The Great Divergence : China, Europe, and the Making of the World Economy* (Princeton : Princeton University Press, 2001), p. 16.

5. John Darwin, *After Tamerlane : The Rise and Fall of Global Empires, 1400-2000* (Londres : Penguin, 2007), p. 19. Sur le développement de l'Eurasie en tant qu'entité géographique et sur l'avènement historique des civilisations en Eurasie jusqu'au XIVe siècle, voir Barry Cunliffe, *By Steppe, Desert, and Ocean : The Birth of Eurasia* (Oxford : Oxford University Press, 2015). Sur l'ascension historique de la puissance américaine, voir

Victoria de Grazia, *Irresistible Empire : America's Advance Though Twentieth Century Europe* (Cambridge, MA : Harvard University Press, 2006) ; Giovanni Arrighi, *The Long Twentieth Century : Money, Power and the Origins of Our Times*, nouvelle édition (Londres : Verso, 2009) ; Neil Smith, *American Empire : Roosevelt's Geographer and the Prelude to Globalization* (Berkeley : University of California Press, 2004).

6. En revanche, lors de son expansion sur tout un continent jusqu'au Pacifique au fil de plusieurs siècles, la Russie n'a jamais échappé à des conflits frontaliers à l'ouest et au sud.

7. Sur l'importance du pétrole pour la puissance américaine durant le XXe siècle, voir David S. Painter, « Oil and the American Century », *Journal of American History 99*, n° 1 (2012) : p. 24-39.

8. Vaclav Smil, *Energy and Civilization : A History* (Cambridge, MA : MIT Press, 2018), p. 408.

9. H.D. Lloyd, « The Story of a Great Monopoly », *The Atlantic*, mars 1891, https://www.theatlantic.com/magazine/archive/1881/03/the-story-of-a-great-monopoly/306019/

10. Sur l'ascension du pétrole russe, voir Daniel Yergin, *The Prize : The Epic Quest for Oil, Money, and Power* (New York : Simon & Schuster, 1993), p. 57-63, 71-72.

11. *Ibid.*, p. 61-72.

12. Sur la rivalité commerciale et les tentatives de coopération entre la Standard Oil et les compagnies russes, voir *Ibid.*, p. 63-72. Sur la résistance ultérieure de l'Autriche-Hongrie à la Standard Oil, voir Alison Frank, « The Petroleum War of 1910 : Standard Oil, Austria, and the Limits of the Multi-National Corporation », *The American Historical Review 114*, n° 1 (2009) : p. 16-41.

13. Bülent Gökay, « The Battle For Baku (May 1918–September 1918) : A Peculiar Episode in the History of the Caucasus », *Middle Eastern Studies 34*, n° 1 (1998) : p. 30.

14. Yergin, *The Prize*, p. 131-133.

15. Depuis le début de l'ascension industrielle des États-Unis dans les années 1870, les États européens n'ont cessé de chercher à annexer des territoires en Afrique, considérée comme une terre riche en ressources économiques qui leur permettrait de concurrencer le titan industriel continental sur l'autre rive de l'Atlantique. Au sujet de l'impact sur l'Europe de l'expansion continentale et de l'industrialisation rapide des États-Unis avant et après la Première Guerre mondiale, voir Sven Beckert, « American Danger : United States Empire, Eurafrica, and the Territorialization of Industrial Capitalism, 1870-1950 », *American Historical Review 122*, n° 4 (2017) : p. 1137-1170.

16. Le Grand vizir ottoman a accordé la concession sur le pétrole en Mésopotamie le jour de l'assassinat de l'archiduc François-Ferdinand. Edward Mead Earle, « The Turkish Petroleum Company – A Study in Oleaginous Diplomacy », *Political Science Quarterly 39*, n° 2 (1922) : p. 266.

17. Sur la rivalité anglo-américaine pour se doter de bases marines basées sur le pétrole avant la guerre, voir John A. DeNovo, « Petroleum and the United States Navy before World War I », *The Mississippi Valley Historical Review 41*, n° 4 (1955) : p. 641-56.

18. Une partie du pétrole utilisé dans les expériences britanniques était de l'huile de schiste extrait en Écosse. Sur l'histoire de l'expérimentation de la marine britannique avec le pétrole, voir Warwick Michael Brown, « The Royal Navy's Fuel Supplies, 1898 to 1939. The Transition from Coal to Oil », thèse de doctorat soumise au King's College de Londres, 2003.

19. Cité dans Timothy C. Winegard, *The First World Oil War* (Toronto : University of Toronto Press, 2016), p. 57.

20. Yergin, *The Prize*, p. 160 ; Winegard, *The First World Oil War*, p. 59.

21. Sur l'importance du pétrole pendant les deux guerres mondiales, voir W. G. Jensen, « The Importance of Energy in the First and Second World Wars », *Historical Journal 11*, n° 3 (1968) : p. 538-554. Sur l'impact de la Première Guerre mondiale sur le pétrole en tant que source d'énergie, voir Dan Tamir, « Something New Under the Fog of War », dans *Environmental Histories of the First World War*, sous la direction de Richard Tucker, Tait Keller, J. R. McNeill et Martin Schmid (Cambridge University Press, 2018), p. 117-135.

22. Tamir, « Something New Under the Fog of War », p. 118.

23. Winegard, *The First World Oil War*, p. 93.

24. Alison Fleig Frank, *Oil Empire : Visions of Prosperity in Austrian Galicia* (Cambridge : Harvard University Press, 2007), p. 21, 251.

25. Sur la bataille pour Bakou, voir Bülent Gökay, « The Battle for Baku », p. 30-50.

26. Cité dans Yergin, *The Prize*, p. 183 ; Yergin, *The Prize*, p. 178.

27. Priscilla Roberts, « Benjamin Strong, the Federal Reserve and the Limits to Interwar American Nationalism », *Economic Quarterly Federal Reserve Bank of Richmond 86* (2000) : p. 65. Sur l'impact de la Première Guerre mondiale sur l'orientation atlantique de la politique étrangère américaine par le biais du pouvoir des créanciers, voir Priscilla Roberts, « The First World War and the Emergence of American Atlanticism

1914-20 », *Diplomacy and Statecraft 5*, n° 3 (1994) : p. 569-619 ; Harold James, « Cosmos, Chaos : Finance, Power, and Conflict », *International Affairs 90*, n° 1 (2014) : p. 46-47.

28. Barry Eichengreen et Marc Flandreau, « The Rise and Fall of the Dollar, or When Did the Dollar Replace Sterling as the Leading International Currency ? » NBER Working Paper Series 14 154, juillet 2008, p. 3, https://www.nber.org/papers/w14154

29. Cité dans Roberta Allbert Dayer, « The British War Debts to the United States and the Anglo-Japanese Alliance, 1920-1923 », *Pacific Historical Review 45*, n° 4 (1976) : p. 577.

30. Liaquat Ahamed, *Les Seigneurs de la finance* (Paris : Plon, 2010), p. 137-138.

31. Les exploits de l'industrie américaine dans les années 1920 continuaient à faire des émules. Sur les tentatives allemandes et soviétiques de copier et dépasser le fordisme américain, voir Stefan J. Link, *Forging Global Fordism : Nazi Germany, Soviet Russia, and the Contest over the Industrial Order* (Princeton : Princeton University Press, 2020). Sur l'obsession de Hitler pour la Ford T, voir Wolfgang König, « Adolf Hitler vs. Henry Ford : The Volkswagen, the Role of America as a Model, and the Failure of a Nazi Consumer Society », *German Studies Review 27*, n° 2 (2004) : p. 249-268.

32. Sur la place du Moyen-Orient ottoman, en tant que théâtre d'un conflit géopolitique remporté par les Britanniques et les Français, au sein du paysage eurasien et africain plus général, voir Anthony D'Agostino, *The Rise of Global Powers : International Politics in the Era of the World Wars* (Cambridge : Cambridge University Press, 2012), chap. 4.

33. Sean McMeekin, *The Ottoman Endgame : War, Revolution, and the Making of the Modern Middle East 1908-1923* (Londres : Penguin Random House), p. 404. En 1923, Colby Mitchell Chester, un contre-amiral américain, semble avoir obtenu une concession du nouvel État turc pour construire une voie ferrée reliant la mer Noire à Bassora (sous contrôle britannique, mais que la Turquie espérait encore conserver) en passant par l'Anatolie et pour chercher du pétrole, comme dans le cas de l'accord sur la ligne Berlin-Bagdad. Mais, une fois que le gouvernement turc a accepté de signer le traité de Lausanne, la concession a été annulée.

34. *Ibid.*, p. 421-422.

35. Voir Sean McMeekin, *The Berlin-Baghdad Express : The Ottoman Empire and Germany's Bid for World Power, 1898-1918* (Londres : Penguin, 2010).

36. Darwin, *After Tamerlane*, p. 378.

37. Voir John Darwin, *The Empire Project : The Rise and Fall of the British World System 1830-1970* (Cambridge : Cambridge University Press, 2009), p. 375-385.

38. Gregory Nowell avance que la politique de la « porte ouverte » des États-Unis dans les années 1920 « a constitué le volet diplomatique américain de la campagne lancée dans le monde entier par la Standard Oil pour ne pas être exclue des ressources pétrolières étrangères, en particulier de l'alliance pétrolière franco-britannique ». Gregory Nowell, *Mercantile States and the World Oil Cartel* (Ithaca : Cornell University Press, 1994), p. 185.

39. Cité dans Yergin, *The Prize*, p. 195.

40. *Ibid.*, p. 189 ; Anand Toprani, « An Anglo-American "Petroleum Entente" ? The First Attempt to Reach an Anglo-American Oil Agreement, 1921 », *The Historian 79*, n° 1 (2017) : p. 64.

41. John A. DeNovo, « The Movement for an Aggressive American Oil Policy Abroad, 1918-1920 », *American Historical Review* (juillet 1956), p. 865.

42. Yergin, *The Prize*, p. 201.

43. *Ibid.*, p. 289-292.

44. Voir Melvyn P. Leffler, *Safeguarding Democratic Capitalism : US Foreign Policy and National Security, 1920-2015* (Princeton : Princeton University Press, 2017), chap. 3 ; Mervyn Leffler, « American Policy Making and European Stability », *Pacific Historical Review 46*, n° 2 (1977) : p. 207-228.

45. Ron Chernow, *The House of Morgan : An American Banking Dynasty and the Rise Of Modern Finance* (New York : Grove Press, 2010), p. 203.

46. Cité dans Adam Tooze, *Le Déluge, 1916-1931 : Un nouvel ordre mondial* (Paris : Les Belles Lettres, 2015).

47. Leffler, « American Policy Making and European Stability », p. 215 ; Chernow, *House of Morgan*, p. 181-182.

48. Roberts, « Benjamin Strong, the Federal Reserve and the Limits to Interwar American Nationalism », p. 74.

49. Ahamed, *Les Seigneurs de la finance*.

50. Sur la place des différentes dettes dans les relations américano-britanniques, voir Robert Self, « Perception and Posture in Anglo-American Relations : The War Debt Controversy in the "Official Mind", 1919-1940 », *The International History Review 29*, n° 2 (2007) : p. 282-312.

51. Adam Tooze, *Le Salaire de la destruction : Formation et ruine de l'économie nazie* (Paris : Les Belles Lettres, 2012).

52. Frank Costigliola, « The United States and the Reconstruction of Germany in the 1920s », *The Business History Review 50*, n° 4 (1976) : p. 498-502.

53. Ahamed, *Les Seigneurs de la finance* ; Tooze, *Le Salaire de la destruction.*

54. *Ibid.*

55. Ahamed, *Les Seigneurs de la finance.*

56. *Ibid.*

57. Sur l'argument influent qui veut que la cause première de la dépression ait été l'incapacité des États-Unis, en tant que maître théorique du système monétaire international, à jouer un rôle de stabilisateur, voir Charles Kindleberger, *The World in Depression 1929-1939*, édition du 40e anniversaire (Berkeley : California University Press, 2013).

58. Yergin, *The Prize*, p. 329.

59. Thomas Parke Hughes, « Technological Momentum in History : Hydrogenation in Germany 1898-1933 », *Past and Present 44*, n° 1 (1969) : p. 123.

60. Raymond Stokes, « The Oil Industry in Nazi Germany, 1936-1945 », *Business History Review 59*, n° 2 (1985) : p. 257.

61. Tooze, *Le Salaire de la destruction.* Sur la politique pétrolière du régime nazi et son échec, voir Anand Toprani, *Oil and the Great Powers : Britain and Germany 1914-1945* (Oxford : Oxford University Press, 2019), chap. 6-8. En revanche, sur l'incapacité du Japon à se doter d'une industrie de carburant synthétique, voir Anthony N. Stranges, « Synthetic Fuel Production in Prewar and World War II Japan : A Case Study in Technological Failure », *Annals of Science 50*, n° 3 (1993) : p. 229-65.

62. Sur les objectifs pétroliers de Hitler dans l'opération Barbarossa, voir Tooze, *Le Salaire de la destruction* ; Joel Hayward, « Hitler's Quest for Oil : The Impact of Economic Considerations on Military Strategy, 1941-1942 », *Journal of Strategic Studies 18*, n° 4 (1995) : p. 94-135 ; Anand Toprani, « The First War for Oil : The Caucasus, German Strategy, and the Turning Point of the War on the Eastern Front, 1942 », *Journal of Military History 80*, n° 3 (2016) : p. 815-854. Sur la création par les nazis en 1940-1941 d'une compagnie pétrolière – la Continental Oil Company (Konti) – afin de rivaliser avec les compagnies anglo-américaines, et la place de ce projet dans les ambitions nazies de faire de l'Allemagne une puissance mondiale, voir Anand Toprani, « Germany's Answer to Standard Oil : The Continental Oil Company and Nazi Grand

Strategy, 1940-1942 », *Journal of Strategic Studies 37*, n° 6-7 (2014) : p. 949-973.

63. Yergin, *The Prize*, p. 339-343.

64. Cité dans B.S. McBeth, *British Oil Policy 1919-1939* (Londres : Cass, 1985), p. 34-35.

65. Yergin, *Prize*, p. 332.

66. Sur l'échec de la tentative britannique de se défaire de la dépendance vis-à-vis du pétrole américain pendant l'entre-deux-guerres, voir Toprani, *Oil and the Great Powers*, chap. 3-4 ; McBeth, *British Oil Policy 1919-1939*.

67. Hans Heymann Jr, « Oil in Soviet-Western Relations in the Interwar Years », *The American Slavic and Eastern European Review 7*, n° 4 (1948) : p. 303-316.

68. Anand Toprani, « The French Connection : A New Perspective on the End of the Red Line Agreement, 1945-1948 », *Diplomatic History 36*, n° 2 (2012) : p. 263 fn.7.

69. Pour une analyse de la politique pétrolière française à travers le prisme de la concurrence commerciale transnationale et la faiblesse de l'État français dans le contexte de cette concurrence durant le premier tiers du XXe siècle, voir Nowell, *Mercantile States and the World Oil Cartel.*

70. Michael B. Stoff, « The Anglo-American Oil Agreement and the Wartime Search for Foreign Oil Policy », *Business History Review 55*, n° 1 (1981) : p. 63.

71. Sur l'opposition de la France à la fin de l'accord de la ligne rouge et la façon dont Washington a exploité la dépendance financière de la France pour la surmonter, voir Toprani, « The French Connection ».

72. Yergin, *The Prize*, p. 425.

73. James Barr, *Lords of the Desert* : Britain's Struggle with America to Dominate the Middle East (Londres : Simon & Schuster 2018), p. 61-67.

74. Painter, « Oil and the American Century », p. 29.

75. Sur les problèmes de l'Allemagne dans ce domaine, voir McMeekin, *The Berlin-Baghdad Express*, épilogue.

76. L'industrialisation rapide de l'Union soviétique sous Staline a été rendue en partie possible par les devises que garantissaient les exportations de pétrole soviétique. Yergin, *The Prize*, p. 266.

77. Cité dans D'Agostino, *The Rise of the Global Powers*, p. 43.

78. H. J. Mackinder, « The Geographical Pivot of History », *The Geographical Journal 23*, n° 4 (1904) : p. 436.

79. Le plan conçu à l'origine par le gouvernement Roosevelt pour l'Allemagne de l'après-guerre – le plan Morgenthau – aurait résolu le

problème en désindustrialisant l'Allemagne. De nos jours, alors que le gaz et son transit sont tout aussi importants, les gazoducs Nord Stream peuvent être considérés « comme une sorte de Rapallo économique », d'après Anthony D'Agostino. D'Agostino, *The Rise of Global Powers*, p. 477.

2. L'IMPOSSIBLE GARANTIE PÉTROLIÈRE

1. US Energy Information Administration, International Data, Petroleum and Other Liquids, https://www.eia.gov/international/data/world Data from the US Energy Information Administration is subject to revision. Ces chiffres sont ceux fournis par l'EIA en septembre 2021.
2. US Energy Information Administration, US Imports from OPEC Countries of Crude Oil and Petroleum Products, https://www.eia.gov/dnav/pet/hist/LeafHandler.ashx?n=pet&s=mttimxx1&f=a
3. US Energy Information Administration, US Exports of Crude Oil and Petroleum Products, https://www.eia.gov/dnav/pet/hist/LeafHandler.ashx?n=PET&s=MTTEXUS2&f=A
4. Cité dans Helen Thompson, *Oil and the Western Economic Crisis* (Londres : Palgrave, 2017), p. 80.
5. Cité dans Ivana Kottasová, « Saudi Arabia Tries to Break "Dangerous" Addiction To Oil », *CNN Business*, 25 avril 2016, https://money.cnn.com/2016/04/25/news/economy/saudi-arabia-oil-addiction-economy-plan/index.html
6. Timothy Gardner, Steve Holland, Dmitry Zhdannikov et Rania El Gamal, « Special Report–Trump Told Saudis : Cut Oil Supply or Lose US Military Support », *Reuters*, 30 avril 2020, https://www.reuters.com/article/us-global-oil-trump-saudi-specialreport/special-report-trump-told-saudi-cut-oil-supply-or-lose-us-military-support-sources-idUKKBN22C1V4
7. Benn Steil, *The Battle of Bretton Woods : John Maynard Keynes, Harry Dexter White, and the Making of a New World Order* (Princeton : Princeton University Press, 2013), p. 155.
8. *Ibid.*, p. 135.
9. *Ibid.*, p. 301.
10. Lawrence A. Kaplan, « The United States and the Origins of NATO 1946-49 », *The Review of Politics 31*, n° 2 (1969) : p. 213.
11. Steil, *The Battle of Bretton Woods*, p. 290-291 ; Benn Steil, *The Marshall Plan : Dawn of the Cold War* (Oxford : Oxford University Press, 2018), p. xii. Au sujet des activités d'espionnage et des sympathies soviétiques de Dexter White, voir *Ibid.*, p. 35-46, 318-326.

12. Sur le rôle de l'Iran dans les origines de la guerre froide, voir Gary Hess, « The Iranian Crisis of 1945-46 and the Cold War », *Political Science Quarterly 89*, n° 1 (1974) : p. 117-146 ; Louise Fawcett, *Iran and the Cold War : The Azerbaijan Crisis of 1946* (Cambridge : Cambridge University Press, 2009).

13. Steil, *The Marshall Plan*, p. 362-363. Sur la place centrale de l'Allemagne de l'Ouest dans le plan Marshall, voir Helge Berger et Albrecht Ritschl, « Germany and the Political Economy of the Marshall Plan, 1947-1952 », in *Europe's Post-War Recovery*, sous la direction de Barry Eichengreen (Cambridge : Cambridge University Press, 1995).

14. Stanley Hoffman, « Obstinate or Obsolete ? The Fate of the Nation-State and the Case of Western Europe », *Daedelus 95*, n° 3 (1966) : p. 908. Armin Rappaport, « The United States and European Integration : The First Phase », *Diplomatic History 5*, n° 2 (1981) : p. 121-122. Sur le fait qu'à l'origine, les Américains ont fait pression en faveur d'une intégration ouest-européenne, voir Geir Lundestad, *Empire by Integration : The United States and European Integration, 1945-1997* (New York : Oxford University Press, 1998), chap. 4.

15. Hoffman, « Obstinate or Obsolete ? », p. 907.

16. Sur la création de l'OTAN, voir Lawrence S. Kaplan, *NATO 1948 : The Birth of the Transatlantic Alliance* (Lanham, ML : Rowan & Littlefield, 2007).

17. Charles Maier, *Among Empires : American Ascendancy and its Predecessors* (Cambridge, MA : Harvard University Press), p. 175.

18. Sur les pressions américaines en faveur de la Communauté européenne de défense, voir Brian R. Duchin, « The "Agonizing Reappraisal" : Eisenhower, Dulles and the European Defense Community », *Diplomatic History 16*, n° 2 (1992) : p. 201-221.

19. Our World in Data, Energy, Global Primary Energy : How has the Mix Changed Over Centuries ? https://ourworldindata.org/energy-mix

20. US Energy Information Administration, US Energy Facts Explained, https://www.eia.gov/energyexplained/us-energy-facts/

21. Our World in Data, Energy, France CO2 Country Profile : Energy Consumption by Source, https://ourworldindata.org/co2/country/france?country=~FRA Our World in Data, Energy, Italy CO2 Country Profile : Energy Consumption by Source, https://ourworldindata.org/energy/country/italy?country=~ITA

22. Vaclav Smil, *Energy and Civilization : A History* (Cambridge, MA : The MIT Press, 2017), p. 327.

23. Bruce W. Jentleson, « Khrushchev's Oil and Brezhnev's Natural Gas Pipelines : The Causes and Consequence of the Decline in American Leverage Over Western Europe », dans *Will Europe Fight for Oil ? Energy Relations in the Atlantic Area*, sous la direction de Robert J. Lieber (New York : Praeger, 1983), p. 35-38.

24. Ethan B. Kapstein, *The Insecure Alliance : Energy Crises and Western Politics Since 1944* (Oxford : Oxford University Press, 1990), p. 69.

25. *Ibid.*, p. 95.

26. Steven G. Galpern, *Money, Oil and Empire in The Middle East : Sterling and Post-War Imperialism, 1944-1971* (Cambridge : Cambridge University Press, 2013), p. 7-8 ; James Barr, *Lords of the Desert : Britain's Struggle with America to Dominate the Middle East* (Londres : Simon & Schuster, 2018), p. 116, 120.

27. Daniel Yergin, *The Prize : The Epic Quest for Oil, Money, and Power* (New York : Simon & Schuster, 1993), p. 424 ; David S. Painter, « The Marshall Plan and Oil », *Cold War History 9*, n° 2 (2009) : p. 159-175.

28. Jeffrey R. Macris, *The Politics and Security of the Gulf : Anglo-American Hegemony and the Shaping of a Region* (Londres : Routledge, 2010), p. 82 ; Kapstein, *The Insecure Alliance*, p. 203.

29. Michael J. Cohen « From "Cold" to "Hot" War : Allied Strategic and Military Interests in the Middle East after the Second World War », *Middle Eastern Studies 43*, n° 5 (2007) : p. 727-731.

30. Voir Laila Amin Morsy, « The Role of the United States in the Anglo-Egyptian Agreement of 1954 », *Middle Eastern Studies 29*, n° 3 (1993) : p. 526-558 ; Douglas Little, « His Finest Hour ? Eisenhower, Lebanon and the 1958 Middle Eastern Crisis », *Diplomatic History 20*, n° 1 (1996) : p. 27-54.

31. Cité dans Steil, *The Marshall Plan*, p. 44.

32. Tyler Priest, « The Dilemmas of Oil Empire », *Journal of American History 99*, n° 1 (2012) : p. 236-251.

33. Pour un point de vue américain sur l'entrée de la Turquie dans l'OTAN, voir George C. McGhee, *The US-Turkey-NATO-Middle East Connection* (New York : Macmillan, 1990). Pour un point de vue turc, voir Paul Kubicek, « Turkey's Inclusion in the Atlantic Community : Looking Back, Looking Forward », *Turkish Studies 9*, n° 1 (2008) : p. 21-35.

34. Barr, *Lords of the Desert*, p. 102-103.

35. Sur le coup d'État orchestré par la CIA et le MI6, voir *ibid.*, chap. 14.

36. *Ibid.*, p. 174 ; Yergin, *The Prize*, p. 470-478.

37. Pour une analyse de la crise de Suez en tant que crise systémique, voir Ralph Dietl, « Suez 1956 : A European Intervention », *Journal of Contemporary History 43*, n° 2 (2008) : p. 259-278 ; Hans J. Morgenthau, « Sources of Tension Between Western Europe and the United States », dans les *Annals of the American Academy of Political and Social Science 312* (1957) : p. 22-28.

38. US Department of State, Office of the Historian, Foreign Relations of the United States, 1955-57, Suez Crisis, July 26-December 31 1956, vol. 16, Message du Premier ministre Eden au président Eisenhower, Londres, 27 juillet 1956, https://history.state.gov/historicaldocuments/frus1955-57v16/d5

39. US Department of State, Office of the Historian, Foreign Relations of the United States, 1955-57, Suez Crisis, July 26-December 31 1956, vol. 16, Lettre du président Eisenhower au Premier ministre Eden, Washington, DC, 31 juillet 1956, https://history.state.gov/historicaldocuments/frus1955-57v16/d35

40. Yergin, *The Prize*, p. 491 ; Barr, *Lords of the Desert*, p. 245 ; David S. Painter, « Oil and the American Century », *Journal of American History 99*, n° 1 (2012) : p. 31.

41. Cité dans Yergin, *The Prize*, p. 491.

42. Steil, *The Battle of Bretton Woods*, p. 332.

43. Gregory Bew, « "Our Most Dependable Allies", Iraq, Saudi Arabia, and the Eisenhower Doctrine, 1956-58 », *Mediterranean Quarterly 26*, n° 4 (2015) : p. 89-109.

44. Jeffrey R. Macris, *The Politics and Security of the Gulf : Anglo-American Hegemony and the Shaping of a Region* (Londres : Routledge, 2010), p. 113 ; Yergin, *The Prize*, p. 498.

45. Voir Douglas Little, « His Finest Hour ? Eisenhower, Lebanon and the 1958 Middle Eastern Crisis », *Diplomatic History 20*, n° 1 (1996) : p. 27-54.

46. Cité dans Dietl, « Suez 1956 », p. 261.

47. Cité dans Stefan Jonsson, « Clashing Internationalisms : East European Narratives of West European Integration », dans *Europe faces Europe : Narratives From its Eastern Half*, sous la direction de Johan Fornäs (Bristol : Intellect, 2017), p. 70.

48. Hoffman, « Obstinate or Obsolete ? » p. 894.

49. Wolfram Kaiser, *Using Europe, Abusing the Europeans : Britain and European Integration 1945-63* (Basingstoke : Palgrave Macmillan, 1996), p. 151-154.

50. Voir Kaiser, *ibid.*, chap. 5 et 6.

51. Sur l'impact de De Gaulle, voir Hoffman, « Obstinate or Obsolete ? », p. 872-874, 893-903.

52. Sur les relations entre le pétrole, la domination française en Algérie et le soutien de la France en faveur de la CEE, voir Robert Cantoni, *Oil Exploration, Diplomacy, and Security in the Early Cold War : The Enemy Underground* (Abingdon : Routledge, 2017), chap. 2-3.

53. Megan Brown, « Drawing Algeria into Europe : Shifting French Policy and the Treaty of Rome », *Modern and Contemporary France 25*, n° 2 (2017) : p. 195-196. Sur la longue histoire de l'unité européenne et du colonialisme en Afrique, voir Peo Hansen et Stefan Jonsson, *Eurafrica : The Untold History of European Integration and Colonialism* (Londres : Bloomsbury Academic, 2014).

54. Yergin, *The Prize*, p. 569.

55. Barr, *Lords of the Desert*, p. 274.

56. Kevin Boyle, « The Price of Peace : Vietnam, the Pound, and the Crisis of the American Empire », *Diplomatic History 27*, n° 1 (2003) : p. 43.

57. Sur les relations entre ENI et les Soviétiques, voir Cantoni, *Oil Exploration, Diplomacy, and Security*, chap. 1 et 5.

58. Kapstein, *The Insecure Alliance*, p. 137.

59. Cité dans Bruce W. Jentleson, « From Consensus To Conflict : The Domestic Political Economy of East-West Energy Trade Policy », *International Organization 38*, n° 4 (1984) : p. 640.

60. Jentleson, « From Consensus to Conflict », p. 643-644.

61. Bruce W. Jentleson, « Khrushchev's Oil and Brezhnev's Natural Gas Pipelines : The Causes and Consequence of the Decline in American Leverage over Western Europe », dans *Will Europe Fight for Oil ? Energy Relations in the Atlantic Area*, sous la direction de Robert J. Lieber (New York : Praeger, 1983) p. 46-47.

62. Jentleson, « Khrushchev's Oil and Brezhnev's Natural Gas Pipelines », p. 47.

63. Kapstein, *The Insecure Alliance*, p. 138 ; Jentleson, « Khrushchev's Oil and Brezhnev's Natural Gas Pipelines », p. 49.

64. Jentleson, « From Consensus to Conflict », p. 641 ; Yergin, *The Prize*, p. 516-520.

65. *Ibid.*, p. 523 ; Jentleson, « From Consensus to Conflict », p. 641.

66. Sur la politique pétrolière de la France et les pays arabes, voir Robert J. Lieber, *The Oil Decade : Conflict and Co-Operation in the West* (New York : Praeger Publishers, 1983), chap. 5.

67. Kapstein, *The Insecure Alliance*, p. 144 ; Galpern, *Money, Oil and Empire in the Middle East*, p. 368.

68. Sur les conséquences du retrait britannique du golfe Persique, voir Jeffrey R. Macris, *The Politics and Security of the Gulf*, chap. 5.

69. Boyle, « The Price of Peace », p. 45.

70. Cité dans Galpern, *Money, Oil and Empire in the Middle East*, p. 278. Sur les relations américano-iraniennes pendant les années Johnson et Nixon, voir Roham Alvandi « Nixon, Kissinger, and the Shah : The Origins of Iranian Primacy in the Persian Gulf », *Diplomatic History 36*, n° 2 (2012) : p. 337-372.

71. Yergin, *The Prize*, p. 532-535, 637-638.

72. Voir Eugenie M. Blang, « A Reappraisal of Germany's Vietnam policy, 1963-1966 : Ludwig Erhard's response to America's war in Vietnam », *German Studies Review 27*, n° 2 (2004), p. 341-360. Sur la politique allemande précédente pendant la guerre froide, voir Ronald J. Granieri, *The Ambivalent Alliance, Konrad Adenauer : The CDU/CSU, and the West, 1949-1966* (New York : Berghahn Books, 2003). Sur la réaction du gouvernement Nixon à l'Ostpolitik, voir Jean-Francois Juneau, « The Limits of Linkage : The Nixon administration and Willy Brandt's Ostpolitik, 1969-72 », *International History Review 33*, n° 2 (2011) : p. 277-297.

73. Cité dans Robert M. Collins, « The Economic Crisis of 1968 and the Waning of the "American Century" », *American Historical Review 101*, n° 2 (1996) : p. 416.

74. Thompson, *Oil and the Western Economic Crisis*, p. 94.

75. *Ibid.*, p. 94.

76. Sur le rôle essentiel joué par les exportations vers l'Europe centrale et occidentale dans le développement soviétique des gisements de gaz dans l'ouest de la Sibérie et leurs implications pour les relations germano-soviétiques, voir Thane Gustafson, *The Bridge : Natural Gas in a Redivided Europe* (Cambridge, MA : Harvard University Press, 2020), chap. 2. Sur le mouvement vert allemand et l'énergie nucléaire, voir Stephen Milder, *Greening Democracy : The Anti-Nuclear Movement and Political Environmentalism in West Germany and Beyond 1968-1983* (Cambridge : Cambridge University Press, 2017).

77. Jentleson, « From Consensus to Conflict », p. 645-646 ; Jentleson, « Khrushchev's Oil and Brezhnev's Natural Gas Pipelines », p. 49.

78. US Department of State, The Washington Summit : General Secretary Brezhnev's Visit to the United States June 18-25, 1973, p. 51, http://insidethecoldwar.org/sites/default/files/documents/The%20Washington%20Summit%2C%20June%2018-25%2C%201973.pdf

79. Jentleson, « From Consensus to Conflict », p. 648.

80. Sur les relations américano-soviétiques pendant la guerre du Kippour, voir John L. Scherer, « Soviet and American Behaviour During the Yom Kippur War », *World Affairs 141*, n° 1 (1978) : p. 3-23.

81. Yergin, *The Prize*, p. 595.

82. Thomas Robb, « The Power of Oil : Edward Heath, The "Year of Europe" and the Special Relationship », *Contemporary British History 26*, n° 1 (2012) : p. 79.

83. Kapstein, *The Insecure Alliance*, p. 166.

84. Macris, *The Politics and Security of the Gulf*, p. 202-204.

85. Cité dans Kapstein, *The Insecure Alliance*, p. 165.

86. Cité dans Robb, « The Power of Oil », p. 80.

87. Kapstein, *The Insecure Alliance*, p. 174.

88. Yergin, *The Prize*, p. 643-644.

89. Richard Nixon, Address to the nation about national energy policy, 7 novembre 1973, https://www.presidency.ucsb.edu/documents/address-the-nation-about-national-energy-policy

90. Voir Shahram Chubin, « The Soviet Union and Iran », *Foreign Affairs 61*, n° 2 (1983) : p. 921-949.

91. Jimmy Carter, Address to the nation : energy and the national goals, 15 juillet 1979, https://www.jimmycarterlibrary.gov/assets/documents/speeches/energy-crisis.phtml

92. Cité dans Melvyn Leffler, « From the Truman Doctrine to the Carter Doctrine », *Diplomatic History 7*, n° 4 (1983) : p. 246.

93. Cité dans Leffler, « From the Truman Doctrine to the Carter Doctrine », p. 261.

94. Il existait un parallèle évident entre la doctrine de Carter et la « Déclaration du golfe Persique » britannique de mai 1903 : « Nous devrions considérer l'établissement d'une base navale, ou d'un port fortifié, dans le golfe Persique par toute autre puissance comme une très grave menace pour les intérêts britanniques, et nous devrions assurément nous y opposer par tous les moyens dont nous disposons. » Cité dans Pascal Venier, « The Geographical Pivot of History and Early Twentieth Century Geopolitical Culture », *The Geographical Journal 170*, n° 4 (1984) : p. 332.

95. Victor McFarland, « The United States and the Oil Price Collapse of the 1980s », dans *Counter-shock : The Oil Counter-Revolution of the 1980s*, sous la direction de Duccio Basosi, Giuliano Garavini et Massimiliano Trentin (Londres : I.B. Taurus, 2020), p. 273.

96. Kapstein, *The Insecure Alliance*, p. 195 ; Walter Levy, « Oil and the Decline of the West », *Foreign Affairs 58* (été 1980) : p. 1011.

97. Robert J. Lieber « Will Europe Fight for Oil ? : Energy and Atlantic Security » dans Lieber, éd., *Will Europe Fight for Oil ?* p. 4 ; Lieber, *The Oil Decade*, p. 62.

98. Leffler, « From the Truman Doctrine to the Carter Doctrine », p. 259.

99. Cité dans Steven Rattner, « Britain Defying US Restriction in Soviet Project », *New York Times*, 3 août 1982.

100. Lieber, *The Oil Decade*, p. 9.

101. Yergin, *The Prize*, p. 743.

102. Voir, par exemple, Peter Schweizer, *Victory* : *The Reagan Administration's Secret Strategy that Hastened the Collapse of the Soviet Union* (New York : Grove Press, 1994).

103. Painter, « Oil and the American Century », p. 36. Pour une réflexion à ce sujet, voir David Painter, « From Linkage to Economic Warfare : Energy, Soviet-American Relations and the End of the Cold War », dans *Cold War Energy : A Transnational History of Soviet Oil and Gas*, sous la direction de Jeronim Perović (Londres : Palgrave Macmillan, 2017) ; Majid Al-Moneef, « Saudi Arabia and the Counter-shock of 1986 », dans *Counter-shock*, p. 112-113 ; Yergin, *The Prize*, p. 756-758 ; Victor McFarland, « The United States and the Oil Price Collapse of the 1980s », dans *Counter-shock*, p. 262-269.

104. Cité dans Meg Jacobs, *Panic at the Pump : The Energy Crisis and the Transformation of American Politics in the 1970s* (New York : Hill and Wang, 2016), p. 289.

105. Sur les conséquences économiques du choc inversé des prix du pétrole pour le secteur pétrolier américain et pour l'économie des États-Unis dans son ensemble, voir McFarland, « The United States and the Oil Price Collapse of the 1980s ».

106. Jacobs, *Panic at the Pump*, p. 284.

107. James Schlesinger, « Will War Yield Oil Security ? » *Challenge 34*, n° 2 (1991) : p. 27.

108. Sur l'importance du pétrole pour l'effondrement de l'Union soviétique, voir Egor Gaïdar, *Collapse of an Empire : Lessons for Modern*

Russia (Washington, DC : Brookings Institution Press, 2008), p. 100-109.

3. L'EURASIE RÉINVENTÉE

1. US Department of State, « Background Briefing on Secretary Kerry's Meeting with Russian Foreign Minister Sergey Lavrov », communiqué de presse, 27 septembre 2015, https://2009-2017.state.gov/r/pa/prs/ps/2015/09/247376.htm

2. Full Transcript, Second 2016 Presidential Debate, *Politico*, 10 octobre 2016, https://www.politico.com/story/2016/10/2016-presidential-debate-transcript-229519

3. *Ibid.*

4. Zbigniew Brzezinski, *The Grand Chessboard : American Primacy and its Geostrategic Imperatives*, Basic Books, Kindle edition, chap. 3.

5. Sur le développement immédiat de la politique européenne de défense après la déclaration de Saint-Malo, voir Anand Menon, « Playing With Fire : The EU's Defence Policy », *Politique Européenne 4*, n° 8 (2002) : p. 32-45.

6. Benn Steil, *The Marshall Plan : Dawn of the Cold War* (New York : Simon & Schuster, 2018), p. 395. Sur l'optimisme, encore en 2010, quant à la capacité de l'OTAN à diffuser la démocratie, voir Charles Kupchan, « NATO's Final Frontier : Why Russia Should Join the Atlantic Alliance », *Foreign Affairs 89*, n° 3 (mai/juin 2010). Au sujet d'un scepticisme beaucoup plus ancien, voir Dan Reiter, « Why NATO Enlargement Does Not Spread Democracy », *International Security 25*, n° 4 (2001) : p. 41-67.

7. Sur la question de savoir si l'expansion de l'OTAN était inévitable, voir Kimberly Marten, « Reconsidering NATO Expansion : A Counterfactual Analysis of Russia and the West in the 1990s », *European Journal of International Security 3*, n° 2 (2018) : p. 135-161.

8. Cité dans Craig C. Smith, « Chirac Upsets East Europe by Telling it To "Shut Up" on Iraq », *New York Times*, 18 février 2003, https://www.nytimes.com/2003/02/18/international/europe/chirac-upsets-east-europe-by-telling-it-to-shut-up-on.html

9. Anand Menon, « From Crisis to Catharsis : ESDP After Iraq », *International Affairs 80*, n° 4 (2004) : p. 639.

10. Steil, *The Marshall Plan*, p. 389.

11. Dans le livre de Zbigniew Brzezinski, *The Grand Chessboard*, l'Ukraine est dépeinte comme le « pivot géopolitique » du monde de l'après-guerre froide.

12. Voir Andrew Wilson, *Ukraine's Orange Revolution* (New Haven : Yale University Press, 2005).

13. Cité dans Mathias Roth, « EU-Ukraine Relations After the Orange Revolution : The Role of the New Member States », *Perspectives on European Politics and Society 8*, n° 4 (2007) : p. 509.

14. Helen Thompson, *Oil and the Western Economic Crisis* (Londres : Palgrave, 2017), p. 16-17.

15. Sur la politique autour de Nabucco, voir Pavel K. Baev et Indra Overland, « The South Stream Versus Nabucco Pipeline Race : Geopolitical and Economic (Ir)rationales and Political Stakes in Mega-Projects », *International Affairs 86*, n° 5 (2010) : p. 1075-1190.

16. Thompson, *Oil and the Western Economic Crisis*, p. 17.

17. Saban Kardas, « Geo-strategic Position as Leverage in EU Accession : The Case of Turkish-EU Negotiations on the Nabucco Pipeline », *Southeast European and Black Sea Studies 11*, n° 1 (2011) : p. 38.

18. Cité dans Meltem Müftüler-Bac « The Never-Ending Story : Turkey and the European Union », *Middle Eastern Studies 34*, n° 4 (1998) : p. 240.

19. Müftüler-Bac « The Never-Ending Story », p. 240.

20. Cité dans Ekavi Athanassopoulou, « American-Turkish Relations Since the End of the Cold War », *Middle East Policy 8*, n° 3 (2001) : p. 146.

21. Pour le point de vue américain, voir Kemal Kirisci, *Turkey and the West : Faultlines in a Troubled Alliance* (Washington, DC : Brookings Institution Press, 2018), chap. 2.

22. Peter W. Rodman, « Middle East Diplomacy After the Gulf War », *Foreign Affairs 70*, n° 2 (printemps 1991) : p. 2-3.

23. James Schlesinger, « Will War Yield Oil Security ? » *Challenge 34*, n° 2 (1991) : p. 30.

24. US Energy Information Administration, International Data, Petroleum and Other Liquids, https://www.eia.gov/international/data/world

25. Pour une critique de la logique énergétique de la guerre, voir Christopher Layne, « America's Middle East Grand Strategy After Iraq: The Moment for Offshore Balancing has Arrived », *Review of International Studies 35*, n° 1 (2009) : p. 5-25.

26. Dans ses mémoires, Alan Greenspan, l'ancien gouverneur de la Fed, écrit : « Je suis attristé de voir qu'il est politiquement inconvenant de reconnaître ce que tout le monde sait : la guerre d'Irak a avant tout le pétrole pour objet. » Alan Greenspan, *The Age of Turbulence* (Londres :

Allen Lane, 2007), p. 463. Pour une critique des espoirs néoconservateurs en Irak d'un point de vue réaliste, voir John J. Mearsheimer, « Hans Morgenthau and the Iraq War : Realism Versus Neo-Conservatism », *Open Democracy*, 18 mai 2005, https://www.opendemocracy.net/en/morgenthau_2522jsp/ Au sujet de l'argument qui veut que la guerre d'Irak ait été motivée par la pensée réaliste, voir Daniel Deudney et G. John Ikenberry, « Realism, Liberalism, and the Iraq War », *Survival 59*, n° 4 (2017) : p. 7-26.

27. Andrew Bacevich, « Ending Endless War : A Pragmatic Military Strategy », *Foreign Affairs 95*, n° 5 (septembre/octobre 2016) : p. 39.

28. Sur l'échec de la planification américaine pour l'Irak de l'après-guerre, voir Aaron Rapport, *Waging War, Planning Peace : US Noncombat Operations and Major Wars* (Ithaca : Cornell University Press, 2015), chap. 3.

29. Hans Kundnani, « Germany as a Geo-Economic Power », *Washington Quarterly 34*, n° 3 (2011) : p. 35.

30. Cité dans R. Nicholas Burns, « NATO Has Adapted : An Alliance With a New Mission », *New York Times*, 24 mai 2003, https://www.nytimes.com/2003/05/24/opinion/IHT-nato-has-adapted-an-alliance-with-a-new-mission.html

Sur les conséquences pour les relations germano-américaines, voir Stephen F. Szabo, *Parting Ways : The Crisis in German-American Relations* (Washington, DC : Brookings Institution Press, 2004).

31. Cité dans John Hooper et Ian Black, « Anger at Rumsfeld Attack on "Old Europe" », *The Guardian*, 24 janvier 2003, https://www.theguardian.com/world/2003/jan/24/germany.france

32. Daniel Yergin, *The New Map : Energy, Climate, and the Clash Of Nations* (Londres : Allen Lane, 2020), p. 157.

33. Voir Marc Lanteigne, « China's Maritime Security and the "Malacca dilemma" », *Asian Security 4*, n° 2 (2008) : p. 143-161.

34. Erica Downs, « Sino-Russian Energy Relations : An Uncertain Courtship », dans *The Future of China-Russia Relations*, sous la direction de James Bellacqua (Lexington, KY : University of Kentucky Press, 2010), p. 148.

35. Thane Gustafson, *The Bridge : Natural Gas in a Redivided Europe* (Cambridge, MA : Harvard University Press, 2020), p. 319.

36. Sur les implications pour l'Europe de sa dépendance vis-à-vis du gaz, voir Agnia Grigas, *The New Geopolitics of Natural Gas* (Cambridge, MA : Harvard University Press, 2017), chap. 4.

37. 37. Euractiv, « Nord Stream "a Waste of Money" Says Poland », 11 janvier 2010, https://www.euractiv.com/section/central-europe/news/nord-stream-a-waste-of-money-says-poland/

38. Sur l'importance des entreprises italiennes, allemandes et françaises dans la formulation de la politique énergétique de leurs gouvernements vis-à-vis de la Russie, voir Rawi Abdelal, « The Profits of Power : Commerce and Realpolitik in Eurasia », *Review of International Political Economy 20*, n° 3 (2013) : p. 421-456.

39. Sur le soutien, au sein du département d'État, en faveur d'un élargissement de l'OTAN en mer Noire et dans le Caucase, voir Ronald Asmus, « Europe's Eastern Promise : Rethinking NATO and EU Enlargement », *Foreign Affairs 87*, n° 1 (janvier/février 2008) : p. 95-106.

40. Adam Tooze, *Crashed : Comment une décennie de crise financière a changé le monde* (Paris : Les Belles Lettres, 2018).

41. Voir Jolyon Howorth, « "Stability on the Borders" ; The Ukrainian Crisis and the EU's Constrained Policy Towards the Eastern Neighbourhood », *Journal of Common Market Studies 55*, n° 1 (2017) : p. 121-136.

42. European Commission, Communication from the Commission to the European Parliament and Council, European Energy security strategy, 28 mai 2014, p. 2, https://eur-lex.europa.eu/legal-content/EN/ALL/?uri=CELEXper cent3A52014DC0330

43. José Manuel Durao Barroso, President of the European Commission Signature of the Nabucco Intergovernmental Agreement, Ankara, 13 juillet 2009.

44. European Commission, Communication from the Commission to the European Parliament and Council, European Energy Security Strategy, 28 mai 2014, p. 2. Saban Kardas, « Geo-strategic Position as Leverage in EU Accession : The Case of Turkish-EU Negotiations on the Nabucco Pipeline », *Southeast European and Black Sea Studies 11*, n° 1 (2011) : p. 43.

45. Erhan İcener, « Privileged Partnership : An Alternative Final Destination for Turkey's Integration with the European Union ? » *Perspectives on European Politics and Society 8*, n° 4 (2007) : p. 421-425.

46. Cité dans Kardas, « Geo-strategic Position as Leverage in EU Accession », p. 35.

47. Kardas, « Geo-strategic Position as Leverage in EU Accession », p. 46.

48. Henry Kissinger, *World Order : Reflections on the Character of Nations and the Course of History* (Londres : Penguin, 2015), p. 323-324.

49. Sur les décisions américaines à propos de l'Irak après 2003, voir Michael R. Gordon et Bernard E. Trainer, *The Endgame : The Inside Story of the Struggle for Iraq* (New York : Atlantic Books, 2012).

50. Sur l'importance de la guerre en Irak pour l'élection présidentielle de 2008, voir Gary C. Jacobson, « George W. Bush, the Iraq War, and the Election of Barack Obama », *Presidential Studies Quarterly 40*, n° 2 (2010) : p. 207-224.

51. Sur l'évolution du gouvernement Obama en faveur d'un pivot vers l'Asie, voir Nicholas D. Anderson et Victor D. Cha, « The Case of the Pivot To Asia : System Effects and the Origins of Strategy », *Political Science Quarterly 132*, n° 4 (2017) : p. 595-617.

52. BBC News, « Obama : The United States is a Pacific Power Here to Stay », 17 novembre 2011, https://www.bbc.co.uk/news/av/world-asia-15768505

53. Our World in Data, Energy, China : Country Energy Profile, https://ourworldindata.org/energy/country/china?country=-CHN

54. Charles A. Kupchan, *No-one's World : The West, the Rising Rest, and the Coming Global Turn* (New York : Oxford University Press, 2013), p. 101. Sur l'importance de la géographie maritime pour la Chine, voir Bernard Cole, *China's Quest for Great Power : Ships, Oil and Foreign Policy* (Annapolis, MD : Naval Institute Press, 2016), chap. 1.

55. Cité dans Yergin, *The New Map*, p. 182.

56. Min Ye, *The Belt Road and Beyond : State-Mobilised Globalisation in China 1998-2018* (Cambridge : Cambridge University Press, 2020).

57. Sur l'importance de Gwadar pour la Chine, voir Syed Fazl-e-Haider, « A Strategic Seaport : Is Pakistan Key to China's Energy Supremacy ? », *Foreign Affairs*, 5 mars 2015, https://www.foreignaffairs.com/articles/china/2015-03-05/strategic-seaport

58. Cité dans Cole, *China's Quest for Great Power*, p. 51, 128.

59. *The Economist*, « America Wants a Bigger Navy of Smaller Ships to Compete With China's Fleet », 21 septembre 2020, https://www.economist.com/united-states/2020/09/21/america-wants-a-bigger-navy-of-smaller-ships-to-compete-with-chinas-fleet

60. Cité dans Megan Ingram, « With American Natural Gas, Russia is Losing European Energy Chokehold », *The Hill*, 3 juillet 2017, https://thehill.com/blogs/pundits-blog/energy-environment/340502-with-american-natural-gas-russia-is-losing-european

61. Gustafson, *The Bridge*, p. 356, 413.

62. Sur les raisons financières de l'échec de Nabucco, voir Morena Skalamera, « Revisiting the Nabucco Debacle », *Problems of Post-Communism 65*, n° 1(2018) : p. 18-36.

63. Pour quelques réflexions incisives sur les difficultés géopolitiques que connaît la Bulgarie compte tenu de sa frontière avec la Turquie et de sa proximité avec la Russie, voir Robert D. Kaplan, *The Return of Marco Polo's World: War, Strategy, and American Interests in the Twenty-First Century* (New York : Random House, 2019), p. 36-38.

64. Anca Gurzu et Joseph J. Schatz, « Great Northern Gas War », *Politico*, 10 février 2016, https://www.politico.eu/article/the-great-northern-gas-war-nordstream-pipeline-gazprom-putin-ukraine-russia/

65. Cité dans Younkyoo Kim et Stephen Blank, « The New Great Game of Caspian Energy in 2013-14 : "Turk Stream", Russia and Turkey », *Journal of Balkan and Near Eastern Studies 18*, n° 1 (2016) : p. 37.

66. Cité dans Gustafson, *The Bridge*, p. 380.

67. Jeffrey Goldberg, « The Obama Doctrine », *Atlantic* (avril 2016), https://www.theatlantic.com/magazine/archive/2016/04/the-obama-doctrine/471525/

68. Goldberg, « The Obama Doctrine » ; « Emmanuel Macron in his Own Words (English) », *The Economist*, 7 novembre 2019. https://www.economist.com/europe/2019/11/07/emmanuel-macron-in-his-own-words-english

69. Goldberg, « The Obama Doctrine ».

70. Cité dans Dan Roberts et Spencer Ackerman, « Barack Obama Authorises Airstrikes Against ISIS Militants in Syria », *The Guardian*, 11 septembre 2014, https://www.theguardian.com/world/2014/sep/10/obama-speech-authorise-air-strikes-against-isis-syria

71. Cité dans Zeke J. Miller et Michael Sherer, « President Obama Attacks Republicans for Paris Response », *Time*, 18 novembre 2015, https://time.com/4117688/barack-obama-paris-attacks-republican/

72. Sur la relation entre le système financier en dollars et l'utilisation par les Américains de sanctions extraterritoriales, voir Daniel W. Drezner, « Targeted Sanctions in a World of Global Finance », *International Interactions 41*, n° 4 (2015) : p. 755-764.

73. European Commission, Communication from the Commission to the European Parliament and Council, p. 16 et 2.

74. Reuters, « Obama Thanks Putin for Role in Iran Deal », *Reuters*, 15 juillet 2015, https://www.reuters.com/article/us-iran-nuclear-russia-call-idUSKCN0PP2RI20150715

75. Sur le problème du recours à la puissance militaire américaine pour imposer sa volonté au Moyen-Orient, voir Christopher Layne,

« Impotent Power ? Re-Examining the Nature of America's Hegemonic Power », *The National Interest 85* (septembre/octobre 2006), p. 41-47.

76. Cité dans Quint Forgey, « Trump Levels New Sanctions Against Iran », *Politico*, 24 juin 2019, https://www.politico.com/story/2019/06/24/donald-trump-iran-strait-of-hormuz-1377826

77. US Energy Information Administration, US Petroleum Imports : Total, and from OPEC, Persian Gulf, and Canada, 1960-2019, https://www.eia.gov/energyexplained/oil-and-petroleum-products/imports-and-exports.php

78. Sur l'argument selon lequel les États-Unis devraient réduire leurs engagements au Moyen-Orient, mais ne peuvent pas quitter le golfe Persique, voir Mara Karlin et Tamara Cofman Wittes, « America's Middle East Purgatory », *Foreign Affairs 98*, n° 1 (janvier/février 2019) : p. 88-100. Pour une série d'arguments expliquant que le changement de position énergétique des États-Unis ne permet pas de réévaluer leur engagement militaire dans le golfe Persique, voir Charles Glaser et Rosemary A. Kelanic, éd., *Crude Strategy : Rethinking the US Commitment to Defend Persian Gulf Oil* (Washington, DC : Georgetown University Press, 2016).

79. Stephen F. Szabo, *Germany, Russia and the Rise of Geo-economics* (Londres : Bloomsbury Academic, 2014), p. 3.

80. US Energy Information Administration, Today in Energy, 1er décembre 2020, https://www.eia.gov/todayinenergy/detail.php?id=46076

81. US Energy Information Administration, Natural Gas Data, Liquid US Natural Gas Exports by Vessel and Truck, https://www.eia.gov/dnav/ng/hist/ngm_epg0_evt_nus-z00_mmcfM.htm

82. Sarah White et Scott DiSavino, « France Halts Engie's US LNG Deal Amid Trade, Environment Disputes », *Reuters*, 23 octobre 2020, https://www.reuter s.com/ar ticle/eng ie-lng-france-unitedstates/france-halts-engies-us-lng-deal-amid-trade-environment-disputes-idUSKBN27808G

83. Reuters, « In Shift, Merkel Backs an End to EU-Turkey Membership Talks », *Reuters*, 3 septembre 2017, https://cn.reuters.com/article/instant-article/idUSKCN1BE15B

84. House of Commons, Foreign Affairs Committee, UK-Turkey Relations and Turkey's Regional Role, Twelfth Report of Session 2010-2012, 4 avril 2012, paras, 135, 143.

85. Cité dans House of Commons, Foreign Affairs Committee, UK-Turkey Relations and Turkey's Regional Role, para 167.

86. *Ibid.*, p. 174.

87. Cité dans George Parker, « Turkey Unlikely to Join EU "Until the Year 3000", Says Cameron », *Financial Times*, 22 mai 2016, https://www.ft.com/content/de1efd42-2001-11e6-aa98-db1e01fabc0c

88. Michael Peel et Richard Milne, « Macron Warns Turkey Not to Undermine NATO Allies' Solidarity », *Financial Times*, 28 novembre 2019, https://www.ft.com/content/7177e13e-1203-11ea-a225-db2f231cfeae

89. Cité dans Reuters, « Turkey's Erdogan Says Talks with EU May End over Cyprus Sanctions », *Reuters*, 12 novembre 2019, https://www.reuters.com/article/us-cyprus-turkey-eu-idUSKBN1XM19C

90. *The Economist*, « Emmanuel Macron in His Own Words ».

91. *The Economist*, « Why Germany's Army is in a Bad State », *Economist*, 9 août 2018, https://www.economist.com/the-economist-explains/2018/08/09/why-germanys-army-is-in-a-bad-state

92. Cité dans Justin Huggler, « Nato "More Important Now than in the Cold War", Angela Merkel Says in Rebuke of Emmanuel Macron », *The Daily Telegraph*, 27 Novembre 2019, https://www.telegraph.co.uk/news/2019/11/27/nato-important-now-cold-war-angela-merkel-says-rebuke-emmanuel/ ; cité dans Reuters, « Merkel Ally Calls for Better Franco-German Ties After NATO Row », *Reuters*, 24 novembre 2019, https://www.reuters.com/article/us-germany-france-idUSKBN1XY0I6

93. Cité dans Guy Chazan, « US Envoy Defends Nord Stream 2 Sanctions as "Pro-European" », *Financial Times*, 22 décembre 2019, https://www.ft.com/content/21535ebe-23dc-11ea-9a4f-963f0ec7e134

94. Guy Chazan, « Merkel Faces Calls to Scrap Nord Stream 2 After Navalny Poisoning », *Financial Times*, 3 septembre 2020, https://www.ft.com/content/81e7d355-e478-49fc-ba75-49f43cbfc74f

95. Sur les mouvements turcs en Méditerranée orientale, voir *The Economist*, « A Row Between Greece and Turkey Over Gas is Raising Tension in the Eastern Mediterranean », *The Economist*, 22 août 2020, https://www.economist.com/international/2020/08/20/a-row-between-turkey-and-greece-over-gas-is-raising-tension-in-the-eastern-mediterranean

96. Cité dans Laura Pitel et David Sheppard, « Turkey Fuels Regional Power Game over Mediterranean Gas Reserves », *Financial Times*, 19 juillet 2020, https://www.ft.com/content/69a222d4-b37c-4e7e-86dc-4f96b226416d

97. Michaël Tanchum, « The Logic Beyond Lausanne : A Geopolitical Perspective on the Congruence Between Turkey's New Hard Power and its Strategic Re-Orientation », *Insight Turkey 22*, n° 3 (2020) : p. 51, https://www.insightturkey.com/commentaries/the-logic-beyond-lausanne-a-geopolitical-perspective-on-the-congruence-between-turkeys-new-hard-power-and-its-strategic-reorientation

DEUXIÈME PARTIE
ÉCONOMIE

4. NOS DEVISES, VOTRE PROBLÈME

1. *Corriere della Serra*, Economia, « Trichet e Draghi : Un'Azione Pressante Per Ristabilire La Fiducia Degli Investitori », https://www.corriere.it/economia/11_settembre_29/trichet_draghi_inglese_304a5f1e-ea59-11e0-ae06-4da866778017.shtml

2. Alan Crawford et Tony Czuczka, *Angela Merkel : A Chancellorship Forged in Crisis* (Chichester : Wiley Bloomberg Press, 2013), p. 14.

3. Marcus Walker, Charles Forelle et Stacey Meichtrei, « Deepening Crisis Over Europe Pits Leader Against Leader », *Wall Street Journal*, 30 décembre 2011, https://www.wsj.com/articles/SB10001424052970203391104577124480046463576

4. Cité dans Silvia Ognibene, « Italy's Northern League Chief Attacks Euro, Says Preparing for Exit », *Reuters*, 7 février 2018, https://www.reuters.com/article/instant-article/idUKKBN1FR30Z

5. Cité dans Adam Tooze, *Crashed : Comment une décennie de crise financière a changé le monde.*

6. Peter Spiegel, *How the Euro Was Saved*, édition kindle (Londres : Financial Times, 2014), chap. 3.

7. Helen Thompson, *Might, Right, Prosperity and Consent : Representative Democracy and the International Economy 1919-2001* (Manchester : Manchester University Press, 2008), p. 78-79.

8. Benn Steil, *The Battle of Bretton Woods : John Maynard Keynes, Harry Dexter White, and the Making of a New World Order* (Princeton : Princeton University Press, 2013), p. 331-335. Ce problème a été en partie rendu célèbre par l'économiste américain Robert Triffin. Ce dernier soutenait que Bretton Woods faisait peser un fardeau intenable sur les États-Unis, puisque en nécessitant un déficit de la balance des paiements américaine pour assurer un afflux de dollars qui permettait au commerce international de se développer, l'accord exigeait également de la Réserve fédérale qu'elle se serve de sa politique monétaire pour défendre la valeur du dollar, ce qui ne pouvait qu'entraîner une récession. Robert Triffin, *Gold and the Dollar Crisis : The Future of Convertibility* (Oxford : Oxford University Press, 1960). Or Triffin ne fournit pas d'explication convaincante sur les raisons de l'échec de Bretton Woods, et ce pour deux raisons. Premièrement, avant même que Triffin ne formule son paradoxe, le système avait déjà engendré une contre-action au problème du dollar-or

sur les marchés de l'eurodollar, ce qui a mis à rude épreuve Bretton Woods longtemps avant sa fin. Deuxièmement, après 1965, les décideurs américains n'ont pas axé leur politique fiscale et monétaire sur le maintien de la convertibilité dollar-or. Michael D. Bordo et Robert N. McCauley, « Triffin : Dilemma or Myth ? », BIS Working Papers, n° 684, 19 décembre 2017, https://www.bis.org/publ/work684.htm

9. *Ibid.*, p. 5.

10. Pour une histoire des marchés de l'eurodollar, voir Gary Burn, *The Re-Emergence of Global Finance* (Basingstoke : Palgrave Macmillan, 2006) ; Catherine R. Schenk, « The Origins of the Eurodollar Market in London : 1955-1963 », *Explorations in Economic History 35*, n° 2 (1998) : p. 221-38.

11. Sur l'importance cruciale de Londres pour les premiers marchés de l'eurodollar et son impact à long terme, voir Jeremy Green, *The Political Economy of the Special Relationship : Anglo-American Development from the Gold Standard to the Financial Crisis* (Princeton : Princeton University Press, 2020) ; Gary Burn, « The State, the City, and the Euromarkets », *Review of International Political Economy 6*, n° 2 (1999) : p. 225-261.

12. Milton Friedman, « The Euro-Dollar Market : Some First Principles », Federal Reserve Bank of St Louis, juillet 1971, p. 16, 21, https://files.stlouisfed.org/files/htdocs/publications/review/71/07/Principles_Jul1971.pdfeasesthe

13. Federal Reserve Board, Federal Open Market Committee, Memoranda of Discussion, 17 décembre 1968, p. 20-22, https://www.federalreserve.gov/monetarypolicy/files/fomcmod19681217.pdf

14. Jeffry Frieden, *Banking on the World : The Politics of American International Finance* (New York : Routledge Revivals, 2016), p. 81.

15. Cité dans Francis Gavin, *Gold, Dollars and Power : The Politics of International Monetary Relations, 1958-1971* (Chapel Hill, NC : University of North Carolina Press, 2004), p. 121.

16. Michael J. Graetz et Olivia Briffault, « A “Barbarous Relic” : The French, Gold, and the Demise of Bretton Woods », *Yale Law & Economics Research Paper*, n° 558 ; *Columbia Law & Economics Working Paper*, n° 560 (2016), p. 13. Pour une vision française de Bretton Woods et l'argument en faveur d'un retour à l'étalon-or de la part d'un des principaux conseillers de De Gaulle, voir Jacques Rueff, *The Monetary Sin of the West* (New York : Macmillan, 1972).

17. Helen Thompson, *Oil and the Western Economic Crisis* (London : Palgrave, 2017), p. 94.

18. Pour un argument contre le caractère inévitable de la fin de Bretton Woods, voir Harold James, « The Multiple Contexts of Bretton Woods », *Oxford Review of Economics Policy 28*, n° 3 (2012) : p. 420-423.

19. Steil, *The Battle of Bretton Woods*, p. 25.

20. James, « The Multiple Contexts of Bretton Woods », p. 424.

21. Sur la croissance des marchés de l'eurodollar dans les années 1970, voir Carlo Edoardo Altamura, *European Banks and the Rise of International Finance : The Post Bretton-Woods Era* (Londres : Routledge, 2017).

22. Thompson, *Oil and the Western Economic Crisis*, p. 96.

23. David Spiro, *The Hidden Hand of American Hegemony : Petrodollar Recycling and International Markets* (Ithaca : Cornell University Press, 1999), p. 107-120 ; Andrea Wong, « US Discloses Saudi Holdings of US Treasuries for First Time », *Bloomberg*, 16 mai 2016, https://www.bloomberg.com/news/articles/2016-05-16/us-discloses-saudi-arabia-s-treasuries-holdings-for-first-time

24. Spiro, *The Hidden Hand*, p. 122-124, 148.

25. Samba Mbaye, New Data on Global Debt, IMF Blog, https://blogs.imf.org/2019/01/02/new-data-on-global-debt/

26. Pour en savoir plus sur les arguments qui estiment que la vie économique depuis les années 1970 s'articule autour du néolibéralisme, voir David Harvey, *A Brief History of Neo-Liberalism* (Oxford : Oxford University Press, 2007) ; Andrew Gamble, *Crisis Without End ? : The Unravelling of Western Prosperity* (Londres : Palgrave, 2014) ; Daniel Stedman Jones, *Masters of the Universe : Hayek, Friedman, and the Birth of Neoliberal Politics*, édition mise à jour (Princeton : Princeton University Press, 2014).

27. Sur les origines intellectuelles du néolibéralisme dans le sillage de la chute de l'empire des Habsbourg, voir Quinn Slobodian, *Globalists : The End of Empire and the Birth of Neo-Liberalism* (Cambridge, MA : Harvard University Press, 2018).

28. Pour l'argument convaincant selon lequel les années 1970 constitueraient la fin d'un siècle de conditions matérielles, technologiques et démographiques qui ont été le moteur de la productivité américaine et avec lesquelles il est impossible de renouer, voir Robert J. Gordon, *The Rise and Fall of American Growth* (Princeton : Princeton University Press, 2016).

29. Au sujet d'une réflexion comparable sur les causes matérielles de la crise de 1970, voir Adam Tooze, « Neo-liberalism's World Order », *Dissent* (été 2018), https://www.dissentmagazine.org/article/neoliberalism-world-order-review-quinn-slobodian-globalists. Pour une discussion

du rôle central de l'énergie pour l'ordre du jour politique de la déréglementation aux États-Unis dans les années 1970 et au début des années 1980, voir Meg Jacobs, *Panic at the Pump : The Energy Crisis and the Transformation of American Politics in the 1970s* (New York : Hill and Wang, 2016). Pour une discussion de la relation entre les questions liées au dollar et la rhétorique de libéralisation de l'économie, voir David E. Spiro, « The Role of the Dollar and the Justificatory Discourse of Neoliberalism », dans *Counter-Shock : The Oil Counter-Revolution of the 1980s*, sous la direction de Duccio Basosi, Giuliano Garavini et Massimiliano Trentin (Londres : I.B. Taurus, 2020), p. 36, 49, 51.

30. *Ibid.*, chap. 3-4.

31. *Ibid.*, p. 271.

32. *Ibid.*, p. 109.

33. Perry Mehrling, « An Interview with Paul A. Volcker », *Macroeconomic Dynamics 5*, n° 3 (2001) : p. 443.

34. Graetz et Briffault, « A “Barbarous Relic” », p. 17.

35. Barry Eichengreen, *Exorbitant Privilege : The Rise and Fall of the Dollar and the Future of the International Monetary System* (Oxford : Oxford University Press, 2011), p. 75.

36. Geoffrey Bell, « The May 1971 International Monetary Crisis : Implications and Lessons », *Financial Analysts Journal 27*, n° 4 (1971) : p. 88.

37. Cité dans James, *Making the European Monetary Union*, p. 87.

38. Cité dans EC : Heath-Brandt Meeting–Resumed (Possible Joint EC Float), 1 March 1973, UK National Archive. Disponible grâce à la Margaret Thatcher Foundation : Britain & the Origins of the EMS.

39. Cité dans Callaghan Note of EMS Discussion (At Copenhagen European Council Dinner, 7 April 1978), UK National Archive. Disponible grâce à la Margaret Thatcher Foundation : Britain & the Origins of the EMS, https://www.margaretthatcher.org/archive/EMS_1978

40. Cité dans Transcript of Meeting of the Bundesbank Council, 30 November 1978; The National Archive, Schmidt Note of Remarks on EMS. UK National Archive. Disponible grâce à la Margaret Thatcher Foundation : Britain and the Origins of the EMS.

41. Charles P. Kindleberger, « The Dollar Yesterday, Today and Tomorrow », *Banca Nazionale Del Lavoro Quarterly Review 155*, (Décembre 1985), p. 306.

42. Kiyoshi Hirowatari, *Britain and European Monetary Cooperation 1964-1979* (Londres : Palgrave Macmillan, 2015), p. 50.

43. Cité dans Catherine Schenk, « Sterling, International Monetary Reform, and Britain's Applications to Join the European Economic Community in the 1960s », *Contemporary European History 11*, n° 3 (2002) : p. 367.

44. *Ibid.*, p. 369.

45. Hirowatari, *Britain and European Monetary Cooperation 1964-1979*, p. 48-49.

46. Harold James soutient qu'il n'était possible de parvenir à un certain degré de coopération monétaire dans la CE que si Londres se tenait à l'écart en laissant la France et l'Allemagne de l'Ouest aux commandes. James, 'The Multiple Contexts', p. 421.

47. Volcker lui-même donne sa version du choc Volcker dans Paul A. Volcker, avec Christine Harper, *Keeping at It : The Quest for Sound Money and Good Government* (New York : Public Affairs, 2018).

48. Alexandre Reichart, « French Monetary Policy (1981-1985) : A Constrained Policy, Between Volcker Shock, the EMS, and Macroeconomic Imbalances », *Journal of European Economic History 44*, n° 1 (2015) : p. 15.

49. Jeremy Leaman, *The Political Economy of Germany Under Chancellors Kohl and Schröder : Decline of the German Model ?* (New York : Berghahn Books, 2009), p. 26-30.

50. Voir Helen Thompson, *The British Conservative Government and the European Exchange Rate Mechanism 1979-1994* (London : Pinter, 1996), chap. 2-5.

51. James, « Bretton Woods and its Multiple Contexts », p. 427-428.

52. Sur les accords du Plaza et du Louvre, et l'échec de la tentative de coopérer sur les taux de change au milieu des années 1980, voir C. Randall Henning, *Currencies and Politics in the United States, Germany, and Japan* (Washington, DC : Peterson Institution of International Economics, 1994) ; Yoichi Funabashi, *Managing the Dollar from the Plaza to the Louvre*, deuxième édition (Washington, DC : Peterson Institute for International Economics, 1989).

53. Spiro, « The Role of the Dollar and the Justificatory Discourse of Neoliberalism », p. 41.

54. Sur la façon dont le gouvernement français est parvenu à la décision sur l'union monétaire en 1988, voir David J. Howarth, *The French Road to European Monetary Union* (Londres : Palgrave Macmillan, 2001).

55. Le fait que certains, dont Jacques Delors à la Commission, espéraient qu'à terme, une devise européenne pourrait représenter une alternative au dollar a amené des analystes – par exemple Barry Eichengreen,

Exorbitant Privilege, p. 86 – à justifier cette décision par des raisons liées au dollar. Mais c'est la contrainte du deutschemark, et non celle du dollar, qui a été mise en avant en 1987-1988, et la décision française est survenue aussitôt après la fin du Conseil franco-allemand.

56. Certaines sources continuent d'affirmer que l'union monétaire est née en réaction à l'unification allemande, mais la CE s'était déjà entendue sur la mise en œuvre du rapport Delors sur l'union monétaire en juin 1989. Pour une démolition en règle de ces théories, voir Andrew Moravcsik, *The Choice for Europe : Social Purpose and State Power from Messina to Maastricht* (Londres : UCL Press, 1999), p. 396-401.

57. Sur le fait que la Bundesbank prétend représenter le peuple allemand d'une autre façon que l'État allemand et sur les légendes tirées de l'histoire économique allemande pour légitimer ces revendications, voir Hjalte Lokdam, « Banking on Sovereignty : A Genealogy of the European Central Bank's Independence », thèse de doctorat soumise à la London School of Economics, 2019, chap. 2.

58. Voir Chiara Zilioli et Martin Selmayr, « The Constitutional Status of the European Central Bank », *Common Market Law Review 44*, n° 2 (2007) : p. 355-399.

59. Sur le passage à l'union monétaire et les conditions prévues par Maastricht, voir James, *Making the European Monetary Union*, chap. 6-8 ; David Marsh, *The Euro : The Battle for the New Global Currency* (New Haven : Yale University Press, 2009), chap. 3-6.

60. Quoi qu'il en soit, au début, le gouvernement italien a vigoureusement soutenu la France quand il s'est agi de réclamer une union monétaire.

61. Moravcsik, *The Choice for Europe*, p. 404.

62. *Ibid.*, p. 443.

63. James Sloam, *The European Policy of the German Social Democrats : Interpreting a Changing World* (Londres : Palgrave Macmillan, 2004), p. 138-140.

64. Alan Cowell, « Kohl Casts Europe's Economic Union as War and Peace Issue », *New York Times*, 7 octobre 1995, https://www.nytimes.com/1995/10/17/world/kohl-casts-europe-s-economic-union-as-war-and-peace-issue.html

65. Cowell, « Kohl Casts Europe's Economic Union as War and Peace Issue ».

66. David Howarth, « The French State in the Euro-Zone : "Modernization" and Legitimatizing Dirigisme », dans *European States and the*

Euro : Europeanization, Variation, and Convergence, sous la direction de Kenneth Dyson (Oxford : Oxford University Press, 2002), p. 167.

67. Moravcsik, *The Choice for Europe*, p. 446.

68. Maria Demertzis, Konstantinos Efstathiou et Fabio Matera, « The Italian Lira : The Exchange Rate and Employment in the ERM », *Bruegel Blog*, 13 janvier 2017, https://www.bruegel.org/2017/01/the-italian-lira-the-exchange-rate-and-employment-in-the-erm/

69. Cité dans Katherine Butler et Yvette Cooper, « Lira Up as Italy's Tax for Europe Gets Go-Ahead », *The Independent*, 22 février 1997, https://www.independent.co.uk/news/business/lira-up-as-italy-s-tax-for-europe-gets-goahead-1279992.html

70. Cité dans Butler et Cooper, « Lira Up as Italy's Tax for Europe Gets Go-Ahead ».

71. Thompson, *The British Conservative Government and the European Exchange Rate Mechanism*, p. 203-207.

72. D'aucuns affirment que la décision britannique de rester à l'écart a été motivée par des calculs autour du secteur financier. À ce sujet, voir Ophelia Eglene, *Banking on Sterling : Britain's Independence from the Euro Zone* (Lanham, MD : Lexington Books, 2010).

5. Fabriqué en Chine, a besoin de dollars

1. Janet Yellen, « The Outlook for the Economy », Remarks at the Providence Chamber Of Commerce, Providence, Rhode Island, 22 mai 2015, https://fraser.stlouisfed.org/title/statements-speeches-janet-l-yellen-930/outlook-economy-521732

2. *Ibid.*

3. Le renminbi est la devise officielle de la Chine, son nom correspondant à la devise en tant que moyen d'échange. Le yuan est l'unité de compte qui sert à mesurer les prix.

4. Federal Open Market Committee, Press Conference, 17 septembre 2015, https://www.federalreserve.gov/monetarypolicy/fomcpresconf20150917.htm

5. G20 Finance Ministers and Central Bank Governors' Meeting, Shanghai, 27 février 2016, Communiqué, http://www.g20.utoronto.ca/2016/160227-finance-en.html

6. National Security Strategy of the United States of America, https://trumpwhitehouse.archives.gov/wp-content/uploads/2017/12/NSS-Final-12-18-2017-0905.pdf, p. 27, 3, 18.

7. Remarks By Vice President Pence on the Administration's Policy Towards China, Hudson Institute, Washington, DC, 4 octobre, https://www.hudson.org/events/1610-vice-president-mike-pence-s-remarks-on-the-administration-s-policy-towards-china102018

8. Cité dans Richard N. Haass, « The Crisis in US-China Relations : The Trump Administration has Staked Out an Aggressive Position, But its Critique of Chinese Behaviour Is Widely Shared and Points to the Need for a New American Strategy », *Wall Street Journal*, 19 octobre 2018, https://www.wsj.com/articles/the-crisis-in-u-s-china-relations-1539963174 En octobre 2018, l'ancien Premier ministre australien Kevin Rudd a expliqué dans un discours que la politique chinoise du gouvernement Trump représentait un tournant pour le monde. « The United States and China and the avoidable war », Speech at the United States Naval Academy, 10 octobre 2018, https://asiasociety.org/policy-institute/united-states-and-china-avoidable-war

9. Cité dans Jim Brunsden, « EU Warns of $300 billion Hit to US Over Car Import Tariffs », *Financial Times*, 1er juillet 2018.

10. US Census, Foreign Trade, Trade in Goods with China, https://www.census.gov/foreign-trade/balance/c5700.html

11. Sur le choc pour l'emploi en France, voir Clément Malgouyres, « The Impact of Chinese Import Competition on the Local Structure of Employment and Wages : Evidence from France », Banque de France, Document de travail, n° 603. Il n'y a qu'en Allemagne que l'on a assisté à un important mouvement d'exportations dans l'autre sens, vers la Chine, y compris dans le domaine automobile et des machines-outils. Wolfgang Dauth, Sebastian Findeisen et Jens Suedekum, « The Rise of the East and the Far East : German Labour Markets and Trade Integration », *Journal of the European Economic Association 12*, n° 6 (2014) : p. 1643-1675.

12. L'hypothèse d'un choc étendu a été avancée dans plusieurs études par les économistes David Autor, David Dorn et Gordon Hanson. Voir par exemple David H. Autor, David Dorn et Gordon H. Hanson, « The China Shock : Learning from Labour Market Adjustment to Large Changes in Trade », NBER Working Paper Series, 21906. Voir également Justin R. Pierce et Peter K. Schott, « The Surprisingly Swift Decline of US Manufacturing Employment », *American Economic Review 106*, n° 7 (2016) : p. 1632-1662 ; Daron Acemoglu, David Autor, David Dorn, Gordon Hanson et Brendan Price, « Import Competition and the Great U.S. Employment Sag of the 2000s », *Journal of Labor Economics 34*, n° 1 (2016) : p. 141-198. Pour une critique des arguments d'Autor, Dorn

et Hanson, voir Jonathan T. Rothwell, « Cutting the Losses : Reassessing the Costs of Import Competition to Workers and Communities » (19 octobre 2017), https:// papers.ssrn.com/sol3/papers.cfm?abstract_id=2920188 Pour un argument qui met l'accent sur les bénéfices, voir Kyle Handley et Nuno Limao, « Policy Uncertainty, Trade, and Welfare : Theory and Evidence for China and the United States », *American Economic Review 107*, n° 9 (2017) : p. 2731-2783.

13. Federal Reserve of St Louis Data, Current Employment Statistics, All Employees, Manufacturing, https://fred.stlouisfed.org/series/MANEMP

14. Par exemple, le début de la période, de 2000 à 2002, a coïncidé avec un moment où le dollar était fort. Sur les interprétations de cette variable en relation avec le choc chinois, voir Brad Setser, « China's WTO Entry, 15 Years On », Council on Foreign Relations Blog, https://www.cfr.org/blog/chinas-wto-entry-15-years

15. Cité dans Robert E. Lighthizer, Testimony Before the US-China Economic and Security Review Commission : Evaluating China's Role in the World Trade Organization Over the Last Decade, 9 juin 2010, p. 10, https://www.uscc.gov/sites/default/files/6.9.10Lighthizer.pdf

16. Cité dans Helen Thompson, *China and the Mortgaging of America* : Domestic Politics and Economic Interdependence (Londres : Palgrave, 2010), p. 38.

17. Il y avait des raisons solides de penser que la devise chinoise était une des principales explications de l'excédent commercial de Pékin. Voir Brad Setser, Testimony before the Senate Committee on Small Business and Entrepreneurship, Hearing on Made in China and the Future of US Industry, 27 février 2019, https://www.sbc.senate.gov/public/_cache/files/3/b/3bd85987-d8b4-48b3-a53e-8b49d2060821/4E39BD152B9F358A5E4254D80A512D8B.setser-testimony.pdf Sur l'idée que le problème n'était pas lié à la Chine, mais à la politique macroéconomique américaine, voir Ronald McKinnon, *The Unloved Dollar Standard : From Bretton Woods to the Rise of China* (Oxford : Oxford University Press, 2013), chap. 13.

18. Voir Henry M. Paulson Jr, « A Strategic Economic Engagement : Strengthening US-China Ties », *Foreign Affairs 87*, n° 5 (septembre/octobre 2008) : p. 59-77.

19. Sean Starrs, « American Economic Power Hasn't Declined – It Globalised ! Summoning the Data and Taking Globalisation Seriously », *International Studies Quarterly 57*, n° 4 (2013) : p. 818-820.

20. Cité dans Charles Duhigg et Keith Bradsher, « How the US Lost out on iPhone Work », *New York Times*, 21 janvier 2012, https://

www.nytimes.com/2012/01/22/business/apple-america-and-a-squeezed-middle-class.html

21. *Ibid.*

22. Greg Linden, Kenneth L. Kraemer et Jason Dedrick, « Who Captures Value in a Global Innovation System ? The Case of Apple's iPod », UC Irvine Personal Computing Industry Center, The Paul Merage School of Business, University of California, Irvine, juin 2007, https://citeseerx.ist.psu.edu/viewdoc/download?doi=10.1.1.419.2289&rep=rep1&type=pdf

23. Matthew Klein et Michael Pettis ont suggéré que les guerres commerciales sont en fin de compte des guerres de classes. En ce qui concerne les échanges sino-américains, et d'ailleurs aussi les échanges germano-américains, ils affirment que « les riches de la planète ont récolté des bénéfices aux dépens des salariés et des retraités du monde entier parce que les intérêts des financiers américains coïncidaient avec ceux des industriels chinois et allemands ». Matthew C. Klein et Michael Pettis, *Trade Wars are Class Wars : How Rising Inequality Distorts the Global Economy and Threatens International Peace* (New Haven : Yale University Press), p. 224.

24. US Energy Information Administration, international statistics. Sur la demande en hausse, voir Thompson, *Oil and the Western Economic Crisis*, p. 10-12.

25. Sur les problèmes de l'offre, voir Thompson, *Oil and the Western Economic Crisis*, p. 12-24.

26. Macro-trends, Crude Oil Prices–70 Year Historical Chart, https://www.macrotrends.net/1369/crude-oil-price-history-chart

27. Carlo Edoardo Altamura, *European Banks and the Rise of International Finance* (London : Routledge, 2017), chap. 3. Au sujet des opérations bancaires de consortium sur les marchés de l'eurodollar, voir Richard Roberts (avec C. Arnander), *Take Your Partners : Orion, the Consortium Banks and the Transformation of the Euromarkets* (Londres : Palgrave Macmillan, 2001).

28. Sur l'apparition d'un secteur bancaire international jusqu'à la fin des années 1970, voir Helmut W. Mayer, « Credit and Liquidity Creation in the International Banking Sector », *BIS Economic Papers*, n° 1, 1er novembre 1979, https://www.bis.org/publ/econ1.htm Sur le passage, aux États-Unis, à une économie davantage centrée sur la finance, voir Judith Stein, *Pivotal Decade : How the United States Traded Factories for Finance in the Seventies* (New Haven : Yale University Press, 2011).

29. Voir Carlo Edoardo Altamura, *European Banks and the Rise of International Finance*, chap. 3. Le deuxième choc pétrolier a suscité un nouveau débat, les banques centrales allant jusqu'à proposer d'obliger les banques à publier des bilans consolidés incluant leurs activités en eurodollars, mais cela ne s'est jamais concrétisé. Izabella Kaminska, « A Global Reserve Requirement for All Those Eurodollars », *Financial Times Alphaville*, 15 avril 2016, https://www.ft.com/content/226e90ec-ead3-311d-9361-b0f2c2bfd9e3 Sur l'importance des États européens dans les approches internationales des flux de capitaux ouverts, voir Rawi Abdelal, *Capital Rules : The Construction of Global Finance* (Cambridge, MA : Harvard University Press, 2007). Sur l'importance des banques centrales pour le développement de la version post-Bretton Woods du système de l'eurodollar, voir Benjamin Braun, Arie Kramp et Steffen Murau, « Financial Globalisation as Positive Integration : Monetary Technocrats and the Eurodollar Market in the 1970s », *Review of International Political Economy*. Publié en ligne le 22 mars 2020, DOI : 10.1080/09692290.2020.1740291 ; Rawi Abdelal, « Writing the Rules of Global Finance : France, Europe, and Capital Liberalization », *Review of International Political Economy 13*, n° 1 (2006) : p. 1-27.

30. Charles Goodhart, *The Basel Committee on Banking Supervision* (Cambridge : Cambridge University Press, 2011), p. 41.

31. Alan Greenspan, « The Challenge of Central Banking in a Democratic Society », Remarks, 5 décembre 1996, https://fraser.stlouisfed.org/title/statements-speeches-alan-greenspan-452/challenge-central-banking-a-democratic-society-8581

32. *Ibid.*

33. *Ibid.*

34. Claudio Borio et William White, « Whither Monetary and Financial Stability ? The Implications of Evolving Policy Regimes », BIS Working Papers, n° 147, 2004, p. 5, https://www.bis.org/publ/work147.pdf

35. Emporté par son optimisme, Greenspan a affirmé que la forte augmentation du volume de ce qu'il définissait comme la « finance transfrontalière » permettait à l'économie mondiale de mieux absorber les chocs. Alan Greenspan, « World Finance and Risk Management », Remarks at Lancaster House, Londres, 25 septembre 2002, https://www.federalreserve.gov/boarddocs/speeches/2002/200209253/default.htm. Après le krach, Greenspan a admis avoir commis certaines erreurs durant son mandat, mais n'en a pas moins insisté sur le fait que la politique monétaire ne pouvait pas être orientée de façon préventive sur les bulles d'actifs. Voir Alan Greenspan, « The Crisis », *Brookings*

Papers on Economic Activity (Spring 2010), p. 201-246, https://www.brookings.edu/bpea-articles/the-crisis/ Sur l'idée, formulée avant le krach de 2007-2008, que la prétendue Grande Modération était intrinsèquement indissociable des conditions favorisant l'instabilité financière, voir Borio et White, « Whither Monetary and Financial Stability ? ».

36. Sur les opérations bancaires internationalisées à partir de la fin des années 1990, voir Iain Hardie et David Howarth, dir, *Market Based-Banking and the International Financial Crisis* (Oxford : Oxford University Press). Sur le rôle clé de l'Allemagne, voir Helen Thompson, « Enduring Capital Flow Constraints and the 2007-8 Financial and Euro-zone Crises », *British Journal of Politics and International Relations 8*, n° 1 (2016) : p. 216-233 ; Iain Hardie et David Howarth, « Die Krise and Not la Crise ? The Financial Crisis and the Transformation of German and French Banking Systems », *Journal of Common Market Studies 47*, n° 5 (2009) : p. 1017-1039.

37. Au sujet de l'impact des opérations bancaires internationalisées sur la hausse brutale des flux de capitaux internationaux de 2002 à 2007, voir, Philip R. Lane, *Capital Flows in the Euro Area*, European Commission, Economic Papers 497, avril 2013, https://ec.europa.eu/economy_finance/publications/economic_paper/2013/pdf/ecp497_en.pdf ; Philip. R. Lane, « Financial Globalisation and the Crisis », BIS Working Papers, n° 39, décembre 2012, https://www.bis.org/publ/work397.htm ; Philip R. Lane et Gian Maria Milesi-Ferretti, « The Drivers of Financial Globalisation », *American Economic Review 98*, n° 2 (2008) : p. 327-332 ; Gian Maria Milesi-Ferretti, Francesco Strobbe et Natalia Tamirisa, « Bilateral Financial Linkages and Global Imbalances : A View on the Eve of the Financial Crisis », IMF Working Paper, WP/10/257, 1er novembre 2010, https://www.imf.org/en/Publications/WP/Issues/2016/12/31/Bilateral-Financial-Linkages-and-Global-Imbalances-a-View-on-The-Eve-of-the-Financial-Crisis-24350

38. BIS Committee on the Global Financial System, *The Functioning and Resilience of Cross-Border Funding Markets*, CGFS Paper n° 37, mars 2010, p. 10, https://www.bis.org/publ/cgfs37.htm ; Patrick McGuire et Goetz von Peter, The US Dollar Shortage in Global Banking, *BIS Quarterly Review* (March 2009) : p. 48, https://www.bis.org/publ/qtrpdf/r_qt0903f.pdf?noframes=1

39. Ben S. Bernanke, « The Great Moderation », Speech at the Eastern Economic Association, Washington, DC, 20 février 2004, https://www.federalreserve.gov/boarddocs/speeches/2004/20040220/

40. *Ibid.*

41. Charles Bean, « The Great Moderation, the Great Panic, and the Great Contraction », *BIS Review 101* (2009) : p. 4-7, https://www.bis.org/review/r090902d.pdf

42. Voir Sandra Eickmeier et Markus Kühnlenz, « China's Role in Global Inflation Dynamics », *Macroeconomic Dynamics 22*, n° 2 (2016) : p. 225-254.

43. Charles Bean, Christian Broda, Takatoshi Ito et Randall Kroszner, « Low for Long ? Causes and Consequences of Persistently Low Interest Rates », Geneva Reports on the World Economy 17, International Center for Monetary and Banking Studies (ICMB) and Center for Economic Policy Research (CEPR), Genève et Londres, octobre 2015, p. 1, 3, 14, https://voxeu.org/sites/default/files/file/Geneva17_28sept.pdf

44. *Ibid.*, p. 10.

45. *Ibid.*, p. 28-32.

46. Ben S. Bernanke, « The Global Saving Glut and the U.S. Current Account Deficit », Remarks at the Sandridge Lecture, Virginia Association of Economists, 14 avril 2005, https://www.federalreserve.gov/boarddocs/speeches/2005/200503102/

47. Brad W. Sester et Arpana Pandey, « China's $1.5 Trillion Bet : Understanding China's External Portfolio », Council for Foreign Relations, Working Paper, 13 mai 2009, p. 1, https://www.cfr.org/report/chinas-15-trillion-bet

48. Michael P. Dooley, David Folkerts-Landau et Peter Garber, « The Revived Bretton Woods System », *International Journal of Finance and Economics 9*, n° 4 (2004) : p. 307-313.

49. Niall Ferguson et Moritz Schularick, « Chimerica and the Global Asset Boom », *International Finance 10*, n° 3 (2007) : p. 215-239.

50. Lawrence H. Summers, « The US Current Account Deficit and the Global Economy », Lecture at the Per Jacobsson Foundation, 3 octobre 2004, p. 13, 8, https://www.imf.org/en/Publications/Other-Periodicals/Issues/2016/12/31/The-U-S-17872

51. Sur l'impact général des prix du pétrole sur la prise de décision monétaire pour la Fed, la BCE et la Banque d'Angleterre de 2004 à 2008, voir Thompson, *Oil and the Western Economic Crisis*, p. 26-34.

52. Alan Greenspan, *The Age of Turbulence* (Londres : Allen Lane, 2007), p. 463.

53. Cité dans « Greenspan Clarifies Iraq War Comment », *The Irish Times*, 17 septembre 2007, https://www.irishtimes.com/news/greenspan-clarifies-iraq-war-comment-1.812331

54. Mervyn King, Speech Given at CBI North East Annual Dinner, Gateshead, 11 octobre 2005, https://www.bankofengland.co.uk/speech/2005/cbi-north-east-annual-dinner

55. European Central Bank, Introductory Statement with Q&A, Jean-Claude Trichet et Lucas Papademos, Francfort/Main, 3 juillet 2008, https://www.ecb.europa.eu/press/pressconf/2008/html/is080703.en.html

56. Cité dans Tao Wu, « The Long-Term Interest Rate Conundrum : Not Unravelled Yet ? », *Federal Reserve Bank of San Francisco, Economic Letter*, 29 avril 2005, https://www.frbsf.org/economic-research/publications/economic-letter/2005/april/the-long-term-interest-rate-conundrum-not-unraveled-yet/

57. Sur la dynamique des banques européennes qui recyclaient le crédit en dollars aux États-Unis, voir Claudio Bordo, Harold James et Hyun Song Shin, « The International Monetary and Financial System : A Capital Account Historical Perspective », BIS Working Papers, n° 457, août 2014, p. 15-19, https://www.bis.org/publ/work457.htm

58. Pour une analyse montrant comment les banques européennes se trouvaient à l'épicentre de la crise financière, voir Robert N. McCauley, « The 2008 crisis : transatlantic or transpacific ? », *BIS Quarterly Review* (December 2018) : p. 39-58, https://www.bis.org/publ/qtrpdf/r_qt1812f.htm ; Claudio Bordo, Harold Jame et Hyun Song Shin, « The International Monetary and Financial System » ; Hyun Song Shin, « Global Banking Glut and Loan Risk Premium », *IMF Economic Review 60*, n° 2 (2012) : p. 155-192 ; Naohiko Baba, Robert N. McCauley et Srichander Ramaswamy, « US Dollar Money Market Funds and Non-US Banks », *BIS Quarterly Review* (mars 2009) : p. 65-81 ; Patrick McGuire et Goetz von Peter, « The US Dollar Shortage in Global Banking », *BIS Quarterly Review* (mars 2009) : p. 47-63 ; Claudio Borio et Piti Disyatat, « Global Imbalances and the Financial Crisis : Link Or No Link ? », BIS Working Papers, n° 346, mai 2011, https://www.bis.org/publ/work346.pdf Pour une analyse magistrale de la crise bancaire européenne et comment elle a été présentée à tort comme une orgie d'épargne asiatique et une crise du crédit hypothécaire aux États-Unis, voir Adam Tooze, Crashed : *Comment une décennie de crise financière a changé le monde*, chap. 1-3.

59. Bernanke analyse l'orgie d'épargne après la crise dans Ben S. Bernanke, Carol Bertaut, Laurie Pounder DeMarco et Steven Kamin, « International capital flows and the return to safe assets in the United States, 2003-07 », Board of Governors of the Federal Reserve System International Finance Discussion Papers, 1014, février 2011, https://

www.federalreserve.gov/pubs/ifdp/2011/1014/ifdp1014.htm Le terme « orgie bancaire » est tiré de Shin, « Global Banking Glut and Loan Risk Premium ».

60. Federal Reserve Bank of St Louis, House Price Indexes, https://fred.stlouisfed.org/categories/32261

61. Sur le boom du logement et les prêts hypothécaires aux États-Unis, voir Herman M. Schwartz, *Subprime Nation : American Power, Global Capital Flows and the Housing Bubble* (Ithaca : Cornell University Press, 2009) ; Robert J. Schiller, *The Sub-Prime Solution : How Today's Financial Crisis Happened and What to Do About it* (Princeton : Princeton University Press, 2008), chap. 2-4.

62. William R. Emmons, « The End is in Sight For the US Foreclosure Crisis », Federal Reserve Bank of St Louis, 2 décembre 2016, https://www.stlouisfed.org/on-the-economy/2016/december/end-sight-us-foreclosure-crisis

63. Thompson, *Oil and the Western Economic Crisis*, p. 30-32.

64. *Ibid.*, p. 35-37 ; James D. Hamilton, « Causes and Consequences of the Oil Shock of 2007-08 », *Brookings Papers on Economic Activity* (printemps 2009) : p. 215-261.

65. Thompson, *Oil and the Western Economic Crisis*, p. 34.

66. *Ibid.*, p. 33-34.

67. Déclaration de Ben Bernanke devant la Financial Crisis Inquiry Commission, Washington, DC, 2 septembre 2010, https://www.federalreserve.gov/newsevents/testimony/bernanke20100902a.pdf Dans son rapport de conclusion, la commission d'enquête sur la crise financière n'a presque pas tenu compte de ce que lui avait dit Bernanke et a accordé un rôle central aux prêts hypothécaires dans sa version de la crise. La difficulté que les banques les plus touchées en 2007-2008 ont toutes eue en commun était leur dépendance vis-à-vis du financement à court terme. Voir Andrea Beltratti et René M. Stulz, « The Credit Crisis Around the Globe : Why Did Some Banks Perform Better ? » *Journal of Financial Economics 105*, n° 1 (2012) : p. 1-17.

68. Iain Hardie et Helen Thompson, « Taking Europe Seriously : European Financialization and US Monetary Power », *Review of International Political Economy 28*, n° 4 (2021) p. 4.

69. Izabella Kaminska, « All about the Eurodollars », *Financial Times Alphaville*, 5 septembre 2014, https://www.ft.com/content/033a7ad2-9762-35c9-a0e5-f59ea2968757

70. Cité dans Baba, McCauley et Ramaswamy, « US Dollar Money Market Funds and Non-US Banks », p. 76. Pour une description de la

façon dont la Fed, la BCE et la Banque d'Angleterre ont géré la crise à partir d'août 2007, voir Neil Irwin, *The Alchemists : Three Central Banks and a World on Fire* (Londres : Penguin, 2014).

71. Federal Reserve Economic Data, Labour Participation Rate, https://fred.stlouisfed.org/series/CIVPART

72. Mark Carney, « The Growing Challenges for Monetary Policy in the Current International Monetary and Financial System », Speech at the Jackson Hole Symposium, 23 août 2019, https://www.bis.org/review/r190827b.htm

73. Carney, « The Growing Challenges for Monetary Policy ».

74. *Ibid.*

6. Nous ne sommes plus au Kansas *

1. Michael Santoli, « Breaking Down This Sell Off, Among the Most Extreme and Rare Wall Street has Ever Seen », *CNBC*, 22 mars 2021, https://www.cnbc.com/2020/03/22/breaking-down-this-sell-off-among-the-most-extreme-and-rare-wall-street-has-ever-seen.html

2. Trading Economics, Markets, United States Government Bond 10Y, https://tradingeconomics.com/united-states/government-bond-yield

3. Cité dans Martin Arnold et Tommy Stubbington, « Lagarde Triggers Investor Jitters As ECB Launches Virus Response », *Financial Times*, 12 mars 2020, https://www.ft.com/content/11ab8f84-6452-11ea-b3f3-fe4680ea68b5

4. Pour un récit saisissant sur la crise économique au début de la pandémie, voir Adam Tooze, *Shutdown : How Covid Shook the World's Economy* (Londres : Allen Lane, 2021).

5. Global Banking Directory, Banksdaily.com, Bankshttps://banksdaily.com/topbanks/World/2007.html

6. Global Banking Directory, Banksdaily.com, https://banksdaily.com/topbanks/World/total-assets-2020.html

7. Derek Wallbank et Iain Marlow, « Trump Calls Hong Kong Protests "Riots", Adopting China's Rhetoric », *Bloomberg*, 2 août 2019, https://www.bloomberg.com/news/articles/2019-08-02/trump-calls-hong-kong-protests-riots-adopting-china-rhetoric

8. Sur l'idée que les banques centrales ont à la fois créé le monde de l'après-krach et été incapables d'en régler les problèmes économiques et politiques, voir Mohamed A. El-Erian, *The Only Game in Town : Central*

* Allusion au *Magicien d'Oz*.

Banks, Instability, and Avoiding the Next Collapse (New York : Random House, 2016).

9. Pour une description détaillée des actions de la Fed, voir David Wessel, *In FED We Trust : Ben Bernanke's War on the Great Panic* (New York : Random House, 2010), chap. 10-14. Adam Tooze, *Crashed : Comment une décennie de crise financière a changé le monde*, chap. 7-8. Sur l'émergence de la Fed en tant que prêteur international de dernier recours, voir Christophe Destais, « Central Bank Currency Swaps and the International Monetary System », *Emerging Markets Finance and Trade 52*, n° 10 (2016) : p. 2253-2266 ; Daniel McDowell, « The US as Sovereign International Last Resort Lender : The Fed's Currency Swap Programme During the Great Panic of 2007-9 », *New Political Economy 17*, n° 2 (2012) : p. 157-178 ; Iain Hardie et Sylvia Maxfield, « Atlas Constrained : The US External Balance Sheet and International Monetary Power », *Review of International Political Economy 23*, n° 4 (2016) : p. 583-613 ; Perry Mehrling, « Elasticity and Discipline in the Global Swap Network », *International Journal of Political Economy 44*, n° 4 (2015) : p. 311-324.

10. Sur la politique qui a déterminé quels pays des marchés émergeants ont obtenu des swaps en dollars, voir Aditi Sahasrabuddhe, « Drawing the Line : The Politics of Federal Currency Swaps in the Global Financial Crisis », *Review of International Political Economy 26*, n° 3 (2019) : p. 461-489 ; Benn Steil, « Taper Trouble : The International Consequences of Fed Policy », *Foreign Affairs 93*, n° 4 (July/August 2014) : p. 54-61.

11. Jeffrey Snider, d'Alhambra Investment Partners, a longuement écrit et débattu sur les raisons pour lesquelles les marchés du crédit en eurodollars n'ont jamais retrouvé leur fonctionnalité d'avant le mois d'août 2007. Voir par exemple Jeffrey Snider, « Why Quantitative Easing Can Never Work », Alhambra Investment Partners, juin 2016, https://alhambrapartners.com/wp-content/uploads/2016/06/Why-QE-Will-Never-Work.pdf

12. Robert N. McCauley, Agustín S. Bénétrix, Patrick M. McGuire et Goetz von Peter, « Financial De-globalization in Banking ? » BIS Working Papers, n° 650, juin 2017, https://www.bis.org/publ/work650.pdf ; Jaime Caruana, « Have We Passed Peak Finance ? » Lecture for the International Centre for Monetary and Banking Studies, Genève, 28 février 2017, https://www.bis.org/speeches/sp170228.htm ; Gian Maria Milesi-Ferretti, « Global Capital Flows and External Financial Positions Since the Global Financial Crisis », article présenté à la réunion de l'Irving Fischer

Committee Satellite lors de l'ISI World Statistics Congress, Rio de Janeiro, Brésil, 24 juillet 2015, https://www.bis.org/ifc/publ/ifcb42_keynotespeech.pdf ; Kristin Forbes, « Financial "Deglobalization" ? : Capital Flows, Banks, and the Beatles », discours à la Queen Mary University, Londres, 18 novembre 2014, https://www.bankofengland.co.uk/speech/2014/financial-deglobalization-capital-flows-banks-and-the-beatles

13. Si la décision de la Fed d'opter pour l'assouplissement quantitatif et des taux d'intérêt à zéro constitue une formidable rupture, la Banque du Japon a été la première banque centrale à pratiquer cette politique monétaire peu conventionnelle, décidant de taux d'intérêt à zéro en février 1999, et d'appliquer un assouplissement quantitatif en mars 2001. Voir Kazumasa Iwata et Shinji Takenaka, « Central Bank Balance Sheet Expansion : Japan's Experience », dans « Are Central Bank Balance Sheets in Asia Too Large ? », BIS Working Papers, Bank for International Settlements, n° 66, juin, p. 134, https://ideas.repec.org/b/bis/bisbps/66.html

14. Sur l'assouplissement quantitatif en relation avec les marchés hypothécaires, voir Herman M. Schwartz, « Banking on the FED : QE1-2-3 and the Rebalancing of the Global Economy », *New Political Economy 21*, n° 1 (2016) : p. 26-48.

15. Federal Housing Finance Agency, Office of Inspector General, Impact of the Federal Reserve's Quantitative Easing programmes on Fannie Mae and Freddie Mac, 23 octobre 2014, p. 13, https://www.fhfaoig.gov/sites/default/files/EVL-2015-002_1.pdf ; Marco Di Maggio Amir Kermani Christopher Palmer, « How Quantitative Easing Works : Evidence on the Refinancing Channel », NBER Working Paper 22638, p. 10, https://www.nber.org/papers/w22638

16. International Monetary Fund, « Global Financial Stability Report : Lower for Longer », octobre 2019, p. 28, https://www.imf.org/en/Publications/GFSR/Issues/2019/10/01/global-financial-stability-report-october-2019

17. Voir Bank of England, « The Distributional Effects of Asset Purchases », *Quarterly Bulletin* (Q3 : 2012) : p. 254-266, https://www.bankofengland.co.uk/-/media/boe/files/news/2012/july/the-distributional-effects-of-asset-purchases-paper

18. Les recherches de la Banque d'Angleterre suggèrent que, si une politique monétaire incluant un assouplissement quantitatif a profité de façon disproportionnée aux générations plus âgées sur les prix des actifs, elle a profité de façon disproportionnée aux revenus des plus jeunes. Philip Bunn, Alice Pugh et Chris Yeates, « The Distributional Impact of Monetary Policy Easing in the UK between 2008 and 2014 », Bank of

England, Staff Working Paper n° 720, mars 2018, https://www.bankofengland.co.uk/working-paper/2018/the-distributional-impact-of-monetary-policy-easing-in-the-uk-between-2008-and-2014

19. Dans certains pays, le taux d'accession à la propriété a commencé à chuter avant le krach de 2007-2008. En Grande-Bretagne, par exemple, le nombre de prêts pour les primo-accédants s'est mis à dégringoler en 2003.

20. Voir Schwartz, « Banking on the FED ».

21. Voir Joseph Gagnon, Matthew Rasking, Julie Remache et Brian Sack, « The Financial Market Effects of the Federal Reserve's Large-Scale Asset Purchases », *International Journal of Central Banking 7*, n° 1 (2011) : p. 3-43.

22. Dietrich Domanski, Dietrich Kearns, Marco Lombardi, et Hyun Song Shin, « Oil and Debt », *BIS Quarterly Review* (mars 2015), p. 55-65.

23. James Schlesinger, « Will War Yield Oil Security ? », *Challenge 34*, n° 2 (1991) : p. 28.

24. Aasim M. Husain, Rabah Arezki, Peter Breuer, Vikram Haksar, Thomas Helbling, Paulo A. Medas et Martin Sommer, « Global Implications Of Lower Oil Prices », IMF Staff Discussion Note, 14 juillet 2015, SDN.15/15, https://www.imf.org/en/Publications/Staff-Discussion-Notes/Issues/2016/12/31/Global-Implications-of-Lower-Oil-Prices-43052. Sur les conséquences du fléchissement des prix du pétrole de novembre 2014 au début de 2016, voir Helen Thompson, *Oil and the Western Economic Crisis* (Londres : Palgrave, 2017), p. 74-80.

25. Sur la crise financière en tant que partie de la crise ukrainienne, voir Steil, « Taper Trouble ».

26. Sur la BCE avant la crise de la zone euro, voir David Howarth et Peter Loedel, *The European Central Bank : The New European Leviathan ?* (Londres : Palgrave Macmillan, 2005).

27. Sur la crise de la zone euro en tant que crise bancaire, voir Mark Blyth, *Austerity : The History of a Dangerous Idea* (New York : Oxford University Press, 2013), chap. 3.

28. Helen Thompson, « Enduring Capital Flow Constraints and the 2007-2008 Financial and Euro Zone Crises », *The British Journal of Politics and International Relations 18*, n° 1 (2016) : p. 216-233.

29. Cité dans Wolfgang Proissl, « Why Germany Fell out of Love with Europe », Bruegel Essay and Lecture Series, Bruxelles, 30 juin 2010, p. 10.

30. Blyth, *Austerity*, chap. 3 ; Alison Johnston et Aidan Regan, « European Monetary Integration and the Incompatibility of National Varieties of Capitalism », *Journal of Common Market Studies 54*, n° 2 (2016), p. 318-336 ; Heiner Flassbeck, « Wage Divergence in Euroland : Explosive in the Making », dans *Europe and the World Economy : Global Player or Global Drag ?*, sous la direction de Jürg Bibow et Andrea Terzi (Basingstoke : Palgrave Macmillan, 2007), p. 43-52.

31. Voir Paul De Grauwe, « The European Central Bank as a Lender of Last Resort », Vox, 18 août 2011, https://voxeu.org/article/european-central-bank-lender-last-resort

32. Voir Blyth, *Austerity*, chap. 3.

33. Sur le problème de l'autorité légale de la BCE après ses actions pendant la crise, voir Nicole Scicluna, « Integration through the Disintegration of Law : The ECB and EU Constitutionalism in Crisis », *Journal of European Public Policy 25*, n° 12 (2018) : p. 1874-1891 ; Christian Kreuder-Sonnen, « Beyond Integration Theory : The (Anti)-Constitutional Dimension of European Crisis Governance », *Journal of Common Market Studies 54*, n° 6 (2016) : p. 1350-1366.

34. Christoph Trebesch et Jeromin Zettelmeyer, « ECB Interventions in Distressed Sovereign Debt Markets : The Case of Greek Bonds », *IMF Economic Review* 66, n° 2 (2018) : p. 287-322.

35. Thompson, *Oil and the Western Economic Crisis*, p. 62-63.

36. Voir Martin Heipertz et Amy Verdun, *Ruling Europe : The Politics of the Stability and Growth Pact* (Cambridge : Cambridge University Press, 2010), part. 2 ; Ben Clift, « The New Political Economy of Dirigisme : French Macro-Economic Policy, Unrepentant Sinning and the Stability and Growth Pact », *British Journal of Politics and International Relations 8*, n° 3 (2006) : p. 351-367.

37. Sur la crise de la dette italienne, voir « Italy's Sovereign Debt Crisis », *Survival 54* n° 1 (2012) : p. 83-110.

38. Timothy Geithner, *Stress Test : Reflections on Financial Crises* (New York : Crown Publishing Group), p. 476.

39. Pour un récit détaillé de cet épisode, voir Angel Pascual-Ramsay, « The Management of the Economic Crisis in Spain by the PSOE Government : A Domestic Political Perspective », thèse de doctorat soumise à la Cambridge University, 20 mai 2017, chap. 6.

40. « Spanish Practices », *The Economist*, 18 février 2012, https://www.economist.com/europe/2012/02/18/spanish-practices

41. Pour une analyse de la prise de décision de la zone euro en tant que politique « d'urgence », voir Kenneth Dyson, « Sworn to Grim

Necessity ? Imperfections of European Economic Governance, Normative Political Theory, and Supreme Emergency », *Journal of European Integration 35*, n° 3 (2013) : p. 207-222 ; Claire Kilpatrick, « On the Rule of Law and Economic Emergency : The Degradation of Basic Legal Values In Europe's Bailouts », *Oxford Journal of Legal Studies 35*, n° 2 (2015) : p. 325-353 ; Jonathan White, « Emergency Europe », *Political Studies 63*, n° 2 (2015), p. 300-318 ; Wolfgang Streeck, « Heller, Schmitt and the Euro », *European Law Journal 21*, n° 3 (2015) : p. 361-370 ; Jonathan White, *Politics of Last Resort : Governing by Emergency in the European Union* (Oxford : Oxford University Press, 2019).

42. Discours de Jean-Claude Trichet (2012) : « Lessons from the Crisis : Challenges for the Advanced Economies and for the European Monetary Union », Eleventh annual Stavros Niarchos lecture, 17 mai 2012, https://piie.com/publications/papers/transcript-20120518niarchos-trichet.pdf

43. Discours de Mario Draghi, président de la Banque centrale européenne, lors de la Global Investment Conference de Londres, 26 juillet 2012, https://www.bis.org/list/speeches/author_mario+draghi/page_11.htm

44. Cité dans K. Gebert, « A Place at the Top Table ? : Poland and the Euro Crisis », European Council on Foreign Relations, février 2012, https://ecfr.eu/wp-content/uploads/Poland_final.pdf

45. Trebesch et Zettelmeyer, « ECB Interventions in Distressed Sovereign Debt Markets », p. 295.

46. Peter Spiegel, *How the Euro Was Saved*, Kindle Edition (Londres : Financial Times, 2014), chap. 1.

47. *Ibid.*, chap. 1.

48. *The Guardian*, « Eurozone Crisis Live : Row after Merkel "Suggests Greece Hold Euro Referendum" », 18 mai 2012, https://www.theguardian.com/business/2012/may/18/eurozone-crisis-stock-markets-greece-spain

49. Spiegel, *How the Euro Was Saved*, chap. 1-2.

50. Sur les conséquences du fait d'avoir considéré la croissance grecque comme une condition pour les renflouements, voir *Independent Evaluation Office of the International Monetary Fund, The IMF and the Crises in Greece, Ireland and Portugal* (Washington DC : IMF, 2016).

51. « Interview with ECB President, Mario Draghi », *Spiegel International*, 29 octobre 2012, http://www.spiegel.de/international/europe/spiegel-interview-with-ecb-president-mario-draghi-a-863971.html

52. Les OMT, jusqu'alors inutilisés, étaient apparemment un outil vide de sens pour faire face à la crise imminente, car il exigeait que les

États fassent partie d'un programme de sauvetage souverain, ce qui n'était le cas ni de l'Italie ni de l'Espagne. Il faisait également l'objet d'une contestation juridique en Allemagne. En février 2014, la Cour constitutionnelle allemande a rendu une décision préliminaire selon laquelle la BCE, avec les OMT, risquait d'outrepasser son autorité et de porter atteinte à la responsabilité budgétaire constitutionnelle du Bundestag, et a demandé à la Cour de justice de l'Union européenne (CJUE) de rendre un jugement. Dix jours avant les élections grecques, l'avocat général de la CJUE a déclaré que, sous certaines conditions, les OMT étaient conforme au droit des traités de l'UE et que, sans elles, les marchés continueraient à croire, à tort, que l'euro était réversible. Sur la décision de la Cour allemande, voir Niels Petersen, « Karlsruhe Not Only Barks, But Finally Bites–Some Remarks on the OMT Decision of the German Constitutional Court », *German Law Journal 15*, n° 2 (2014) : p. 321-329. Sur les incohérences de la CJUE, voir Michael A. Wilkinson, « The Euro Is Irreversible !... or is it ? : On OMT, Austerity and the Threat of "Grexit" », *German Law Journal 16*, n° 4 (2015) : p. 1049-1072.

53. Mario Draghi, Introductory Statement to the Press Conference (with Q&A), EC, 22 janvier 2015, https://www.ecb.europa.eu/press/pressconf/2015/html/is150122.en.html

54. Pour un récit des efforts visant à expulser la Grèce, voir « A Government Divided : Schäuble's Push for Grexit Puts Merkel on the Defensive », *Spiegel International*, 17 juillet 2015, https://www.spiegel.de/international/germany/schaeuble-pushed-for-a-grexit-and-backed-merkel-into-a-corner-a-1044259.html ; Ian Traynor, « Three Days that Saved the Euro », *Guardian*, 22 octobre 2015, https://www.theguardian.com/world/2015/oct/22/three-days-to-save-the-euro-greece

55. Mario Draghi, Introductory Statement to the Press Conference (with Q&A), ECB, 26 juillet 2018, https://www.ecb.europa.eu/press/pressconf/2018/html/ecb.is180726.en.html

56. Pour une analyse plus poussée sur ce sujet, voir Helen Thompson, « How the City of London Lost at Brexit : A Historical Perspective », *Economy and Society 46*, n° 2 (2017) : p. 211-228.

57. La République tchèque ne s'est pas opposée au Pacte budgétaire lors du sommet de l'UE en décembre 2011, mais, en janvier 2012, elle a annoncé qu'elle ne s'y joindrait pas, pour le rejoindre finalement en 2019.

58. La tactique de Cameron reposait sur la supposition, douteuse, qu'en cas de débat sur la question au sein de son parti, il l'emporterait.

59. Le seul moyen de pression dont disposait Cameron était de bloquer les autres États de l'UE en utilisant les institutions de l'Union

pour un traité en dehors du cadre juridique de l'UE. Sans doute conscient qu'une telle démarche aurait semblé extrêmement disproportionnée pour un État membre qui ne participait pas à l'euro, Cameron a plié face à l'insistance de Merkel sur le fait que la zone euro nécessitait des règles fiscales plus strictes.

60. Pour une version plus étoffée de cet argument, voir Helen Thompson, « Inevitability and Contingency : The Political Economy of Brexit », *British Journal of Politics and International Relations 19*, n° 3 (2017) : p. 434-349. Pour un point de vue semblable émis par l'ancien ambassadeur britannique auprès de l'UE, voir Ivan Rogers, « Cameron's Brexit referendum », conférence au Hertford College, Oxford, 24 novembre 2017. Publié par *Politico*, https://www.politico.eu/article/ivan-rogers-david-cameron-speech-transcript-brexit-referendum/ Sur le rôle de la question de la liberté de circulation dans le résultat du référendum, voir Matthew Goodwin et Caitlin Milazzo, « "Taking Back Control ?" Investigating the Role of Immigration in the 2016 Vote for Brexit », *British Journal of Politics and International Relations 19*, n° 3 (2017) : p. 450-464.

61. Sur l'autorité absolue du marché unique pour la Grande-Bretagne, voir Matthias Matthijs, Craig Parsons et Christina Toenshoff, « Ever Tighter Union ? Brexit, Grexit, and Frustrated Differentiation in the Single Market and Eurozone », *Comparative European Politics 17*, n° 2 (2019) : p. 209-230.

62. Jean-Claude Juncker, State of the Union Address 2017, 13 septembre 2017, https://ec.europa.eu/commission/presscorner/detail/en/SPEECH_17_3165

63. Sur l'optimisme initial des Français à propos de la réforme de la zone euro, voir Charles Grant, « Macron's Plans for the Euro », Centre for European Reform Insight, 23 février 2018, https://www.cer.eu/insights/macrons-plans-euro

64. Emmanuel Macron, « Initiative pour l'Europe », discours à la Sorbonne, 26 septembre 2017, https://www.elysee.fr/emmanuel-macron/2017/09/26/initiative-pour-l-europe-discours-d-emmanuel-macron-pour-une-europe-souveraine-unie-democratique

65. Sur l'apparition de la Nouvelle ligue hanséatique, voir « Gang of Eight: Euro-zone Reforms », *The Economist*, 8 décembre 2018 ; Christian Reiermann et Peter Müller, « The Sputtering German-French Motor », *Spiegel International*, 11 décembre 2018.

66. Voir Adam Tooze, « "Coronabonds" and Europe's North-South Divide », Social Europe, 13 avril 2020, https://www.socialeurope.eu/corona-bonds-and-europes-north-south-divide

67. Pour une description de cette décision, voir Victor Mallet, Guy Chazan et Sam Fleming, « The Chain of Events that Led to Germany's Change Over Europe's Recovery Fund », *Financial Times*, 22 mai 2020, https://www.ft.com/content/1d8853f4-726d-4c06-a905-ed2f37d25eee

68. « German ECB Ruling Should "Spur" More Eurozone Integration : Merkel », *Euractiv*, 14 mai 2020, https://www.euractiv.com/section/future-eu/news/german-ecb-ruling-should-spur-more-eurozone-integration-merkel/

69. Pour un exemple de ce « moment hamiltonien » supposé, voir Anatole Kaletsky, « Europe's Hamiltonian Moment », *Project Syndicate*, 21 mai 2020, https://www.project-syndicate.org/commentary/french-german-european-recovery-plan-proposal-by-anatole-kaletsky-2020–05?barrier=accesspaylog Pour ma critique à ce sujet, voir Helen Thompson, « Pandemic Borrowing », *International Politik Quarterly*, 27 novembre 2020, https://ip-quarterly.com/en/pandemic-borrowing

70. « Germany Gains Most from Relaxed State Aid Rules », *Euractiv*, 4 mai 2020, https://www.euractiv.com/section/competition/news/germany-gains-most-from-relaxed-eu-state-aid-rules/

71. Wolfgang Munchau décrit cette frustration dans « How to Face Down Orban », *Eurointelligence*, 21 novembre 2020, https://www.eurointelligence.com/column/enhanced-cooperation

72. Voir Eric Helleiner et Hongying Wang, « The Richness of Financial Nationalism – The Case of China », *Pacific Affairs 92*, n° 2 (2019) : p. 211-234 ; Benjamin Cohen, « Renminbi Internationalization, a Conflict of Statecraft », Chatham House Research Paper, mars 2017, https://www.chathamhouse.org/sites/default/files/publications/research/2017-03-20-renminbi-internationalization-statecraft-cohen.pdf Sur les opinions des dirigeants chinois au sujet de la puissance géopolitique et des devises, voir Eric Helleiner et Jonathan Kirshner, « The Politics of China's International Monetary Relations », dans *The Great Wall of Money : Power Politics and China's International Monetary Relations*, sous la direction d'Eric Helleiner et Jonathan Kirshner (Ithaca : Cornell University Press, 2014), p. 1-22. Sur la géopolitique des devises, voir Benjamin J. Cohen, *Currency Statecraft : Monetary Rivalry and Geopolitical Ambition* (Chicago : University of Chicago Press, 2018).

73. Zhou Xiaochuan, « Reform the International Monetary System », *BIS Review 41* (2009), p. 1, https://www.bis.org/review/r090402c.pdf

74. Pour les raisons qui font que la prééminence du dollar a toujours été solide et n'était pas vulnérable à un défi chinois, voir Benjamin J. Cohen, *Currency Power : Understanding Monetary Rivalry* (Princeton :

Princeton University Press, 2015). Eric Helleiner, *The Status Quo Crisis : Global Financial Governance After the 2008 Meltdown* (Oxford : Oxford University Press, 2014) ; Harold James, « The Enduring International Pre-Eminence of the Dollar », dans *The Future of the Dollar*, sous la direction d'Eric Helleiner et Jonathan Kirshner (Ithaca : Cornell University Press, 2009), p. 24-44. Pour les arguments qui veulent qu'il ait été possible de remettre sérieusement en question la puissance américaine après le krach, voir Jonathan Kirshner, *American Power After the Financial Crisis* (Ithaca : Cornell University Press, 2014) ; Barry Eichengreen, *Exorbitant Privilege : The Rise and Fall of the Dollar and the Future of the International Monetary System* (New York : Oxford University Press, 2011).

75. Pendant quelque temps avant le krach, le gouvernement chinois a envisagé cette possibilité, avant d'y renoncer. Helleiner et Wang, « The Richness of Financial Nationalism », p. 223.

76. Benjamin J. Cohen, « Renminbi Internationalization, a Conflict of Statecraft », Chatham House Research Paper, mars 2017, p. 1.

77. *Ibid.*, p. 5.

78. Voir Yu-wai Vic Li, « Hong Kong in China's Financial Globalization : Market Power and Political Leverage », *Asian Survey 58*, n° 3 (2018) : p. 439-463. Sur l'économie internationalisée de Hong Kong avant 1997, voir Michael Taylor, « Hong Kong's Economy and its Global Connections : Prospects for 1997 and Beyond », dans *Hong Kong's Transitions, 1842-1997*, sous la direction de Rosemary Foot et Judith M. Brown (Basingstoke : Palgrave, 1996), p. 166-191.

79. David C. Donald, A *Financial Centre for Two Empires : Hong Kong's Corporate, Securities and Tax Laws in its Transition from Britain to China* (Cambridge : Cambridge University Press, 2014), p. 2.

80. Sur les raisons pour lesquelles l'internationalisation du renminbi ne pouvait pas réussir face au piège à dollars, voir Eswar S. Prasad, *The Dollar Trap : How the US Dollar Tightened its Grip on Global Finance* (Princeton : Princeton University Press, 2015).

81. Mark Carney « The Growing Challenges for Monetary Policy in the Current International Monetary and Financial System », discours au Jackson Hole Symposium, 23 août 2019.

82. Trading Economics, China's Gross External Debt, https://tradingeconomics.com/china/external-debt

83. Colby Smith, « China's Currency Will Not Replace the US Dollar », *Financial Times*, 19 septembre 2018. Sur la crise financière chinoise de 2015-2016, voir Tooze, *Crashed*, chap. 25.

84. Cité dans He Wei, « How China's Mystery Author Called its Economic Slowdown », FT Confidential Research, *Financial Times*, 25 octobre 2018, https://www.ft.com/content/69002a74-c52a-435a-b381-07cb5feae0d5

85. FMI, World Economic Outlook Update, 22 janvier 2018, p. 2. https://www.imf.org/en/Publications/WEO/Issues/2018/01/11/world-economic-outlook-update-january-2018

86. FMI, World Economic Outlook, octobre 2019 : Global Manufacturing Downturn, Rising Trade Barriers, p. xiv, https://www.imf.org/en/Publications/WEO/Issues/2019/10/01/world-economic-outlook-october-2019

87. Daniel Shane, « Alibaba's Debut in Hong Kong Signals Change in Beijing's Mindset », *Financial Times*, 4 décembre 2019, https://www.ft.com/content/5257d548-1686-11ea-8d73-6303645ac406

88. Voir Brad Setser, « Testimony Before the Senate Committee on Small Business and Entrepreneurship, Hearing on Made in China 2025 and the Future of American Industry », 27 février 2019, https://www.govinfo.gov/content/pkg/CHRG-116shrg35699/html/CHRG-116shrg35699.htm ; James McBride et Andrew Chatzky, « Is "Made in China 2025" a Threat to Global Trade ? », Council on Foreign Relations Backgrounder, 13 mai 2019, https://www.cfr.org/backgrounder/made-china-2025-threat-global-trade

89. Sophie Meunier, « Beggars Can't Be Choosers : The European Crisis and Chinese Direct Investment in the European Union », *Journal of European Integration 36*, n° 3 (2014) : p. 284-291.

90. Thilo Hanemann, Mikko Huotari et Agatha Kratz, « Chinese FDI in Europe : 2018 Trends and Impact on New Screening Policies », Mercator Institute for Chinese Studies, 6 mars 2019, p. 8, https://merics.org/en/report/chinese-fdi-europe-2018-trends-and-impact-new-screening-policies

91. Heather A. Conley et Jonathan E. Hillman, « The Western Balkans with Chinese Characteristics », Centre for Strategic International Studies, *Commentary*, 30 juillet 2019, https://www.csis.org/analysis/western-balkans-chinese-characteristics

92. Facts about German Foreign Trade, Federal Ministry for Economic Affairs and Energy. septembre 2019, p. 5, https://www.bmwi.de/Redaktion/EN/Publikationen/facts-about-german-foreign-trade.html

93. Sur les parallèles entre les problèmes créés par les excédents commerciaux allemands et chinois et le fait que ce sont les problèmes liés à l'excédent allemand qui se sont révélés plus persistants après 2008, voir

Guonan Ma et Robert N. McCauley, « Global and Euro Imbalances : China and Germany », BIS Working Papers, n° 424, 5 septembre 2013, https://www.bis.org/publ/work424.htm Dans un rapport de 2013, le Trésor américain a affirmé que l'excédent commercial allemand constituait une menace déflationniste pour l'économie mondiale : US Treasury Department, *Report to Congress on International Economic and Exchange Rate Policies*, Washington DC : US Department of the Treasury, 30 octobre 2013, p. 3.

94. Laurens Cerulus, « How US Restrictions Drove Deutsche Telecom and Huawei Closer Together », *Politico*, 8 juillet 2020, https://www.politico.eu/article/deutsche-telekom-huawei-us-security-measures/

95. Hanemann, Huotari et Kratz, « Chinese FDI in Europe », p. 12.

96. Au sujet des efforts stratégiques entrepris par le gouvernement et la City pour faire de Londres le centre des activités offshore en renminbi, voir Jeremy Green, « The Offshore City, Chinese Finance, and British Capitalism: Geo-Economic Rebalancing under the Coalition Government », *British Journal of Politics and International Relations 20*, n° 2 (2018) : p. 285-302 ; Jeremy Green and Julian Gruin, « RMB Transnationalization and the Infrastructural Power of International Financial Centres », *Review of International Political Economy*, publié en ligne le 13 avril 2020, https://www.tandfonline.com/doi/full/10.1080/09692290.2020.1748682

97. David Cameron, « My Visit Can Begin a Relationship to Benefit China, Britain and the World », *The Guardian*, 2 décembre 2013, https://www.theguardian.com/commentisfree/2013/dec/02/david-cameron-my-visit-to-china

98. James Kynge, « China Poised to Issue Sovereign Debt in Renminbi in London », *Financial Times*, 13 octobre 2015, https://www.ft.com/content/5ef6329c-71c9-11e5-9b9e-690fdae72044 ; *BBC News*, « George Osborne on UK's "Golden Era" as China's "Best Partner in the West" », 23 octobre 2015, https://www.bbc.co.uk/news/av/uk-34621254

99. « Don't Sacrifice Hong Kong for a Banker's Bonus, UK Tells HSBC », *Reuters*, 1er juillet 2020, https://www.reuters.com/article/us-hongkong-protests-britain-banks-idUSKBN2425WI

100. Guy Chazan, « Merkel Comes Under Fire at Home for China Stance », *Financial Times*, 7 juillet 2020, https://www.ft.com/content/bf1adef9-a681-48c0-99b8-f551e7a5b66d

101. Jakob Hanke Vele, Giorgio Leali et Barbara Moens, « Germany's Drive for EU-China Deal Draws Criticism from Other EU Countries »,

Politico, 1er janvier 2021, https://www.politico.eu/article/germanys-drive-for-eu-china-deal-draws-criticism-from-other-eu-countries/

102. Cité dans David Dayen, « Corporate Rescue : How The Fed Bailed Out the Investor Class Without Spending a Cent », *The Intercept*, 27 mai 2020, https://theintercept.com/2020/05/27/federal-reserve-cor porate-debt-coronavirus/

103. *Ibid.*

104. Sur le fait que le choc géopolitique actuel de la Chine s'inscrit dans une série qui a façonné le développement de l'UE, voir Scott Lavery et David Schmid, « European Integration and the New Global Disorder », *Journal of Common Market Studies*, publié en ligne le 12 février 2021, https://doi.org/10.1111/jcms.13184

Troisième partie
Politique et démocratie

7. Une ère démocratique

1. Michael Gove, « The Privilege of Public Service », Ditchley Annual Lecture, 1er juillet 2020, https://www.gov.uk/government/speeches/the-privilege-of-public-service-given-as-the-ditchley-annual-lecture

2. Sur le New Deal de Roosevelt en tant qu'archétype des réformes démocratiques, voir Ira Katznelson, *Fear Itself : The New Deal and the Origins of Our Times* (New York : Liveright, 2013), p. 4-7, 476-477. Sur le pessimisme au sujet de la démocratie dans les années 1930 et 1940, y compris après la fin de la guerre, voir Katznelson, *Fear Itself*, chap. 1 et 3.

3. Voir John Dunn, *Breaking Democracy's Spell* (New Haven : Yale University Press, 2014).

4. Benedict Anderson, *Imagined Communities : Reflections on the Origins and Spread of Nationalism* (Londres : Verso, 1983).

5. Il existe une littérature abondante sur l'émergence de la nation et du nationalisme, et il y a de profonds désaccords entre les chercheurs sur les origines historiques de la nation et, en particulier, sur l'existence de nations avant l'ère moderne. Pour une bonne analyse des différentes interprétations, voir Anthony Smith, *Nationalism and Modernism* (Londres : Routledge, 1998).

6. Michael Howard, « War and the Nation-State », *Daedalus 108*, nº 4 (1979) : p. 109.

7. Programme en dix points du chancelier Helmut Kohl pour la réunification allemande, 28 novembre 1989, http://ghdi.ghi-dc.org/sub_document.cfm?document_id=223

8. Sur la relation entre la démocratie et la nation, voir Margaret Canovan, « Democracy and Nationalism », dans *Democratic Theory Today*, sous la direction d'April Carter et Geoffrey Stokes (Cambridge : Polity, 2000), p. 149-170 ; Bernard Yack, « Popular Sovereignty and Nationalism », *Political Theory 29*, n° 4 (2001) : p. 517-536. Pour un point de vue plus philosophique, voir David Miller, « Bounded Citizenship », dans *Cosmopolitan Citizenship*, sous la direction de Kimberley Hutchings et Roland Dannreuther (Londres : Macmillan, 1990), p. 60-80. Pour l'argument de John Stuart Mill, qui affirme que la démocratie n'a été possible que dans les États-nations, voir *Considerations on Representative Government* (Cambridge : Cambridge University Press, 2011), chap. 16. (Publié pour la première fois en 1861.)

9. Howard, « War and the Nation-state », p. 102.

10. Sur ce point, voir Margaret Canovan, *The People* (Cambridge : Polity Press, 2005), p. 57-63.

11. *Ibid.*, p. 31.

12. L'argument selon lequel les Constitutions fondées sur les distinctions de classes étaient incompatibles avec la nation a été avancé de façon convaincante par le politicien et écrivain hongrois József Eötvös. Pour un résumé des arguments d'Eötvös à ce sujet, voir Mervyn Jones, « The Political Ideas of Baron József Eötvös », *Slavonic and East European Review 48*, n° 113 (1970) : p. 582-597.

13. Istvan Hont, *Jealousy of Trade : International Competition and the Nation-State in Historical Perspective* (Cambridge, MA : Harvard University Press, 2010), chap. 7.

14. À propos de l'argument qui veut que la nation ne puisse être créée sans guerre, voir Howard, « War and the Nation-state », p. 101-110.

15. Max Weber, « Suffrage and Democracy », dans Max Weber, *Political Writings*, sous la direction de Peter Lassman et Ronald Speirs (Cambridge : Cambridge University Press, 1994), p. 80-129.

16. Walter Scheidel, *The Great Leveller : Violence and the History of Inequality from the Stone Age to the Twenty-First Century* (Princeton : Princeton University Press, 2018), p. 168-169.

17. William Saffran, « State, Nation, National Identity, and Citizenship : France as a Test Case », *International Political Science Review 12*, n° 3 (1991) : p. 222.

18. Yack, « Popular Sovereignty and Nationalism », p. 520.

19. Voir Alexandre Grandazzi, *The Foundation of Rome : Myth and History* (Ithaca : Cornell University Press, 2000).

20. Cité dans Robert Tombs, *France 1814-1914* (London : Longman, 1996), p. 370. Sur l'utilisation par les États européens de la politique étrangère et de l'empire pour édifier la nation, voir Helen Thompson, *Might, Right, Prosperity and Consent : Representative Democracy and the International Economy, 1919-2001* (Manchester : Manchester University Press), p. 32-36.

21. Sur l'édification de la nation française sous la Troisième République par la langue et l'éducation nationale, voir Eugene Weber, *Peasants into Frenchmen : The Modernisation of Rural France, 1870-1914* (Stanford : Stanford University Press, 1976).

22. Sur la relation entre le socialisme en Allemagne et en France et la nation, voir Sheri Berman, *The Primacy of Politics : Social Democracy and the Making of Europe's Twentieth Century* (Cambridge : Cambridge University Press, 2006).

23. Saul Dubow et Gary Gerstle, « Race, Ethnicity and Nationalism », dans *A Cultural History of Democracy in the Modern Age*, sous la direction d'Eugenio Biagini et Gary Gerstle (Londres : Bloomsbury, 2021), p. 151.

24. Will Kymlicka, « Modernity and Minority Nationalism : Commentary on France », *Ethics and International Affairs 11* (mars 1997) : p. 171-212.

25. Michael Mann affirme qu'il existe une relation historique forte entre la démocratie et le nettoyage ethnique. *The Dark Side of Democracy : Explaining Ethnic Cleansin*g (Cambridge : Cambridge University Press, 2004).

26. Sur la refondation imaginaire de la nation américaine dans le discours de Gettysburg de Lincoln, voir Garry Wills, *Lincoln at Gettysburg : The Words that Remade America* (New York : Simon & Schuster, 1992). Sur la façon dont la guerre de Sécession a plus généralement refondé la nation américaine, voir James M. McPherson, *The War that Forged a Nation : Why the Civil War Still Matters* (New York : Oxford University Press, 2015).

27. Yack, « Popular Sovereignty and Nationalism », p. 521.

28. Sur la politique d'exclusion pour subversion aux États-Unis, voir Gary Gerstle, *American Crucible : Race and Nation in the Twentieth Century*, édition révisée (Princeton : Princeton University Press, 2017), chap. 3.

29. Voir John Boyer, *Political Radicalism in Late Imperial Vienna : Origins of the Christian Social Movement, 1848-1897* (Chicago : University of Chicago Press, 1981) ; John Boyer, *Cultural and Political Crisis in*

Vienna : Christian Socialism in Power, 1897-1918 (Chicago : University of Chicago Press, 1995).

30. J.G.A. Pocock, *The Machiavellian Moment : Florentine Political Thought and the Atlantic Political Tradition* (Princeton : Princeton University Press, 1975), p. 77.

31. Polybe, *Histoire générale*, Livre VI, trad. Thuillier, Paris 1856.

32. *Ibid.*

33. *Ibid.*

34. *Ibid.*

35. *Ibid.*

36. *Ibid.*

37. Sur la signification de ce changement, voir Jeffrey A. Winters, *Oligarchy* (Cambridge : Cambridge University Press, 2011), p. 26-31.

38. Peter Fraser, « Public Petitioning and Parliament Before 1832 », *History 46*, n° 158 (1961) : p. 195-211.

39. Sur la politique foncière en Grande-Bretagne depuis les années 1970, voir Brett Christophers, *The New Enclosure : The Appropriation of Public Land in Neoliberal Britain* (Londres : Verso, 2019).

40. Richard Johnson, *The End of the Second Reconstruction* (Cambridge : Polity, 2020), p. 40-41.

41. Voir John Dunn, *Setting the People Free : The Story of Democracy* (Londres : Atlantic Books, 2005) ; John Dunn, « Conclusions », dans *Democracy : The Unfinished Journey 508 BC to 1993*, sous la direction de John Dunn (Oxford : Oxford University Press, 1993), p. 250-260.

42. L'impôt sur le revenu a été mis en place pendant la guerre de Sécession et supprimé en 1872.

43. Winters, *Oligarchy*, p. 227-229. Pour une histoire politique de l'impôt sur le revenu américain, voir John Whitte, *The Politics and Development of the Federal Income Tax* (Madison : University of Wisconsin Press, 1986).

44. Scheidel, *The Great Leveller*, p. 143-149.

45. Voir William H. Riker, *Liberalism Against Populism : A Confrontation Between the Theory of Democracy and the Theory of Social Choice* (San Francisco : W.H. Freeman, 1982).

46. Max Weber, « Parliament and Government in Germany », dans *Weber, Political Writings*, p. 219-222 ; Max Weber, « The Profession and Vocation of Politics » dans *ibid.*, p. 342-343.

47. Tomàs Sedlàcek, *Economics of Good and Evil : The Quest for Economic Meaning from Gilgamesh to Wall Street* (Oxford : Oxford University Press, 2013), p. 76-78.

48. James Macdonald, *A Free Nation Deep in Debt : The Financial Roots of Democracy* (New York : Farrar, Straus, & Giroux, 2003), p. 373. Cette vision a été renforcée par l'idée que la dette avait eu des conséquences destructrices pour la République romaine.

49. Macdonald, *A Free Nation Deep in Debt*, chap. 8.

50. Napoléon III a été un des pionniers de cette stratégie pour financer la participation de la France à la guerre de Crimée. Sur l'émergence, à partir du milieu du XIXe siècle, d'une nouvelle forme de créanciers citoyens, voir *ibid.*

51. *Ibid.*

52. Machiavel, *Discours sur la première décade de Tite-Live*, trad. Toussaint Guiraudet, Les Belles Lettres, Paris, 2022.

53. *Ibid.*

54. Pour une interprétation de l'analyse de Machiavel qui fait de ce dernier un partisan du projet de redistribution des Gracques et un critique de leur approche prudente du problème en tentant de ressusciter d'anciennes lois, voir John P. McCormick, « Machiavelli and the Gracchi : Prudence, Violence and Redistribution », *Global Crime 10*, n° 4 (2009) : p. 298-305.

55. Gregory Ablavsky, « The Savage Constitution », *Duke Law Journal 63*, n° 5 (2014) : p. 999-1089.

56. James Madison, « Federalist 63 », dans Alexander Hamilton, James Madison et John Jay, *The Federalist : With Letters of Brutus*, sous la direction de Terence Ball (Cambridge : Cambridge University Press 2003), p. 307.

57. Alexander Hamilton, « Federalist 1 », dans *ibid.*, p. 3.

58. Brutus, « Lettre IV », dans *ibid.*, p. 458.

59. Voir Drew R. McCoy, *The Elusive Republic : Political Economy in Jeffersonian America* (Chapel Hill : University of North Carolina Press, 1980), chap. 6 ; Lance Banning, *The Jeffersonian Persuasion : Evolution of a Party Ideology* (Ithaca : Cornell University Press, 1978), chap. 5 et 6 ; E. James Ferguson, *The Power of the Purse : A History of American Public Finance, 1776-1790* (Chapel Hill : University of North Carolina Press, 1961).

60. The Omaha Platform. Disponible sur http://historymatters.gmu.edu/d/5361/

61. Voir, par exemple, pour des avis différents, Thomas Frank, *The People, No : A Brief History of Anti-Populism* (New York : Metropolitan Books, 2020) ; Barry Eichengreen, *The Populist Temptation : Economic Grievance and Political Reaction in the Modern Era* (Oxford : Oxford University Press, 2018), chap. 2.

62. Sur l'importance de l'éthique de la classe des producteurs chez les populistes américains, voir Michael Kazin, *The Populist Persuasion : An American History*, édition révisée (Ithaca : Cornell University Press, 1995), p. 13-15.

63. *Ibid.*, p. 45.

64. Discours de William Jennings Bryan lors de la Convention nationale démocrate à Chicago, 9 juillet 1896, http://historymatters.gmu.edu/d/5354/

65. Cité dans Kazin, *The Populist Persuasion*, p. 44.

66. Rogers M. Smith, « The "American Creed" and American Identity : The Limits of Liberal Citizenship in the United States », *Western Political Quarterly 41* (juin 1981) : p. 235-236, 243-245 ; John Higham, *Strangers in the Land : Patterns of American Nativism, 1860-1925*, édition révisée (New Brunswick : Rutgers University Press, 2002).

67. Dans la pratique, les référendums ne signifiaient pas que les intérêts des grandes entreprises pouvaient être surmontés par la majorité démocratique. Les intérêts corporatistes et du monde des affaires trouvaient des moyens d'utiliser à leur avantage ces consultations directes. Voir Daniel A. Smith et Joseph Lubinski, « Direct Democracy During the Progressive Era : A Crack in the Populist Veneer ? », *Journal of Policy History 14*, n° 4 (2002) : p. 349-383.

68. Gary Gerstle entame son livre – *American Crucible* – sur la nation américaine et l'opposition entre les revendications contradictoires du nationalisme civique et du nationalisme racial, et sur leur histoire au XXe siècle, par deux chapitres sur Theodore Roosevelt.

69. Pour l'argument qui veut que les progressistes aient ignoré la lutte des classes dans la vie politique démocratique, voir Shelton Stromquist, *Reinventing "the People" : The Progressive Movement, the Class Problem, and the Origins of Modern Liberalism* (Urbana : University of Illinois Press, 2006).

70. Kazin, *The Populist Persuasion*, p. 20.

71. Sur l'importance des banques de New York dans l'avènement du dollar en tant que devise internationale, voir J. Lawrence Broz, *The International Origins of the Federal Reserve System* (Ithaca : Cornell University Press, 2009).

72. Liaquat Ahamed, *Les Seigneurs de la finance.*

73. Une loi de 1917 avait déjà imposé pour la première fois des limites à l'immigration venue d'Europe du Sud et de l'Est, mais, en pratique, elles s'étaient révélées inefficaces. Sur les lois sur l'immigration des années 1920 et leur lien à la nation américaine, voir Gerstle, *American Crucible*, p. 95-122.

74. Cité dans Boyer, *Cultural and Political Crisis in Vienna*, p. 459.

75. Sur l'histoire des paradis fiscaux, voir Ronan Palan, Richard Murphy et Christian Chavagneux, *Tax Havens : How Globalisation Really Works* (Ithaca : Cornell University Press, 2009), chap. 4 et 5. Sur l'histoire de Jersey en tant que paradis fiscal, voir Mark P. Hampton, « Creating Spaces. The Political Economy of Island Offshore Finance Centres : The Case of Jersey », *Geographische Zeitschrift 84*, n° 2 (1996) : p. 103-13. Sur comment certains riches ont résisté au paiement des impôts, voir Andrea Binder, « The Politics of the Invisible : Offshore Finance and State Power : A Country-Level Comparison », thèse de doctorat soutenue à la Cambridge University, janvier 2019, p. 72-74.

76. Sur le problème général de la fuite des capitaux dans les démocraties pendant l'entre-deux-guerres, voir The League of Nations (Ragnar Nurske), *International Currency Experience : Lessons of the Inter-War Period* (League of Nations, Economic, Financial and Transit Department, 1944), p. 162-163. Sur les problèmes de la démocratie française avec la fiscalité et la fuite des capitaux dans les années 1920, voir Christophe Farquet, « Capital Flight and Tax Competition After the First World War : The Political Economy of French Tax Cuts, 1922-1928 », *Contemporary European History 27*, n° 4 (2018) : p. 537-561. Sur la crise financière et monétaire en France et sa résolution, voir Ahamed, *Les Seigneurs de la finance* ; Kenneth Mouré, *The Gold Standard Illusion : France, the Bank of France, and the International Gold Standard, 1914-1939* (Oxford : Oxford University Press, 2002), chap. 4-5.

77. Winters, *Oligarchy*, p. 230-232.

78. Cité dans Farquet, « Capital Flight and Tax Competition After the First World War », p. 558.

79. Frederick Taylor, *The Downfall of Money : Germany's Hyperinflation and the Destruction of the Middle Class* (Londres : Bloomsbury Publishing, 2013), p. 351-352.

80. Voir Daniel Tost, « German Monetary Mythology », *Handelsblatt*, 31 juillet 2017, https://www.handelsblatt.com/english/bundesbank-birthday-german-monetary-mythology/23571490.html?ticket=ST-510167-ZyfyCkdvtOlJWndHWxNM-ap1

81. Voir Robert L. Hetzel, « German Monetary Policy in the First Half of the Twentieth Century », *Federal Reserve Bank of Richmond Economic Quarterly 88*, n° 1 (2002) : p. 4-8.

82. Gerald Feldman, *The Great Disorder : Politics, Economics, and Society in the German Inflation 1914-1924* (Oxford : Oxford University Press, 1993), p. 4.

83. Cité dans Hetzel, « German Monetary Policy in the First Half of the Twentieth Century », p. 11.

84. Cité dans Ahamed, *Les Seigneurs de la finance.*

85. Pour une analyse récente qui considère Roosevelt comme un populiste en économie et affirme que ce type de populisme est nécessaire en période de crise économique, voir Dani Rodrik, « Is Populism Necessarily Bad Economics ? », *AEA Papers and Proceedings 108* (2018) : p. 196-169.

86. Franklin Roosevelt, discours d'investiture, 4 mars 1933, https://avalon.law.yale.edu/20th_century/froos1.asp Sur l'utilisation du nationalisme économique par Roosevelt voir Gerstle, *American Crucible*, p. 128-43, 149-55.

87. Franklin Roosevelt, Speech Accepting the Democratic Party's Re-Nomination for the Presidency, 27 juillet 1936, https://www.presidency.ucsb.edu/documents/acceptance-speech-for-the-renomination-for-the-presidency-philadelphia-pa

88. Amy E. Hiller, « Redlining and the Home Owners' Loan Corporation », *Journal of Urban History 29*, n° 4 (2003) : p. 394-420.

89. Katznelson, *Fear Itself* ; Ira Katznelson, *When Affirmative Action Was White : An Untold History of Racial Inequality in Twentieth-Century America* (New York : W.W. Norton, 2005).

90. William Childs, *The Texas Railroad Commission : Understanding Regulation in America to the Mid-Twentieth Century* (College Station : Texas A&M University Press, 2005), p. 217-224. On retrouve le même phénomène lors des tentatives visant à ouvrir les possibilités d'exploration et de production offshore dans le golfe du Mexique. Tyler Priest, « The Dilemmas of Oil Empire », *Journal of American History 99*, n° 1 (2012) : p. 239.

91. Pour une histoire de la Commission des chemins de fer du Texas, voir, *The Texas Railroad Commission.*

8. L'ASCENSION ET LE DÉCLIN DE L'ÉTAT FISCAL DÉMOCRATIQUE

1. Cité dans B. Bryan, « Trump wants to go after Amazon », *Business Insider*, 28 mars 2018.

2. https://twitter.com/ThierryBreton/status/1285548529113595904

3. Sur la création de la République fédérale d'Allemagne, voir Peter H. Merkl, *The Origin of the West German Republic* (Oxford : Oxford University Press, 1963).

4. Jan-Werner Müller, « On the Origins of Constitutional Patriotism », *Contemporary Political Theory 5* (2006) : p. 282. Peter Graf Kielmansegg, « The Basic Law, Response to the Past or Design for the Future », dans « Forty years of the Grundgesetz », German Historical Institute Occasional Paper, Washington, DC, 1990, p. 11, https://www.ghdc.org/fileadmin/publications/Occasional_Papers/Forty_Years_of_the_grundgesetz.pdf.

Sur l'importance de la Cour constitutionnelle allemande, voir Justin Collings, *Democracy's Guardians : A History of the German Federal Constitutional Court, 1951-2001* (Oxford : Oxford University Press, 2015) ; Michaela Hailbronner, *Traditions and Transformations : The Rise of German Constitutionalism* (Oxford : Oxford University Press, 2015).

5. Benn Steil, *The Battle of Bretton Woods : John Maynard Keynes, Harry Dexter White, and the Making of a New World Order* (Princeton : Princeton University Press, 2013).

6. Voir Diane Coyle, *GDP : A Brief Affectionate History* (Princeton : Princeton University Press, 2014).

7. Jürgen Habermas, « Yet Again : German Identity – A Unified Nation of Angry DM-Burghers ? » *New German Critique 52* (janvier 1991) : p. 86.

8. Charles S. Maier, *The Unmasterable Past : History, Holocaust, and German National Identity*, édition révisée (Cambridge, MA : Harvard University Press, 1998), p. 7.

9. Sur la nation économique britannique de l'après-guerre, voir David Edgerton, *The Rise and Fall of the British Nation : A Twentieth-Century History* (Londres : Allen and Lane, 2018).

10. Helen Thompson, *Might, Right, Prosperity and Consent : Representative Democracy and the International Economy 1919-2001* (Manchester : Manchester University Press, 2008), p. 107-113.

11. Voir Nelson Lichenstein, *State of the Union : A Century of American Labor* (Princeton : Princeton University Press, 2002), chap. 4.

12. Meg Jacobs, « The Uncertain Future of American Politics, 1940-1973 », dans *American History Now*, sous la direction d'Eric Foner et Lisa McGirr (Philadelphia : Temple University Press, 2011), p. 160.

13. Jacobs, « The Uncertain Future of American Politics, 1940-1973 », p. 158-162.

14. William Childs, *The Texas Railroad Commission : Understanding Regulation in America to the Mid-Twentieth Century* (College Station : Texas A&M University Press, 2005), p. 237-240.

15. Walter Scheidel, *The Great Leveller : Violence and the History of Inequality from the Stone Age to the Twenty-First Century* (Princeton : Princeton University Press), p. 149-159.

16. *Ibid.*

17. *Ibid.*

18. Sur la fiscalité après la guerre, voir Sven Steinmo, *Taxation and Democracy : Swedish, British and American Approaches to Financing the Modern State* (Londres : Yale University Press, 1993). Aux États-Unis, l'état fiscal faisait toujours l'objet de contraintes. Voir Meg Jacobs et Julian E. Zelizer, « The Experiment : New Directions in American Political History », dans *The Democratic Experiment : New Directions in American Political History*, sous la direction de Meg Jacobs, William J. Novak et Julian E. Zelizer (Princeton : Princeton University Press), p. 276-300. Sur l'importance des régimes fiscaux du temps de guerre sur la fiscalité de l'après-guerre, voir Thomas Picketty, *Capital in the Twenty-First Century* (Cambridge, MA : Harvard University Press, 2014), p. 146-150.

19. Ian Kershaw, « War and Political Violence in Twentieth Century Europe », *Contemporary European History 14*, n° 1 (2005) : p. 120.

20. S'il y a toujours eu des partis pangermaniques dans la vie politique autrichienne de l'après-guerre, aucune de ces formations n'a participé à un gouvernement avant les années 1980.

21. William Safran, « State, Nation, National Identity, and Citizenship : France as a Test Case », *International Political Science Review 12*, n° 3 (1991) : p. 221.

22. Sur la façon dont le langage même de la Révolution française et de la nation française a longtemps été la source d'un discours politique en faveur des révoltes contre l'Empire français, voir Lorelle Semley, *To Be Free and French : Citizenship in France's Atlantic Empire* (Cambridge : Cambridge University Press, 2017).

23. Safran, « State, Nation, National Identity, and Citizenship », p. 225.

24. *Ibid.*

25. Sur le conflit entre historiens, voir Maier, *The Unmasterable Past.* Sur le rôle des débats autour du patriotisme constitutionnel dans l'unification, voir Jan-Werner Müller, *Another Country : German Intellectuals, Unification, and National Identity* (Londres : Yale University Press, 2000).

26. Sur le rôle des citoyens-créanciers britanniques dans le financement de la guerre, voir James Macdonald, *A Free Nation Deep in Debt :*

The Financial Roots of Democracy (New York : Farrar, Straus, & Giroux, 2003), p. 435-445.

27. Robert Colls, *Identity of England* (Oxford : Oxford University Press, 2004), p. 124-126. Pour le rôle de l'idée de la « guerre du peuple » dans la vision britannique de la Seconde Guerre mondiale, voir Angus Calder, *The People's War : Britain 1939-45* (Londres : Pimlico, 1992).

28. Pour une version ultérieure de cet argument, marquante et inscrite dans un cadre marxiste plus général, voir Tom Nairn, *The Break-up of Britain* (Londres : Verso, 1981).

29. Gary Gerstle, *American Crucible : Race and Nation in the Twentieth Century*, édition révisée (Princeton : Princeton University Press, 2016), p. 197-199. Lawrence R. Samuel, *Pledging Allegiance : American Identity and the Bond Drive of World War* (Washington, DC : Smithsonian Institution Press, 1997).

30. Martin Luther King Jr, discours à Atlanta, 10 mai 1967, https://www.theatlantic.com/magazine/archive/2018/02/martin-luther-king-hungry-club-forum/552533/

31. Voir Gerstle, *American Crucible*, chap. 7. L'autobiographie de Malcolm X représente la plus puissante déclaration du nationalisme noir : Malcom X et Alex Haley, *L'autobiographie de Malcolm X* (Grasset, 1966).

32. *Ibid.* Pour un exemple de point de vue pessimiste, voir Bruce D. Porter, « Can American Democracy Survive ? » *Commentary 96* (novembre 1993) : 37-40, https://www.commentarymagazine.com/articles/bruce-porter/can-american-democracy-survive/

33. Robert Kaplan considère que la fin de la conscription en 1973 a renvoyé « les États-Unis à leurs racines en tant que société indisciplinée et factieuse, avec un gouvernement faible », comparable à ce qui prévalait avant la guerre de Sécession. Robert D. Kaplan, « Fort Leavenworth and the Eclipse of Nationhood », *Atlantic Monthly*, septembre 1996, https://www.theatlantic.com/magazine/archive/1996/09/fort-leavenworth-and-the-eclipse-of-nationhood/376665/

34. Certains intellectuels ont eu recours à l'argument de l'excès démocratique pour expliquer l'échec américain au Vietnam. David Runciman, *The Confidence Trap : A History Of Democracy in Crisis from World War I to the Present*, édition mise à jour (Princeton : Princeton University Press), p. 189-195.

35. Michael J. Crozier, Samuel P. Huntington et Jojo Watanuki, *The Crisis of Democracy : Report on the Governability of Democracies to the Trilateral Commission* (New York : New York University Press, 1975), p. 2.

36. *Ibid.*, p. 113.
37. *Ibid.*
38. Mark Blyth et Matthias Matthijs, « Black Swans, Lame Ducks, and the Mystery of IPE's Missing Macro-Economy », *Review of International Political Economy 24*, n° 2 (2017) : p. 210-211.
39. Meg Jacobs, *Panic at the Pump : The Energy Crisis and the Transformation of American Politics in the 1970s* (New York : Hill and Wang, 2017), p. 94.
40. *Ibid.*, p. 33. Stefan Eich et Adam Tooze avancent le même argument que moi, contre l'idée que ce serait l'excès démocratique qui aurait alimenté l'inflation. Stefan Eich et Adam Tooze, « The Great Inflation », dans *Vorgeschichte der Gegenwa : Dimensionen des Strukturbruchs nach dem Boom*, sous la direction d'Anselm Doering-Manteuffel, Lutz Raphael et Thomas Schlemmer (Göttingen : Vandenhoeck and Ruprecht, 2016). En anglais : https://mk0adamtoozept2ql1eh.kinstacdn.com/wpcontent/uploads/2020/05/The_Great_Inflation_w_Adam_Tooze_2016.pdf
41. Meg Jacobs, *Panic at the Pump*, p. 33-34. Sur la force démocratique de l'idée que certains gouvernements devraient mettre un frein aux hausses des prix, voir Meg Jacobs, *Pocketbook Politics : Economic Citizenship in Twentieth Century America* (Princeton : Princeton University Press, 2007).
42. The 1979 Conservative Party General Election Manifesto, http://www.conservativemanifesto.com/1979/1979-conservative-manifesto.shtml
43. Crozier, Huntington et Watanuki, *Crisis of Democracy*, p. 9.
44. Scott Lash, « The End of Neo-Corporatism ? The Breakdown of Centralised Bargaining in Sweden », *British Journal of Industrial Relations 23*, n° 2 (1985) : p. 215-239.
45. Cité dans Jacobs, *Panic at the Pump*, p. 35.
46. *Ibid.*
47. James Schlesinger, « Will War Yield Oil Security ? » *Challenge 34*, n° 2 (1991) : p. 30.
48. Ronald Reagan, Address to the Nation on the Iran Arms and Contra Aid Controversy, 13 novembre 1986, https://www.reaganlibrary.gov/archives/speech/address-nation-iran-arms-and-contra-aid-controversy-november-13-1986
49. Richard Nixon, Address to the Nation About National Energy Policy, 7 novembre 1973, https://www.presidency.ucsb.edu/documents/address-the-nation-about-national-energy-policy
50. Jimmy Carter, Address to the Nation : Energy and the National Goals, 15 juillet 1979, https://www.jimmycarterlibrary.gov/assets/documents/speeches/energy-crisis.phtml

51. Jacobs, *Panic at the Pump*, chap. 5.

52. Jon Henley, « Gigantic Sleaze Scandal Winds up as Former Elf Oil Chiefs are Jailed », *The Guardian*, 13 novembre 2003, https://www.theguardian.com/business/2003/nov/13/france.oilandpetrol

53. Sur l'utilisation du financement offshore par les chrétiens-démocrates, voir Andrea Binder, « The Politics of the Invisible : Offshore Finance and State Power, a Country Level Comparison », thèse de doctorat soutenue à la Cambridge University, janvier 2019, p. 81-83.

54. Address by President Eisenhower, 17 janvier 1961, https://www.eisenhowerlibrary.gov/sites/default/files/research/online-documents/farewell-address/1961-01-17-press-release.pdf

55. Michael Howard, « War and the Nation-state », *Daedalus 108*, n° 4 (1979) : p. 106-107.

56. Sur l'importance du constitutionalisme, avec une profonde méfiance envers toute revendication de souveraineté populaire et en quoi cela a pesé ultérieurement sur l'UE par le biais de la Cour constitutionnelle allemande, voir Jan-Werner Müller, « Beyond Militant Democracy ? », *New Left Review 73* (janvier/février 2012) : p. 39-47.

57. Voir Wolfram Kaiser, *Christian Democracy and the Origins of European Union* (Cambridge : Cambridge University Press, 2007).

58. Friedrich A. Hayek, « The Economic Conditions of Interstate Federalism », dans Friedrich A. Hayek, *Individualism and Economic Order* (Chicago : Chicago University Press, 1948), p. 255-272.

59. Craig Parsons, *A Certain Idea of Europe* (Ithaca : Cornell University Press, 2006), p. 52-66.

60. Voir Eric O'Connor, « European Democracy Deferred : de Gaulle and the Dehousse Plan,1960 », *Modern and Contemporary France 25*, n° 2 (2017) : p. 209-224.

61. Wolfgang Streeck, « Progressive Regression », *New Left Review 118* (juillet/août 2019) : p. 121.

62. Voir Alan Milward, *The European Rescue of the Nation-State* (Londres : Routledge, 1992).

63. Sur les avantages de la finance pour les gouvernements occidentaux dans les années 1970 et 1980, voir Greta Krippner, *Capitalising on Crisis : The Political Origins of the Rise of Finance* (Cambridge, MA : Harvard University Press, 2011). Pour l'argument selon lequel la dette ait évité ce qui aurait été une crise à grande échelle du capitalisme et de la démocratie dans les années 1970, voir Wolfgang Streeck, *Buying Time : The Delayed Crisis of Democratic Capitalism* (Londres : Verso, 2014).

64. Sur l'impact limité des flux de capitaux internationaux ouverts sur la plupart des États-providence européens, voir Duane Swank, *Global Capital, Political Institutions, and Policy Change in Developed Welfare States* (New York : Cambridge University Press, 2002).

65. Pour une étude comparative des réformes fiscales compétitives, voir Duane Swank, « Taxing Choices : International Competition, Domestic Institutions, and the Transformation of Corporate Tax Policy », *Journal of European Public Policy 23*, n° 4 (2016) : p. 571-603.

66. Sur les raisons pour lesquelles les petits États démocratiques étaient les moteurs de la concurrence sur la fiscalité des entreprises, voir Philipp Genschel, Hanna Lierse et Laura Seelkopf, « Dictators Don't Compete : Autocracy, Democracy and Tax Competition », *Review of International Political Economy 23*, n° 2 (2016) : p. 290-315.

67. Philipp Genschel, « Globalization and the Transformation of the Tax State », *European Review 13*, n° 1 (2005) : p. 66.

68. Jacob Burckhardt, *The Age of Constantine the Great* (Berkeley : University of California Press, 1992), p. 70.

69. Sur la place des paradis fiscaux dans l'économie mondiale, voir Ronen Palan, Richard Murphy et Christian Chavagneux, *Tax Havens : How Globalization Really Works* (Ithaca : Cornell University Press, 2010) ; Gabriel Zucman, *The Hidden Wealth of Nations: The Scourge of Tax Havens* (Chicago : University of Chicago Press, 2015).

70. Sur ce point, voir Binder, « The Politics of the Invisible », p. 166-168. Sur l'ascension des banques offshore, voir Gary Burn, « The State, the City and the Euromarkets », *Review of International Political Economy 6*, n° 2 (1999) : p. 225-261. Robert N. McCauley, Patrick M. McGuire, et Vladyslav Sushko, « Global Dollar Credit : Links to US Monetary Policy and Leverage », janvier 2015, BIS Working Paper, n° 483, https://ssrn.com/abstract=2552576

71. Jacob Hacker et Paul Pierson, « Winner-Takes-All-Politics : Public Policy, Political Organisation, and the Precipitous Rise of Top Incomes in the United States », *Politics and Society 38*, n° 2 (2010) : p. 193-196.

72. *Ibid.*, p. 157-159.

73. *Ibid.*

74. Jacobs, *Pocketbook Politics*, p. 267-268.

75. Wolfgang Streeck et Philippe C. Schmitter, « From National Corporatism to Transnational Pluralism : Organised Interests in the Single European Market », *Politics and Society 19*, n° 2 (1991) : p. 133-164. Pour en savoir plus, voir Blyth et Matthijs, « Black Swans », p. 216-217.

76. Dans son histoire du citoyen-créancier et sa relation avec la politique en démocratie, James Macdonald considère la dette du temps de paix des années 1970, principalement financée sur les marchés des capitaux internationaux, comme étant elle-même une manifestation de la décomposition de la nation et « une maison divisée en groupes d'intérêts économiques ennemis ». Macdonald, *A Free Nation Deep in Debt*, p. 471.

77. Wolfgang Streeck établit une distinction entre un État fiscal, qui est un *Staatsvolk*, et un *Marktvolk*, qui est un État de dettes. Le *Staatsvolk* repose sur un peuple national de citoyens, le *Marktvolk* sur un peuple international d'investisseurs. Mais le concept du peuple n'a de sens qu'en relation avec une communauté politique, non avec des banques, des fonds de pension et des individus dépourvus de tout sens de communauté politique. Wolfgang Streeck, *Buying Time*, p. 80-86.

78. Sur l'impact de la baisse de l'inflation à partir des années 1980 sur la politique créancier-débiteur, voir Mark Blyth, « Will the Politics or Economics of Deflation Prove More Harmful ? », *Intereconomics : Review of European Economic Policy 50*, n° 2 (2015) : p. 115-116.

79. Heath a cependant pu compter sur soixante-neuf députés travaillistes qui ont rompu avec leur parti pour soutenir le gouvernement.

80. Blyth et Matthijs, « Black Swans », p. 216. Sur la façon dont la dette privée a temporairement stabilisé les démocraties à partir des années 1970, voir Colin Crouch, « Privatised Keynesianism : An Unacknowledged Policy Regime », *British Journal of Politics and International Relations 11*, n° 3 (2009) : p. 382-399.

81. Robert Saunders, *Yes to Europe ! : The 1975 Referendum and Seventies Britain* (Cambridge : Cambridge University Press, 2018), p. 63-76.

82. Les contraintes évidentes sur la souveraineté parlementaire dans la Constitution britannique avant l'adhésion à la CE se sont matérialisées autour de l'Union et des questions relatives à l'Écosse, au Pays de Galles et à l'Irlande du Nord. Pour une discussion plus approfondie sur ce point, voir Helen Thompson, « Consent : The Dynamite at the Heart of the British Constitutio », *Prospect*, 9 juin 2021, https://www.prospectmagazine.co.uk/essays/consent-british-constitution-referendums-brexit-europe

83. Streeck et Schmitter, « From National Corporatism to Transnational Pluralism », p. 152. Au sujet des échecs de la fédération syndicale européenne, voir Streeck, « Progressive Regression », p. 122-124 ; Parsons, *A Certain Idea of Europe*, p. 52-66.

84. Streeck et Schmitter, « From National Corporatism to Transnational Pluralism », p. 134-135. Pour l'argument selon lequel l'UE aurait

été moins propice au lobbying des entreprises que la république américaine, voir Christine Mahoney, « Lobbying Success in the United States and the European Union », *Journal of Public Policy 27*, n° 1 (2007) : p. 35-56.

85. Voir Neil Fligstein, *Euroclash : The EU, European Identity, and the Future of Europe* (Oxford : Oxford University Press, 2009). Sur les implications de l'identité cosmopolite en termes de classe, voir Craig Calhoun, « The Class Consciousness of Frequent Travelers : Toward a Critique of Actually Existing Cosmopolitanism », *South Atlantic Quarterly 101*, n° 4 (2002) : p. 869–897.

86. Pour une réflexion sur les implications de la différence entre l'autorité de légitimation de la Bundesbank et l'autorité de la BCE, et les implications pour la représentation et la légitimité, voir Hjalte Lokdam, « Banking on Sovereignty : A Genealogy of the European Central Bank's Independence », thèse de doctorat soutenue à la London School of Economics, 2019. Pour l'argument selon lequel l'union monétaire reposait sur un consensus monétaire anti-inflationniste plus large, voir Kathleen McNamara, *The Currency of Ideas : Monetary Politics in the European Union* (Ithaca : Cornell University Press, 1998).

9. Où vont les réformes

1. Cité dans Jon Schwarz, « Jimmy Carter : The US is an "Oligarchy with Unlimited Political Bribery" », *Intercept*, 31 juillet 2015, https://theintercept.com/2015/07/30/jimmy-carter-u-s-oligarchy-unlimited-political-bribery/

2. Bernie Sanders, « Democracy Versus Oligarchy », discours du 31 mars 2014, https://www.commondreams.org/views/2014/04/01/democracy-vs-oligarchy

3. Bernie Sanders, « Bernie's Announcement », discours du 26 mai 2015. Publié dans Ezra Klein, « Read Bernie Sander's populist, policy-heavy speech kicking off his campaign », *Vox*, 26 mai 2015, https://www.vox.com/2015/5/26/8662903/bernie-sanders-full-text-speech-presidential-campaign

4. Cité dans David Frum, « If Liberals Won't Enforce Borders, Fascists Will », *Atlantic*, avril 2019, https://www.theatlantic.com/magazine/archive/2019/04/david-frum-how-much-immigration-is-too-much/583252/

5. Cité dans Ezra Klein, « Bernie Sanders, The Vox Conversation », *Vox*, 28 juillet 2015, https://www.vox.com/2015/7/28/9014491/bernie-sanders-vox-conversation

6. CNN Politics, Transcript of Republican Debate in Miami, Full Text, 15 mars 2016, https://edition.cnn.com/2016/03/10/politics/republican-debate-transcript-full-text/index.html

7. Voir Ivan Krastev, *After Europe* (Philadelphie : University of Pennsylvania Press, 2017).

8. Matthew Goodwin et Caitlin Milazzo, « Taking Back Control : Investigating the Role of Immigration in the 2016 Vote for Brexit », *British Journal of Politics and International Relations 19*, n° 3 (2017) : p. 450-464.

9. Bundesverfassungsgericht, décision du second sénat du 5 mai 2020- 2 BvR 859/15, para 104, https://www.bundesverfassungsgericht.de/SharedDocs/Entscheidungen/EN/2020/05/rs20200505_2bvr085915en.html;jsessionid=8407F8BD54CB01E168426940040ADD26.1_cid386

10. Kenneth Dyson et Kevin Featherstone, *The Road to Maastricht : Negotiating Economic and Monetary Union* (Oxford : Oxford University Press, 1999), p. 93.

11. Matt Qvortrup, « The Three Referendums on the European Constitution Treaty in 2005 », *Political Quarterly 77*, n° 1 (2006) : p. 95. Sur les dissensions dans les rangs gaullistes, voir Benjamin Leruth et Nicholas Startin, « Between Euro-Federalism, Euro-Pragmatism and Euro-Populism : The Gaullist Movement Divided Over Europe », *Modern Contemporary France 25*, n° 2. (2017) : p. 153-169.

12. Craig Parsons, *A Certain Idea of Europe* (Ithaca : Cornell University Press, 2006), p. 225-227.

13. *Ibid.*, p. 242-243.

14. Sur le fossé entre la rhétorique de la classe politique française sur l'Europe et la difficile réalité politique, voir Vivien A. Schmidt, « Trapped by their Ideas : French Elites' Discourses of European Integration and Globalization », *Journal of European Public Policy 20*, n° 4 (2006) : p. 992-1009.

15. Bundesverfassungsgericht, *57 Manfred Brunner and others v. the European Union treaty, para 55, http://www.proyectos.cchs.csic.es/euroconstitution/library/Brunner_Sentence.pdf

16. *Ibid.*, para 44. Sur ce point du verdict de la Cour, voir Matthias Mahlman, « Constitutional Identity and the Politics of Homogeneity », *German Law Journal 6*, n° 2 (2005) : p. 307-318.

17. Martin J. Bull et James L. Newell, *Italian Politics : Adjustment Under Duress* (Cambridge : Polity Press, 2006), p. 14-15.

18. Kenneth Dyson et Kevin Featherstone, « Italy and EMU as a *"Vincolo Esterno"* : Empowering the Technocrats, Transforming the State », *South European Society and Politics 1*, n° 2 (1996) : p. 277.

19. *Ibid.*, p. 278-279. Carli était lui-même âgé et gravement malade quand les négociations ont commencé. C'était par ailleurs un technocrate, ancien gouverneur de Bankia Italia.

20. Martin J. Bull, « In the Eye of the Storm : The Italian Economy and the Eurozone Crisis », *South European Society and Politics 23*, n° 1 (2018) : p. 18 ; Dyson and Featherstone, « Italy and EMU as a *"Vincolo Esterno"* » : p. 295.

21. Sur l'ascension de la Ligue du Nord, voir Francesco Cavatorta, « The Role of the Northern League in Transforming the Italian Political System : From Economic Federalism to Ethnic Politics and Back », *Contemporary Politics 7*, n° 1 (2001) : p. 27-40.

22. Wolfgang Streeck, « Markets and Peoples : Democratic Capitalism and European Integration », *New Left Review 73* (janvier/février 2012) : p. 68-69.

23. Cité dans « The Euro has Screwed Everybody–Berlusconi », *The Guardian*, 29 juillet 2005, https://www.theguardian.com/world/2005/jul/29/euro.italy

24. Voir Nicolas Jabko, « The Importance Of Being Nice : An Institutionalist Analysis of French Preferences on the Future of Europe », *Comparative European Politics 2*, n° 3 (2004) : p. 282-301.

25. À un moment donné, durant la phase finale des négociations de Nice, Chirac s'était plaint que « chaque solution présente des problèmes terribles ». Cité dans « So That's All Agreed Then », *The Economist*, 14 décembre 2000, https://www.economist.com/special/2000/12/14/so-thats-all-agreed-then

26. European Council Meeting in Laeken, 14 et 15 décembre 2001, Annex 1, https://www.consilium.europa.eu/media/20950/68827.pdf Pour une description de la convention constitutionnelle et des négociations qui ont suivi, voir Peter Norman, *The Accidental Constitution : The Making of Europe's Constitutional Treaty*, deuxième édition (Eurocomment : 2005).

27. Sur l'émergence de limitations démocratiques au développement de l'UE, voir Liesbet Hooghe et Gary Marks, « A Postfunctionalist Theory of European Integration : From Permissive Consensus to Constraining Dissensus », *British Journal of Political Science 39*, n° 1 (2009) : p. 1-17 ; Vivien A. Schmidt, *The EU and National Polities* (Oxford : Oxford University Press, 2007).

28. « So Much for Stability », *The Economist*, 15 juillet 2004, https://www.economist.com/news/2004/07/15/so-much-for-stability Qvortrup, « The Three Referendums », p. 89-97.

29. Sur le référendum de 2005 en France, voir Colette Mazzucelli, « The French Rejection of the Constitutional Treaty », dans *The Rise and Fall of the EU's Constitutional Treaty*, sous la direction de Finn Laursen (Leyde et Boston : Martinus Nijhoff Publications, 2008), p. 161-180.

30. Sur les divisions au sein du parti socialiste français, voir Markus Wagner, « Debating Europe in the French Socialist party : The 2004 Internal Referendum on the EU Constitution », *French Politics 6*, n° 3 (2008) : p. 257-279.

31. Qvortrup, « The Three Referendums », p. 94–96.

32. BBC News, « Lisbon Treaty : What They Said », 30 septembre 2009, http://news.bbc.co.uk/1/hi/world/europe/8282241.stm

33. Bundesverfassungsgericht, décision du second sénat du 30 juin 2009 BvE 2/08, préambule, https://www.bundesverfassungsgericht.de/SharedDocs/Entscheidungen/EN/2009/06/es20090630_2bve000208en.html

34. *Ibid.*, para 2c.

35. *Ibid.*, para 2d. Pour une attaque frontale contre le raisonnement de la Cour sur la démocratie et la nation, voir Jo Eric Khushal Murkens, « Identity Trumps Integration : The Lisbon Treaty and the German Federal Constitutional Court », *Der Staat 48*, n° 4 (2009) : p. 517-534.

36. Bruno Waterfield, « EU Polls Would Be Lost, Says Nicolas Sarkozy », *The Daily Telegraph*, 14 novembre 2007, https://www.telegraph.co.uk/news/worldnews/1569342/EU-polls-would-be-lost-says-Nicolas-Sarkozy.html

37. Emmanuel Macron, « Initiative pour l'Europe », discours à la Sorbonne, 26 septembre 2017,
http://international.blogs.ouest-france.fr/archive/2017/09/29/macron-sorbonne-verbatim-europe-18583.html

38. Bruno Waterfield et Toby Helm, « Gordon Brown Rules Out EU Treaty Referendum », *The Daily Telegraph*, 18 octobre 2007, https://www.telegraph.co.uk/news/uknews/1566537/Gordon-Brown-rules-out-EU-treaty-referendum.html Vaughne Miller, The Treaty of Lisbon : Government and Parliamentary Views on a Referendum, House of Commons Library SN/IA/5071, 15 mai 2009, p. 9, https://commonslibrary.parliament.uk/research-briefings/sn05071/

39. Cité dans George Parker et Alex Barker, « David Cameron's Adventures in Europe », *Financial Times*, 22 janvier 2016, https://www.ft.com/content/26cbc524-bfb4-11e5-846f-79b0e3d20eaf

40. Cité dans Ben Hall et Joshua Chaffin, « Sarkozy Smarts at Cameron's Snub on Europe », *Financial Times*, 15 juin 2009, https://www.ft.com/content/10f18dde-56ab-11de-9a1c-00144feabdc0

41. Cité dans Vaughne Miller, *The Treaty of Lisbon*, p. 19.

42. Cité dans Gavin Hewitt, « Greece : The Dangerous Game », *BBC News*, 1er février 2015, https://www.bbc.co.uk/news/world-europe-31082656

43. David Cameron, Discours prononcé à Bloomberg, 23 janvier 2013, https://www.gov.uk/government/speeches/eu-speech-at-bloomberg

44. Pour une autre version de cet argument, voir Albert Weale, « The Democratic Duty to Oppose Brexit », *Political Quarterly 88*, n° 2 (2017) : p. 170-181 ; Anthony Barnett, « Brexit has Killed the Sovereignty of Parliament », *Open Democracy*, 4 décembre 2016, https://www.opendemocracy.net/en/opendemocracyuk/brexit-has-killed-sovereignty-of-parliament/ Pour un argument comparable, mais autre que britannique, voir Kenneth Rogoff, « Britain's Democratic Failure », *Project Syndicate*, 24 juin 2016, https://www.project-syndicate.org/commentary/brexit-democratic-failure-for-uk-by-kenneth-rogoff-2016-06?barrier=accesspaylog

45. Sur l'austérité budgétaire en tant que réponse à la crise bancaire, voir Mark Blyth, *Austerity : The History of a Dangerous Idea* (New York : Oxford University Press, 2013). Dans certains cas, notamment en Grande-Bretagne, où le déficit budgétaire était particulièrement important et où les renflouements bancaires ont été gérés hors bilan, l'accusation selon laquelle l'austérité budgétaire était une réponse à la crise bancaire est difficile à défendre voir Helen Thompson, « UK Debt in Comparative Perspective : The Pernicious Legacy of Financial Sector Debt », *British Journal of Politics and International Relations 15*, n° 3 (2013) : pp 476-492.

46. Pour l'argument qui veut que tous les partis populistes de gauche et de droite soient des partis anti-créanciers, voir Mark Blyth et Matthias Matthijs, « Black Swans, Lame Ducks, and the Mystery of IPE's Missing Macro-Economy », *Review of International Political Economy 24*, n° 2 (2017) : p. 203-221. Pour l'argument selon lequel il ne s'agissait pas de protestations basées sur les classes mais de perturbations sans direction, voir Ivan Krastev, *Democracy Disrupted : The Politics of Global Protest* (Philadelphie : University of Pennsylvania Press, 2014).

47. En Slovaquie en particulier, on éprouvait un certain ressentiment à l'idée que, avec un niveau de vie inférieur à celui de la Grèce et ayant accepté une surveillance fiscale beaucoup plus stricte qu'Athènes pour

pouvoir intégrer l'union monétaire, la Slovaquie ait dû intervenir comme un créancier de la Grèce, alors qu'elle agissait en fait tout autant pour soutenir les banques d'Europe du Nord. Pour une discussion sur les implications générales dans une perspective historique sur le nationalisme, voir Stefan Auer, « Richard Sulik : A Provincial or a European Slovak Politician », *Humanities Research Journal 19*, n° 1 (2013) : p. 81-100.

48. Pour cet argument, voir Hans Kundnani, « Europe and the Return of History », *Journal of Modern European History 11*, n° 3 (2013) : p. 279-286.

49. Alexandros Kioupkiolis, « Podemos : The Ambiguous Promises of Left-Wing Populism in Contemporary Spain », *Journal of Political Ideologies 21*, n° 2 (2016) : p. 104. Pour un exemple de ce langage politique, voir Diego Beas, « How Spain's 15-M Movement Is Redefining Politics », *The Guardian*, 15 octobre 2011, https://www.theguardian.com/commentisfree/2011/oct/15/spain-15-m-movement-activism ; Pablo Iglesias, « Understanding Podemos », *New Left Review 93* (mai/juin 2015) : p. 7-22. Si bien des choses dans la rhétorique de Podemos se faisaient l'écho des arguments du People's Party américain, elle comportait également des éléments proches des progressistes américains en réaction à la politique de classe. Voir Christopher J. Bickerton et Carlo Invernizzi Accetti, « "Techno-Populism" as a New Party Family : The Case of the Five Star Movement and Podemos », *Contemporary Italian Politics 10*, n° 2 (2018) : p. 132-150.

50. Kioupkiolis, « Podemos », p. 101.

51. Sur l'impact de la crise économique espagnole sur les législatives de 2012 en Catalogne, voir Guillem Rico et Robert Lineira, « Bringing Secessionism into the Mainstream : The 2012 Regional Election in Catalonia », *South European Society and Politics 19*, n° 2 (2014) : p. 257-280.

52. Sur le choix politique complexe auquel était confronté le gouvernement allemand, voir Wade Jacoby, « Europe's New German Problem : The Timing of Politics and the Politics of Timing », dans *The Future of the Euro*, sous la direction de Matthias Matthijs et Mark Blyth (New York : Oxford University Press, 2015).

53. Jacoby, « Europe's New German Problem » : p. 198.

54. Sur la décision au sujet des OMT, voir Mehrdad Payandeh, « The OMT Judgement of the German Federal Constitutional Court : Repositioning the Court Within the EU's Constitutional Architecture », *European Constitutional Law Review 13*, n° 2 (2017) : p. 400-416.

55. Cité dans Éric Maurice « EU Judges Examine ECB Bond Buying Scheme », *EUobserver*, 11 juillet 2018, https://euobserver.com/economic/142345

56. Alternative für Deutschland, Manifesto for the 2017 General Election, https://www.afd.de/wp-content/uploads/sites/111/2017/04/2017-04-12_afd-grundsatzprogramm-englisch_web.pdf

57. Stefan Wagstyl et Claire Jones, « Germany Blames Mario Draghi for Rise of Rightwing Afd Party », *Financial Times*, 10 avril 2016, https://www.ft.com/content/bc0175c4-ff2b-11e5-9cc4-27926f2b110c

58. Martin Arnold et Guy Chazan, « Bundesbank to Keep Buying Bonds After Court Challenge », *Financial Times*, 6 juillet 2000, https://www.ft.com/content/99447f21-46db-465b-8ed0-9a214a898a74

59. Sur l'AfD considérée sous l'angle de l'euroscepticisme allemand, voir Robert Grimm, « The Rise of the Eurosceptic Party Alternative Für Deutschland, Between Ordoliberal Critique and Popular Anxiety », *International Political Science Review 36*, n° 3 (2015) : p. 264-278.

60. Sur la rupture avec ce tabou durable chez les chrétiens-démocrates, voir « Aftershocks Continue After Germany's Massive Political Earthquake », *Spiegel International*, 10 février 2020, https://www.spiegel.de/inter national/germany/a-dark-day-for-democracy-the-political-earthquake-that-shook-germany-a-01847ef8-beb3-45aa-bdbb-f0fda7d87806

61. Sur la position structurelle de la France entre l'Allemagne et les États d'Europe du Sud pendant la crise de la zone euro, voir Mark I. Vail, « Europe's Middle Child : France's Statist Liberalism and the Conflicted Politics of the Euro », dans *The Future of the Euro*, sous la direction de Blyth et Matthijs, p. 136-160.

62. Cité dans Julian Coman, « France's Socialist Hopeful Promises to Storm the Financial Bastille », *The Guardian*, 11 février 2012, https://www.theguardian.com/world/2012/feb/11/francois-hollande-presidential-election-sarkozy

63. Cité dans Vail, « Europe's Middle Child », p. 153.

64. Hugh Carnegy, « Merkel Swings Behind Sarkozy Poll Bid », *Financial Times*, 6 février 2020, https://www.ft.com/content/83fed6a6-50d6-11e1-ab40-00144feabdc0

65. Sur les difficultés de Hollande par rapport à l'Europe dans le cadre d'un problème de gestion de son parti, voir David Hanley, « From "La Petite Europe Vatican" to the Club Med : The French Socialist Party and the Challenges of European Integration », *Modern and Contemporary France 25*, n° 2 (2017) : p. 135-151.

66. Macron aurait déclaré avec les élections allemandes que « si les libéraux entrent au gouvernement, je suis mort ». Cité dans Wolfgang Streeck, « Europe Under Merkel IV : Balance of Impotence », *American Affairs II*, n° 2 (2018), https://americanaffairsjournal.org/2018/05/europe-under-merkel-iv-balance-of-impotence/

67. Voir Stefano Sacchi, « Conditionality by Other Means : EU Involvement in Italy's Structural Reforms in the Sovereign Debt Crisis », *Comparative European Politics 13*, n° 1 (2015) : p. 77-92.

68. Paolo Franzosi, Francesco Marone, et Eugenio Salvati, « Populism and Euroscepticism in the Italian Five Star Movement », *International Spectator 50*, n° 2 (2015) : p. 110.

69. *Ibid.*, p. 114.

70. Martin J. Bull, « In the Eye of the Storm : The Italian Economy and the Eurozone Crisis », *South European Society and Politics 23*, n° 1 (2018) : p. 3-28.

71. Stefano Sacchi et Jungho Roh, « Conditionality, Austerity, and Welfare : Financial Crisis and Its Impact on Welfare in Italy and Korea », *Journal of European Social Policy 26* n° 4 (2016) : p. 370, note 25 ; Georg Picot et Arianna Tassinari, « Politics in a Transformed Labour Market : Renzi's Labour Market Reform », *Italian Politics 30*, n° 1 (2015) : p. 130.

72. Sacchi et Roh, « Conditionality, Austerity, and Welfare » : p. 363-367.

73. Cité dans James Politi et Jim Brunsden, « Matteo Renzi Defends Italy's Budget Plan », *Financial Times*, 20 octobre 2016, https://www.ft.com/content/3b436b2a-96b8-11e6-a1dc-bdf38d484582

74. Tom Knowles, « Upheaval in Italy Keeps Europe Addicted to QE », *The Times*, 5 décembre 2016, https://www.thetimes.co.uk/article/european-bank-may-extend-qe-after-italian-poll-n8d9dkh5x ; Jeff Black, « Renzi's Italian Fate Also Overshadows Draghi's Route for QE », *Bloomberg*, 5 décembre 2016, https://www.bloomberg.com/news/articles/2016-12-05/renzi-s-italian-fate-also-overshadows-draghi-s-path-ahead-for-qe

75. Pour une autre façon de parvenir à des conclusions similaires quant au fait que la politique allemande évolue de la stabilité vers un déséquilibre, voir Sidney A. Rothstein et Tobias Schulze-Cleven, « Germany After the Social Democratic Century : The Political Economy Of Imbalance », *German Politics 29*, n° 3 (2020) : p. 297-318 ; Adam Tooze, « Which is Worse ? : Germany Divided », *London Review of Books 41*, n° 14 (19 juillet 2019), https://www.lrb.co.uk/the-paper/v41/n14/adam-tooze/which-is-worse

76. United States Census Bureau, Housing Vacancies and Home Ownership, Data, Historical Tables, Table 16, https://www.census.gov/housing/hvs/data/histtabs.html

77. Sur la politique intérieure de Fannie Mae et Freddie Mac, voir Helen Thompson, *China and the Mortgaging of America : Domestic Politics and Economic Interdependence* (Londres : Palgrave, 2010), chap. 3-4.

78. Sur les implications des conflits intérieurs aux États-Unis au sujet des relations économiques entre les États-Unis et la Chine, voir Naná de Graaff et Bastiaan van Apeldoorn, « US-China Relations and the Liberal World Order : Contending Elites, Colliding Visions ? », *International Affairs 94*, n° 1 (2018) : p. 113-131. Sur les opérations de lobbying des entreprises américaines sur la Chine, voir Robert Dreyfuss, « The New China Lobby », *American Prospect*, 19 décembre 2001, https://prospect.org/world/new-china-lobby/ Sur l'influence de la distribution sur la politique étrangère américaine en général, voir Lawrence R. Jacobs et Benjamin I. Page, « Who Influences U.S. Foreign Policy ? » *American Political Science Review 99*, n° 1 (2005) : p. 107-123. En ce qui concerne l'effet de la pression exercée par la Chine sur le lobbying américain sous le gouvernement Clinton, voir Ho-fung Hung, « The Periphery in the Making of Globalization : The China Lobby and the Reversal of Clinton's China Trade Policy, 1993-1994 », *Review of International Political Economy*, publié en ligne le 13 avril 2020, https://doi.org/10.1080/09692290.2020.1749105

79. Bob Woodward, « Findings Link Chinese Allies to Chinese Intelligence », *Washington Post*, 10 février 1998, https://www.washingtonpost.com/archive/politics/1998/02/10/findings-link-clinton-allies-to-chinese-intelligence/87265d5d-7452-41f2-ad2f-aa4abe7e579e/

80. Jeff Colgan et Robert O. Keohane, « The Liberal Order is Rigged. Fix it Now or Watch it Wither », *Foreign Affairs 96*, n° 3 (mai-juin 2017) : p. 39.

81. Le nombre d'étrangers qui restaient au-delà de la durée de leur visa était également en augmentation. Sur la politique frontalière, voir Peter Andreas, « The Escalation of US Immigration Control in the Post-NAFTA Era », *Political Science Quarterly 113*, n° 4 (1998–99) : p. 591-615.

82. Jens Manuel Krogstad, Jeffrey S. Passel et D'Vera Cohn, « Five Facts About Illegal Immigration in the United States », Pew Research Centre, 12 juin 2019, https://www.pewresearch.org/fact-tank/2019/06/12/5-facts-about-illegal-immigration-in-the-u-s/

83. Sur l'impact du lobbying tant des représentants du monde des affaires que des syndicats sur l'immigration dans différents secteurs, voir Giovanni Facchini, Anna Maria Mayda et Prachi Mishra, « Do Interest Groups Affect US Immigration Policy ? », IMF Working Paper, WP/08/244, octobre 2008, https://www.imf.org/external/pubs/ft/wp/2008/wp08244.pdf

84. Daniel B. Wood, « Legal Fight Over Illegal Aliens », *Christian Science Monitor*, 12 mai 1994, https://www.csmonitor.com/1994/0512/12012.html

85. Royce Crocker, Congressional Redistricting : An Overview, Congressional Research Service, 21 novembre 2012, p. 9-10. https://fas.org/sgp/crs/misc/R42831.pdf

86. Cité dans Eric W. Orts, « The Path to Give California 12 Senators and Vermont Just One », *The Atlantic*, 2 janvier 2019, https://www.theatlantic.com/ideas/archive/2019/01/heres-how-fix-senate/579172/

87. Sean Trende, *The Lost Majority : Why the Future of Government is up for Grabs* (Londres : Palgrave, 2012), introduction et deuxième partie.

88. Gary Gerstle, *American Crucible : Race and Nation in the Twentieth Century*, édition révisée (Princeton : Princeton University Press, 2016), p. 385-393.

89. Barack Obama, Declaration speech, Springfield, Illinois, février 2007, https://www.cbsnews.com/news/transcript-of-barack-obamas-speech/

90. Gerstle, *American Crucible*, p. 393-409.

91. Andrew Clark, « Bankers and Academics at the Top of Donor List », *The Guardian*, 8 novembre 2008, https://www.theguardian.com/world/2008/nov/08/barackobama-wallstreet-bankers-campaign-donations-goldmansachs

92. Le programme du chasseur F-35 est devenu le symbole de ce problème. Voir Valerie Insinna, « Inside America's Dysfunctional Trillion Dollar Fighter-Jet Program », *New York Times*, 21 août 2019, https://www.nytimes.com/2019/08/21/magazine/f35-joint-strike-fighter-program.html

93. Voir par exemple John M. Broder, « Oil and Gas Aid Bush Bid for President », *New York Times*, 23 juin 2000, https://www.nytimes.com/2000/06/23/us/oil-and-gas-aid-bush-bid-for-president.html

94. Sur la politique énergétique du gouvernement Bush et ses retombées politiques, voir Meg Jacobs, « Wreaking Havoc from Within : George W. Bush's Energy Policy in Historical Perspective », dans *The First Presidency of George W. Bush : A First Historical Assessment* (Princeton : Princeton University Press), p. 139-168.

95. *Ibid.*, p. 139.

96. *Ibid.*, p. 167.

97. Elizabeth Kolbert, « Changing Lanes », *New Yorker*, 4 août 2008, https://www.newyorker.com/magazine/2008/08/11/changing-lanes

98. Statement by the President on the Keystone XL pipeline, 6 novembre 2015, https://obamawhitehouse.archives.gov/the-press-office/2015/11/06/statement-president-keystone-xl-pipeline

99. Richard Valdmanis et Grant Smith, « Oil Industry Bet Big on Jeb Bush, Reuter Review Shows. Now What ? », *Reuters*, 19 février 2016, https://www.reuters.com/article/us-usa-election-oil-donors/oil-industry-bet-big-on-jeb-bush-for-president-reuters-review-shows-now-what-idUKKCN0VS279

100. Il a par exemple affirmé que, quand il serait « élu président, les universitaires et les experts politiques vont se retrouver sur le banc de touche. Ce sont les gens qui ont une véritable expérience du monde qui prendront les décisions ». Cité dans Dan Roberts, « Jeb Bush Lays Out Energy Plan with Call to Relax Environmental Rules », *The Guardian*, 29 septembre 2015, https://www.theguardian.com/us-news/2015/sep/29/jeb-bush-energy-policy-environment

101. Theda Skocpol et Vanessa Williamson, *The Tea Party and the Remaking of American Conservatism* (New York : Oxford University Press, 2013).

102. Vanessa Williamson, Theda Skocpol et John Coggin, « The Tea Party and the Remaking of American Conservatis », *Perspective on Politics 9*, n° 1 (2019) : p. 33.

103. Pour une critique de l'influence des frères Koch sur le Tea Party, voir Jane Mayer, « Covert Operations », *New Yorker*, 23 août 2010, https://www.newyorker.com/magazine/2010/08/30/covert-operations

104. Un militant du Tea Party qui a fait campagne pour Marco Rubio en Floride en 2010 a déclaré à propos de son appartenance au Gang des Huit : « Il nous a d'abord menti, puis il s'est déplacé et a répété ce mensonge du sud de la Floride jusqu'aux Keys. C'est pour ça qu'il a été élu. Ça m'a vraiment mis en colère. » Cité dans Leigh Ann Caldwell, « Marco Rubio's record on immigration is more complicated than you think », *NBC News*, 12 janvier 2016,

https://www.nbcnews.com/politics/2016-election/marco-rubio-s-record-immigration-more-complicated-you-think-n488601

105. Sur les retombées politiques des saisies, voir Alan Blinder, *After the Music Stopped : The Financial Crisis, the Response, and the Work Ahead* (Londres : Penguin, 2013), chap. 12. Sur l'histoire des trois personnes qui, après avoir perdu leur maison, ont mis au jour la fraude, voir David

Dayen, *Chain of Title : How Three Ordinary Americans Uncovered Wall Street's Great Foreclosure Fraud* (Londres : New Press, 2013).

106. Jeffrey P. Thompson et Gustavo A. Suarez, « Exploring the Racial Wealth Gap Using the Survey of Consumer Finances », Finance and Economics Discussion Series Divisions of Research and Statistics and Monetary Affairs, Federal Reserve Board, Washington DC, 2015, p. 9, https://www.federalreserve.gov/econresdata/feds/2015/files/2015076pap.pdf

107. Voir Richard Johnson, *The End of the Second Reconstruction* (Cambridge : Polity Press, 2020), chap. 4.

108. Cité dans Elena Shor, « Oil-Industry Dreads Trump-Clinton Choice », *Politico*, 18 mars 2016, https://www.politico.com/story/2016/03/oil-industry-donald-trump-hillary-clinton-choice-220947

109. Cité dans Ben Jacobs, « Donald Trump Would Allow Keystone XL Pipeline and End Paris Climate Deal », *The Guardian*, 26 mai 2016, https://www.theguardian.com/us-news/2016/may/26/donald-trump-environmental-policy-climate-change-keystone-xl

110. Justin Worland, « Donald Trump Promises Oil and Gas Industry Big But Scepticism Remains », *Time*, 22 septembre 2016, https://time.com/4504617/donald-trump-oil-gas-environment/

111. Susan Phillips, « Why the Oil and Gas Industry is Not Giving to Trump », NPR, StateImpact Pennsylvania, 20 septembre 2016, https://stateimpact.npr.org/pennsylvania/2016/09/20/why-the-oil-and-gas-industry-is-not-giving-to-trump/

112. The White House, « Fact Sheet : President Donald J. Trump is Unleashing American Energy Dominance », 14 mai 2019, https://www.presidency.ucsb.edu/documents/fact-sheet-president-donald-j-trump-unleashing-american-energy-dominance

113. Pour l'argument qui veut que l'élection de Trump ait montré comment les excès démocratiques aboutissent au chaos, voir Jonathan Rauch et Ray La Raja, « Too Much Democracy is Bad for Democracy », *The Atlantic*, décembre 2019, https://www.theatlantic.com/magazine/archive/2019/12/too-much-democracy-is-bad-for-democracy/600766/

114. Pour une analyse des divisions au sein des démocraties occidentales, et pas seulement aux États-Unis, fondée sur la classe et qui se concentre sur l'influence politique autrefois excessive des classes qui avaient profité de l'économie internationale après les années 1970, voir Michael Lind, *The New Class War : Saving Democracy from the Metropolitan Elite* (Londres : Atlantic Books, 2020).

115. Sur le rôle joué par la présidence de Trump dans l'affaiblissement de l'État administratif américain, voir Michael Lewis, *The Fifth Risk : Undoing Democracy* (Londres : Allen Lane, 2018).

116. Cité dans Todd S. Purdum, « Gavin Newsom's Nation-State », *The Atlantic*, 21 avril 2020, https://www.theatlantic.com/politics/archive/2020/04/coronavirus-california-gavin-newsom/610006/

117. Cité dans Spencer Kimball, « New York Governor Cuomo Says Trump has No Authority to Impose Quarantine : "It Would Be Illegal" », CNBC, 28 mars 2020, https://www.cnbc.com/2020/03/28/ny-gov-cuomo-says-trump-has-no-authority-to-impose-quarantine.html

118. Pour l'argument selon lequel la zone euro pourrait s'accommoder de beaucoup plus de divergence économique que ne l'en croyaient capable ses détracteurs, lesquels affirmaient que ce n'était pas une zone monétaire optimale, voir Waltraud Schelkle, *The Political Economy of Monetary Solidarity : Understanding the Euro Experiment* (Oxford : Oxford University Press, 2017).

119. Pour un autre angle sur le même argument, qui estime que les démocraties de la zone euro sont à la peine parce qu'elles ne connaissent pas assez de concurrence démocratique, voir Sheri Berman et Hans Kundnani, « The Cost of Convergence », *Journal of Democracy 32*, n° 1 (2021) : p. 22-36.

Conclusion

120. Adam Tooze, *Crashed : Comment une décennie de crise financière a changé le monde.*

121. David Brunnstom, Alexandra Alper et Yew Lun Tian, « China Will "Eat Our Lunch", Biden Warns After Clashing With Xi On Most Fronts », *Reuters*, 11 février 2021, https://www.reuters.com/article/us-usa-china-idUSKBN2AB06A

122. Voir European Commission, Second Report on the State of the Energy Union, 1er février 2017, https://ec.europa.eu/info/publications/2nd-report-state-energy-union_en

123. L'Autriche aussi est un État antinucléaire. Signe avant-coureur des conflits à venir, la frustration suscitée par l'exclusion de l'énergie nucléaire de la voie tracée par la Commission pour accéder à la neutralité carbone a conduit Macron, début 2021, à faire cause commune avec six États membres d'Europe de l'Est et des Balkans. Frédéric Simon, « Macron, Orban Urge EU to "Actively Support" Nuclear Power », *Euractiv*, 25 mars 2021, https://www.euractiv.com/section/energy-environment/news/macron-orban-urge-eu-to-actively-support-nuclear-power/

124. Michaël Tanchum, « The Logic Beyond Lausanne : A Geopolitical Perspective on the Congruence Between Turkey's New Hard Power and its Strategic Re-Orientation », *Insight Turkey 22*, n° 3 (2020) : p. 42.

125. Discours d'Angela Merkel lors de la réunion annuelle du Forum économique mondial à Davos, 23 janvier 2020, https://www.bundeskanzlerin.de/bkin-en/news/speech-by-federal-chancellor-dr-angela-merkel-at-the-2020-annual-meeting-of-the-world-economic-forum-in-davos-on-23-january-2020-1716620

126. Pour une discussion sur la politique de l'ascension de l'automobile, voir David Gartman, « Three Ages of the Automobile : The Cultural Logics of the Car », *Theory, Culture, and Society 21*, n°s 4-5 (2004) : p. 169-195.

127. Martin Williams, « Why it is Feared Scotland's Wind Power Boom is All Hot Air », *The Herald*, 29 novembre 2019, https://www.heraldscotland.com/news/18067837.feared-scotlands-wind-power-economic-boom-hot-air/

128. Ralph Vartabedian, « How California's Faltering High-Speed Rail Project Was "Captured" by Costly Consultants », *Los Angeles Times*, 26 avril 2019, https://www.latimes.com/local/california/la-me-california-high-speed-rail-consultants-20190426-story.html

129. Sur la question de la densité, voir Vaclav Smil, *Power Density : A Key to Understanding Energy Sources and Uses* (Cambridge, MA : MIT Press, 2015).

130. Our World in Data, Energy mix, Global Primary Energy Consumption by Source, https://ourworldindata.org/energy-mix

131. Vaclav Smil, Gradual Greening : Power Density and the Hydrocarbon Habit, Blue Books, CLSA Investment Group, 13 septembre 2016, p. 9-14, http://vaclavsmil.com/wp-content/uploads/2016/12/CLSA-U-Blue-Books-Gradual-greening_-Power-density-and-the-hydrocarbon-habit-20160913-1.pdf

Remerciements

La genèse de ce livre remonte à l'été et l'automne 2016. Cela est en partie lié à ce que je pensais comprendre. Cet été-là, je travaillais à la conclusion d'un ouvrage court qui analysait pourquoi le pétrole a joué un rôle si déstabilisant sur les économies occidentales depuis le tournant du siècle, et, dans le même temps, je rédigeais un article pour la revue *Juncture*, où j'affirmais que quel qu'ait pu être le résultat du référendum, à long terme, le Brexit était pour l'essentiel inévitable. Après avoir soumis le manuscrit de mon livre, j'ai commencé à rédiger un article universitaire étudiant la relation entre ce que je jugeais être l'inévitabilité du Brexit et les contingences du mandat de David Cameron. Au fur et à mesure que je progressais dans cette discussion, la contingence m'a paru plus faible que je ne l'avais d'abord pensé, et les forces structurelles qui poussaient la Grande-Bretagne vers l'extérieur m'ont semblé plus irrésistibles. En réfléchissant à ma question, j'ai réalisé que la divergence monétaire de longue date entre la Grande-Bretagne et la zone euro était devenue particulièrement marquée à partir de 2011, en raison des réactions très différentes de la Banque d'Angleterre et de la BCE à la hausse des prix du pétrole. C'était aussi une histoire d'énergie qui, bien que différente, était liée à l'élection présidentielle de 2016, la première élection en près de cinquante ans à avoir lieu alors que les États-Unis étaient un des principaux producteurs de pétrole. Pour mon esprit analytique, la victoire électorale de Trump était apparemment un phénomène politique explicable. Ma position n'était pas particulièrement confortable, mais cela me donnait une certaine confiance dans le fait que je pouvais de toute façon m'expliquer pourquoi l'année 2016 avait pris une telle tournure.

De façon tout aussi importante, l'envie d'écrire ce livre est venue du sentiment que je ne comprenais pas les turbulences de cette année-là, mais que je les jugeais instinctivement significatives sur le plan géopolitique, en particulier les retombées de la tentative de coup d'État en Turquie. Au cours de mes recherches sur le pétrole, j'avais commencé à penser en termes géopolitiques. Mais il me restait encore beaucoup à apprendre.

Du fait de mes responsabilités à Cambridge, il a fallu plusieurs années avant que je rassemble mes idées et que j'esquisse à grands traits une première version des arguments présentés dans ce livre. En septembre 2019, j'ai pris un congé universitaire d'un an et j'ai entamé l'écriture. J'en étais aux deux tiers d'une version préliminaire quand la pandémie a frappé. Au départ, je me suis demandé si ce projet de livre était encore viable : je prétendais expliquer le moment politique actuel, mais que se passerait-il si ce moment changeait du tout au tout ? Toutefois, assez rapidement, j'ai conclu que les retombées de la pandémie n'étaient pas en train de remplacer l'histoire que je racontais par une autre, mais qu'elles l'approfondissaient, à certains égards de façon cruciale. Le temps supplémentaire qu'il m'a fallu pour terminer le livre en incluant 2020 dans mon analyse m'a donné l'occasion de me pencher à nouveau sur la dernière décennie de notre histoire géopolitique, en particulier sa relation avec l'énergie verte.

Quand on écrit un livre qui adopte le point de vue de *la longue durée** pour expliquer les changements économiques et politiques en cours, cet angle ne peut jamais être tout à fait

* En français dans le texte.

juste. L'ouvrage risque d'essayer d'expliquer plus que ce qui peut être vu clairement à cet instant précis. Il y a beaucoup de pièces en mouvement, et je suis parfaitement consciente que leurs interactions pourraient évoluer à l'avenir autrement que ce que mon récit historique pourrait suggérer. En règle générale, je me méfie des prédictions, et c'est avec une certaine hésitation que je me suis hasardée à en faire quelques-unes en conclusion. Il est intrinsèquement ardu de vouloir maîtriser les périodes appropriées pour se livrer à une analyse politique. Aujourd'hui, la réflexion sur les risques en relation avec le temps s'est transformée en un problème essentiel de la politique moderne, ce qui ne fait qu'accentuer cette difficulté.

Mon titre est un hommage à Dickens et à sa méditation sur la civilisation industrielle opposée à « la machine du temps, d'une puissance de je ne sais pas combien au juste de chevaux * », dans son roman le plus schématique, *Les Temps difficiles*. C'est aussi un petit rappel, pour moi-même, qu'il est nécessaire de faire preuve d'humilité épistémologique : ce que je n'avais pas été en mesure de voir quand j'avais lu le roman pour la première fois à l'âge de 16 ans, et qui m'a bêtement privée, pendant plus de dix ans, de la possibilité de profiter de la perspicacité et des joies de Dickens.

C'est avant tout à Sarah Chalfant, Emma Smith et Luciana O'Flaherty que je dois cette publication. Sarah, mon agent, et Emma, sa collègue de l'agence Wylie, m'ont guidée avec un professionnalisme consommé à chaque étape de ce livre, y compris lors des dernières discussions sur mon titre. Le soutien phénoménal qu'elles m'ont apporté tout au long du stress engendré par les événements des premiers mois de la pandémie m'a permis de travailler de manière beaucoup plus productive au cours du printemps et de l'été que je ne l'aurais fait autrement. Luciana, mon éditrice chez Oxford University

* *Les Temps difficiles*, traduction de William Hughes, Hachette, Paris, 1859.

Press, m'a énormément aidée à améliorer le texte. J'essaie de ne pas trop penser aux conséquences que cela a pu avoir sur sa santé mentale.

Je suis également reconnaissante à Céline Louasli, Anna Silva, Amy Guest, David McBride, Jocelyn Córdova et Gabriel Kachuck, chez Oxford University Press, pour leur aide. Pour leur travail sur la production du manuscrit, je tiens à remercier Sindhuja Baskaran, Kalpana Sagayanathan et Phil Dines.

Hans Kundnani et Dmitri Safronov ont pris le temps de lire la première version du manuscrit. Andrea Binder a lu les chapitres 6 et 8, et Gary Gerstle le chapitre 7. Je leur suis très reconnaissante de leurs suggestions et de leur perspicacité, tout comme je le suis envers un lecteur d'Oxford University Press pour ses commentaires.

Depuis que j'ai commencé à réfléchir sérieusement à ce livre, j'ai eu des conversations – y compris dans le monde virtuel de la pandémie – qui m'ont incitée à de nouvelles réflexions ou m'ont amenée à reconsidérer mes arguments, avec Stefan Auer, Chris Bickerton, Andrea Binder, Christopher Brooke, Daisy Christodoulou, Diane Coyle, Gary Gerstle, Tom Holland, Erik Jones, Shashank Joshi, Hans Kundnani, Hjalte Lokdam, Matthias Matthijs, Tom McTague, Anand Menon, Brendan O'Leary, Craig Parsons, Aris Roussinos, Lucia Rubinelli, David Runciman, Tom Runciman, Waltraud Schelkle, Josh Simons, Adam Spielman, Alice Thompson, Robert Tombs, Adam Tooze, Shahin Vallée, Daniel Yergin et Ayse Zarakol.

Suite à plusieurs longs entretiens téléphoniques avec Maurice Glasman pendant le premier confinement, j'ai pris conscience de l'importance de Hong Kong dans les histoires géopolitiques et économiques que je racontais.

Alors que j'achevais la première version de ce livre, et sachant que mon récit géopolitique était incomplet, j'ai passé du temps à lire et écouter ce qu'Adam Tooze a écrit et diffusé au cours des six premiers mois de la pandémie. Grâce à l'extraordinaire érudition d'Adam, j'ai commencé à comprendre ce qui m'avait échappé jusqu'alors. Certains de nos désaccords peuvent être profonds, mais c'est précisément parce qu'ils le sont que j'apprends énormément de mes échanges avec lui.

Sans Thanasis D. Sfikas, je n'aurais pas passé autant de temps au cours de la dernière décennie à essayer de comprendre la crise de la zone euro. Quel que soit mon scepticisme quant à l'idée de l'Union européenne en tant que projet téléologique, notre amitié durable servira toujours de socle à mon sentiment d'être une Européenne.

Le podcast *Talking Politics* m'a obligée à rassembler mes idées sur un grand nombre de sujets et m'a donné la chance de converser avec nombre de personnalités intéressantes. En 2015, quand David Runciman m'a demandé de commencer à parler de politique en dehors des formats universitaires conventionnels, ni l'un ni l'autre n'avions la moindre idée de l'ampleur des discussions que nous aurions, ni où nous mènerait ce qui a démarré sous forme de conversations, que nous aurions pu avoir dans le couloir de notre département, à propos d'une élection générale britannique. Ce fut un authentique voyage intellectuel et existentiel. Dans les bons moments comme dans les moments plus difficiles – en particulier les décès tragiques, au cours de l'été 2019, de nos collègues podcasteurs et amis Aaron Rapport et Finbarr Livesey et de la femme d'Aaron, Joyce Heckman –, je ne peux imaginer l'avoir fait avec quelqu'un d'autre. Je remercie Catherine Carr pour tous les efforts qu'elle a fournis afin que *Talking Politics* voie le jour et Nick Carter pour avoir su donner l'illusion que nos voix sonnent bien mieux que dans la réalité.

Je suis reconnaissante à Jason Cowley de m'avoir offert l'occasion d'écrire en tant que chroniqueuse pour le *New Statesman*. La latitude qu'il m'a laissée est un privilège. C'est en écrivant ces colonnes que j'ai élaboré certains des arguments géopolitiques de ce livre, qu'il m'a fallu l'automne et le début de l'hiver 2020 pour envisager avec clarté. Je remercie également Gavin Jacobson du *New Statesman* pour ses conseils éditoriaux et son engagement intellectuel.

Sally Chatterton, de *UnHerd*, m'a demandé en 2018 et 2019 d'écrire un certain nombre d'articles sur l'UE et la géopolitique qui m'ont orientée vers des lignes d'argumentation plus nettes. En me donnant la chance d'écrire sur Dickens au moment où Londres s'ouvrait à nouveau après le premier confinement, elle m'a également permis de poursuivre la rédaction de ce livre.

J'ai développé certains de mes arguments sous des formes antérieures. Sur l'Europe du Sud et l'euro, je l'ai fait à l'Institut de recherche sociale de Hambourg, à l'invitation de Clara Maier. Sur le Brexit, j'ai préparé plusieurs conférences et documents : pour un atelier du *British Journal of Politics and International Relations* à Édimbourg, à l'invitation de Daniel Wincott et du regretté John Peterson ; au King's College de Londres, à l'invitation de Brian Salter et Peter John ; et pour la conférence annuelle sur la politique britannique de Birkbeck, à l'invitation de Sarah Childs. En ce qui concerne la Fed et les marchés des eurodollars, j'ai largement profité de ma collaboration avec Iain Hardie sur la rédaction d'un article publié dans la revue *Review of International Political Economy*.

L'organisation de la Leonard Schapiro Memorial Lecture en février 2021 m'a permis d'améliorer mes deuxième et troisième chapitres sur la géopolitique. Je remercie Katharine Adeney, Laura Cram, Erik Jones et Rosalind Jones de m'avoir invitée à donner cette conférence et de participer à l'événement, ainsi que Hans Kundnani de m'avoir accueillie à Chatham House ; je remercie également Erik et Laura pour leurs commentaires incisifs sur l'article publié par la suite dans *Government and Opposition*. C'est à l'instigation d'Alun Michael, qui m'a demandé de parler de l'énergie au groupe Economics and Current Affairs du Reform Club, que j'ai entrepris de réfléchir de manière systématique à la géopolitique du gaz. Je ne serais pas parvenue à ma conclusion si je n'avais pas eu l'occasion de développer mes réflexions sur la relation entre la crise climatique et notre avenir énergétique pour Engelsberg Ideas. Je remercie ici Iain Martin et Oliver Rhodes.

John Hall a organisé un merveilleux week-end à Montréal en mars 2019 sur l'Europe et le monde des Habsbourg d'antan ; Francesco Duina et Frédéric Mérand m'ont encouragée à retravailler le court article que j'avais rédigé pour cet atelier afin d'en faire quelque chose de plus substantiel et à le soumettre pour une édition de *Research in Political Sociology*. En fin de compte, je n'ai pas pu revenir directement dans ce livre sur plusieurs des lignes d'argumentation que j'y avais formulées. Néanmoins, ce projet s'est révélé très fertile sur le plan intellectuel, notamment parce qu'il m'a amenée à me renseigner sur la politique démocratique dans la Vienne du début du siècle dernier et m'a permis de mieux focaliser mon histoire géopolitique de l'Ukraine.

J'ai toujours eu, et depuis longtemps, une dette intellectuelle envers John Dunn et feu Geoff Hawthorn. Sans leur influence, je n'aurais pas eu l'ambition intellectuelle de concevoir un livre comme celui-ci, et je n'aurais pas su non plus aborder la politique d'un point de vue historique. Le fait que Geoff ne soit plus là pour que je lui fasse part de ma gratitude ne cesse de m'attrister.

Londres,
Septembre 2021

Index

Table

Imprimé en France par CPI
en septembre 2024

Cet ouvrage a été mis en pages par

<pixellence>

Dépôt légal : septembre 2024
N° d'édition : 599008-0
N° d'impression : 180356